高等院校"十三五"规划教材

国际货物运输与保险

韩贝贝　万　健　主　编
姚　丹　徐丹丹　副主编

合肥工業大學出版社

前　言

当今世界发展的两大趋势一个是经济全球化，另一个是区域经济一体化。由于区域之间地理位置接近，贸易往来更加频繁，区域经济一体化的趋势也得到加强，经济联系越来越紧密，地区性的组织如欧盟、北美自由贸易区、中国—东盟自由贸易区等应运而生。中国顺应时势提出“一带一路”倡议，打通“21世纪海上丝绸之路”和“丝绸之路经济带”，加强与东盟、南亚、中亚、西亚、北非和欧洲等地区的政治经济联系和外贸往来，沿途国家的经济往来更加密切，更加方便了国际贸易的开展。同时，新形势下的对外贸易对国际货物运输与保险等业务的理论也提出了新的挑战，对其实操也提出了相应的要求。

本书按照“概念准确、深入浅出、体例合理、注重实操”的原则进行编写，对国际货物运输与保险的相关理论以及实际操作进行了深入的阐述。本书共分为十二章，其中涵盖了国际货物运输总论，国际海上货物运输，国际铁路货物运输，国际航空货物运输，国际公路、内河、管道和邮政货物运输，现代国际货物运输，国际货物运输保险总论，国际海运货物保险的保障范围，国际海运货物的保险条款，海运进出口货物保险实物，其他货物运输方式的货运保险等内容。其中，第一、第二、第三、第四、第六、第七、第八、第十一章由韩贝贝编写，第五、第十二章由姚丹编写，第九、第十章由徐丹丹编写。书中每章都配设了大量实操性强的习题供教师教学、学生练习时使用。

本书在编写过程中参考了国内外有关书籍和研究成果，谨向这些书籍和文章的作者表示诚挚的谢意！

由于编者水平有限，书中难免存在不妥之处，敬请读者批评指正，以便本书再版时不断完善。

编者

2018年6月

目　录

第一章　绪　论

学习目标

理解国际货物运输基本知识。

熟知国际货物运输的基本任务及运输组织机构。

掌握国际货物运输的特点、方式及要求。

导读材料

浙江省国际贸易有限公司（以下简称“国贸公司”）与浙江集运有限公司（以下简称“集运公司”）于2016年5月3日签订了委托代理合同，约定国贸公司委托集运公司在宁波口岸出口货物，对代理的业务范围、分工、费用结算等做了明确约定。而后，国贸公司委托集运公司出运一只20英尺集装箱（真丝夹克衫，货值60300美元）。5月14日，中国宁波外轮代理公司（以下简称“宁波外代公司”）签发了已装船提单，托运人为国贸公司。5月21日集运公司未经国贸公司授权，超越代理合同规定的权限，擅自传真提单签发人宁波外代公司，称:“该票正本提单在寄香港途中，请给予担保提货。”5月24日，根据该公司的要求，集运公司又传真该公司，称：“因客户寄香港正本提单尚未收到，请传真招商局能否以正本提单传真件，银行担保提货，由此产生的一切责任由我公司承担。”最终，由于客户未赎单提货，中国银行浙江省分行将用于办理结汇手续的全套单证退还浙江国贸公司，造成公司损失60300美元，利息损失10万元人民币。

问题：本案中应由谁来承担货款及利息损失？

从上述案例来看，这是一起货运代理纠纷的典型案例。根据国贸公司与集运公司签订的代理合同，集运公司作为国贸公司的货代，应当在代理合同规定的权限内行使代理权。但是集运公司未经国贸公司的授权，擅自传真宁波外代公司，称：“该票正本提单在寄香港途中，请给予担保提货。”集运公司的这种行为，在双方的代理合同中没有被授权，国贸公司也没有另行特别授权，在得知集运公司实施该行为，国贸公司也没有追认，因此，这是越权代理。集运公司的擅自指令行为，最终造成国贸公司损失严重。《中华人民共和国民法通则》第六十六条第一款规定：“没有代理权，超越代理权或者代理权终止后的行为，只有经被代理人的追认，被代理人才承担民事责任，未经追认的行为，由行为人承担民事责任。”

因此，从这个角度分析事实和法律依据，集运公司也可以成为国贸公司的诉讼对象，即被告人，由其承担货款及其利息损失。

第一节　国际货物运输概述

一、国际货物运输的概念、性质和特点

（一）国际货物运输的概念

国际货物运输，是指在国家与国家、国家与地区之间的运输。国际货物运输又可分为国际贸易商品运输和非贸易商品运输。贸易商品运输是为国际商品交换服务的，是实现国际货物贸易的重要手段，因此，国际货物运输对一个国家而言可以称为对外贸易运输；非贸易商品运输是为非贸易商品（如展览品、个人行李、办公用品、援外物资等）的跨国间移动服务的，在国际货物运输中占极小部分。

（二）国际货物运输的性质

运输业作为特殊的独立生产部门，它所生产的是商品的场所变动，这就是运输的生产过程。商品在空间上的流通，即通过运输使商品位置发生位移，改变了商品使用价值的位移，从而使商品的交换价值增大，它可以按照高于原来产地的价格出售。由运输追加到商品中的价值等于使商品的使用价值发生位移所需的劳动量，这个劳动量一部分是物化劳动量（即运输工具的价值转移），另一部分是活劳动量（即运输劳动的价值追加），这同其他一切商品的价值增加过程是一样的。

然而，作为一个独立的物质生产部门，国际货物运输同国内货物运输一样，有着自己的特殊性。这种特殊性主要体现在三个方面：

第一方面，物质产品的生产是运输生产的基础，运输生产是物质产品生产过程在流通领域中的继续。没有物质产品生产就没有运输生产；反之，没有运输将生产的产品运到消费地点，产品的使用价值就无法实现，物质产品的生产就没有意义。

第二方面，运输业生产的产品是无形的。在运送商品的过程中，运输不能改变劳动对象（即商品）的形状和性质，也不能生产出独立形态的产品。因此，运输在国际贸易中被划为服务贸易范畴。

第三方面，国际货物运输增加了商品的价值。国际贸易中，商品价格中包含了商品的运价，商品的运价在商品的价格中所占比重一般取决于商品的价值。运价一般是以商品的运输距离和运输量来确定，与商品的价值无大的关系。这样，运价在低价值商品价格中所占的比重就大一些，如运价在原料性商品的价格中会占到50%甚至100%以上，而在高价值的制成品中一般只占10%～40%。因此，从事商品贸易的人不得不重视运输在商品中的增加价值。

（三）国际货物运输的特点

1. 运输环节多

国际货物运输需要经过许多运输环节。这些环节主要包括：货物输出和输入国的存储、运输和装卸，出口和进口港的存储和装卸，国际中途港转运和装卸以及这些环节中不同运输方式的转换等。其中任何一个环节发生问题，都会影响整个的国际货物运输进程。

2. 涉及面广、情况复杂多变

国际货物运输会涉及国内外很多部门，需要与不同国家和地区的货主、交通运输部门、商检机构、保险公司、银行或其他金融机构、海关、港口以及各种中间代理商等打交道，涉及面广。同时，由于各国和地区的政治、法律法规、金融货币制度、政策规定的多样化，贸易、运输习惯和经营做法存在差异，加之经济和自然条件的变化，都会对国际货物运输产生较大的影响。

3. 时间性强

现今国际市场竞争异常激烈，商品价格瞬息万变，安全、快捷的运输已经成为贸易竞争的重要手段。各国的合同法及相关国际公约几乎都把及时交付货物作为合同的重要义务，如不能及时交付货物，出口人及承运人将承担法律责任；一些鲜活商品、季节性商品和敏感性强的商品若不能及时运抵目的地，将产生重大经济损失或影响到商人的信誉。

4. 政策性强

国际货物运输是国际贸易的一个组成部分，在组织货物运输的过程中，需要经常同国外发生直接或间接的广泛业务联系，这种联系不仅是经济上的，也涉及政治问题，包括由政治问题引发的社会问题，所以说它是一项政策性很强的涉外活动。

5. 具有风险

国际货物运输环节多，运输距离长，经常穿越不同的气候带，运输工具停靠不同国家和地区，使得国际货物运输必然面临相对大的自然风险和政治风险。为避免国际货物运输中的风险损失，各种进出口货物和运输工具投保国际货物运输险对于国际货物买卖非常重要。

二、国际货物运输的任务和要求

（一）国际货物运输的任务

1. 按时、按质、按量地完成进出口货物运输

“按时”就是根据贸易合同上的装运期和交货期条款的规定履行合同；“按质”就是按照贸易合同质量条款的要求履行合同；“按量”就是尽可能地减少货损、货差，保证贸易合同中货物数量条款的规定。如果违反了上述合同条款，就构成了违约，有可能导致赔偿、罚款等严重的法律后果。因此，国际货物运输部门必须重合同、守信用，保证按时、按质、按量地完成进出口货物运输任务，保证国际贸易合同的履行。

2. 节省运杂费用，为国家积累建设资金

由于国际货物运输是国际贸易的重要组成，而且运输距离长、环节较多，各项运杂费用开支较大，所以节省运杂费用的潜力较大，途径也较多。因此，从事国际货物运输的企业应该不断改善经营管理，节省运杂费用，提高企业的经济效益和社会效益，为国家积累更多的建设资金。

3. 为国家节约外汇支出，增加外汇收入

国际货物运输是一种无形的国际贸易，它是国家外汇收入的重要来源之一。国际贸易合同在海上运输一般采用 CIF 和 FOB 等贸易术语成交。按照 CIF 术语，货价内包括运费、保险费，由卖方派船将货物运至目的港；按照 FOB 术语，货价内不包括运费和保险费，由买方派船将货物运至目的港。为了国家和企业的利益，出口货物时多争取采用 CIF 术语，进口货物时多争取采用 FOB 术语，这样可以节省外汇支出，增加外汇收入。而国际

货物运输企业为了国家利益，首先依靠国内运输企业的运力和我国的方便旗船，再考虑我国的租船、中外合资船公司和侨资班轮的运力，充分调动和利用各方面的运力，使货主企业同运输企业有机地衔接，争取为国家节约外汇支出，增加更多的外汇收入。

4. 严格遵循国家的对外政策

国际货物运输是国家涉外活动的一个重要组成部分，它的另一个任务就是在平等互利的基础上，密切配合外交活动，在实际工作中具体体现和切实贯彻我国的各项对外政策。

（二）国际货物运输的要求

1. 选择最佳的运输路线和最优的运输方案，组织合理运输

各种货物运输方式有着各自比较合理的适用范围和不同的技术经济特征，选择时必须进行比较和综合分析。首先要考虑商品的性质、数量的大小、运输距离的远近、市场需求的缓急、风险的程度等因素，比如鲜活商品、季节性商品要求运输速度快、交货及时，以免贻误销售时机；贵重货物因商品价值高，要求严格地保证运输质量等。另外，还要考虑运输成本的高低和运行速度的快慢，比如货价较低的大宗商品则要求低廉的运输费用，以降低运输成本，增强竞争能力。同一运输方式，如铁路和公路运输，可根据不同商品选择不同类型的车辆，海运可选择班轮或不定期船，并充分利用运输工具回空来运输货物。

正确选择运输路线和装卸、中转港口。一般来说，应尽量安排直达运输，以减少运输装卸、转运环节，缩短运输时间，节省运输费用。必须中转的进出口货物，也应选择适当的中转港、中转站。进出口货物的装卸港，一般应尽量选择班轮航线经常停靠的自然条件和装卸设备较好、费用较低的港口。进口货物的卸货港，根据货物流向和大宗货物用货地来考虑；出口货物的装运港，还应考虑出口货物产地或供货地点，以减少国内运输里程，节约运力。

（1）合理运输

所谓合理运输，是指实现物质产品实体从生产地至消费地转移的过程中，充分有效地运用各种运输工具的运输能力，以最少的人财物消耗，及时、迅速、按质、按量和安全地完成运输任务，其标志是运输距离最短、运输环节最少、运输时间和运输费用最省。

运输合理化的影响因素很多，起决定性作用的有以下几种：

① 运输距离。在运输时，运输时间、运输货损、运费、车辆或船舶周转等运输的若干经济指标，都与运距有一定的比例关系，运距长短是运输是否合理的一个最基本因素。缩短运输距离从宏观、微观角度都会带来好处。

② 运输环节。每增加一个运输环节，不但会增加起运的运费和总运费，而且会增加运输的附属活动，如装卸、包装等，各项技术经济指标也会因此下降。所以，减少运输环节，尤其是同类运输工具的环节，对合理运输有促进作用。

③ 运输工具。各种运输工具都有其适用的优势领域，对运输工具进行优化选择，按运输工具特点进行装卸运输作业，最大限度地发挥所用运输工具的作用，是运输合理化的重要一环。

④ 运输时间。运输是物流过程中需要花费较多时间的环节，尤其是远程运输，在全部物流时间中，运输时间占绝大部分，所以运输时间的缩短对整个流通时间的缩短有决定性作用。此外，运输时间短，有利于运输工具的加速周转，充分发挥运力的作用，有利于货主资金的周转，有利于运输线路通过能力的提高，对运输合理化有很大的贡献。

⑤ 运输费用。运费在全部物流费用中占很大比例，运费高低在很大程度上决定整个物流系统的竞争能力。实际上，运输费用的降低，无论对货主企业来讲，还是对物流经营企业来讲，都是运输合理化的一个重要目标。对运费的判断也是各种合理化实施是否行之有效的最终判断依据之一。

（2）不合理运输

所谓不合理运输，是指在现有条件下可以达到的运输水平而未到达，从而造成了运力浪费、运输时间增加、运费超支等问题的运输形式。

根据各方面收集的实例，归纳起来，主要有以下几种情况：

① 生产、加工、包装、仓储选点布局不合理造成的迂回或过远运输。

② 对外签订的进出口合同的运输条款规定得不合理，如未考虑货源的产地和销售地的情况，港口选择不当，导致履约上的困难和运输费用的增加。

③ 货物和运输工具以及运输方式选择不配套，如铁路沿线地区长途运输使用汽车，而短途运输使用火车，宜水从路，宜路从水，能直达的中途卸货，这些情况都会偏离合理运输的目标，货物和运输工具不相适应又会造成运输容积的浪费和可能的货损。

④ 出口货物在产地检验不严或单证不全的情况下盲目发运，货到口岸不能及时出口，以致压车、压船、压库，结果就地处理或原货退回，造成无效运输、往返运输。

⑤ 计划调度不当，增加不必要的中转环节，造成迂回运输或对流运输；车船调度不当，一方面有货无车（船）而另一方面是车（船）等货，运力得不到充分的发挥。

⑥ 出口包装不合理，装运时配载不当造成货物的耗损和运输容积的浪费；运输包装要求牢固、经济、科学和标准化，危险品的包装更要注意。

⑦ 国家运输能力不强，运输计划管理人员素质不高，各部门信息不能沟通或配合不当。

2. 树立系统观念，加强与有关部门配合协作，努力实现系统效益和社会效益

在国际货物运输的过程中，要切实加强货主、运输企业、商检、海关、金融、港口、船务代理和货运代理等部门之间的联系，相互配合、密切协作，充分调动各方面的积极性，形成全局系统观念，共同完成国际货物运输任务。特别是货运代理企业，还要综合运用各方面的运力，要从综合运输系统和国际贸易整体的系统利益出发，除了努力争取本企业的经济利益之外，还要考虑系统效益和社会效益，在完善企业自身的同时考虑企业的社会责任。

3. 树立为货主服务的观点，实现“安全、迅速、准确、节省、方便”

根据国际货物运输的性质和特点，针对国际货物运输的任务，经过多年的实践，中国外运集团提出的国际货物运输要安全、迅速、准确、节省、方便的“十字方针”，已被广大货运代理企业和有关部门所认可。

第二节 国际货物运输组织和运输方式

一、国际货物运输的组织体系

（一）货主

货主（Cargo Owner）是指专门经营进出口商品业务的国际贸易商，或有进出口权的

工贸、地贸公司以及“三资”企业。它们为了履行国际贸易合同必须组织办理进出口商品的运输，是国际货物运输中的托运人（Shipper）或收货人（Consignee）。

（二）承运人

承运人（Carrier）是指专门经营水上、铁路、公路、航空等客货运输业务的交通运输部门，如轮船公司、铁路或公路运输公司、航空公司等。它们一般都拥有大量的运输工具，为社会提供运输服务。

（三）货运代理人

货运代理人（Forwarding Agent，Freight Forwarder）是指根据委托人的要求代办货物运输的业务机构。有的代表承运人向货主揽取货物，有的代表货主向承运人办理托运，有的兼营两方面的业务。它们属于运输中间人，在承运人和托运人之间起着桥梁作用。

二、国际贸易运输方式

（一）按运输工具分类，分为海上运输、铁路运输、航空运输、邮包运输、管道运输

1. 海上运输（Ocean Transport）

目前在国际货物运输中，海运量在国际货物运输总量中占70%以上。海洋运输之所以被如此广泛采取，是因为它与其他国际运输方式相比，主要有通过能力强、运量大、运费低等鲜明优点。

海洋运输虽然有许多优点，但是也存在不足之处。例如，海洋运输受气候以及自然条件的影响较大，航期不容易准确，而且风险较大。另外，海洋运输的速度也相对较慢。

2. 铁路运输（Rail Transport）

在国际货物运输中，铁路运输是仅次于海洋运输的主要运输方式，海洋运输的进出口货物大多是靠铁路运输进行货物的集中以及扩散的。

铁路运输有许多优点，一般不受气候条件影响，可保障全年的正常运输，而且运量较大，速度较快，有高度的连续性，运转进程中可能遭受的风险也较小。办理铁路货运手续比海洋运输简单，而且发货人以及收货人可以在就近的始发站（装运站）以及目的站办理托运以及提货手续。

3. 航空运输（Air Transport）

航空运输是一种现代化的运输方式，它与海洋运输、铁路运输相比，拥有运输速度快、货运质量高，且不受地面条件限制等优点。因此，航空运输最适合运送急需物品、鲜活商品、精密仪器以及贵重物品。

4. 邮包运输（Parcel Post Transport）

邮包运输是一种较简便的运输方式。各国邮政部门之间订有协议及合约，通过这些协议以及合约，各国的邮件包裹可以相互传递，从而构成国际邮包运输网。因为国际邮包运输拥有国际多式联运以及“门到门”运输的性质，加上手续简便，费用也不高，故其成为国际贸易中普遍采取的运输方式之一。

5. 管道运输（Pipeline Transport）

管道运输是利用管道输送气体、液体和粉状固体的一种特殊的运输方式，它随着石油原油的生产而产生。管道运输是运输通道和运输工具合二为一的专门的运输方式。

(二) 按运输作用分类，分为集货运输和配送运输

集货运输是将分散的货物集中运输的形式，是干线运输的一种补充形式。

配送运输是将节点中已按用户要求配好的货物分送给各个用户的运输。

(三) 按运输的协作程度分类，分为一般运输、联合运输、多式联运

一般运输是指孤立地采用不同的运输工具或同类运输工具而没有形成有机协作关系的一种运输，如汽车运输、火车运输等。

联合运输简称联运，它是将两种或两种以上的运输方式或运输工具连起来，实现多环节、多区段相互衔接的接力式运输。

多式联运是在集装箱运输的基础上发生以及发展起来的一种综合性的连贯运输方式，它一般是以集装箱为媒介，把海、陆、空各种传统的单一的运输方式有机地结合起来，组成一种国际连贯运输。

(四) 按运输中途是否换载分类，分为直达运输和中转运输

直达运输是利用一种运输工具从起运站（港）一直到到达站（港），中途不经换载，中途不入库储存的运输形式。

中转运输是在组织货物运输时，在货物运往目的地的过程中，在途中的车站、港口、仓库进行转运换装，称为中转运输。

我国对外贸易进出口货物绝大部分是通过海洋运输，少部分通过铁路运输或者公路运输，也有些货物是通过管道或邮政运输。随着航空事业的发展，通过航空运输的货运量近年来有较大的增长，货物种类和范围也不断扩大。

各种运输方式各有其特点。在对外贸易工作中，应根据进出口货物的性质、运量的大小、路程的远近、需要的缓急、成本的高低、装卸地的条件、法令制度与惯例、气候与自然条件以及国际社会与政治状态等因素审慎选择，以便高效、顺利地实现外贸运输的目的。

第三节 国际货物运输代理

一、国际货物运输代理的概念

国际货物运输代理简称“国际货运代理”或“国际货代”。关于国际货物运输代理的定义，目前国际上还没有一个权威的统一界定。

国际货运代理协会联合会（FIATA）的有关文件将货运代理人定义为：“根据客户指示，并为客户的利益而揽取货物的人，其本人并非承运人。”

FIATA 的《货运代理服务示范法》（*FIATA Model Rules for Freight Forwarding Service*）将货运代理定义为：“与客户达成货运代理协议的人。”代理服务可以包括“各类与运输、拼装、积载、管理、包装或分拨相关服务，以及相关的辅助和咨询服务，包括但不限于海关和财政业务、官方的货物申报、货物保险、取得有关货物的单证及支付相关费用等”。

《中华人民共和国国际货物运输代理业管理规定实施细则》（2004 年 1 月 1 日由中华人民共和国商务部颁布）第二条规定：“国际货物运输代理企业（以下简称国际货运代理企

业）可以作为进出口货物收货人、发货人的代理人，也可以作为独立经营人，从事国际货运代理业务。国际货物代理企业作为代理人从事国际货运代理业务，是指国际货运代理企业接受进出口货物收货人、发货人或其代理人的委托，以委托人名义或者以自己的名义办理有关业务，收取代理费或佣金的行为。国际货物代理企业作为独立经营人从事国际货运代理业务，是指国际货运代理企业接受进出口货物收货人、发货人或其代理人的委托，签发运输单证、履行运输合同并收取运费以及服务费的行为。”

理解以上定义应把握两个重要属性，即货运代理人基本上可以划分两大类：一类是仍将货运代理人限定在纯粹代理人的范畴，即货运代理人只能作为代理人以委托人的名义代办货物运输及其相关业务；另一类是突破货运代理人只能作为代理人的界限，允许货运代理人作为独立经营人，开展当事人业务，从而使货运代理人具有多重属性。

在我国，国际货物运输代理人的定义是：为货物运输，接受进出口货物收货人、发货人的委托，以委托人的名义或者以自己的名义为委托人，或以独立经营人身份提供国际货物运输及相关业务并收取服务报酬的人。

二、国际货运代理人的业务特点

从《国际货物运输代理业管理规定》及其实施细则来看，我国的国际货运代理具有如下特点：

① 名称。国际货运代理企业并不仅限于称为“货运代理”，只要名称中包含有“货运代理”“运输代理”“集运”或“物流”等相关字样即可。

② 注册资本最低限额。经营海上国际货运代理业务的注册资本最低限额为 500 万元人民币，经营航空国际货运代理业务的注册资本最低限额为 300 万元人民币，经营陆路国际货运代理业务或国际快递业务的注册资本最低限额为 200 万元人民币，经营上述两种以上业务的，注册资本最低限额为其中最高一项的限额。

③ 业务经营。国际货运代理既有地域限制，也有运输方式的限制。有些国际货运代理只能在某一区域内从事某种运输方式下的货运业务，而有些国际货运代理则可以从事多种运输方式下的货运业务。

④ 业务范围。国际货运代理人与船务代理人、航空销售代理人、无船承运人、多式联运经营人、专业报关人等其他运输中间人存在一定的交叉业务。

三、国际货物运输代理的种类

运输代理人种类繁多，按照代理业务的性质和范围的不同，可分为租船代理、船务代理、货运代理和咨询代理四大类。

（一）租船代理（Shipping Broker）

租船代理又称租船经纪人，是指以船舶为商业活动对象而进行船舶租赁业务的人，主要业务是在市场上为租船人寻找合适的运输船舶或为船东寻找运货对象，它以中间人身份使船租双方达成租赁交易，从中赚取佣金。因此，根据租船代理所代表的委托人身份的不同又分为租船代理人和船东代理人。

业务范围如下：

① 按照委托人（船东或货主）的指示，为其提供最合适的对象和最有利的条件并促

成租赁交易的成交；

② 根据双方确认洽谈的条件制成租船合同并按委托人的授权代签合同；

③ 提供委托人航运市场行情、国际航运动态以及有关资料信息等；

④ 为当事人双方斡旋调解纠纷，取得公平合理的解决。

租船代理佣金按照惯例是由运费或租金收入方支付的，即由船东支付，佣金一般按照租金的1%～2.5%在租船租约中加以约定。

（二）船务代理（Shipping Agent）

船务代理是指接受承运人的委托，代办与船舶有关的一切业务的人。其业务范围很广，主要包括船舶进出港业务、货运业务、船舶供应和船舶服务方面等业务及其他服务性行业。

船务代理一般按规定的收费标准向委托人收取船舶和货物的代理费。船舶代理费一般按船舶登记净吨计数，如我国外轮代理公司按船舶登记净吨每吨计收代理费人民币0.80元，进出各收一次，不足500吨，按500吨计收。船舶来港若不装卸货物，进出合并为一次计收。货物代理费一般规定按船舶装卸货物吨数和货物大类计收。

船务代理关系根据委托方式的不同，一般分为航次代理和长期代理两种。前者指委托人的委托和代理人的接受均以每船一次为限，后者则是指在船方和代理人之间签订长期（1～5年或更长时间）的代理协议。

（三）货运代理（Freight Forwarder）

货运代理人接受货主的委托并代表货主办理有关货物报关、交接、仓储、调拨、检验、包装、转运、订舱等业务。他们与货主之间的关系是委托与被委托的关系。在办理代理业务时，他们以货主代理人的身份对货主负责，同时又以所提供的服务向货主收取代理费。

业务范围如下：订舱揽货代理，货物装卸代理，货物报关代理，转运代理，理货代理，储存代理，集装箱代理。

（四）咨询代理（Consulting Agent）

咨询代理是专门从事咨询工作，按委托人的需要，以提供有关国际贸易运输情况、情报、资料、数据和信息服务而收取一定报酬的人。这类代理人不仅拥有研究人员和机构，而且与世界各贸易运输研究中心有广泛的联系，所以消息十分灵通，诸如设计经营方案，选择合理、经济的运输方式和路线，核算运输成本，研究解释规章法律以及调查有关企业财政信誉等，都可根据委托提供专题报告和资料情报。

以上各项代理类别，仅仅是从各自业务的侧重面加以区别，实际上，它们之间的业务往往相互交错，业务范围划分得并不是很清楚。例如，不少船务代理也兼营货运代理，有些货运代理也兼营船务代理。

四、国际货物运输代理的独立经营人业务

国际货物运输代理的独立经营人业务，是指国际货运代理以承运人的身份接受进出口货物收货人、发货人或其代理人的货载，签发运输单证、履行运输合同并收取运费以及服务费的行为，其业务范围主要有无船承运人业务（包括独立经营海运班轮、租船业务、空运集运业务）和国际多式联运。

（一）无船承运人

无船承运人有狭义和广义之分。狭义的无船承运人是指自己无运输船舶，却以承运人身份从事海上货物运输的人。广义的无船承运人是指无运输工具，却以承运人身份从事任何方式的货物运输的人，如国际多式联运经营人。

（二）国际多式联运经营人

国际多式联运是指国际货运代理独立经营人中的广义无船承运人业务，其业务的根本性质为承运业务，国际多式联运经营人的法律地位为承运人。

（三）独立经营人与代理人的区别

作为独立经营人从事货运代理业务，与纯代理人业务的主要区别在于：

第一，法律地位不同。纯代理业务的国际货运代理，不论直接代理行为还是间接代理行为，其代理人的法律性质都没有改变，委托人需要承担代理人的行为后果；而作为独立经营人的国际货运代理，其业务行为的性质已经发生改变，已经从代理人的性质转变为独立经营人，或者说无船承运人的性质，需要对托运人独立承担承运人的义务和责任，托运人也不再是委托人，而是独立经营人的运输合同的相对人。

第二，合同性质不同。合同性质不同决定了国际货运代理的合同义务不同。纯代理业务中，实际托运人与独立经营人之间的合同性质是代理合同，适用有关代理的法律规定；独立经营业务中，实际托运人与独立经营人的合同性质是运输合同，适用有关运输合同及无船承运人的法律规定。

第三，运输单证不同。纯代理业务中，国际货运代理一般不签发运输单证，代理货物的存储、国内运输、保管室签发的有关单证也不具有国际货物运输单证的性质；在独立经营业务中，独立经营人以自己的名义签发运输单证，此种单证在海运中称为“货代提单”（House B/L），在空运中称为“分运单”（House Air Waybill）。该单证具有运输合同或运输合同证明的性质。

第四，服务费用性质不同。纯代理业务中，国际货运代理收取的服务费用为代理费；独立经营人业务中国际货运代理收取的服务费用为运费。

第五，业务形式不同。纯代理业务中，国际货运代理无须以承运人身份参与运输，不一定需要建立全球的服务网络；而作为独立经营人的无船承运人需要组织货物的全程运输，需要建立全球的服务网络，其业务流程也更为复杂。

第六，执业条件不同。由于业务性质不同，世界上几乎所有国家都对作为独立经营人的无船承运人在执业条件上作出了特殊规定。例如，《中华人民共和国国际海运条例》就对国际货运代理经营无船承运人业务提出了诸如特殊审批、提单备案、保证金缴付、运价管理等特殊规定。

复习思考题

一、名词解释

国际货物运输　货主　承运人　合理运输　国际货物运输代理

二、单选题

1. 我国国际货物的主要运输方式是(　　)。

A. 国际公路运输　　B. 国际海洋运输

C. 国际管道运输　　D. 国际铁路运输

2. 货运代理人是货物运输工作中的(　　)。

A. 托运人　　B. 承运人

C. 中间人　　D. 收货人

3. 以船舶为商业活动对象而进行船舶租赁业务的人是(　　)。

A. 咨询代理　　B. 货运代理

C. 船务代理　　D. 租船代理

4. (　　)最适合运送急需物质、鲜活商品、精密仪器以及贵重物品。

A. 海洋运输　　B. 铁路运输

C. 管道运输　　D. 航空运输

5. 小件急需品和贵重货物，其有利的运输方式是(　　)。

A. 海洋运输　　B. 邮包运输

C. 航空运输　　D. 公路运输

三、多选题

1. 国际贸易运输不同于国内运输的特点是(　　)。

A. 政策性强　　B. 路线长、环节多

C. 涉及面广、复杂多变　　D. 时间性强、风险较大

2. 下列选项中，造成不合理运输的因素有(　　)。

A. 地方封锁　　B. 生产加工不合理

C. 运输工具与运输方式不配套　　D. 气候恶劣、合同缺乏合理性

3. 按运输中途是否换载分类，国际货物运输分为(　　)。

A. 直达运输　　B. 中转运输

C. 集货运输　　D. 配送运输

4. 按运输作用分类，国际货物运输分为(　　)。

A. 直达运输　　B. 中转运输

C. 集货运输　　D. 配送运输

5. 组织合理运输的措施包括(　　)。

A. 合理运输工具与方式　　B. 提高包装质量

C. 改进包装办法　　D. 提高装载技术

E. 正确选择运输路线和装卸中转港口

四、简答题

1. 国际货物运输有哪些特点?

2. 简述国际货物运输的任务和要求。

3. 简述国际货运代理人的业务特点。

4. 简述独立经营人与代理人的区别。

五、项目实操

根据运输的四要素并结合国际货物运输方式，分析下面应该采用哪种运输方式，并说明理由。

1. 从大连运往日本的海带。
2. 从荷兰运往北京的郁金香。
3. 从德国运往广州的急救药品。
4. 从俄罗斯运往中国牡丹江市的煤炭。
5. 从深圳运往香港的新鲜蔬菜。

第二章　国际海上货物运输

学习目标

理解国际海上货物运输基本知识。

熟知海运托运单、海运提单、海运单的内容。

掌握国际海上运输经营方式及进出口代理业务。

导读材料

2016 年尤佳有限公司向加拿大以 FOB 价格购进一批矿产品，共 30000 吨。在贸易合同中规定卖方每天应负责装货 2000 吨，按晴天工作日计算。我方在这批货物的租船合同中规定每天装货 2500 吨，按连续工作日计算。在上述两个合同中滞期费每天均为 6000 美元，速遣费每天均为 3000 美元。结果卖方只用了 13 天（其中包括两个星期天）便将全部货物装完。我方在签订上述两个合同时有何失误之处？

分析两个合同规定的装运日不同：

(1) 在贸易合同中规定卖方每天应负责装货 2000 吨，按晴天工作日计算。该批货的装卸时间为 30000/2000＝15 天（晴天工作日）。晴天工作日的含义为既是晴天又是工作日的天，如遇刮风下雨，使装卸工作不能正常进行，虽属工作日也不能计算装卸时间，其中两个星期天也不计为装卸日。按照贸易合同规定的装卸时间为 15 天，而卖方只用了 13 天（其中包括两个星期天）全部装完，则卖方实际可计算的装货日为 11 天，有 4 天速遣，可得速遣费 12000 美元。

(2) 在租船合同中规定每天装货 2500 吨，按连续工作日计算。

该批货的装卸时间为 30000/2500＝12 天（连续工作日）。连续日是从午夜零时到次日午夜零时，不管气候如何，时钟连续走过 24 小时就算一天，没有任何扣除。卖方用 13 天将全部货物装完，根据租船合同，卖方有 1 天滞期，卖方应向船方支付滞期费 6000 美元。

总之，按照贸易合同中规定的条件有利于卖方，而按照租船合同中规定的条件则不利于卖方。

第一节　国际海上货物运输基础知识

一、海洋运输

（一）海洋运输的概念

海洋运输（Ocean/Maritime Transport），简称海运，是指以船舶为工具，通过海洋航道运送货物和旅客的一种运输方式。国际海上货物运输是指使用船舶或者其他水运工具通过海上航道在不同的国家和地区的港口之间运送货物的一种运输方式。国际海上货物运输是国际贸易运输中最主要的运输方式。

（二）海上运输的特点

1. 天然航道

海洋运输借助天然航道进行，不受道路、轨道的限制，通过能力更强。随着政治、经贸环境以及自然条件的变化，可随时调整和改变航线完成运输任务。

2. 载运量大

随着国际航运业的发展，现代化的造船技术日益精湛，船舶日趋大型化，超巨型油轮载重量已达60多万吨，第五代集装箱船的载箱能力已超过5000TEU。

3. 运费低廉

海上运输航道为天然形成，港口设施一般为政府所建，经营海运业务的公司可以大量节省用于基础设施的投资。船舶运载量大、使用时间长、运输里程远、单位运输成本较低，为低值大宗货物的运输提供了有利条件。

4. 运输的国际性

海洋运输一般都是一种国际贸易，它的生产过程涉及不同的国家和地区的个人和组织，海洋运输还受到国际法和国际管理的约束，也受到各国政治、法律的约束和影响。

5. 速度慢、风险大

海洋运输是各种运输工具中速度最慢的运输方式。由于海洋运输是在海上，受自然条件的影响比较大，另外，还有诸如海盗的侵袭，风险也不小。

6. 不完整性

海洋运输只是整个运输过程的一个环节，它的两端的港口必须依赖其他运输方式的衔接和配合。

尽管海洋运输有明显的不足之处，如海洋运输易受自然条件和气候的影响、航期不易确定、遇险的可能性大，但是由于其具有运输量大和运费低廉的优越性，在国际贸易中所占的地位和所起的作用及其重要性仍然大大超过了其他几种运输方式。

二、船舶概述

（一）船舶定义

船舶是海上运输的工具，它的种类繁多，结构和形式多样。

远洋运输中使用的船舶又称商船（Merchant Ship），是指以商业行为为目的，在海上与海相通的水域或水中航行使用的船舶，是作为国际贸易商品的主要运载工具的船舶。

（二）船舶构造

船舶主要由以下几部分构成：

1. 船壳（Shell）

船壳即船的外壳，是将多块钢板铆钉或电焊结合而成的，包括龙骨翼板、弯曲外板及上舷外板三部分。

2. 船架（Frame）

船架是指为支撑船壳所用各种材料的总称，分为纵材和横材两部分。纵材包括龙骨、底骨和边骨；横材包括肋骨、船梁和舱壁。

3. 甲板（Deck）

甲板是铺在船梁上的钢板，将船体分隔成上、中、下层。大型船甲板数可多至六七层，其作用是加固船体结构便于分层配载及装货。

4. 船舱（Holds and Tanks）

船舱是指甲板以下的各种用途空间，包括船首舱、船尾舱、货舱、机械舱和锅炉舱等。

5. 船面建筑（Super Structure）

船面建筑是指主甲板上面的建筑，供船员工作起居及存放船具的场所，它包括船首房、船尾房及船桥。船桥上有驾驶室、海图室、电报室及主要船员的宿舍。

（三）船舶种类

目前，国际海上运输的船舶主要有以下几类：

1. 集装箱船

集装箱船是运载规格统一的标准货箱的船舶，是目前海上运输的主要方式。

2. 散货船

散货船是用以运输粮谷、矿石、煤炭、散装水泥等大宗散装货物的船舶。散货船具有运载量大、运价低的特点。

3. 油轮

油轮装运液态石油类货物，一般可以分为原油船和成品油船两种。油轮运输的特点是运量大、运距长。

此外，还有杂货船、冷藏船、液体化学品船等。

（四）船舶规范

1. 船舶吨位（Ship's Tonnage）

船舶吨位，又称船舶指标，船舶吨位是船舶大小的计量单位，可分为重量吨位和容积吨位两种。

船舶的重量吨位（Weight Tonnage）是表示船舶重量的一种计量单位，以1000公斤为1吨，或以2240磅为1长吨，或以2000磅为1短吨。目前国际上多采用公制作为计量单位。船舶的重量吨位又可分为排水量吨位和载重吨位两种。

第一，排水量吨位（Displacement Tonnage）是船舶在水中所排开水的吨数，也是船舶自身重量的吨数。排水量吨位又可分为轻排水量、重排水量和实际排水量三种。

轻排水量（Light Displacement），又称空船排水量，是船舶本身加上船员和必要的给养物品三者重量的总和，是船舶最小限度的重量。

重排水量（Full Load Displacement），又称满载排水量，是船舶载客、载货后吃水达到最高载重线时的重量，即船舶最大限度的重量。

实际排水量（Actual Displacement），是船舶每个航次载货后实际的排水量。

排水量的计算公式如下：

$$\text{排水量（长吨）}=\frac{\text{船入水部分的长}\times\text{宽}\times\text{吃水}\times\text{方模系数（立方英尺）}}{\text{35（海水）或36（淡水）（立方英尺）}}$$

$$\text{排水量（吨）}=\frac{\text{船入水部分的长}\times\text{宽}\times\text{吃水}\times\text{方模系数（立方米）}}{\text{0.9756（海水）或1（淡水）（立方米）}}$$

式中，吃水（Draft）是指船体浸入水中的深浅程度，即由龙骨最低部至满载水平线间的距离。方模系数（Block Coefficient/Coefficient of Fineness），指船舶入水部分的体积与一同等长、宽、深的长方体体积之比。方模系数因船型不同而不同，一般为0.3～0.9，通常在0.6～0.75。快速船的方模系数较小。

【例2-1】 假设一海上船舶长500英尺，宽70英尺，自甲板至龙骨深为34英尺，空船吃水水深为8英尺，满载吃水水深为30英尺，方模系数为0.7。为便于计算实际排水量，船上一般都备有载重表。如已知船的吃水深度，从表上即可查出当时的实际排水量和总载重吨。

$$满载排水量=\frac{500\times70\times30\times0.7}{35（海水）}=21000（长吨）$$

$$空船排水量=\frac{500\times70\times8\times0.7}{35（海水）}=5600（长吨）$$

排水量吨位可以用来计算船舶的载重吨；在造船时，依据排水量吨位可知该船的重量；在统计军舰的大小和舰队时，一般以轻排水量为准；军舰通过巴拿马运河，以实际排水量作为征税的依据。

第二，载重吨位（Dead Weight Tonnage，DWT）表示船舶在营运中能够使用的载重能力。船舶载重吨位可用于对货物的统计、作为期租船月租金计算的依据、表示船舶的载运能力，也可以用作新船造价及旧船售价的计算单位。载重吨位可分为总载重吨和净载重吨。

总载重吨（Gross Dead Weight Tonnage），是指船舶根据载重线标记规定所能装载的最大限度的重量。它包括船舶所载运的货物，船上所需的燃料、淡水和其他储备物料重量的总和。

总载重吨＝重排水量－轻排水量

＝货物＋燃料＋淡水＋其他储备物料等

净载重吨（Dead Weight Cargo Tonnage，DWCT）是指船舶所能装运货物的最大限度重量，又称载货重吨，即从船舶的总载重量中减去船舶航行期间需要储备的燃料、淡水及其他储备物品的重量所得的差数。船舶载重吨位可用于对货物的统计，作为期租船月租金计算的依据，表示船舶的载运能力，也可用作新船造价及旧船售价的计算单位。

净载重吨＝总载重吨－燃料－淡水－其他储备物料等

船舶容积吨位（Registered Tonnage）是表示船舶容积的单位，又称注册吨，是各海运国家为船舶注册而规定的一种以吨为计算和丈量的单位，以100立方英尺或2.83立方米为1注册吨，容积吨又可分为容积总吨和容积净吨两种。

第一，容积总吨（Gross Registered Tonnage，GRT），又称注册总吨，是指船舱内及甲板上所有封闭场所的内部空间（或体积）的总和，是以100立方英尺或2.83立方米为1吨折合所得的商数。容积总吨的用途很广，它可以用于国家对商船队的统计，表明船舶的大小，用于船舶登记，用于政府确定对航运业的补贴或造船津贴，用于计算保险费用、造船费用以及船舶的赔偿等。

$$容积总吨=\frac{船上所有封闭场所的声部空间容积总和}{100（立方英尺）或2.83（立方米）}$$

第二，容积净吨（Net Registered Tonnage，NRT），又称注册净吨，是指从容积总吨中扣除那些不供营业用的空间后所剩余的吨位，也就是船舶可以用来装载货物的容积折合成的吨数。容积净吨主要用于船舶的报关、结关；作为船舶交纳的各种税收和费用的依据；作为船舶通过运河时交纳运河费的依据。

$$容积净吨=\frac{可供载货容积总和（立方英尺或立方米）}{100（立方英尺）或2.83（立方米）}$$

2. 船舶载重线（Ship's Load Line）

船舶载重线指船舶满载时的最大吃水线。它是绘制在船舷左右两侧的标志，指明船舶入水部分的限度。船级社或船舶检验局根据船舶的用材结构、船型、适航性和抗沉性等因素，以及船舶航行的区域及季节变化等制定船舶载重线标志。此举是为了保障航行的船舶、船上承载的财产和人身安全，它已得到各国政府的承认，违反者将受到法律的制裁。

船舶载重线标志，又称普利姆索尔标志（Plimsoll Mark），包括甲板线、载重线圆盘以及圆盘有关的各条载重线三个组成部分，如图 2-1 所示。

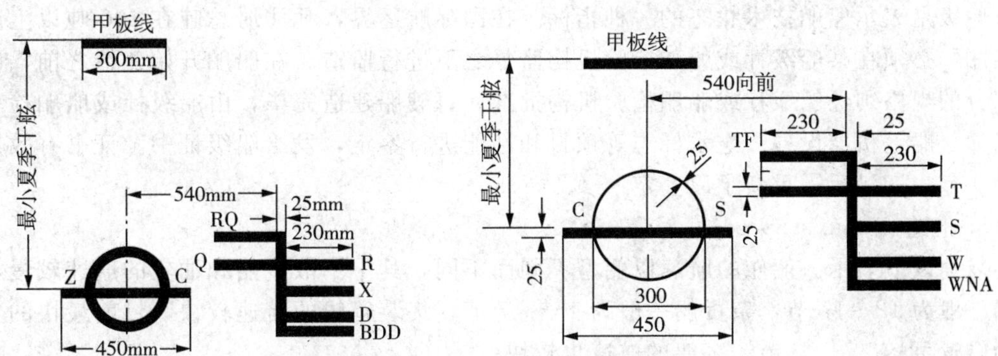

图 2-1 船舶载重标志

图 2-1 中的各条载重线含义说明如下：

TF（Tropical Fresh Water Load Line）表示热带淡水载重线，即船舶航行于热带地区淡水中总载重量不得超过此线。

F（Fresh Water Load Line）表示淡水载重线，即船舶在淡水中行驶时，总载重量不得超过此线。

T（Tropical Load Line）表示热带海水载重线，即船舶在热带地区航行时，总载重量不得超过此线。

S（Summer Load Line）表示夏季海水载重线，即船舶在夏季航行时，总载重量不得超过此线。

W（Winter Load Line）表示冬季海水载重线，即船舶在冬季航行时，总载重量不得超过此线。

WNA（Winter North Atlantic Load Line）表示北大西洋冬季载重线，指船长为100.5米以下的船舶，在冬季月份航行经过北大西洋（北纬36°以北）时，总载重量不得超过此线。标有L的为木材载重线。

我国船舶检验局对上述各条载重线分别以汉语拼音首字母为符号。即以“RQ”“Q”“R”“X”“D”和“BDD”代替“TF”“F”“T”“S”“W”和“WNA”。在租船业务中，期租船的租金习惯上按船舶的夏季载重线时的载重吨来计算。

3. 船舶的船籍、船旗（Ship's Nationality and Flag）

船籍（Ship's Nationality）指船舶的国籍。船旗是指船舶在航行中悬挂其所属国的国旗。船旗是船舶国籍的标志。按国际法规定，商船是船旗国浮动的领土，无论在公海或在他国海域航行，均需悬挂船籍国的国旗。凡是悬挂船籍国国旗的船舶有权在船籍国领海、内水和在公海上航行，适用船籍国的法律，在从事合法的海上运输业务的过程中享受船籍国法律的保护。

方便旗船（Flag of Convenience）是指在外国登记、悬挂外国国旗并在国际市场上进行营运的船舶。将船舶转移到外国去进行登记，企图逃避国家重税和军事征用，自由制定运价不受政府管制，自由处理船舶与运用外汇，自由雇用外国船员以支付较低工资，降低船舶标准以节省修理费用，降低营运成本以增强竞争力等。

4. 船级（Ship's Classification）

船级是表示船舶技术状态的一种指标。在国际航运界，凡注册总吨在100吨以上的海运船舶，必须在某船级社或船舶检验机构监督之下进行监造。在船舶开始建造之前，船舶各部分的规格须经船级社或船舶检验机构批准。每艘船建造完毕，由船级社或船舶检验局对船体、船上机器设备、吃水标志等项目和性能进行鉴定，发给船级证书。证书有效期一般为4年，期满后需重新予以鉴定。

5. 航速（Ship's Speed）

航速以节表示。船舶的航速以船型不同而不同，其中干散货船和油轮的航速较慢，散货船一般为12～17节，杂货船一般为15～17节，集装箱船的航速较快，目前最快的集装箱船航速可达25～32节，客船的航速也较快。

6. 船舶的主要文件（Ship's Documents）

船舶文件是证明船舶所有权、性能、技术状况和营运必备条件的各种文件的总称。船舶必须通过法律登记和技术鉴定并获得有关正式证书后，才能参加营运。

国际航行船舶的船舶文件主要有：

船舶国籍证（Certificate of Nationality）

船舶所有权证书（Certificate of Ownership）

船舶船级证书（Certificate of Classification）

船舶吨位证书（Tonnage Certificate）

船舶载重线证书（Certificate of Load Line）

船员名册（Crew List）

航行日志（Log Book）

此外，还有轮机日志、卫生日志和无线电日志等。

三、海运航线

世界各地水域，在港湾、潮流、风向、水深及地球球面距离等自然条件限制下，可供船舶航行的一定径路，称为航路。而承运人在可供通行的航路中，根据主、客观条件，为达到经济效益最大化而选定的营运路线为航线。海运航线（Shipping Line）是指船舶在两个或多个海港之间进行货物运输的路线。

（一）航线形成的因素

① 安全因素是指确定航线时应考虑自然界的种种现象，如风向、波浪、潮汐、水流、暗礁及流冰等。

② 货运因素是指航线沿途货物的主要流向及流量，货运因素将主要影响航运公司的经营收益。

③ 港口因素是指影响船舶靠泊和装卸的各种港口设施和条件，如港口的水深、冰冻期、港口使用费等。

④ 技术因素是指船舶航行时在技术上需要考虑的因素。

⑤ 国际政治形势，沿途国家的关税法令、经济政策、航行政策等的变化也会影响航运公司对航线的选择。

（二）航线划分的方法

海洋货物运输航线可以从不同的角度进行分类，通常有以下几种划分方法：

1. 按船舶营运方式划分

一是定期航线，是指使用固定的船舶，按固定的船期和港口航行，并以相对固定的运价经营客货运输业务的航线。定期航线又称班轮航线，主要装运件杂货物。

二是不定期航线，是临时根据货运的需要而选择的航线，船舶、船期、挂靠港口均不固定，是以经营大宗、低值货物运输业务为主的航线，又称租船运输。

2. 按航运范围划分

一是国际大洋航线，也称远洋航线，是指贯通一个或数个大洋的海上运输路线，航线距离较长，是世界性的航线，包括大西洋航线、太平洋航线、印度洋航线以及穿越两个以上大洋的航线。

二是地区性国际海上航线，也称近洋航线，是指不跨越大洋，在局部海域连接邻近国家间港口运作的航线，航程较国际大洋航线短。

三是沿海航线，是指连接同一国家沿海各港口之间的海运，属于一国的国内航线。

四、港口

（一）概念

港口是海洋交通和内路交通的连接点，一般在江、湖、海湾沿岸，具有水陆联运设备和条件，是供船舶安全进出和停泊的运输枢纽。

港口既为海洋运输服务，又为内陆运输服务。客货运输无论是从船舶转入陆运工具，还是由陆运工具转入船舶，都离不开港口的服务工作，由此可见港口在组织国内外运输中的重要性。世界上沿海国家都视港口为国家的经济咽喉，如荷兰最大的港口鹿特丹在欧洲占有重要的经济地位；新加坡提出“以港立国”，其国民收入绝大部分都直接与港口业务有关。世界上许多国家在港口处划分一定范围的“自由贸易区”，以低税率或免税来吸引外商在该地储存、中转、加工、装备货物，以增加外汇收入。所以，可以说一个现代化的港口，实际上是城市海陆空主体交通的总管，是“综合运输体系”的中心。

（二）分类

1. 港口按用途分为商港、渔港、军港、避风港

商港主要供商船停靠进行客货运输，为往来船舶提供（燃料等）供给、维修等相应服务，是海上交通和内陆交通联系的枢纽。现代化的港口除具有货物集散作用外，往往还具备加工、制造、转运功能。港口规模的大小一般以港口吞吐量表示。

2. 港口按地理位置分为海湾港、河口港和内河港

海湾港指地处海湾，又处海口，一般有水深、风浪小的特点，如大连港。

河口港指位于河口入海处的港，如上海港。

内河港指位于内河沿岸的港，在内河水运中占重要角色，一般与海港有航道相通，如南京港。

3. 按港口功能分为存储港、转运港和经停港

存储港一般位于工商业中心，交通体系比较发达，有利于进出口货物的储存、分拨、联运，是货物的集散地，如天津港。

转运港一般位于水陆交通衔接处，有利于货物在水路和陆路间转运或办理转船的业务，如荷兰鹿特丹港。

经停港一般地处航道要冲，是船舶必经之地，可供船舶短暂停留以补充燃料、物料、淡水、食物等给养，如亚丁港。

4. 按港口开发工程分为天然港和人工港

天然港具有港湾自然条件，符合商港的需要，除添置水上或陆岸各种设备供船舶停泊及货物装卸搬运的需要外，基本上可以利用港湾航道水深等天然地理气候条件。世界有三大天然良港，分别是香港的维多利亚港、美国的旧金山湾及巴西的里约热内卢港。

人工港是指港湾停泊地区纯系人工自陆上开发完成的、有防波堤保护的非天然港口。由于地理环境没有天然防护，人工港需要投入大量资金及人力修筑防波堤及其他设施，以确保船舶及货物装卸不受风浪影响，如荷兰的鹿特丹港、阿联酋迪拜的杰贝拉里港、中国的天津港。

5. 按照国家政策范围分为国内港、国际港、自由港

国内港，又称非通商港，是指为经营国内贸易专供本国船舶出入的港口。外国船舶除天灾或意外事故及特许外，不得任意驶入国内港口。

国际港，又称通商港、开放港，可以经营国际航运业务，外国船舶只要办理有关手续便可出入。

自由港是指所有进出该港的货物，允许其在港内储存、装配、加工、整理、制造再转运他国，均免征关税，只有在输入内地时才可征收一定的关税。

目前，由于亚太地区经济发展强劲，世界的大港口多集中在亚太地区，主要有新加坡港，我国的上海港、香港港、深圳港、宁波一舟山港、青岛港、高雄港等，韩国的釜山港，阿联酋的迪拜港。另外，还有荷兰的鹿特丹港、德国的汉堡港、美国的长滩港等。

第二节　班轮运输

班轮运输（Liner Transport）是指由班轮运输企业（Liner Shipping Companies）按照事先制定的船期表（Sailing Schedule or Liner Schedule），在特定的航线上，以既定的挂靠港顺序开展的航线上各港口间的货物运输。

一般而言，用于班轮运输的船舶技术性能较好，设备较齐全，船员的技术业务水平也较高，所以既能满足普通货物件杂货的运输要求，又能满足危险货物、重大件等特殊货物的运输要求，并且能较好地保证货运质量。传统上，班轮运输的对象通常是件杂货，现在则以集装箱为主。经班轮运输的货物，价格相对较高，有一定的批量，这就要求有较快的运送速度和较大的舱容。传统的件杂货班轮承运的货物都是以散件形式存在，在包装、重量、形状方面千差万别，给货物的装卸带来不便，延长了船舶的在港停泊时间，因而降低了船舶的营运效率，增加了船舶的经营成本。随着集装箱运输的开展，集装箱班轮有效地克服了传统件杂货班轮装卸效率低下的缺点。另外，由于集装箱便于开展多式联运，越来越多的货主选择用集装箱来运送货物，集装箱班轮在班轮运输市场上所占有的份额正逐年提高。

一、班轮运输概述

（一）班轮运输的特点

一是"四固定"。班轮运输的最基本特征是"四固定"，即固定航线、固定港口、固定船期和相对固定费率。这为贸易双方洽谈价格和装运条件提供了方便。

二是班轮运价中包括货物在港口的装卸费用。使用班轮运输时，货物在港口的装卸及配载费由承运人（班轮公司）负责，承、托双方之间不计滞期费（Demurrage）和速遣费（Dispatch），托运人与收货人不须另行支付装卸费。

三是承运人的责任期间通常为从货物装上船起，到货物卸下船止，即"钩至钩"（或"船边至船边""船舷至船舷"）原则，装卸货物的责任和费用由承运人承担。因此，装前卸后的责任和费用一般由货主承担。

四是承运人与托运人之间并不签订书面运输合同，而是以签订装货单（Shipping Order，S/O）的方式订舱，并以提单（B/L）作为承、托双方权利、义务和豁免的依据。该提单通常受统一的国际公约或国内法的制约。因此，班轮运输又称提单运输。

五是班轮运价属于垄断性价格。但随着中国海运市场的开放，这种垄断性大大减弱。

（二）班轮运输的作用

由于班轮运输具有上述特点，采用这种运输经营方式极大地方便了货主，有力地促进了国际贸易的发展。

第一，有利于一般杂货和不足整船货的小额贸易货物的运输。班轮只要有舱位，不论数量大小、挂港多少、直运或转运都可接受承运。

第二，由于"四固定"的特点，时间有保证，运价相对固定，为贸易双方洽谈价格和装运条件提供了方便，有利于开展国际贸易。

第三，班轮运输长期在固定航线上航行，有固定设备和人员，能够提供专门的、优质的服务。

第四，由于事先公布船期、运价费率，有利于贸易双方快速达成交易，减少磋商内容。

第五，手续简单，货主方便。班轮运输不需签订复杂的运输合同，承、托之间仅以提单为依据，加之承运人负责装卸和理舱，托运人只要将货物交给承运人即可，省心省力。

二、班轮运费

班轮运费（Liner Freight）是班轮公司运输货物而向货主收取的费用，包括基本运费和附加费两部分。基本运费是班轮航线内基本港之间对每种货物规定的必须收取的运费。附加费是对一些需要特殊处理的货物或由于客观情况的变化等使运输费用大幅度增加，班轮公司为弥补损失而额外加收的费用。附加费的种类很多，并且随着客观情况的变化而变动，各种附加费是对基本运价的调整和补充。

（一）班轮运价

计算运费的单价（或费率）就称为班轮运价。班轮运价是按照班轮运价表的规定计算的，是垄断性价格。不同的班轮公司或不同的轮船公司开列有不同的班轮运价表。班轮运价表可以分为等级运价表和单项费率运价表两种。班轮运价表包含的内容主要有以下几个方面：①货物分级表。表中列明各种货物所属的运价和计费标准。②航线等级费率表。表中列明不同等级货物的基本运费率。③附加费率表。表中列明各种附加费按基本运费的一定百分比（相对数）或按每运费吨若干元（绝对数）计收，如货币贬值附加费、直航附加费、燃油附加费等。④冷藏货费率表及活牲畜费率表。⑤说明及有关规定，主要是该运价表的适用范围、计价货币、计价单位以及其他有关规定。⑥港口规定及条款，主要是将一些国家或地区的港口规定列入运价表。

（二）基本费率的计算标准

基本费率（Basic Rate）是指每一计费单位货物收取的基本运费，即航线内基本港之间对每种货物规定的必须收取的费率，也是其他一些按百分比收取附加费的计算基础。其计算标准主要有以下几种：

① 按货物的毛重计收，在运价表中以“W”字母表示，一般以吨为计费单位，也有按长吨或短吨计费的，称为重量吨（Weight Ton）。

② 按货物的体积计收，在运价表中以“M”字母表示，一般以立方米为计费单位，也有按40立方英尺计费的，称为“尺码吨”。尺码吨与重量吨统称运费吨（Freight Ton）。

③ 按货物的价格计收，又称从价运费。在运价表中以“AV”或“Ad Valorem”表示，一般按FOB货价的一定百分比收费。

④ 按货物的毛重或体积从高计收，在运价表中以“W/M”字母表示，即凡1重量吨货物的体积超过1立方米或40立方英尺者按尺码吨计收；不足1立方米或40立方英尺者按重量吨计收。运价表上还有注明“W/M or AV”及“W/M plus AV”字母的，前者表示运费按照货物重量、体积或从价三者中较高的一种计收；后者表示先按货物毛重或体积从高计收后，再加一定百分比的从价运费。

⑤ 按货物的件数计收。例如，汽车按辆（Unit）、活牲畜按头（Head）。

⑥ 临时议定（Open Rate）。该计费标准适用于粮食、豆类、煤炭、矿砂等运量较大、货价较低、装卸速度快的农副产品及矿产品，由货主与船公司临时议定。

⑦ 起码费率（Minimum Rate）。其指按每一提单上所列的重量或体积计算的运费。如果未达到运价表中规定的最低运费金额，按最低运费计收。

应当注意的是，如果不同的商品混装在一个包装内（集装箱除外），则全部货物都须按其中收费最高的商品计收运费。同一种货物因包装不同而计费标准不同，但托运时如未申明具体包装形式，全部货物均要按运价高的包装计收运费。同一提单内有两种以上不同计价标准的货物，托运时如未分列货名和数量，计价标准和运价全部要按高者计算。这是在包装和托运时应该注意的。此外，对无商业价值的样品，凡体积不超过 0.2 立方米，重量不超过 50 千克，可要求船方免费运送。

（三）附加费种类

附加费是对基本运价的调节和补充，可以比较灵活地对各种外部不测因素的变化作出反应，所以班轮附加费是班轮运价的重要组成部分。以下是几种常见的附加费：

① 燃油附加费（Burner Surcharge or Bunker Adjustment Factor，BAF）：在燃油价格突然上涨时加收，按每一运费吨加收一绝对款或按基本运价的一定百分比加收。

② 货币贬值附加费（Devaluation Surcharge or Currency Adjustment Factor，CAF）：指在货币贬值时，船方为保持实际收入不减少，按基本运价的一定百分比加收的附加费。

③ 转船附加费（Transshipment Surcharge）：指凡运往基本港的货物，需转船运往目的港时，船方收取的附加费，包括转船费和二程运费。但有的船公司不收此项附加费，而是分别收转船费和二程运费，这种收取一、二程运费加转船费的做法，即通常所称的“三道价”。

④ 直航附加费（Direct Additional）：指当运往基本港的货物达到一定的货量（500～1000 运费吨）时，船公司可安排直航该港而不转船时所加收的附加费。一般来说，直航附加费较转船附加费低。

⑤ 超重附加费（Heavy Lift Additional）。

⑥ 超长附加费（Long Length Additional）。

⑦ 港口附加费（Port Additional or Surcharge）：指有些港口由于设备条件差或装卸交叉率低及其他原因，船公司加收的附加费，一般按基本运价的一定百分比收取。

⑧ 港口拥挤附加费（Port Congestion Surcharge）：指有些港口由于拥挤导致船舶停泊时间增加而加收附加费。这种附加费随港口条件的改善或恶化而变化，一般按基本运价的一定百分比计收。

⑨ 选港附加费（Optional Surcharge）：指货运托运时不能确定具体卸货港，要求在两个或两个以上港口中选择一港卸货，船方加收的附加费。所选港口限定为该船次规定的转港，并按所选港中收费最高者计收运费及各种附加费，货主必须在船舶到达第一卸港前的规定时间内（一般规定为 24 小时或 48 小时前）通知船方最后选定的卸货港。

⑩ 绕航附加费（Deviation Surcharge）：苏伊士运河 1967 年因战争关闭，欧亚间往来船舶均需绕道好望角，当时班轮运价规定加收 10％的绕航附加费，1975 年 6 月 5 日运河重新开放时，该附加费取消。由于正常航道受阻不能通行，船舶必须绕道才能将货物运至目的港时，加收附加费。

除以上 10 种附加费外，还有一些需船货双方临时议定的附加费，如洗船费、熏蒸费、破冰费、加温费等。各种附加费是对基本运价的调节、补充。

（四）班轮运费的计算

1. 班轮运费的计算公式

班轮运费的计算公式为：$F=Fb+\sum S$

式中，F 表示运费总额；Fb 表示基本运费，是所运货物的数量（重量或体积）与规定的基本费率的乘积，即 $Fb=f\times Q$，f 表示基本费率，Q 表示货运量（运费吨）；S 表示某一项附加费。

① 附加费按基本费率的百分比收取的情况下：

$$\sum S=(S_1+S_2+\cdots+S_n)\times Fb$$
$$=(S_1+S_2+\cdots+S_n)\times f\times Q$$

$$F=Fb+\sum S$$
$$=f\times(S_1+S_2+\cdots+S_n)\times Q$$

式中，S_1，S_2，…，S_n，为各项按基本费率计收附加费的百分比。

② 附加费按绝对数收取的情况下：

$$\sum S=(S_1+S_2+\cdots+S_n)\times Q$$

$$F=Fb+\sum S$$
$$=(f+S_1+S_2+\cdots+S_n)\times f\times Q$$

式中，S_1，S_2，…，S_n，为各项附加费的绝对数。

2. 班轮运费的计算步骤

第一步，审查托运人提供的货物名称、重量、尺码（是否超重、超长）、装卸港口、是否需要转船以及卸货港的选择等；

第二步，根据货物名称，从有关运价表中查出该货物的计费标准及运价等级；

第三步，查找所属航线的等级费率表，找出该等级货物的基本费率；

第四步，查出各附加费的费率及计算方法；

第五步，将各项数据代入班轮运费计算公式予以计算。

【例 2-2】 某公司出口 200 箱洗衣粉到西非某港口。内包装：塑料袋，每袋一磅外包装纸箱，每箱 100 袋；箱的尺寸 47 厘米×39 厘米×36 厘米。试计算该批货物的班轮运费。

解：先按洗衣粉英文名称（Detergents）的字母顺序在运价表中查出出口洗衣粉为 M5 级货，计费重量为 M；然后再查出中国至西非航线 M5 级货每尺码吨的基本运费为 387 港元，另加转船费 15%、燃油费 33%、港口拥挤费 5%，最后代入公式计算总运费为：

运费＝计费吨×基本运价＋附加费总和

＝计费吨×基本运价×（l＋各种附加费率）×商品数量

＝0.47×0.39×0.36×387×（1＋15％＋33％＋5％）×200

＝7814.43（港元）

【例2-3】　我方出口商品共100箱，每箱的体积为30厘米×60厘米×50厘米，毛重为40千克，查运费表得知该货为9级，计费标准为W/M，基本运费为每运费吨109港元，另收燃油附加费20％、港口附加费20％、货币贬值附加费10％。试计算该批货物的运费是多少港元。

解：30厘米×60厘米×50厘米＝0.09立方米，

因为0.09＞0.04，故：

基本运费的计收方法是W/M，所以应选择0.09立方米来计算运费，代入公式：

运费＝计费吨×基本运价＋附加费总和

＝计费吨×基本运价×（l＋各种附加费率）×商品数量

＝0.09×109×（1＋20％＋20％＋10％）×100

＝1471.5（港元）

【例2-4】　某货物按运价表规定，以W/M或AV选择法计费，以1立方米或1吨重量为1运费吨，由甲地至乙地的基本运费费率为每运费吨25美元加1.5％。现装运一批该种货物，体积为4立方米，毛重为3.6吨，其FOB价值为8000美元。应付多少运费？

解：按三种标准试算如下：

“W”＝25×3.6＝90（美元）

“M”＝25×4＝100（美元）

“AV”＝8000×1.5％＝120（美元）

三者比较，AV的运费较高。所以，该批货物的运费为120美元。

试算时，也可以作M/W比较，4米和3.6吨比较，先淘汰“W”，而后作“M”和“AV”。

试算比较，这样可省略一次试算过程。

三、班轮货物运输业务

班轮运输从揽货开始到交付货物完毕，所经历的货运程序比较复杂，现从班轮公司角度将散杂货班轮运输基本程序叙述如下。

（一）揽货和订舱

1. 揽货和订舱的概念

揽货又称揽载，是指班轮公司为使自己所经营的班轮能在载重和舱容上得到充分利用，从货主那里争取货源的行为。

为了揽集货载，班轮公司一方面要就自己所经营的班轮航线和船舶的发、到时间通过报纸、杂志［如我国的《中国远洋航务公报》（*China Shipping Bulletin*）、《中国航务周刊》（*China Shipping Gazette*）等］发布船期表以邀请货主前来托运货物，也可通过与货主、无船承运人或货运代理公司签订货物运输服务合同或揽货协议来争取货源；另一方面还要在航线的两端和挂靠港及其腹地的货物集中地设置自己的分支机构、代理机构，方便货主订舱和提取货物。

与班轮公司揽货相对应，托运人或其代理人向班轮公司或其代理机构提出货物订舱委托书，即所谓的订舱，承运人对申请给予承诺、运输合同即告订立。

班轮运输可以口头或以订舱委托书发出要约，船公司一般以配舱回执作出承诺。

在国际贸易中，CFR、CIF 合同的出口商负责运输时，订舱在装货港或货物输出地进行。如果在 FOB 合同下，订舱可能在货物输入地或卸货港进行，这样的订舱称为卸货地订舱（Home Booking），买方也可以委托卖方在出口地订舱。

2. 订舱注意事项

承运人在接受订舱时，须注意以下问题：

（1）船舶舱位的分配

由于班轮航线的件杂货运输须在若干挂靠港装卸货物，所以船公司一般都要参考过去的实际情况，预先就各装货港船舶的舱位进行适当的分配，定出限额。各装货港的营业所、代理机构只能在所分配的船舶舱位范围内承揽货款，并在船舶抵达装货港口前作必要调整。

（2）货物的性质、包装和重量

承揽货载时，必须注意货物种类、性质、包装和重量。例如装运爆炸性或其他危险货物时，应考虑积载和保管上的限制；装运长件货物（Lengthy Cargo）时，应考虑舱口大小的限制；装运重件货物（Heavy Cargo）时，要考虑船舶和装货港、卸货港设备能力限制。相应地，托运人在托运货物时，应当了解上述情况，及早办理托运，以避免错过装运日期。

（二）收货和装船

1. 收货

散杂货班轮运输情况下，货物的种类繁多、性质各异、包装形态多样，卸货口也不同，如果众多货主都将货物直接运送至码头或船边，无法保证各票货物按照配载顺序进入码头或船边，码头现场将会混乱。为了保证装货顺序，提高装卸效率，减少船舶在港停泊时间，班轮散杂货运输通常采用仓库集中收货、集中装船的做法。具体地，由船公司指定的各代理人，在各装运港的指定地点，接受托运人送来的货物，将货物集中，并按照货物性质和港序进行适当的分类，待船舶靠港时再进行装船。

指定的接收货物地点可以是码头仓库，也可以是班轮公司仓库。对于特殊货物或批量较大的货物，也可以船边收货。为保证班轮船期，班轮公司都规定了截载日期，过了该日期，一般不再接收本航次货物。

2. 装船

船舶靠泊后，班轮公司将按照船舶配载图要求的装货顺序，将货物分批地从仓库运至船边，由装卸公司负责装载货物。

除另有规定外，非集装箱货物的班轮运输中承运人与托运人的责任界限是以货物装上船时划分的。我国《海商法》第四十六条规定："承运人对非集装箱货物的责任期间从货物装上船舶时起至货物卸下船舶时止，货物处于承运人掌握之下的全部期间。前款规定不影响承运人就非集装箱装运的货物，在装船前和卸船后所承担的责任达成任何协议。"这样，班轮公司提单条款中"承运人的责任从本船船边装货时起"条款的有效性就有了法律依据。因此，托运人将货物在仓库交给班轮公司，并不改变提单中规定的承运人责任界限，除非另有相反约定。

费用划分也是如此。装船以前的费用，如仓库费用、将货物送至船边的费用（即使是由班轮公司自己的运载工具运载亦然）由托运人负担。本船的装船准备和装船用具的费用以及货物装船费，由班轮公司负担。在特殊情况下，如装载笨重货物时使用浮吊的费用，或托运人超出常规要求使用某种装货工具所发生的费用，则依据特别约定处理。

（三）卸货和交付

1. 卸货

在卸货港，根据船舶预计到港通知，船公司或其代理人一方面需要编制必要的单据，指定装卸公司，等待船舶进港卸货；另一方面，还要把船舶预计到港的时间通知提单的通知方或收货人，以便交付货物和收取到付运费。

为了缩短船舶在港时间，通常采用集中卸货的办法，即由船公司所指定的装卸公司负责卸货和接收货物。卸货业务也可由船公司的代理人兼营。

卸货和交付货物程序较多，包括准备库场、安排驳船和装卸工人、在船舶到港后开关舱盖、指派起货机手、卸货作业以及将货物移往岸上指定的地点进行分类保管，并代表船舶公司根据提货单（Delivery Order，D/O）向收货人交付货物。进口货物卸货前，还应履行货物进口报关和报验工作。

2. 责任和费用

根据相关法律，如无特殊约定，承运人对货物的责任到货物装上船时为止。有关卸货费用（Landing Charge）划分是：承运人负担货物的卸船费用，收货人负担此后发生的驳船费、岸上装卸费、倒运费、保管费等。收货人向装卸公司或者其他业务代办人提取货物时须付清应付费用。

3. 误卸

本港卸下的货物少于载货清单记载数量的称为"短卸"（Shortlanded）。本港卸下的货物多于载货清单记载量的称为"溢卸"（Overlanded）。溢卸或短卸统称为误卸（Mislanded）。

误卸的原因通常有在装货港实际装船数量与载货清单和提单记载的不符、包装标志不清、隔票不清、中途港误卸及航行途中发生海损事故造成货物灭失或损坏等。船公司或其代理人如果发现溢卸或短卸，应立即向各挂靠港发出货物查询单（Cargo Tracer）。有溢卸货物的港口应及时将溢卸货物运回原定的卸货港。

承运人误卸货物会使收货人的利益受到损害。确定此种损害赔偿责任时，需查清原因，再根据有关法律由承运人或托运人赔偿。有的班轮公司在提单条款中规定，因误卸而发生的补送、退送费用由船公司负担，但对延迟交付损失，船公司不负担赔偿责任。此种条款旨在降低承运人责任，在《海牙规则》下应属无效条款。

4. 交付

货物的主要交付方式为仓库交付（Delivery Ex-warehouse）。

仓库交付形式下，承运人将货物集中卸下，移入船公司或其代理人仓库，或装卸公司的仓库，然后由代理人或装卸公司代替船公司按票向收货人交付货物。

按照提单条款的规定，承运人的责任在卸货后即告终止。因此，为划分责任，承运人应当组织好船边理货，并由理货人就已卸船的每一票货物，由船方、理货人在相关单证上签证。这种签证具有公正效力，承运人得以声明他已按照签证的内容交付货物。

特殊货物也可在船边交付。一些贵重货物、危险货物、冷冻货物、长大件货物以及其他批量较大的货物在货主要求下，常以船边交货方式交付。

在船边交付货物时，收货人应当保证充分的接运工具，及时提取货物。如因接运工具不足使卸货中断，船长可以将货物卸在岸上，如延误了船期，承运人还可以索赔船期损失。

对变更提单卸货港交付的，应由收货人提出申请。变更申请一般应满足以下条件：第一，变更的卸货港口应在本航次停靠范围之内；第二，应在船舶到达变更的卸货港之前或原卸货港口之前提出，以船舶先抵达者为准；第三，由于变更的港口未在原提单上载明，收货人必须提交全套提单换取提货单；第四，因变更卸货港而发生的费用，应当全部由申请变更的收货人负担。

在选择卸货港交付货物（Optional Delivery）的情况下，发货人或收货人必须在船舶到达第一个选卸港前的一定时间内（通常为48小时），将最终卸货港通知船公司或卸货港代理人。在没有使用海运单情况下，还可以使用“电放”的交付方式。所谓“电放”是指在装货港，托运人将全套提单交还给班轮公司，同时指定收货人。由班轮公司以电讯方式授权卸货港口的代理人，凭指定收货人的身份证明交付货物。由于“电放”交付货物与传统做法不同，通常托运人和收货人需要向承运人出具保函。

（四）主要货运单证

散杂货班轮运输中，从办理托运手续、装船，直到卸货和交付货物的整个过程中，需要编制各种单证。这些单证是货方、船方、港方联系工作的凭证，又是划分货方、船方、港方责任的法律文件，现将主要单证介绍如下：

1. 装运港单证

（1）装运联单

装运联单是由托运单、装货单和收货单三联与其他联组成的有关货物和装卸港口信息的单据，各联的主要内容基本一致，但作用不同。

① 托运单（Booking Note）

托运单也称舱单，是托运人根据贸易合同和信用证条款内容填写的向承运人办理货物托运的单证，是班轮运输合同的重要形式。托运单的主要内容包括：托运人、收货人、货名、件数、包装方式、标志、重量、尺码、装卸港口、装船期限、能否分运或转船等。

② 装货单（Shipping Order，S/O）

装货单在业务中也称下货纸，是由托运人填制，交给船公司审核签章后，凭以命令船长将货物装船承运的单据。由于该单必须向海关申报，履行货物出口海关手续后才能将货物装船，因此装货单也称为“关单”。该单据也是编制装货清单、制订船舶积载计划的重要依据。

装货单中记载的主要内容与托运单基本相同，但增加了实际装货时间、实际装货数量和理货人及大副签字等事项。

装货单的通常流转程序是：承运人或其代理人接受托运后，将载有航次编号、船舶名称、目的港和提单编号的订舱回执交给托运人，托运人根据订舱回执及贸易资料填制托运单，填妥后交回承运人的代理公司签章。代理公司审核无误签章留底后，将装货单（包括收货单）交还给托运人，托运人据此办理货物出口报关和装船手续。托运人凭代理公司签章的装货单，连同其他必备单证，到海关办理出口货物报关手续。经海关核准出口，在装货单上加盖海关放行图章，船舶才能收货装船。当每票货物装船后，理货人员即核对理货记数单的数字，并在装货单上签注实装数量、装舱位置和装船日期，再由理货长在装货单的规定位置上签名，证明该票货物如数装船无误，然后连同收货单一起交船方。大副在收货单上签字后，留下装货单，将收货单交回理货长转交给托运人或货运代理人。

装货单一经承运人签章，船货双方都应受其约束。如果发生货物退关造成损失时，应由责任方负责。如果需要修改装货单所记载的内容，应及时编制更正单，分送有关单位更正。如整票货物退关，除签发更正单外，还要将原装货单退回注销。

承运人签发装货单后，船、货、港各方均需一段时间进行申请报关、查验放行、货物集中、编制装货清单、编制积载图等装船准备工作。因此，对于某一具体船舶，在装货开始前的一段时间需截止签发装货单。具体的截止时间，视各港情况而定。截止签单后，如再签发装货单，则称为“加载”。“加载”通常是由紧急任务或信用证到期等原因造成的。一般只要还没有最后编妥积载图或积载图虽已编妥，但船舶的舱位尚有剩余，并且不影响原积载计划执行时，可安排加载。

③ 收货单（Mate's Receipt，M/R）

收货单是船舶大副签发给托运人的，用以证明货物已经装上船舶的单证，所以一般又称为“大副收据”。收货单还是托运人凭以要求承运人签发已装船提单的凭证。

收货单的记载内容与装货单完全一致。

根据有关法律，承运人需履行按照提单记载向收货人交付货物的义务，所以装船时，大副必须严格监督装船货物情况。如果货物与装货单记载不符，应在收货单中如实批注。船方监督货物应以货物外观状态是否完好为重点，也包括货物的件数、包装、标志以及水渍、污渍等情况。

收货单上的批注应如实转到提单上去。如批注不良，便成为不清洁提单，从而影响卖方以提单向银行结汇。因此，对待批注，应防止两种倾向：一是不管货物是否完好、件数是否正确，一概不加批注，这将导致承运人承担额外责任；二是不管货物是否有损坏或短缺，为减轻承运人的责任，罔顾事实多作批注，这样将导致货主议付困难。总之，批注应实事求是，内容明确、清晰，切忌含糊不清。

（2）提单（Bill of Lading，B/L）

货物装船完毕后，托运人即可持收货单到承运人或其代理人处交付运费（在预付运费的情况下），或提出一定的书面保证（在运费到付的情况下）后，换取已装船提单。

(3) 装货清单（Loading List，Cargo List)

装货清单是船公司或其代理人根据装货单留底，将全船待装货物按目的港和货物性质归类，依航次靠港顺序排列编制的装货单汇总清单。其内容包括装货单编号、货名、件数、包装形式、毛重、尺码及特种货物对装运的要求或注意事项等。

装货清单是船上大副编制配载计划（Cargo Plan）的主要依据。装货清单又是供现场理货人员进行理货，港方安排驳运、进出库场，以及承运人掌握托运人备货情况等的业务单据。

如有增加或取消货载的情况发生，船公司或其代理人须及时添置加载清单（Additional Cargo List）或取消货载清单（Cancelled Cargo List)，并及时通知船上。

(4) 载货清单

载货清单（Manifest，M/F）是按卸货港逐票罗列全船载运货物的汇总清单。它是在货物装船完毕后，由船公司的代理人根据提单编制的，编妥后再送交船长签认。

载货清单记载的事项包括：装货港、卸货港、提单号、船名、托运人和通知人或收货人的姓名等。

载货清单是船舶办理出口（进口）报关手续时的必备单证，也是海关对海运货物进出国境监管的单证之一。

(5) 运费清单（Freight Manifest，F/M)

运费清单是由装货地的船公司或其代理人根据提单副本编制的有关货物和运费事项的一览表。船公司或其代理人编制运费清单后，可以直接寄交或由本船带交给卸货地的船公司代理人，供收取运费（在运费到付时）或处理有关业务之用。

运费清单是按卸港和提单编号顺序编制的。其内容除载货清单记载的事项外，还包括运费率、运费、预付或到付、提单的批注等。运费清单可在载货清单中增加“运费”一栏，使两个清单合二为一。

(6) 危险货物清单（Dangerous Cargo List)

危险货物清单是为了运输危险品而编制的，它的内容主要包括船名、航次、装货港、卸货港、提单号、货名、数量、货物性质、装舱位置等。

船舶装运危险货物时，应按照规定，申请有关部门监督装卸。危险货物按照规定装船完毕后，监装部门即发给船方一份“危险货物安全装载证明书”（Dangerous Cargo Safe Stowage Certificate)。这也是船舶装运危险货物时的必备单证之一。

(7) 分舱单（Hatch List)

分舱单是根据装货单和理货单（Tally Sheet）编制的分舱记载各个积载的货物种类和数量的分舱载货一览表。它可供卸货港据以制订卸货计划，也可以用于确定理货单所记载的舱口号码是否正确。

(8) 配载图和积载图

货物配载图（Cargo Plan）又称为货物配载计划，是以图示形式表明拟装货物的计划装舱位置的货物装载计划图。

货物配载图是大副在开始装船前，按照船公司或其代理人交来的装货清单编制的，它是向现场理货员和装卸公司指明货物计划装舱位置的。根据这个配载计划，可以使港口和装卸公司等各个方面按照配载计划的要求来安排船舶的装船工作，使装船工作能按照既定顺序有条不紊地进行。因此，它是装船作业中一份十分重要的资料。

在实际装船过程中，因多种原因，有时无法完全按计划装载，例如计划货载有变动，或临时安排了新的任务，或因实际货款的尺码与提供的资料不一致，或因某种货物未能按时集中，不得不改变积载顺序等，都会使货物的实际积载情况与原定的配载图不一致。因此，当货物全部装船后，应按照货物实际的积载情况重新绘制货物积载图。

积载图既是船方进行货物运输、保管和卸货必备的资料，也是卸货港安排卸货作业和现场理货的依据，它还是贷方核查承运人是否妥善履行管理货物的依据。

2. 卸货港单证

在船舶到达卸货港准备卸货前，船公司在卸货港的代理人，须根据由装货港的船公司或其代理人寄来的或由船舶带来的（在航线较短的情况下）装船单证，如出口载货清单、运费清单、积载图、提单副本（如有危险货物，还有危险货物清单）等，预先安排船舶进口报关、做卸货准备等。

此外，在卸货港卸货和交付货物过程中，为明确交接责任，在卸货港的船公司代理人或船方和其他关系方之间，还要签发一些有关卸货和交付货物的单证。不同的国家和港口用以证明货物交接和所交接货物的实际情况的单证名称可能有所不同，但它们所包含的内容和所起的作用基本相同。

(1) 卸货报告（Outturn Report）

卸货报告是按照出口载货清单和卸货港实际卸下的全部货物编制的详细的进口载货清单。它比出口载货清单增加了如下一些项目：卸货方式、实交数量、残损数量和备注栏等。

对货物的外表状况、内容、残损、溢短等，均应在卸货报告的备注栏内批注。有的港口使用卸货记录（Discharging Statement）和货物收据（Receipt of Cargo）作为卸货证明单据。虽然其记载内容有繁有简，签证方法也不一致，但其作用都是相似的。我国是以货物溢短单和货物残损单作为卸货证明单据的。

(2) 货物溢短单（Overlanded & Shortlanded Cargo List）

货物溢短单是当某票货物所卸货物与提单（或载货清单）所记载的数字不同时，由理货员对溢卸或短卸情况予以记录的单据。货物溢短单是船公司处理索赔的原始资料，也是向有关港口发出货物查询单的依据。货物溢短单须会同船方签认。如果船方对溢短数字持有不同意见，应将船方意见在溢短单上加以批注后签字。

(3) 货物残损单（Broken & Damaged Cargo List）

它是卸货完毕后，现场理货人员根据卸货过程中发现的货物破损，如水湿、水渍、油渍等情况，随时作出记录汇总编写的表明货物残损情况的单证。

在一般情况下，货物残损单必须经船方签认才有效。它是日后收货人向船公司提出索赔的依据，所以船方在签字时必须查清情况，确属船方责任时，才给予签字。如残损单内所记残损情况与事实不符，则应将实际情况在残损单上加以批注。

(4) 提货单（Delivery Order, D/O）

提货单是承运人在收回提单时签发给收货人的用以提取货物的单证。本来，承运人应凭收货人提交的提单交付货物，但是在实际业务中所采用的办法却是在收货人提交提单后，船公司或其代理人随即签发一份提货单交给收货人，收货人凭此到仓库或本船（船边提货时）提取货物。

提货单也被称为小提单，它只是用于提货之用，与提单的性质根本不同。为慎重起见，提货单上一般都印有“禁止流通”字样。

第三节　租船运输

18世纪末至19世纪初，欧洲实现了工业革命，商品生产得到了极大的发展，贸易不断扩大，同时，船舶技术设备和航海技术也达到了一个新的水平，于是海上运输逐渐从航海贸易中分离出来，成为独立的经济部门，这时的海上运输以租船运输为主。

一、租船运输概述

（一）租船运输的定义

租船运输（Shipping by Chartering）又被称为不定期船运输（Tramp Shipping），是一种既没有固定的船舶班期，也没有固定的航线和挂靠港，而是按照货源的要求和货主对货物运输的要求安排船舶航行计划、组织货物运输的船舶营运方式。

在租船运输过程中，首先承租人（Charterer）通过某些方式将运输需求公开之后，船舶所有人，即船东（Ship Owner）与承租人就租船业务涉及的运输条件及相应的条款进行商定。许多情况下，这种业务谈判是通过租船经纪人（Chartering Broker），并参考某一个标准的租船合同范本（Standard Charter Party Form）进行的，当双方就相关的问题洽商一致时，船舶所有人与承租人之间通常要签订包括船期、挂靠港、租金以及双方的责任与义务在内的租约（Charter Party），即租船合同。船舶所有人与承租人所签订的租船合同具有民事法律所规定的约束效力，是双方处理合同执行过程中所出现问题的依据。

（二）租船运输的特点

与班轮运输相比，租船运输具有以下特点：

① 航线、挂靠港、船期和费率具有不固定性。租船运输没有固定的船舶班期，也没有固定的航线和挂靠港，是按照货源的要求和货主对货物运输的要求安排船舶航行计划、组织货物运输。

② 租船运输根据租船合同组织运输。船舶所有人与承租人之间要签订租船合同，对航线、船期、挂靠港、租金等进行约定，并明确双方的责任、义务和权利。租船合同是解决双方在履行合同中发生争议的依据。

③ 租船运输中的提单不是一个独立的文件。对于承租人和船舶所有人而言，租船提单仅相当于货物收据，这种提单要受租船合同的约束，银行一般不愿意接受这种提单，除非信用证另有规定。当承租人将提单转让给第三人时，提单起着物权凭证的作用。

④ 船舶营运中有关费用的支出依据不同的租船方式由租约约定。运输中的运费或租金水平受航运市场行情波动的影响，相对于班轮运输而言，费率较低。

⑤ 租船运输适合于大宗散货的运输。散货的特点是批量大、价值低、无包装，如谷物、矿石、化肥、石油及油类产品，它们一般都是整船装运的。

（三）租船市场

租船业务是通过租船市场（Chartering Market）进行的。租船市场又称海运交易市场，是需要船舶的承租人与提供船舶运力的船舶所有人洽谈租船业务、协商租船合同内容并签订合同的场所。

租船市场为船舶所有人和承租人提供开展各种租船业务的交易机会。租船市场是船租双方进行集中交易的场所，双方都可以根据自己的需求选择洽租人，以取得有利的经济效益，满足各自不同的需要。

租船市场拥有分布在世界各地的船舶所有人、承租人、租船经纪人，组成了庞大的业务网络，加强了信息沟通，为承租人和船舶所有人积累、搜集、整理了大量的租船市场信息，掌握着市场的行情动态和发展趋势。由于分布在世界各地的运力与需求并不平衡，租船市场为实现整个世界航运市场的平衡发挥着调节作用。

目前，世界上主要租船市场有以下几个：

1. 英国伦敦租船市场

英国伦敦的波罗的海商业航运交易所（The Baltic Mercantile and Shipping Exchange）是公认的世界上历史最悠久、租船业务最多的散杂货租船市场。它有一个固定的集中场所，供船舶所有人、租船经纪人和租船代理人聚集、面谈租船业务，其成交量约占世界租船总成交量的30%以上。它是世界上其他租船市场的关注和参考对象。

由于希腊是世界上最大的经营不定期船的国家，因此，希腊在伦敦市场供应的船舶最多，给该市场供应的船舶主要是希腊船舶所有人的船舶或受其控制的方便旗船，还有美国船舶所有人控制的方便旗船。该市场租船行情的变化对世界上其他地区的租船市场有着决定性的影响。因此，这里的交易动态受到世界各地的船舶所有人和承租人的密切注意。

2. 美国纽约租船市场

纽约租船市场在第二次世界大战前只是一个地区性交易市场。战后，美国的经济发展较快，进出口货物增多，美国作为重要的货主国家，对租船及航运市场产生了重要的影响，现已发展为仅次于伦敦租船市场的世界第二大租船市场。纽约租船市场主要地点虽然设在纽约，并命名为航运交易所，但是，它没有提供专门的交易场所，而是需要通过电话、电传、传真、计算机通信等方式进行租船业务洽谈。这个交易所采用会员制度，以船舶所有人、货主、租船经纪人和各种有关人员为会员。

3. 北欧租船市场

北欧租船市场包括挪威的奥斯陆、瑞典的斯德哥尔摩、德国的汉堡、荷兰的鹿特丹等专业化的船舶租船市场，均属于地区性租船市场。该市场以租赁特殊用途的高技术船舶为主，如冷藏船、液化石油气船、滚装船和吊装船等。在租船方式上，船舶所有人以长期的定期租船为主。

4. 亚洲租船市场

亚洲租船市场包括日本东京，我国的香港、上海和东南亚的新加坡等租船市场，也属于地区性租船市场。该租船市场上成交的主要是短期近洋运输船舶的租赁。随着亚洲经济的发展和区域性贸易的繁荣，以及亚洲航运业的日益壮大，这些租船市场发展较快，规模不断扩大。

二、租船方式及其特点

如前所述，租船运输是根据承租人对运输的要求而安排船舶的营运方式。根据承租人对运输的不同营运要求，租船运输的经营方式可以分为航次租船、定期租船、光船租船和包运租船四种。其中，最基本的租船运输的经营方式是具有运输承揽性质的航次租船。

（一）航次租船方式

1. 航次租船的概念

航次租船（Voyage Charter/Trip Charter）又称“航程租船”或“程租船”，是指由船舶所有人向承租人提供船舶，在指定的港口之间进行一个航次或几个航次的指定货物运输的租船运输方式。

航次租船是租船市场上最活跃、最为普遍的一种租船方式，对运费水平的波动最为敏感。在国际现货市场上成交的绝大多数货物（主要有液体散货和干散货两大类）通常是通过航次租船方式运输的。

2. 航次租船的形式

在航次租船中，根据承租人对货物运输的需求，采取不同的航次数来约定航次租船合同。航次租船方式有下列三种形式：

① 单航次租船（Single Trip Charter）是指船舶所有人与承租人双方约定，提供船舶完成一个单程航次货物运输的租船方式。船舶所有人负责将指定的货物从起运港运往目的港，货物运抵目的港卸船后，船舶所有人的运输合同义务即告完成。

② 往返航次租船（Return Trip Charter）是指船舶所有人与承租人双方约定，提供船舶完成一个往返航次的租船方式。但是，返航航次的出发港及到达港并不一定与往航航次相同，即同一船舶在完成一个单航次后，会根据货物运输需要在原卸货港或其附近港口装货，返回原装货港或其附近港口。卸货后，往返航次租船结束，船舶所有人的合同义务完成。

③ 连续航次租船（Consecutive Voyage Charter）是指船舶所有人与承租人约定，提供船舶连续完成几个单航次或几个往返航次的租船运输方式。被租船舶在相同两港之间连续完成两个以上的单航次或两个以上往返航次运输后，航次租船合同结束，船舶所有人的合同义务完成。

3. 航次租船的特点

① 船舶所有人配备和管理船员，负责船舶的营运调度。

② 船舶所有人负责船舶营运所需支付的费用。这些费用包括船舶资本费用，如船舶成本、船舶资本借贷偿还、资本金利息；固定营运费用，如船员工资和伙食费、船舶物料费用、船舶保养费用、船舶保险费用、润滑油费、企业事务费用等；可变营运费用，如燃料费、港口使用费、引水费、合同规定的装卸费、其他费用等。

③ 航次租船的租金通常称为运费，按实际装船的货物数量或整船舱位包干计收运费。

④ 在航次租船合同中需要订明货物的装船费和卸货费是由船舶所有人还是由承租人负担。

⑤ 在航次租船合同中需要订明货物的装卸时间及其计算办法，并规定滞期和速遣条款。

⑥ 航次租船的租期长短取决于完成一个航次或几个航次所花费的时间。

因此，航次租船具有运输承揽性质，但没有明显的租赁性质。

（二）定期租船方式

1. 定期租船的概念

定期租船（Time Charter / period Charter）又称“期租”，是指由船舶所有人将特定的船舶，按照租船合同的约定，在约定的期间内租给承租人使用的一种租船方式。这种租船方式以约定的使用期限为船舶租期，而不以完成航次数多少来计算。在租期内，承租人利用租赁的船舶既可以进行不定期货物运输，也可以投入班轮运输，还可以在租期内将船舶转租，以取得运费收入或谋取租金差额。

2. 定期租船的特点

① 船舶所有人负责配备船员，并承担其工资和伙食费，但承租人拥有对包括船长在内的船员的指挥权。

② 承租人负责船舶的营运调度，并负担船舶营运中的可变费用，包括燃料费、港口使费、货物装卸费、运河通行费等。

③ 船舶所有人负担船舶营运的固定费用，包括船舶资本的有关费用、船用物料费、润滑油费、船舶保险费、船舶维修保养费等。

④ 租金按船舶的载重吨、租期以及合同中商定的租金率计收。船舶所有人为避免租期内因部分费用上涨而使其盈利减少或发生亏损，在较长期的定期租船合同中加入“自动递增条款”（Escalation Clause），可以在规定的费用上涨时，按合同约定的相应比例提高租金。

⑤ 租期的长短完全由船舶所有人和承租人根据实际需要而约定，少则几个月，多则几年，甚至更长的时间。

⑥ 在定期租船合同中需要订明交船、还船及停租的条款。

航次租船与定期租船的主要区别见表 2-1。

表 2-1　航次租船与定期租船的主要区别

	航次租船	定期租船
租赁标准	按航程租用船舶	按期限租用船舶
经营管理	船方负责船舶的经营管理	租船方负责调度和营运
租金计收	租金或运费一般按装运货物的数量计算，也可按航次包租总金额计算	租金按租期内每月每吨若干金额计算或整船每天若干金额计算
滞期速遣	计算滞期费和速遣费	不计算滞期费和速遣费

（三）光船租船方式

1. 光船租船的概念

光船租船（Bare Boat Charter/Demise Charter）又称船壳租船。在租期内，船舶所有人提供一艘空船给承租人使用，船舶的船员配备、营运管理、供应以及一切固定或变动的营运费用都由承租人负担。船舶所有人在租期内除了收取租金外，对船舶和经营不再承担任何责任和费用。

2. 光船租船的特点

① 船舶所有人提供一艘空船，不负责船舶的营运及费用。

② 承租人配备船员，并承担相关费用。

③ 承租人负责船舶的营运调度，并承担除船舶的资本费用外的全部固定成本及变动成本。

④ 租金按船舶的载重吨、租期及合同中事先商定的租金率计算。

⑤ 光船租船的租期一般都比较长。

由此可见，光船租船实质上是一种财产租赁方式，船舶所有人不具有承揽运输的责任。

国际上在办理光船租船业务时，通常附有某些财务优惠条件，最常见的是购买选择权租赁条件，即承租人在租期届满时，有购买该船舶的选择权。如果双方当事人同意以这种附带条件办理光船租船，通常都事先确定届时的船舶价格，并将船价按租期平均分摊，承租人除按期支付租金外，还应支付这部分平均分摊的船价。因此，实际上是分期购买。这可以为那些没有足够资金投资建造船舶或一次付款买船的承租人提供通过租船购买船舶的机会，使其从原来的承租人的地位随着船舶所有权的转移而成为船舶所有人。

（四）包运租船方式

1. 包运租船的概念

以包运租船（Contract of Affreightment，COA）方式所签订的租船合同称为“包运租船合同”或称“运量合同”（Quantity Contract/Volume Contract）。包运租船是指船舶所有人向承租人提供一定吨位的运力，在确定的港口之间，按事先约定的时间、航次周期和每航次较为均等的运量，完成合同规定的全部货运量的租船方式。

2. 包运租船的特点

① 包运租船合同中一般不确定某一船舶，仅规定租用船舶的船级、船龄和其技术规范等。

② 租期的长短取决于运输货物的总运量及船舶的航次周期。

③ 货物主要是运量较大的干散货或液体散装货物。承租人通常是货物贸易量较大的工矿企业、贸易机构、生产加工集团或大型国际石油公司。

④ 航次中所产生的航行时间延误风险由船舶出租人承担，而对于船舶在港内装、卸货物期间所产生的延误，与航次租船相同，一般是通过合同中的“滞期条款”来处理，通常是由承租人承担船舶在港的时间损失。

⑤ 运费按船舶实际装运货物的数量及约定的运费费率计收，通常采用航次结算。

⑥ 装卸费用的负担责任划分一般与航次租船方式相同。

三、航次租船合同

尽管世界上存在多种标准航次租船合同格式，但由于国际航运立法的基本统一性，所涉及的内容大同小异，航次租船合同不同于公共运输的海上货物运输合同，它属于船舶租用合同，合同内容由出租人与承租人在平等的基础上具体商定。航次租船合同属合同法调整范畴，一些国家制定专门的部门法，如海商法、海上货物运输法等来调整租船合同的法律关系。现行的有关海上货物运输公约均排除了对租船合同的使用，但各国有关租船合同的法律中一般都借鉴了相关国际公约中关于承运人和托运人基本义务的规定，并强制性规定这些基本义务适用于租船合同。

（一）航次租船合同的标准格式

1. 通用航次租船合同的标准格式

① 统一杂货租船合同（Uniform General Charter），简称为“金康”（GENCON），由波罗的海国际航运公会于1922年制定。合同几经修订，目前租船市场上选用的是其1994年修订后的版本。统一杂货租船合同范本是20世纪20年代为适应当时国际贸易急剧发展、货物种类大量增加的需要而制定的，是一个不分货种和航线、适用范围比较广泛的航次租船合同的标准格式。

② 斯堪的纳维亚航次租船合同（Scandinavian Voyage Charter），简称“斯堪康”（SCANCON），是波罗的海国际航运公会于1956年制定、1962年修订、适用于斯堪的纳维亚地区的杂货航次租船合同。

2. 煤炭运输租船合同的标准格式

① 威尔士煤炭租船合同（Chamber of Shipping Walsh Coal Charter Party）是波罗的海—白海航运公会于1896年制定、1924年最后一次修订、专用于煤炭运输的租船合同标准格式。

② 美国威尔士煤炭合同（Americanized Walsh Coal Charter）是美国船舶经纪人和代理人协会于1953年制定、专用于煤炭运输的航次租船合同标准格式。

③ 普尔煤炭航次租船合同（Coal Voyage Charter），简称“普尔”（POLCOALVOY），是波罗的海国际航运公会于1971年制定、1978年4月修订、用于煤炭运输航次租船合同的标准格式。

3. 谷物运输租船合同的标准格式

① 谷物泊位租船合同（Berth Grain Charter Party），简称为“巴尔的摩C式”（Baltimore Form C），由北美粮食出口协会、北美托运人协会以及纽约农产品交易联合会制定，目前普遍使用的是1974年的修正本，广泛应用于从美国和加拿大出口谷物的海上运输租船业务。

② 北美谷物航次租船合同（North American Grain Charter party，1989）由北美粮食出口协会、波罗的海国际航运公会、联合王国航运委员会、英国船舶经纪人和代理人全国联盟制定，专用于从美国和加拿大出口谷物的海上运输航次租船业务。

此外，常用的谷物运输租船合同格式还包括澳大利亚谷物租船合同（Australia Grain Charter Party，AUSTWHEAT）和太平洋沿岸谷物租船合同（Pacific Coast Grain Charter Party）。

4. 其他货物运输租船合同的标准格式

① 油轮航次租船合同（Tanker Voyage Charter Party，1977）由美国船舶经纪人和代理人协会于1977年制定，专门适用于油轮航次租船。

② 油船航次租船合同（INTERTANKVOY，1976），由波罗的海国际航运公会、英国船舶经纪人和代理人全国联盟与日本海运集会所联合采用，也称国际独立油轮船东协会油轮航次租船合同。

③ 气体航次租船合同（GASVOY，1972）是由波罗的海国际航运分会为除液化天然

气以外的其他气体的运输租船而制定的航次租船合同标准格式。

④ 化学品船航次租船合同（For Transportation of Chemicals in Tank Vessels）是由波罗的海国际航运公会为化学品船航次租船合同而制定的标准格式。

除此之外，还有适用于其他货物的航次租船合同，如“古巴食糖租船合同”（Cuba Sugar Charter Party）、“北美化肥航次租船合同”（North American Fertilizer Charter Party，1978）、“波罗的海木材船租船合同”（NVBALTWOOD，1973）。

（二）航次租船合同的内容

航次租船运输因货类、航线、贸易习惯等不同而各异，且各有其特点，但其所共同涉及的主要内容有以下几个方面：

1. 双方当事人

在航次租船运输中，首先要说明作为合同当事人的船方和租船人的名称和地址。当事人是合同的主体，是有权起诉或被诉的人。如果被授权的代理人为公开身份的委托人订约，并以代理人的身份签署合同，则委托人是合同的当事人，代理人没有责任；若代理人没有公开委托人的身份，通常要对合同负责。

2. 船舶的名称

由什么样的船舶完成租船合同所规定的运输任务是双方当事人，特别是租船人极其关心的问题。目前，对于程租中船舶的确定，通常有两种办法可供当事人选择。

（1）指定船舶

所谓“指定船舶”，是指在航次租船合同中明确规定了船名。一旦在合同中确定了船名，就必须由该船舶执行合同规定的航次运输任务。因而，对船舶所有人而言，在履行合同时，只能派遣合同中指定船名的这艘船舶，绝不能派遣其他船舶，这是船舶所有人的一项合同义务，否则即被认为是违约行为。如违约，租船人有权取消合同并要求赔偿可能产生的一切损失。另一方面，如果当合同中指定的船舶因为发生意外事故而无法执行运输任务时，租船人因种种原因，如租船市场行情上涨、买卖合同规定的装运期已到等急需船舶，而要求船舶所有人另派其他船舶的情况下，船舶所有人没有义务提供合同以外的船舶。当然，具体要视“意外事故”发生的原因是否属于合同规定的船舶所有人免责范围。

在实际业务中，为了能顺利地履行合同及避免因原指定船舶一旦发生意外事故而解除合同，通常在指定船名的情况下，在航次租船合同中订明一项“代替船条款”。订立这项条款的意义在于当原指定船舶不能前往执行航次运输任务时，船舶所有人可指派其他的船舶来代替原指定的船舶完成运输任务。因此，除非合同中另有明确的相反规定，否则该项“代替船条款”是有利于船舶所有人的一项“选择权”。

（2）船舶待指定

通常，在缔结程租船合同时“指定船舶”的情况较多，但有时因某些原因致使无法在租船合同中确定船名，双方当事人同意在开始执行合同前的适当时间里，由船舶所有人指定具体船舶并将船名通知租船人，这便是所谓的“船舶待指定”。这实质上也是船舶所有人的一种选择船舶的权利。为防止船舶所有人利用这种权利任意地选择和派遣不符合租船人要求的船舶，双方当事人必须在合同中明确规定“船舶待指定”的具体标准、性能及技术规范。这样，如果船舶所有人日后“待指定的船舶”不符合合同的要求，租船人便有权拒绝接受，并可因船舶所有人违约而解除合同和要求赔偿。

在“船舶待指定”的情况下，租船合同中不订立“代替船条款”。因为法律所承认的给予当事人的选择权只能行使一次，只要船舶所有人在开始执行合同时指定了船舶并将船名通知租船人，则被认为该船舶所有人业已行使了“选择船舶的权利”。因而即使当指定后的船舶因某种原因，如前往装货港途中发生意外事故，不能执行航次租船运输任务时，船舶所有人也不可以另派“代替船”。

3. 船舶的载货能力

船舶的载货能力是指实际可装载货物的最大数量，一般用“载重量”或“立方容积”来表示。船舶装载货物的实际数量是计算航次租船运输的依据。

由于在洽谈租船业务或缔结租船合同时，船舶所有人很难对船舶在航次过程中所需的燃料、淡水和其他供应品的消耗量作出准确估计，因此不能在合同中盲目地规定船舶所能装载货物的确切数量，最好是规定一个大概数量。国际上最常见的航次租船，通常规定船舶能够装载“大约若干吨货，增减数量由船长或船舶所有人选择”。这是航次租船合同中有关船舶装载货物的“数量增减条款”，增减数量的百分比一般在5%～10%，由双方当事人根据不同种类的货物在合同中予以确定。在合同中确定了增减的百分比，船舶所有人完全有权在该百分比范围内选择船舶能够装载货物的实际数量。

实际业务中，通常在船舶正式开始装货之前，由船长根据船舶本航次所需燃料、淡水、食品等实际消耗量及扣除船舶常数，通过具体计算后，以书面的形式向租船人宣布船舶能装载货物的实际数量，即“宣载”。为避免可能引起的纠纷，一般采用书面形式“宣载”。

4. 船舶的位置、合理速遣及绕航

(1) 船舶的位置

在洽谈程租船业务或订立程租船合同时，船舶所有人应提供船舱目前的位置及状况，如船舶在某个港口卸货、船舶正在履行前一项租船合同或在营运中、船舶正在某个修船厂或某个船厂等。提供船舶位置的准确情况是船舶所有人的一项义务，方便租船人根据船舶所有人所提供的情况，进行备货和安排货物装船出运的准备工作。因此，如果船舶所有人所提供的船舶位置不准确，致使船舶一旦发生延误，不能在合同规定的预期抵港时间内抵达装货港装货，不论是故意行为还是过失行为，都构成了违约。对此，租船人有权要求船舶所有人赔偿由此造成的损失。

(2) 船舶合理速遣驶往装货港

程租船运输在合同开始履行，即“预备航次”阶段就开始了，船舶所有人应合理速遣船舶，指示船长将船舶开往合同指定或租船人选择的装货港。船舶所有人的这项义务，在租船合同中通常都有明确的规定，如“船舶必须尽速驶往装货港”。因此，除非合同中另有明确规定或属于船舶所有人免责的范围，如船舶在开往装货港的预备途中发生碰撞或因驾驶疏忽造成船舶搁浅等，否则，因船舶所有人没有合理速遣船舶，致使船舶发生延误不能在合同规定的时间抵达装货港，该船舶所有人则被认为是违反了合同中承诺的保证性义务，据此租船人有权提出损失赔偿。

(3) 船舶的绕航

船舶绕航是指船舶改道航行或偏离约定的或习惯上的航线。如果船舶是为了救助或企图救助海上人命、财产或避免海上危险、天灾、火灾等原因而发生绕航，是属于合理绕航。除此之外，其他原因导致的绕航均属于不合理绕航。船舶不得进行不合理绕航的时间从“预备航次”开始，直至整个航次在卸货港结束。

船舶进行不合理绕航是船方的根本违约，可能导致租船人解除合同，船方要承担由此造成的租船人的一切损失；不适用合同或法律规定的免责条款及赔偿责任限制；船东保赔协会也将中止其保险责任等。

此外，船舶国籍、船旗、船舶建造日期和船级等也是程租船运输中的重要内容。在履行合同期间，船东不得擅自变更船舶国籍或船旗，否则属于违约。但合同中载明的船级，只是订立合同时船舶的船级，船东没有义务在整个合同期内保持这一船级。

5. 装货港和卸货港

在程租船运输中，一般由租船人指定或选择装卸港口。装卸港口的确定一般采用下列三种方法之一：

① 指名港（列名港）。在合同中明确规定具体的装货和卸货港，一般不能改变。

② 未指名港（未列名港）。在合同中没有具体指出装卸港名称，只是笼统规定某一区域的港口，如中国港口。

③ 选择港。在合同中列出几个港口名称，将来由租船人选择其中之一或之二，如上海港、大连港、黄埔港。

无论以何种方法确定港口，都必须为安全港。所谓“安全港”，是指船舶能够安全往返、停靠、保持浮泊的港口或泊位。

6. 船舶受载期和解约日

受载期和解约日是租船合同的要件之一。受载日是租船人可以接受船舶最早装货的日期；解约日是指租船人可以接受船舶最晚装货的日期。从受载日至解约日称为船舶受载期。在这个期限内，船东必须准备好船舶装货，租船人也必须按时装货。船舶未如期到港受载，租船人有权解除租船合同。

通常受载期与解约日有特定的期限，目前国际惯例一般为 10～15 天。船舶所有人必须在约定的受载期内将船舶开到装货港并做好一切装货准备工作。如果船舶不能在规定的解约日前抵达装货港，租船人享有解除合同的选择权。

如果船舶在受载期之前就到达了装货港并已备妥待装，或者船舶在解约日未能到达装货港，或到达了但没有准备好装货，在前者情况下，租船人可以拒绝装货，一直等到最早受载日才开始装货，若货已备好，租船人可与船东商量在互利的情况下提前装货，此时装货时间一般只算一半；在后者情况下，租船人有解除租船合同的选择权，既可以解约，也可以保留。

7. 船舶所有人的责任

在程租船合同中，船东的责任基本上与提单的规定相似，主要有以下三点：

① 提供适航船舶。在开航前和开航时应恪尽职责使船舶适航，配备适当船员，装备船舶和供应品并使所有货舱适于装载约定的货物（即适货）。

② 对货物安全负责。对装卸不善、管货失职所造成的货物灭失和损坏负责。

③ 及时把货物运到目的地交给收货人。

但有些船东往往以“契约自由”为借口，在租船合同中加上免责条款以减免自己的责任。例如，有些程租船合同规定，由交货人/租船人或雇佣人进行操作而导致的货物积载不当或疏忽引起的货物损失，船东不予负责等。因此，在订立租船合同时，租船人对此应特别注意。

8. 货物

在程租船合同中都需规定承运货物的具体名称，指名货物或规定承运几种货物，即选择货物。

指名货物是指在程租船合同中具体规定承运货物的名称、货类、性质、包装、重量、尺码、积载系数等，以便船东考虑所需船舶的结构和设备能否保证安全运输货物。同时，不同货类、不同包装，其装卸、运价也有所不同。因此，船东十分关心货物的这些情况。如果租船人所提供的货物与合同不符，船东有权拒绝装货。

选择货物是指在程租船合同中规定几种货物，到时选择其中一种或几种承运，选择权在租船人，在合同中用“and/or”连接，如“小麦和/或大豆和/或高粱”。但这种方式运价较高，船东须准备以上几种货物的装货设备。

如前所述，在程租船运输情况下，对船舶装运的货物一般规定大约数量或最多、最少数量。租船人有义务按合同规定的数量范围，对船舶提供“满载货物”。

9. 装卸责任和费用

程租船运输所涉及的货物装卸责任及其费用（包括雇佣装卸工人和支付装卸费用）由谁承担的问题，由双方当事人在合同中加以具体规定。常见的规定有以下几种：

（1）船方负责装卸和负担费用（Gross Terms，Berth Term）

在这种条件下，租船人把货物交到船边吊钩所能到达的地方，船方负责把货物装进舱内并整理好货物；卸货时，船方负责把货物从舱卸到船边，再由租方或收货人提货。所以，责任和费用的划分界线为船边，这种方法只能适用装卸包装货或木材等，不适用于散货。

（2）船方不负责装卸和负担费用（Free In and Out，FIO）

在这种条件下，船方不管装卸，也不负担其费用。采用这种方法是由于散货的装卸使用岸上机械化和自动化的工具，货物可以从岸上仓库直接装船或从船舱直接入库，不再需要船边倒手，散货租船多数采用这种方法。

采用FIO条件，还必须明确货物进舱后的理舱（包装货）、平舱（散装货）责任和费用由谁承担。一般在FIO条件下，都规定由租船人负担，即FIOST（Free In and Out，Stowed，Trimmed）。

（3）船方管装不管卸（Free Out，FO）

在这种条件下，船方只负责装货及其费用，但不负担卸货及其费用。

（4）船方管卸不管装（Free In，FI）

在这种条件下，船方只负责卸货及其费用，但不负责装货及其费用。此外，租船人与船方洽商货物装卸责任和费用时应注意与其买卖合同中所使用的贸易术语相衔接。

10. 许可装卸时间

对船东来说，一个货运航程需要多少时间，直接关系到他的经营效益。就程租船而言，运输全过程包括装卸时间和船舶航行时间，而航行时间由船方负责，与租船人无关，但若装卸由租船人负责，船东无法控制时间。为了及时装卸货物，船方在合同中都规定了在一定时间内必须完成装卸作业，这个时间称为许可装卸时间。

程租船合同中对装卸时间的确定，最为常见的有两种方法：一是分开确定装卸时间，即对装货确定一个“允许装货时间”，对卸货确定一个“允许卸货时间”；二是确定总的装卸时间。总的装卸时间又称为“装卸公用时间”，即对装货和卸货确定一个“允许使用的总时间”。

双方当事人确定装卸时间长短的主要因素包括货物种类、货物数量及船舶所到港日常装卸率。装卸时间一旦在合同中确定，对双方当事人均有约束力。

(1) 许可装卸时间的规定方法

许可装卸时间可以用“日”(或小时）表示，如“许可装卸时间共20天”，也可用装卸率表示，如“每天装或卸1000吨”。许可装卸时间中“日”如何计算，应在合同中明确规定，常见的规定方法有下列几种：

① 连续日，指按时钟连续走过24小时为一天，即按自然日计算，其中没有任何扣除，有一天算一天，一般用于运输矿石、石油等少数几种不受天气影响的货物的租船合同。这种规定对于船东有利。

② 工作日，指按港口习惯规定，属于正常工作的日子，因此星期日及假日不算工作日。由于世界各港口工作日时间不同，因此这种概念不确切，容易产生争议，租船合同中很少使用。

③ 累计8小时工作日，指不论各港口工作日时间如何规定，均累计8小时才作为一个工作日计算。

④ 累计24小时工作日，即港口工作时间累计达到24小时才算一个工作日。如果港口规定8小时工作制，则3个港口工作日才等于租船合同规定的一个工作日。这种规定对于船东极为不利，现在很少采用。

⑤ 好天气工作日，指既是工作日，又是好天气。如果天气不好，虽然是工作日，但不能进行装卸作业，也不能算作工作日。天气好坏不是绝对的，必须根据承运能否装卸而定，有时双方意见不一致，应在当时由双方和港方一起共同作出协商记录，日后凭此计算。

⑥ 连续24小时好天气工作日，连续与累计不同，连续指昼夜作业，时钟走过24小时才算一天。例如，周一是好天气，从9时开始计算许可时间，则到周二（如果仍是好天气）9时才是一个工作日，如果在此期间有3个小时因坏天气无法作业，则到周二12时才算作一个工作日。这种规定比较合理，双方都愿意接受，所以在租船市场上采用较多。中国租船公司的租船合同基本上也采用这种条款。

(2) 许可装卸时间的计算方法

租船合同中除规定许可时间外，还要具体规定计算办法，明确哪些时间该算、哪些时间不算，以免日后产生纠纷。常见的有以下几种订法：

① 工作日通常订明“星期日、假日除外”。如果实际上进行了作业，时间是否要计算，应事先作出规定。

② 明确是星期六和假日前一天的时间如何计算。一般规定星期六及假日前一天只算到中午12时；对星期一和假日后的工作，一般规定自上午8时起算。

③ 有些港口星期六不作业，这是否算工作日要有特殊规定。一般规定，如果星期六没有装卸工人或装卸的机具不作业，或者可以作业但需付高额加班费，则星期六不算

时间。

④ 对许可装卸时间的起算和止算要作出规定。较为普遍的规定是：如船长递交装/卸准备就绪通知书在上午 8～12 时送达，则从下午 2 时起算；如在下午办公时间 2～6 时送达，则从次日上午 8 时起算。终止时间则以最后一件货物装上或卸下船为准。船舶抵港后，应在当地的办公时间内递交 N/R（装卸备妥通知书）。

⑤ 在许可时间开始前，如果实际已进行了装卸作业，这部分时间一般规定折半计算。

⑥ 明确规定装卸时间是分别计算还是合并计算。从目前国际上广泛使用的程租船合同看，对装卸时间的计算方法有以下两种：

第一，按装货港和卸货港实际使用的装卸时间分开计算。采用这种方法，一般在合同中分别规定了装货港和卸货港所允许使用的装卸时间。因此，对装货港和卸货港的装卸时间分开单独计算，计算结果分别得出“滞期”或“速遣”时间。

第二，按装/卸时间统算，以装/卸时间统算（简称装卸统算）是指按装货港和卸货港实际使用的装卸时间一并计算。

目前，装卸统算主要有以下三种形式：

其一，装卸时间共用（All Purpose，以下简称“共用”）。

这是标明装货港和卸货港的装卸时间统一合起来使用的一种术语。如果在装货港已将装/卸两港合计允许使用时间用完，则在装货港已经进入滞期，按照“一旦滞期，永远滞期”的原则，当船舶抵达卸货港后，立即连续计算滞期时间。

其二，装卸时间抵算或可调剂使用（Reversible Laydays，以下简称“互换”）。

其是指承租人有权选择将约定的装货时间和卸货时间加在一起计算，主要的特点是以装货港节省的时间或者是滞期时间来调整原规定的卸货港的可用时间。另外如果在装货港已将装/卸两港合计允许使用时间用完，即在装货港已经进入滞期，则船舶抵达卸货港后，并不立即连续计算滞期时间，而是在递交 N/R 后，经过一段时间才开始继续滞期时间。在这种情况下，承租人享有将正常的通知时间排除于装卸时间之外的权利。

其三，装卸时间平均计算（To Average Laydays，以下简称“均分”）。

其是指分别计算装货时间和卸货时间，用一个作业中节省的时间抵消另一个作业中超用的时间。

与“可调剂使用装卸时间”的不同之处在于，虽然也分别单独编制装货时间计算表和卸货时间计算表，但并不以装货港节省的时间和滞期时间来调整原规定的卸货港的可用时间，而是用一个作业中节省的时间抵消另一个作业中超用的时间。

11. 滞期与速遣

在程租船运输中规定许可装卸时间，主要是对租船人的限制。如果租船人所使用的实际装卸时间超过了合同规定的允许使用时间，则超过的时间为滞期时间。此时船舶称为“滞期船舶”。为了补偿船方因船舶延期所产生的损失，由租船人向船方支付“超时罚金”，此项罚金称为“滞期费”。

计算滞期时间，如租船合同无相反规定，一般遵循“一旦滞期，始终滞期”的原则来处理，一般称为“滞期时间连续计算”，即在装卸许可时间截止到实际装卸完毕的这段时间内，如果按租船合同规定本来应当扣除的星期日、假日等不再扣除，仍作为滞期时间处理。但有些租船合同规定，按可供装卸作业的日数计算滞期时间，一般称为“滞期时间非连续计算”，即一旦发生滞期，按可供装卸作业的时间计算滞期时间，星期天、假日和无法作业的时间扣除。

速遣是指合同规定的许可装卸期限终止前，租船人提前完成货物装卸作业，即实际装卸时间比许可装卸时间短，节省了船期。船方为了鼓励而付给租船人一定金额作为报酬，称为“速遣费”。速遣费通常规定为滞期费的一半，如“滞期费每日1000美元，速遣费每日500美元，不足一天按比例计算”。

计算速遣费时，有两种方法计算节省的时间：一是把到截止日为止的许可时间减去实际完成装卸时间，即节省的全部时间；二是把节省的全部时间减去其中星期日、假日等非工作日，剩下的时间就称为节省的工作时间。

有些程租合同中只有滞期费的规定，而没有速遣费的规定，如油轮租船等。这就是说，如果租船人节约了时间，船东不给速遣费，这往往是因为租船合同规定的装卸时间十分充足，只要不发生特殊情况，装卸作业肯定能在规定时间内完成。

【例2-5】 航次租船合同规定“装卸时间共用时间为6WWDSHEXUU，滞期费每天3000美元，速遣费每天1500美元”。船舶装货港使用的时间为4WWDSHEXUU，在卸货港使用的时间为2WWSHEXUU，则租方总共应付(　　)滞期费。

A. 9000美元　　B. 4500美元　　C. 0美元　　D. 3000美元

【例2-6】 航次租船合同规定“滞期费每天3000美元，速遣费每天1500美元”。船舶装货滞期3天，卸货速遣3天。若按装卸时间平均计算，则租方总共应付(　　)滞期费。

A. 9000美元　　B. 4500美元　　C. 0美元　　D. 3000美元

【例2-7】 租约规定：装货时间为1WWDSHEX，星期天下午至星期一上午8：00即使使用了也不算；卸货时间为3WWDSHEX，星期天下午至星期一上午8：00即使使用了也不算；N/R递交时，装卸时间从当日12：00起算，下午递交时，装卸时间从次日上午8：00起算。船舶装卸货事实如下：船舶于某日星期四上午10：00抵达装港并递交N/R，然后从星期五开始装货，直至下周一上午8：00结束并起航驶往卸港；船舶于某日星期四上午10：00抵达卸港并递交N/R，然后从星期五开始卸货，直至下周一上午8：00结束。假设装卸过程中未发生任何装卸间断，请分别采用以上介绍的方法计算滞期/速遣时间。

采用上述四种装卸时间的计算方法计算出的结果如表2-2所示。

表2-2　四种装卸时间计算的结果

装卸时间分开	装卸时间共用	装卸时间互换	装卸时间均分
装港：周四12：00起算，周五12：00进入滞期，共计滞期2D20H 卸港：周四12：00起算，扣除周日12：00至周一08：00不计时间，实际使用3D，则速遣时间为0D	装港使用时间3D20H，扣除周日12：00至周一08：00不计时间，实际使用3D，则卸港允许使用时间仅剩1D，因此，从周五12：00进入滞期，共计滞期2D20H	装港滞期2D20H冲抵卸港后，卸港可用时间为4H，因此，从周四16：00进入滞期，共计滞期3D16H	装港滞期2D20H与卸港速遣0D均分后，滞期时间为2D20H

12. 运费

收取运费是船舶所有人的权利。在程租船运输中，双方在租船合同中要明确规定运费的费率、计算标准、支付方式和时间等。

运费的表现形式有运费率和包干运费两种。运费率是指每运费吨若干金额，如每吨10美元或每立方米35美元；包干运费是指按提供的船舶定一笔整船运费，不论实际装货多少，一律照付，但船东必须保证船舶的载重量和装货容积。

当按运费率计算运费时，在合同中应确定计费吨标准。特别是以重量作为标准时，首先确定按什么货量。一般货量有装货数量和卸货数量两种。"装货数量"是指由发货人在装货港提供并记入提单，经船方核定后签字的提单货量。通常租船合同规定的载货量都是提单货量。提单货量又分毛提单货量和净提单货量，装运包装货的租船合同多用毛提单货量。"卸货数量"是指由收货人在卸货港对货物称重后确定的货量。由于这种计量方式下收货人或租船人负担称重费用和时间费用，因此租船合同一般规定租方选择按卸货量计付运费或按装货量减1%～2%计付运费。

如果合同规定运费应在货物运抵目的港时支付，习惯上称作"运费到付"。在程租船运输中，常见的运费到付的规定方法有以下三种：运费在交货时支付、运费在卸货前支付、运费在交货后支付。

在到付运费的情况下，船舶所有人必须将货物运送到合同规定或租船人选择的卸货港后，才有权取得该项运费。如果在运输途中船舶和/或货物灭失，船舶所有人就丧失了取得该项运费的权利。如果船舶因为发生海损事故在中途卸下货物，除非由船舶所有人将货物继续运抵目的港，否则同样不能取得该项运费。如果在承运过程中部分货物发生灭失，运费应按比例扣除。

鉴于这些原因，"到付运费"对船舶所有人不利，运费的风险始终是由船舶所有人承担。因此，到付运费情况下，通常由船舶所有人向保险公司投保"运费险"。

如果合同规定运费在船舶到达目的港之前支付，习惯上称作"运费预付"。在程租船运输中，常见的运费预付的规定方法有以下三种：运费在签发提单时全部预付；运费在签发提单时预付90%，在目的港卸货时支付10%；运费在签发提单7天内全部预付。

"运费预付"对船舶所有人有利，特别当合同中订有"无论船舶和/或货物是否灭失，运费不予退还"的条款时，更是如此。对租船人来说，由于货物还未运抵目的港就已预付了运费，存着一定风险和利息损失。因此，在"运费预付"的情况下，运费的风险由租船人承担，租船人通常向保险公司投保"运费险"。

支付运费是租船人的一项义务，若租船人没有按约支付应该支付的运费，船东可对货物行使留置权。

13. 提单

提单是国际贸易中的重要单据。为了适应贸易的需要，程租船合同中一般都规定船舶所有人或船长有及时签发提单的义务。例如，"金康"合同规定：船长应签发租船人所提供的无碍于本合同的提单。所谓"租船人所提供的提单"，意味着只要是租船人提供的提单，无论其格式如何及提单条款下船方的责任是否比租船合同中规定的重要，船长都无权拒绝签发这样的提单，否则属违约行为。所谓"无碍于本合同的提单"，意味着只有在提单内容属于欺诈性的或与租船合同有实质性冲突的情况下，才会被认为是"有碍于"本合同。例如，提单记载内容与事实不符，如货物数量不符、外表有缺陷的货物要求签发清洁提单等，船长可以拒签；或者提单载明的卸货港与租船合同不符，船长也可拒签。总之，若租船合同中载明须签发租船人所提供的提单，则船方可选择的余地非常有限。若租船合同中附有预定格式的提单，则租船人就不能任意命令船方签发提单。此外，如船方错签了提单，或船长授权租船人签发提单，而提单内容有误，如货物装于甲板上而提单内没有加注，则船方对收货人也须承担第一责任。

程租船合同项下的提单持有人不同，则该提单的法律性质和作用也不同。若提单的持有人是租船人，则该提单在租船人与船方之间的作用仅为船方收到货物的初步证据，而不论提单有无背面条款及该条款如何规定，租船人与船方之间的权利义务和免责关系以租船合同为准；若提单的持有人为其他任何善意取得的第三方，则该持有人与船方之间的关系就以提单的规定为依据。但此时，船方与租船人之间的关系仍以租船合同为依据。

在上述提单持有人为善意的第三方的情况下，提单背面条款的规定如何就显得尤为重要，它可能涉及船方、租船人及提单持有人三方的权利、义务问题。如提单背面有详细的条款，这些条款的有关内容则有可能与租船合同的内容不一致，从而有可能导致租船人和船东面临一定的风险和麻烦。

除了上述主要内容外，在程租船运输中还可能涉及共同海损、佣金、罢工、战争、冰冻、留置权和仲裁等问题，船租双方可以就这些问题在租船合同中加以约定。

四、定期租船合同

各种定期租船格式合同条款虽有差异，但主要内容大体相同。《中华人民共和国海商法》第一百三十条规定："定期租船合同的内容，主要包括出租人和承租人的名称、船名、船籍、船级、吨位、容积、船速、燃料消耗、航区、用途、租用期间、交船和还船的时间和地点以及条件、租金及其支付，以及其他有关事项。"但此规定是任意性的，合同中缺少某项或某几项的，不影响合同的效力。

（一）定期租船合同范本

目前，国际上常用的定期租船合同范本主要有以下三种：

1. 纽约土产交易所定期租船合同

纽约土产交易所定期租船合同简称"土产格式"（NYPE），是美国纽约土产交易所（New York Produce Exchange）制定的定期租船合同标准格式。该格式最初是由美国纽约土产交易所于1913年制定的，并先后于1921年、1931年、1946年、1981年和1993年对其进行了修订。"土产格式"是目前使用最为广泛的定期租船标准合同。

2. 波尔的姆统一定期租船合同

波尔的姆统一定期租船合同简称"波尔的姆"（BALTIME），是由波罗的海国际航运协会（BIMCO）1909年制定的，并先后于1939年、1974年和2001年对其进行了修订。

3. 中租期租船合同

中租期租船合同（SlNOTIME，1980）是由中国租船公司于1980年制定，专门用于中国租船公司从国外租船使用的定期租船合同标准格式。

（二）定期租船合同内容

定期租船合同的内容一般应包括船舶说明、租期和租金、交船和还船、航行区域、费用负担、租金支付和撤船、停租、转租等。

1. 船舶说明

定期租船情况下，出租人的主要义务是提供船舶并交给承租人使用，船舶的燃油、港口等费用由承租人承担。因此，承担人非常关心船舶航速和燃油消耗等性能，因为这些与租船期内船舶营运效益直接相关。定期租船合同的标的是符合要求的船舶，在合同中必须详细写明船舶情况。船舶说明主要内容有：船名、船籍、总吨位、净吨位、船级、指示马力、载重吨、载货容积、满载航速、燃油消耗、船舶吃水等。这些内容是承租人经营船舶、计算营运效益的重要依据，出租人有义务提供准确信息。如果船舶实际情况与合同中记载情况不符，承租人有权向出租人提出赔偿要求或取消合同。例如，船舶实际耗油量大于合同规定数值，对于多耗油料造成的损失，承租人可向出租人索赔。

2. 租期和租金

租期是指租船人租用船舶的期限。一般起租时间是固定的，但租用结束时间有一定灵活性，因为最后一个航次时间不能事先确定，因此合同中指定租期都有一定的伸缩性。例如，“约 9 个月”或者“约 9 个月，20 天伸缩，由租船人选择”。

定期租船合同规定的租船费用称为租金。它与航次租船不同，不是按所装运货物的重量和体积计算，也不按航程远近计算，而是按使用时间和约定的租金率计算。船舶一经交由租船人使用，租船人必须按照定期租船合同规定的条件和时间支付租金，通常以“日租金率”或“月租金率”，每 15 天或 30 天或日历月进行预付。一般情况下，一旦在合同中确定了租金率和租金支付的时间，则整个租期内固定不变，但合同另有明文规定的除外。

3. 交船和还船

交船是指出租人按合同约定时间及地点，将合同中指定的船舶交给承租人。还船是指承租人在合同规定的租期届满时，将船舶还给出租人。定期租船的租期从交船开始至还船结束。定期租船中，出租人将船舶交给承租人管理，因此就存在船舶交接问题。出租人应该按照合同约定的时间交付船舶，否则承租人有权解除合同。定期租船合同一般规定有个“解约日”作为出租人交付船舶的最后期限。承租人解除合同的权利是绝对的，无须考虑没有及时交船是出租人的过失还是其他原因造成的。但是如果不是出租人的过失造成的迟延交付，承租人只能解除合同，而不能索赔由此造成的损失。如果是出租人的过失造成的，则承租人不仅可以解除合同，还可以索赔所造成的损失。

有的情况下，出租人已经明知不能按时交船，而且驶过去也只能得到承租人解除合同的结果，但是只要承租人不作出解除合同的决定，出租人仍然必须驾驶船舶到交船港。这就会给出租人造成不必要的浪费，也会给承租人造成投机机会。如果租船市场的租价上升，用原来的租金不能租到同类型的船舶，则租船人可能会选择履行合同——继续租船。但是，如果租价下跌，用更少的钱就可以租到同类型的船舶，则承租人就可能解除合同重新租船。也就是说，从延误那天起至承租人作出是否解除合同决定的期间内，出租人完全听任承租人的控制。为了避免这种情况，租船合同中通常会规定在此种情况下，承租人必须在一定期限内作出选择。例如，如果发生了延误，出租人应将延误和预期到港的时间通知承租人，承租人必须在接到通知起 48 小时内将解除或者继续履行合同的决定通知出租人。

定期租船合同有关交船和还船的主要内容有：交船和还船地点、时间、通知以及交、还船时船舶状态、船上现存燃油及淡水的转让办法。

交船时船舶应处于“适于载运普通货物”状态，如船舶适航、货舱清洁、装卸设备能正常工作。还船时状态，除正常磨损外，应保持与交船时同样的良好状态。

交船和还船时船上一般都有剩余的燃油和淡水，应由出租人或承运人作价卖给对方。由于各地油价不一样以及油价可能随时间变化，出租人或承租人实际购买燃油的价格和后来出卖的价格不一样，这样就存在变相卖油牟利的可能性。为了避免这种情况，租船合同一般都会规定确定燃油价格的方法及剩余燃油的最高量和最低量。

4. 航行区域

航行区域是指合同中规定的、本船可以航行的限定范围。在合同中限制船舶航行区域的原因如下：

第一，船舶往往都是由出租人投保的。保险公司根据船舶实际技术性能确定保险金额和保险费率，并在保险单上对船舶航行区域作出限制。如果船舶在航行区域之外发生事故，保险公司不负赔偿责任。

第二，由于地理原因，如有的船舶不适合在冰区航行，承租人就不能派船前往冰区。航行区域应在合法、安全港口之间，承租人应严格按照合同中规定的航行区域安排营运。如果超出合同规定的航行区域营运，应先取得出租人的同意，并承担由此可能造成的船舶损坏及其他损失责任。

5. 费用负担

定期租船方式下船舶所有人应承担的费用如下：

第一，资本费用，包括利息、造船或买船的借贷偿还、船舶折旧费。

第二，固定营运费用，包括船员工资、船员伙食、船用物料、船舶维修保养、船舶保险、润滑油、企业行政管理费、淡水费（船员用水、合同中规定由其负责的锅炉用水）。

租船人应承担的费用主要是航次费用/可变性费用，包括燃料费、港口使用费、引水费、运河费、货物装卸费、合同规定由其负责的锅炉用淡水费和其他费用。

6. 租金支付和撤船

定期租船合同中不仅应规定租金率，而且应规定租金支付时间和地点，通常合同规定按每月或半月预付租金。如果最后一次预付了一个月或半个月租金，而实际使用船舶时间不足一个月，则出租人应将超付的部分按比例退还给承租人。

按合同支付租金是承租人的义务，如果承租人不能按期如数支付租金，出租人有权撤回船舶。在行使这项权利时，并不需要提前发出警告，而且不影响本合同规定的对承租人的其他索赔权利。为了确保租金收回，出租人可以行使对船舶所载货物的留置权。

在租金上涨的情况下，有的出租人可能会利用撤船权提高租金。只要承租人有轻微的违约，出租人就会发出撤船通知，并要求按当时航运市场最高租价支付租金。为了防止出租人滥用撤船权，租船合同中往往规定“反技巧条款”。“反技巧条款”规定，出租人因承租人未付租金行使撤船权时，必须首先通知承租人，明确表示如果在规定时间内未收到租金，出租人将撤船。

7. 停租

定期租船合同中，按期支付租金是承运人的义务。但是，由于某些原因，如主机故障或者船舶要进行定期维修，承租的船必须中断营运，在这种情况下，承租人是否还要支付租金呢？

在租船期间因约定的原因妨碍承租人使用本船时，承租人享有停付租金或者扣除停止使用期内已付租金的权利，称为停租。停租只是停付租金的时间，该段时间仍要计入租期，停租期不能从租期内减扣。

定期租船合同中的约定停租原因大致有：①船员和物料不足；②船体和设备出故障；③船舶定期维修；④发生海损事故；⑤船员罢工；⑥非承租人原因导致船舶被扣押。

只要不是因为承租人的责任造成的妨碍船舶使用，都可以构成停租条件。但是，因天气恶劣，为避免发生事故需要进港避难、停航等情况，不构成停租条件。另外，如果出现故障但不影响船舶工作，也不能够成停租条件。例如，船舶在港口装卸货物时，轮机发生故障，但不妨碍装卸工作。

8. 转租

前面提过，在租船市场上有的船舶出租人不是实际的船东，而是“二船东”，即已经租用其他船东船舶的承租人。定期租船合同一般允许承租人将租用的船舶转租给另一个承租人，甚至另一个承租人还可以再转租出去。承租人转租船舶不需要取得出租人的同意，但应通知出租人。向实际船东租船和向“二船东”租船的风险是不一样的，选择向“二船东”租船要特别小心。例如，如果“二船东”没有付清实际船东租金，实际船东就有权撤船，这将会给第二个承租人造成损失。

当承租人将租用船舶租给另一个承租人时，他们之间也必须签订租船合同（转租合同）。这个转租合同不能与最初合同有抵触的条款。如果转租合同规定的出租人的义务超出原来租船合同规定的范围，出租人只限于承担原租船合同规定的义务。

第四节　海运提单

一、提单概述

（一）提单的性质和作用

《汉堡规则》给提单下的定义是：Bill of lading means a document which evidences a contract of carriage by sea and the taking over or loading of the goods by the carrier, and by which the carrier undertakes to deliver the goods against surrender of the document. A provision in the document that the goods are to be delivered to the order of a named person, or to order, or to bearer, constitutes such an undertaking.

《中华人民共和国海商法》第七十一条规定：“提单，是指用以证明海上货物运输合同和货物已经由承运人接收或者装船，以及承运人保证据以交付货物的单证。提单中载明的向记名人交付货物，或者按照指示人的指示交付货物，或者向提单持有人交付货物的条款，构成承运人据以交付货物的保证。”

提单（Bill of Loading, B/L）是承运人（或其代理）应托运人要求，在收到货物归其掌管后，签发给托运人的一种用以证明货物（或包含海上货物运输合同）已由承运人接管或装船，并由承运人据以保证交付货物的单据。其性质和作用如下：

1. 提单是证明承运人已接管货物和货物已装船的货物收据（Receipt for the Goods）

对于将货物交给承运人运输的托运人，提单具有货物收据的功能。不仅对于已装船货物，承运人负有签发提单的义务，而且根据托运人的要求，即使货物尚未装船，只要货物已在承运人掌管之下，承运人也有签发一种被称为“收妥备运（Received for Shipping）提单”的义务。所以，提单一经承运人签发，即表明承运人已将货物装上船舶或已确认接管。提单作为货物收据，不仅证明收到货物的种类、数量、标志、外表状况，而且证明收到货物的时间，即货物装船的时间。

2. 提单作为物权凭证（Documents of Title）

提单是承运人保证凭以交付货物和可以转让的物权凭证。对于合法取得提单的持有人，提单具有物权凭证的功能。提单的合法持有人有权在目的港以提单相交换来提取货物，而承运人只要出于善意，凭提单发货，即使持有人不是真正货主，承运人也无责任。只要具备一定的条件提单就可以转让，转让的方式有两种：空白背书和记名背书。

3. 提单是运输合同的证明或运输合同（Evidence of Contract or Contract）

依据《海牙规则》《汉堡规则》《鹿特丹规则》和中国《海商法》的有关规定，提单是用以证明海上货物运输合同的单据。承、托双方为了运输而订立的合同称为运输合同。海洋运输合同一般分为租船合同和班轮运输合同。无论是在租船合同还是班轮运输合同下，托运人与承运人之间的关系一般应以运输合同为准，提单只是运输合同的证明；而承运人与收货人、提单持有人等之间的权利、义务关系应依提单的规定确定，即当提单转让给包括收货人在内的第三方时，提单就成为其与承运人之间的运输合同。

提单除了上述作用外，在业务联系、费用结算、对外索赔等方面都起着重要作用。

（二）提单的种类

随着世界经济的发展，国际海上货物运输中所遇到的海运提单种类也越来越多。提单可按照不同的要求，从不同的角度进行分类。不同类型的提单，其适用范围也不相同。

1. 根据货物是否装船来划分

已装船提单：指在整票货物全部装船后，由承运人或其代理人签发给托运人的，并载明船名和转船日期的提单。这种提单对收货人按时收货有保障，因此买方在订立合同时，一般都要求卖方必须提供已装船提单。

收货待运提单：简称待装提单或待运提单，指承运人虽已收到货物但尚未装船，应托运人要求而向其签发的提单。这种提单因没有载明装货日期和船名，故买方和银行一般都不愿接受。当货物装船后，承运人在停运提单上加注装运船舶的船名和装船日期，就可以使待运提单成为已装船提单。

2. 根据提单收货人抬头来划分

记名提单：指在提单“收货人”一栏内具体填上指定收货人名称的提单。这种提单只能由指定的收货人提货，不能转让。

不记名提单：指在提单“收货人”一栏内不填写收货人名称而留空或填写“来人”，即指明应向提单持有人交付货物。不记名提单无须背书即可转让，也就是说，不记名提单由出让人将提单交付给受让人即可转让，谁拥有提单，谁就有权提货。

指示提单：指在提单“收货人”一栏内填写“凭指示”或“凭某人指示”字样的提单。这种提单对收货人的规定采用“凭指示”或“凭某人指示”方式，但在“凭某人指示”时，须明确指示人。指示提单常见的收货方式有以下两种：

一种是记名指示提单。此提单在“收货人”一栏填写“To the Order of”，在这种情况下，由记名的指示人指定收货方或受让人。记名的指示人可以是银行，也可以是贸易商等。例如，凭开证行指示或凭开证申请人指示。前者须经银行背书方可转让给买方，有利于银行在向买方收汇前牢牢掌握物权，在买方破产、倒闭或拒绝付款赎单时，可凭提单提货并通过拍卖或转让来自由处理货物，因而开证银行较乐意接受，但对于议付行的利益不能给予充分保证。后者须经开证申请人背书方可转让，银行难以掌握物权，所以不乐于接受。

另一种是托运人指示提单。此提单在“收货人”一栏内只填写“To Order”或“To the Order of the Shipper”。这种提单由托运人押汇时将提单背书转让给议付银行，议付行以提单为担保对托运人支付款项，并将提单转给开证行索偿垫付款，再由开证银行转交给收货人。可见，这种提单对议付行有利，且托运人在未背书前，可掌握物权。

3. 根据对货物外表状况有无不良批注来划分

清洁提单：指在装船时，货物外表状况良好，承运人在签发提单时未在提单上加注任何有关货物残损、包装不良或其他妨碍结汇的批注，这种提单称为清洁提单。国际商会第三十二条规定，除非信用证中明确规定可以接受的条款或批注，银行只接受清洁提单。清洁提单也是提单转让时所必备的条件。

不清洁提单：指承运人在提单上加注有货物及包装状况不良或存在缺陷，如水湿、油渍、污损、锈蚀等批注的提单。承运人通过批注，声明货物是在外表状况不良的情况下装船的，在目的港交付货物时，若发现货物损坏可归因这些批注的范围，从而减轻或免除自己的赔偿责任。在正常情况下，银行将拒绝以不清洁提单办理结汇。

4. 根据运输方式不同来划分

直达提单：指由承运人签发的，货物从装货港装船后，中途不经过转船而直接运抵卸货港的提单。这种提单上通常不得有“转船”或“在某某港转船”字样。在实际业务中，如果信用证规定不得转船，卖方就只能凭直达提单向银行交单议付。

转船提单：指在装运港装货的船舶，不直接驶往目的港，而需中途转船后再驶往目的港，由第一承运人在装运港签发运往最后目的港的提单，称为转船提单。

在实际业务中，转船将增加货物残损的风险，而且中途等候和换装船都容易延误到货时间，因此一般尽量采用直达运输方式。但有些情况下，如遇挂港船舶少、航次少的情形，中转反而可以加快货运，此时可以采用转船运输方式，由第一程船的承运人在全程运单上加注“在某某港转船”的字样即可。

联运提单：这种提单主要适用于海运和其他运输方式所组成的联合运输。它是由承运人或其代理人在货物起运地签发运往货物最终目的地的提单，并收取全程运费。由于联运提单包括全程运输，故第一承运人或其代理人应将货物转交给下一程承运人，运输风险则采用分段责任制，有关货物中途转换运输工具和交接工作均不需托运人办理。

多式联运提单：这种提单主要是用于集装箱运输，是指一批货物的运输，需要包括两种以上不同运输方式，由一个承运人负责全程所签发的提单。

多式联运提单与联运提单是两种不同的运输单据，两者的区别主要有以下几点：

第一，签发人不同。多式联运提单的签发人是多式联运经营人；而联运提单的签发人必须是货物的承运人或其代理人，即由第一承运人作为总承运人，签发包括全程运输的提单。

第二，责任范围不同。多式联运提单的签发人要对全程运输负责，即不论货物在哪种运输方式下发生属于承运人责任范围内的灭失或损害，都由多式联运提单的签发人负赔偿责任；联运提单的签发人既是第一程承运人，也是总承运人，只承担第一程运输的责任，以后各段的运输责任由各实际承运人或货主自己承担。

第三，适用的运输方式不同。多式联运提单适用于任何运输方式所组成的联合运输。也就是说，既可用于海运与其他运输方式的联运，也可用于不包括海运与其他运输方式的联运；联运提单仅适用于海运与其他运输方式所组成的联合运输。

5. 根据提单的内容繁简不同来划分

全式提单：主要指在提单上既有正面条款又有背面条款，对承运人的权利、义务有详细规定的提单。由于条款细目比较繁杂，所以又称繁式提单。

简式提单：提单上只有正面的必要记载项而无背面详细条款的提单。多用于租船合同下所签发的提单，并注有“所有条件均根据某年某月某日签订的租船合同”字样。

6. 根据提单使用的有效性来划分

正本提单：有承运人正式签字并注明签发日期的提单，在法律上和商业上是公认的有效单据。正本提单一式多份，若无明文规定，一般是一套两至三份并且必须在提单上注明签发的份数。此外，提单上必须标明“正本（Original）”字样，以区别于副本提单。

副本提单：指与正本提单相对的提单，即提单上没有承运人的签字、盖章，只供工作上参考使用。副本提单上一般都标有“Copy”或“Not Negotiable”字样，以区别于正本提单。

7. 根据运费支付方式不同来划分

运费预付提单：指运费在货物装船后即支付的提单。

运费到付提单：指运费在货物到达目的港，收货人提取货物前支付的提单。这种提单在收货人没有付清运费及其他有关杂费前，承运人可行使货物留置权。但船公司对下列货物的运费不同意到付：舱面货、冷藏货、散装油、散装胶浆、活牲畜、鲜货、行李、家具和易腐物品等。

8. 根据签发提单的时间划分

倒签提单：指在货物装船完毕后，应托运人的要求，由承运人或其代理人签发的提单。但是该提单上记载的签发日期早于货物实际装船完毕的日期，即托运人为了使提单上记载的签发日期符合信用证关于装运期的规定，以便能顺利结汇，从承运人处得到的以早于货物实际装船完毕的日期作为提单签发日期的提单。承运人签发倒签提单的做法，掩盖了提单签发时的真实情况，承运人和托运人都要承担由此引起的风险责任。

顺签提单：指货物装船完毕后，承运人或其代理人应托运人的要求，以晚于该票货物实际装船完毕的日期作为提单签发日期的提单。这是为了符合有关合同关于装运期的规定，应托运人要求而顺填日期签发的提单。承运人签发顺签提单的做法同样掩盖了提单签发时的真实情况，承运人和托运人也将面临承担由此引起的风险责任。

预借提单：指在信用证所规定的结汇期内，即信用证的有效期即将结束，而货物尚未装船或尚未装船完毕的情况下，托运人为了能及时结汇，要求承运人提前签发的已装船清洁提单，即托运人为了能及时结汇而从承运人那里借用的已装船清洁提单。

当托运人未能及时备妥货物，或者船期延误不能如期到港，托运人估计货物装船完毕的时间可能超过信用证规定的装运期至结汇期时，即可能采取从承运人那里借出提单用于结汇。但是，承运人签发预借提单要冒极大风险，因为这种做法掩盖了提单签发的真实情况。许多国家法律的规定表明，一旦引起货物损坏，承运人不但要负责赔偿，而且会丧失享受责任限制和援用免责条款的权利。

倒签提单、顺签提单和预借提单均侵犯了收货人的合法权益，构成侵权行为。如被发现，托运人和承运人要承担严重后果，故应尽量减少或杜绝使用。

9. 根据船舶经营性质来划分

班轮提单是经营班轮运输的船公司出具的提单。

租船提单是根据租船合同签发的一种提单。提单上批注“根据某某租船合同出立”字样，因此这种提单要受租船合同条款的约束。

10. 其他种类提单

过期提单：指由于出口商在取得提单后未能及时到银行议付的提单，也称滞期提单。在信用证支付方式下，根据《跟单信用证统一惯例》第四十三条的规定，如信用证没有规定交单的特定期限，则要求出口商在货物装船日期 21 天内到银行交单议付，也不得晚于信用证的有效期。超过这一期限，银行将不予接受。过期提单是遵循商业习惯的一种提单，在运输合同下是有效提单，提单持有人可凭此要求承运人交付货物。

舱面货提单：俗称甲板货提单，是指将货物积载于船舱露天甲板上承运，并在提单上注明“装于舱面”字样的提单。这种提单的托运人，一般均向保险公司加保舱面险，以保障货物运输安全。

并提提单：指应托运人要求，承运人将同一船舶装运的相同港口、相同货主的两票或两票以上货物合并而签发的一套提单。托运人为节省运费，会要求承运人将属于最低运费提单的货物与其他提单的货物合在一起签发一套提单，即将不同装货单号下的货物合起来签发相同提单号的一套提单。

分提单：指应托运人要求，承运人将属于同一装货单号下的货物分开，并分别签发的提单。托运人为满足商业上的要求，会要求承运人为同一票多件货物分别签发提单。例如有三件货物时，分别为每件货物签发提单，这样就会签发三套提单，即将相同装货单号下的货物分开签发不同提单号的提单。

交换提单：指在直达运输的条件下，应托运人要求，承运人同意在约定的中途港凭起运港签发的提单换以该中途港为起运港的提单，并记载有“在中途港收回本提单，另换发以中途港为起运港的提单”。

交接提单：指由于货物转船、联运或其他原因，在不同承运人之间签发的不可转让、不是“物权凭证”的单证。交接提单只具有货物收据和备忘录的作用。

最低运费提单：又称起码提单，指对每一提单上的货物按起码收费标准收取运费所签发的提单。如果托运的货物批量过少，按其数量计算的运费额低于运价表规定的起码收费标准，承运人均按起码收费标准收取运费，为这批货物所签发的提单就是最低运费提单。

【相关资料】

电子提单

正常的商务活动中普遍采用电传、传真、计算机网络等通信方式传送信息。目前大多数运输单证所包含的信息都可以通过电子方式传递，从而使纸质单证的传递量逐渐减少。但是提单的情况比较特殊，因为提单不仅是包含信息的纸质文件，而且是一种物权凭证。提单持有人不仅可以了解提单上记载的信息，还具有提单所代表的某些权利，而在传统商务中，这种权利的拥有必须是以物质上占有提单为条件的。电子方式可以传递提单包含的所有信息，但不能传递提单这一物质本身。因此，如何使用现代化技术手段传递提单成为国际航运商务电子化的关键。

随着电子数据交换系统（Electronic Data Interchange，EDI）在国际贸易业务中的不断完善和发展，为了提高国际航运业务效率，电子提单应运而生。所谓电子提单，是指一种利用 EDI 系统对运输途中的货物支配权进行转让的程序。传统提单将被简化为一组数据保存在承运人的计算机中，承运人交给托运人一个密码，托运人可凭该密码监控在运货物。如果要进行转让，托运人只需将转让的意图和对象通知承运人，并告知自己的密码。承运人核对无误后，设计一个新的密码通知买方，并将托运人手中的密码作废，这样通过密码的改变就实现了提单的转让，最后收货人凭密码提货。该程序有以下三个特点：

第一，卖方、发货人、银行、买方和收货人均以承运人（或船方）为中心，通过专有计算机密码通告运输途中货物支配权的转移时间和对象。

第二，在货物运输中，通常情况下不出现纸质或书面文件。

第三，收货人提货时，只要出示有效证件证明身份，由船代理验明即可。

传统的纸质提单是一张物权凭证，因此对货物权利的转移是通过提单持有人的背书而实现的，而电子提单转移是利用 EDI 系统、根据特定密码通过计算机进行的，因此它具有许多传统提单无法比拟的优点：

第一，可快速、准确地实现货物支配权的转移。EDI 系统是一种现代化的通信方式，可以利用计算机操纵、监督运输活动，快速、准确实现货物支配权的转移。

第二，便于航运单证的使用。当海上运输航程较短时，可以避免传统提单因为邮寄而出现的船到但提单尚未寄到的现象。

第三，可防冒领和避免误交，由于整个过程的高度保密性，它能大大减少提单诈骗案件的发生，承运人可以全程监视提单内容，以防止托运人涂改提单，欺骗收货人和银行。托运人、银行甚至收货人可以监视承运人行踪，避免船舶“失踪”。承运人对收货人也能控制，只有当某收货人付款之后，银行才通告货物支配权的转移。承运人可以准确地将货物交给付款人，可防冒领，避免误交。

电子提单具有高效和安全的优点，极大地降低了运输成本和风险，提高了国际航运效益，是国际航运商务的发展方向。

二、提单内容

（一）提单正面内容

提单正面通常应记载有关货物和货物运输的事项。这些事项有的是有关提单的国内立法或国际公约规定的作为运输合同必须记载的事项，如果漏记或错记，就可能影响提单的证明效力；有的则属于为了满足运输业务需要而由承运人自行决定，或经承运人与托运人协议并认定应该在提单正面记载的事项。

提单正面条款是指以印刷的形式，将以承运人免责和托运人作出的承诺为内容的契约文句列记于提单的正面。通常，提单的正面会有以下印刷条款：

1. 确认条款

该条款是承运人表示在货物或集装箱外表状况良好的条件下接受货物或集装箱，并同意承担按照提单所列条款，将货物或集装箱从装货港或起运地运往卸货港或交货地，把货物交付给收货人的责任的条款，如“上列外表状况良好的货物或包装（除另有说明者外）已装在上述指名船只，并应在上列卸货港或该船能安全到达并保持浮泊的附近地点卸货”。

2. 不知条款

该条款是承运人表示没有适当的方法对所接受的货物或集装箱进行律查，所有货物的重量、尺码、标志、品质等都由托运人提供，并不承担责任的条款，如“重量、尺码、标志、号数、品质、内容和价值是托运人所提供的，承运人在装船时并未核对”。

3. 承诺条款

该条款是承运人表示承认提单是运输合同成立的证明，承诺按照提单条款的规定承担义务和享受权利，而且也要求货主承诺接受提单条款制约的条款。由于提单条款是承运人单方面拟定的，该条款为表明货主接受提单也就接受了提单条款的制约，所以该条款也称代拟条款，如“托运人、收货人和本提单持有人兹明白表示接受并同意本提单和它背面所载一切印刷、书写或打印的规定、免责事项条件”。

4. 签署条款

该条款是承运人表明签发提单（正本）的份数，各份提单具有相同效力，其中一份完成提货后其余各份自行失效和提取货物必须交出经背书的一份提单以换取货物或提货单的条款，如“为证明以上各项，承运人或其代理人已签署各份内容和日期一样的正本提单，其中一份如果已完成提货手续，其余各份均告失效。要求发货人特别注意本提单中关于该货物保险效力的免责事项和条件”。

（二）提单背面条款

提单背面条款规定了承运人与贷方（Merchants）的权利义务、责任期间、责任限制、责任免除、法律适用等内容，是处理承运人和托运人（或收货人、持单人）之间发生争议的依据。目前大多数提单的背面条款是基于《海牙规则》制定的，一般来说，主要包括首要条款、定义条款、承运人的责任和豁免、运费条款、转运条款、包装与唛头条款、赔偿条款、留置权条款、特殊货物条款等内容。

提单的背面印有各种条款，一般分为两类：强制性条款和任意性条款。

强制性条款的内容不能违背有关国家的海商法规、国际公约或港口惯例的规定，违反或不符合这些法规、规定的条款将被视为无效。例如，我国《海商法》第四章的第四十四条就明确规定："海上货物运输合同和作为合同凭证的提单或者其他运输单证中的条款，违反本章规定的，无效。"《海牙规则》第三条第八款规定："运输契约中的任何条款、约定或协议，凡是解除承运人或船舶由于疏忽、过失或未履行本条规定的责任和义务，因而引起货物的或与货物无关的灭失或损坏，或以本规则规定以外的方式减轻这种责任的，都应作废并无效。"上述规定都是强制适用提单的强制性条款。

任意性条款是国际公约、国内法律或港口规定中没有明确规定，允许承运人自行拟定的条款。这些条款也是表明承运人与托运人、收货人或提单持有人之间承运货物的权利、义务、责任与免责的条款，是解决争议的依据。但是，这些条款不一定都有效。

此外，提单上还会有承运人以另条印刷、刻字印章或打字、手写的形式加列的适用于某些特定港口或特种货物运输的条款，或托运人要求加列的条款。

除了以上介绍的提单正反面的内容外，需要时承运人还可以在提单上加注一些内容，也就是批注。

三、提单的缮制与签发

（一）提单的缮制

虽然每家船公司都有自己的海运提单格式，但普通提单的主要栏目、内容基本一致，形式大同小异。出口商缮制提单和银行审核提单的基本要求是"单证相符"。下面介绍海运提单的缮制及审核中的注意事项。

1. 托运人（Shipper）

托运人即发货人（Consignor），是指委托运输的当事人，如信用证无特殊规定，应以受益人为托运人，如果受益人是中间商、货物是从产地直接装运的，这时也可以实际卖方为发货人，因为按UCP600规定，如信用证无特殊规定，银行将接受以第三者为发货人的提单。

2. 收货人（Consignee）

这是提单的抬头，是银行审核的重点项目，应与托运单中"收货人"的填写完全一致，并符合信用证的规定。一般填法有下面几种：

（1）记名收货人

来证要求"Consignee to ×××"，则提单的"收货人"一栏应照打"Consignee to ×××"，意为"交付×××"。

（2）不记名式

即"收货人"一栏留空不填或填"To Bearer"（极少采用）。

（3）不记名指示

来证要求"Full set of B/L made out to our order"，则提单"收货人"一栏中填"to order"，意为凭指示。

（4）记名指示

① 来证要求"Full set of B/L made out to order of shipper"，则提单需经托运人背书转让，在提单的"收货人"一栏中填"to order of Shipper"，意为凭托运人指示。

② 来证要求"Full set of B/L made out to order of Applicant"，则提单需经开证申请

人背书转让，在提单的“收货人”一栏中填“to order of 开证申请人名称”，意为凭开证申请人指示。

③ 来证要求“Full set of B/L made out to order of Issuing Bank”，则提单需经开证行背书转让，在提单的“收货人”一栏中填“to order of 开证行名称”，意为凭开证行指示。

④ 来证要求“Full set of B/L made out to order of Negotiation”，则提单需经议付行背书转让，在提单的“收货人”一栏中填“to order of 议付行名称”，意为凭议付行指示。

3. 被通知人（Notify Party）

被通知人即买方的代理人，货到目的港时由承运人通知其办理报关提货等手续。

如果信用证中有规定，应严格按信用证规定填写，如详细地址、电话、电传、传真号码等，以保证通知顺利。

如果来证中没有具体说明被通知人，那么就应将开证申请人名称、地址填入提单副本的这一栏中，而正本的这一栏保持空白或填写买方。副本提单必须填写被通知人，这是为了方便目的港代理通知联系收货人提货。

如果来证中规定“Notify…only”，意指仅通知某某，则 only 一词不能漏掉。

被通知人也可能是进口方或开证行，如信用证规定“Notify Party Applicant”，则只需将开证申请人的全称缮打在此栏即可；若信用证规定“Notify Party Applicant and Us”，则缮打开证申请人的全称和开证行名称。

如果信用证没有规定被通知人地址，而托运人在提单被通知人后面加注详细地址，银行可以接受，但无须审核。

4. 前段运输（一程船名）（Pre-carriage by）；转船港（Port of Transshipment）

如果货物需转运，则在此两栏分别填写第一程船的船名和中转港口名称；如果货物不需转运，此栏留空。

5. 船名（Ocean Vessel）；航次（Voyage No.）

船名、航次均按配舱回单填写，没有航次的船舶可不填航次。货装直达船时，直接填写直达船名；货物需要转运，填写第二程船的船名；采用联合运输方式装运集装箱时，应注明海运船名和一种运输方式的运输工具的名称。

是否填写第二程船名，主要是根据信用证的要求，如果信用证并无要求，即使需转船，也不必填写第二程船船名。如来证要求“In case transshipment is effected. Name and sailing date of 2nd ocean vessel calling Rotterdam must be shown on B/L”，如果转船，至鹿特丹港的第二程船船名、日期必须在提单上表示，只有在这种条款或类似的明确表示注明第二程船名的条款下，才应填写第二程船船名。

6. 装运港（Port of Loading）

应严格按信用证规定填写，装运港之前或之后有行政区的应照加，如“Xingang/Tianjin”。

一些国外开来的信用证笼统规定装运港名称，如仅规定为“中国港口（Chinese ports）”“Shipment from China to…”，这种规定对受益人来说比较灵活，如果需要由附近其他港口装运时，可以由受益人自行选择。制单时应根据实际情况填写具体港口名称。若信用证规定“Your port”，受益人只能在本市港口装运，若本市没有港口，则事先须与开证人洽商改证。

如信用证同时列明几个装运港地，提单只填写实际装运的那一个港口名称。

托收方式中的提单，本栏可按合同的港口名称填入。

7. 卸货港（Port of Discharge）

卸货港指海运承运人中止承运责任的港口。在直达运输情况下，一般填目的港，在转船运输情况下，一般填转运港。对于 L/C 中尚未确定目的港的情形，如来证要求“One suitable american port at opener's option”，提单上应按 L/C 规定照打。

8. 最终目的地（Place of Delivery/ Final Destination）

如果货物的目的地就是目的港，则这一栏为空白。填写目的港或目的地应注意下列问题：

第一，除 FOB 价格条件外，目的港不能是笼统的名称，如“European main port”，必须列出具体的港口名称。如国际上有重名港口，还应加国名。世界上有 170 多个港口是同名的，例如，“Newport”纽波特港有 5 个，爱尔兰和英国各有 1 个，美国有 2 个，还有荷属安的列斯 1 个；“Portsmouth”普茨茅斯港也有 5 个，英国 1 个，美国 4 个；“Santa Cruz”圣克鲁斯港有 7 个，其中 2 个在加那利群岛（Canary Islands），2 个在亚速尔群岛（Azores Islands），另外 3 个分别在阿根廷、菲律宾和美国；而“Victoria”维多利亚港有 8 个，巴西、加拿大、几内亚、喀麦隆、澳大利亚、塞舌尔、马来西亚和格林纳达都有。

第二，如果来证目的港后有“In transit to…”，在 CIF 或 CFR 价格条件，则不能照加，只能在其他空白处或唛头内加注此段文字以表示转入内陆运输的费用由买方自理。

第三，美国一些信用证规定目的港后有“OCP”字样，应照加。“OCP”即“Overland Common Points”，一般叫作“内陆转运地区”，包括 North Dakota、South Dakota、Nebraska、Colorado 及 New Mexico 起以东的美国各州都属于 OCP 地区范围内。如“San Francisco OCP”，意指货到旧金山港后再转运至内陆。“San Francisco OCP Coos Bay”，意指货到旧金山港后再转运至柯斯湾。新加坡一些信用证规定“Singapore PSA”，PSA 意指“Port of Singapore Authority”，即要求在新加坡当局码头卸货。该码头费用低廉，但船舶拥挤，一般船只不愿意停泊该码头，除非承运人同意。

第四，有些信用证规定目的港后有“Free Port”（自由港）或“Free Zone”（自由区）字样，提单也可照加，例如 Aden（亚丁港）、Aqaba（阿喀巴港）、Colon（科隆港）、Beirut（贝鲁特港）、Port Said（赛得港），这些目的港后都应加“Free Zone”，买方可凭此享受减免关税的优惠。

第五，如信用证规定目的港为“Kobe/Negoga/Yokohama”，此种表示为卖方选港，提单只打一个即可。如来证规定“Option Kobe/Negoga/Yokohama”，此种表示为买方选港，提单应按次序全部照打。

第六，如信用证规定某港口，同时又规定具体的卸货码头，提单应照打。如到槟城目的港有三种表示“Penang”“Penang/Butterworth”“Penang/Georgetown”。后两种表示并不是选港，Butterworth 和 Georgetown 都是槟城港中的一个具体的卸货码头，如果信用证中规定了具体的卸货码头，提单则要照填。

9. 正本提单的份数（No. of Original B/L）

只有正本提单可流通、交单、议付，副本则不行。提单可以是一套单独一份的正本单据，但如果签发给发货人的正本超过一份，则应该包括全套正本。出口商应按信用证规定来要求承运人签发正副本提单份数，并在交单议付时，提交信用证要求的份数。单据上忘记打上正本份数或某份提单没有“正本”字样，都是不符点。信用证中对份数的各种表示法如下：

①“Full set of B/L”，是指全套提单，按习惯作两份正本解释。

②“Full set 3/3 plus 2 N/N copies of original forwarded through bills of lading”，本证要求提交全部制作的三份正本。这里的 3/3，分子的数字指交银行的份数，分母的数字指应制作的份数。“N/N Non-Negotiable”意为不可议付，即副本。

③“Full set less one copy on board marine bills of lading”，指应向议付行提交已装船海运提单，是全套正本；至少一份正本。

④“2/3 original clean on board ocean bills of lading”，指制作三份正本提单，其中两份向议付行提交。

10. 标志和号码，俗称唛头（Mark & No.）

唛头即为了装卸、运输及存储过程中便于识别而刷在外包装上的装运标记，是提单的一项重要内容，是提单与货物的主要联系要素，也是收货人提货的重要依据。提单上的唛头应与发票等其他单据以及实际货物保持一致，否则会给提货和结算带来困难。

如信用证上有具体规定，缮制唛头应以信用证规定的唛头为准。如果信用证上没有具体规定，则以合同为准。如果合同上也没有规定，可按 ISO 标准或买卖双方私下商订的方案或受益人自定。

唛头内的每一个字母、数字、图形、排列位置等应与信用证规定完全一致，保持原形状、不得随便错位、增减等。

散装货物没有唛头，可以表示为“No mark”或“N/M”；裸装货物常以不同的颜色区别，例如钢材、钢条等刷上红色标志，提单上可以用“Red stripe”表示；填写集装箱号，若无，填写“N/M”。

11. 件数和包装种类（Number and Kind of Packages）

本栏填写包装数量和包装单位。如果散装货物无件数时，可表示为“In bulk”散装。包装种类一定要与信用证一致。

【例 2-8】　某 A 公司出口一批大豆，合同规定以旧的、修补过的麻袋包装。信用证对于包装条件却规定“Packed in gunny bags”（麻袋包装）。A 公司按合同规定，货物以旧的、修补过的麻袋包装，提单按信用证规定“麻袋包装”缮制。承运人在签发提单时发现货物包装是旧麻袋且有修补，要求在提单上加注。A 公司考虑提单加添批注会造成不清洁提单则无法议付，以为合同既已规定允许货物以旧的、修补过的麻袋包装，买方不会有异议，所以改制单据为货物以旧的、修补过的麻袋包装。单据交议付行议付时，议付行也疏忽未发现问题，单据到开证行却被拒付，其理由为信用证规定为“Packed in gunny bags”，而发票与提单却表示为“Packed in used and repaired gunny bags”，故单证不符。A 公司几经交涉无果，结果以削价处理才结案。

12. 商品名称（Description of Goods）

商品名称应按信用证规定的品名以及其他单据如发票品名来填写，应注意避免不必要的描述，更不能画蛇添足地增加内容。如信用证上商品是“Shoes”，绝不能擅自详细描述成“Men’s canvas shoes”或“Ladies’ casual shoes”等。如果品名繁多、复杂，则银行接受品名描述用统称表示，但不得与信用证中货物的描述有抵触。如果信用证规定以法语或其他语种表示品名时，亦应按其语种表示。若无特殊说明，则用英文填写。

13. 毛重千克（Gross Weight kgs）

一般写货物的总毛重，以公斤表示。毛重应与发票或包装单相符。如裸装货物没有毛重只有净重，应先加“Net Weight”或“NW”，再注具体的净重数量。

14. 尺码（Measurement）

尺码即货物的体积，以立方米为计量单位（CBM），小数点以后保留三位。FOB 价格条件下可免填尺码。

15. 大写件数［Total No. of Containers or Package（In Word）］

用大写数字表示集装箱箱数或其他形式最大包装的件数。由数字、单位和“ONLY”组成。如“SAY THREE HUNDRED FIFTY CARTONS ONLY”。

16. 运费条款（Freight Clause）

运费条款应按信用证规定注明。除非信用证另有规定，提单上一般不必列出运费的具体金额。如信用证未明确，可根据价格条件是否包含运费决定如何批注。主要有以下几种情况：

第一，如果是 CIF、CFR 等价格条件，运费在提单签发之前支付者，提单应注“Freight paid”或“Freight prepaid”。

第二，FOB、FAS 等价格条件，运费在目的港支付者，提单应注明“Freight collect”“Freight to collect”“Freight to be collected”或“Freight payable at destination”。

第三，如信用证规定“Charter party B/L acceptable”（租船契约提单可以接受），提单内可注明“Freight as per charter party”，表示运费按租船契约支付。

第四，如果卖方不知道运费金额或船公司不愿意暴露运费费率，提单可注“Freight paid as arranged”（运费已照约定付讫），或者运费按照约定的时间或办法支付，提单可注“Freight as arranged”或者“Freight payable as per arrangement”。

对于货物的装船费和装卸费等负担问题，船方经常要求在提单上注明有关条款。如“FI”即“Free In”（船方不负担装船费）；“FO”即“Free Out”（船方不负担卸船费）；“FIO”即“Free In and Out”（船方不负担装船费和卸船费）；“FIOS”即“Free In, Out and Stowed”（船方不负担装卸费和拖船费）；“FIOST”即“Free In , Out, Stowed and Trimmed”（船方不负担装卸费、拖船费和平舱费）。

17. 特殊条款（Special Condition in B/L）

特殊条款如下：

Bill of lading must specifically state that the merchandise has been shipped or loaded on board a named vessel and/or bill of lading must evidence that merchandise has been shipped or loaded on board a named vessel in the on-board notation.

信用证要求在提单上特别注明货物装在一只指定船名的船。虽然在提单上已有一个栏目填船名，但对方仍然坚持用文字证明。这是对方强调装载船的表示。一般托运人会接受，会在提单的空白处打上“We certify that merchandise has been shipped on board ship named ×××.”。

Bill of lading should mark freight payable as per charter party, evidencing shipment from Whampoa, China to U. S. , Gulf Port.

这是要求强调运费根据租船契约支付，并强调装运由中国的黄埔港至美国的哥尔夫波特港的特殊条款。在填写提单时，不应因这两项内容已注在栏目中填写而放弃重写一次，应在提单空白处打上“Freight has been payable as per charter party”和“The shipment has been made from Whampoa, China to U. S. , Gulf Port”。

Terms as intended in relation to name of vessel, port of loading and port of arrival are not acceptable.

这是不允许在有关船名、装运港、目的港表达中出现“预计”字样的条款。在具体制作提单过程中应遵照办理。

Issuing company's certificate confirming that the vessel named in B/L is a vessel of a conference line. This document is only to be presented in case of shipment be sea freight.

这是一个限制托运人必须把货物交给班轮公会承运的条款，托运人在收到来证时就应根据实际情况决定是否能做得到。从制作提单的具体方式来看有两种处理办法：其一是由船公司出具一张船籍证，证明装载船是某班轮公会的；其二，由船公司在签发提单时务必在提单上加注证明该船是某班轮公会的。

18. 提单签发地点和日期（Place and Date of Issue）

提单签发地点指货物实际装运的港口或接受监管的地方。签单地址通常是承运人收受货物或装船的地址，但有时也不一致。例如，收受或装运货物在新港，而签单在天津；也有的甚至不在同一国家。

提单签发日期不得迟于货物装运期。在备运提单下，提单签发日期为承运人收到货物的日期。在已装船提单下，提单签发日期与装船日期一致，为货物全部装上船的日期。提单签发的日期不得晚于信用证规定的装运期，这对出口商能否安全收汇很重要。提单正面条款中已有装上船条款“Shipped on board the vessel named above…”，在这种情况下签单日期即被视为装船日期。

19. 已装船批注（Laden on Board the Vessel）

如果信用证规定提供已装船提单，必须由船长签字并注明开船时间和“Laden on Board”或“Shipped on Board”字样。

有些提单正面没有预先印就类似的已装上船的条款，这种提单便称为备运提单。备运提单转化为已装船提单的方式有两种：

一种是在提单的空白处加“已装船”批注或加盖类似内容的图章。例如，“Shipped on Board”，有的只加“on Board”，然后加装船日期并加提单签发的签字或简签。所谓简签，是指签字人以最简单的签字形式，通常只签本人姓名中的一个单词或一个字母来代替正式签字。

另一种是在备运提单下端印有专供填写装船条款的栏目“Laden on Board the Vessel”（已装船标注），有人称之为“装船备忘录”。装船后，在此栏处加注必要内容，如船名等，填写装船日期并由签字人签字或简签。

20. 提单签发人签字（Signed for the Carrier）

有权签发提单的是承运人或作为承运人的具名代理或代表、船长或作为船长的具名代理或代及。如果是代理人签字，代理人的名称和身份与被代理人的名称和身份都应该列明。签章的方式应按照信用证的规定签发。

（二）提单的签发

签发提单是承运人的重要业务内容之一。提单必须经过签署才能生效。提单是根据货物装船后大副签署的收货单或场站收据签发的。

1. 提单签发人

有权签发提单的人包括承运人本人、船长或经承运人授权的代理人以及租船人等。承运人本人签发提单时，提单的签字显示“××× AS CARRIER”；船长签发提单时，提单的签字显示“CAPTAIN ××× AS MASTER”；代理人签发提单时，提单的签字显示“××× AS AGENT FOR ××× AS CARRIER”。通常由承运人的代理人签发提单，但由承运人的代理人签发提单必须经承运人的委托授权。未经授权，代理人无权签发提单。

2. 提单的签发日期

提单的签发日期应与提单上所列货物实际装船完毕的日期，即收货单的签发日期一致。

3. 提单的份数

为了防止提单遗失、被窃或在转递过程中发生意外事故造成灭失，各国海商法和航运习惯都允许签发数份正本提单，并且各份正本提单都具有同等效力，但以其中一份提货后，其余各份自动失效。

（三）提单的原始取得

提单的原始取得是指包括卖方或买方在内的托运人从承运人或其代理处取得提单。由于提单的功能之一是货物收据，承运人向卖方签发提单则证明承运人已收到卖方向其交付的货物。因此，FOB 条件下向承运人实际交货的卖方应被视为合法持有提单的托运人，即卖方从承运人那里原始取得并持有提单，属于合法取得和持有提单，这有别于提单签发后的背书转让而取得提单的过程。

（四）提单的更正与补发

1. 提单的更正

在实际业务中，提单通常是在办妥托运手续后、货物装船前，由托运人或出口商在缮制有关货运单据的同时缮制的。在货物装船后，这种事先缮制的提单，可能与实际装载情况不符而需要更正或重新缮制。此外，货物装船后，承运人或其代理人签发提单前，也可能因托运人申报材料的错误，或信用证要求的条件有所变更，或其他原因，而由托运人提出更正提单内容的要求。在这种情况下，承运人或其代理人通常都会同意托运人提出的更正提单内容的合理要求，重新缮制提单。

若货物已经装船，而且已经签发了提单后托运人才提出更正的要求，承运人或其代理人则要在考虑各方面的关系后，才能决定是否同意更改。若更改的内容不涉及主要问题，在不妨碍其他利害关系人利益的前提下，可同意更改。相反，若更改的内容会涉及其他关系人的利益，或影响承运人的交货条件，则需要征得有关方的同意才能更改并收回原签提单。至于因更改提单内容而引起的损失和费用，则应由提出更改要求的托运人负担。

2. 提单的补发

若正本提单结汇后，在寄送途中遗失，收货人可在目的港凭副本提单和具有信用的保证人（如银行）出具的保证书提取货物。在这种情况下，除需依照一定的法定程序将提单声明作废外，无须另行补发提单。

若提单在结汇前遗失，应由托运人提供书面担保，经承运人同意后补签新提单，并另行编号。同时还要将有关情况转告承运人在目的港的代理人，声明前签提单作废，以免发生意外纠纷。

四、有关提单的国际公约

为了统一规定海洋运输中承运人和托运人（或收货人）的权利和义务，国际上签署了若干公约，其中至今有效的关于提单的国际公约有以下三个：

① 1924 年的《关于统一提单的若干法律规则的国际公约》（*International Convention for the Unification of Certain Rules of Law Relating to Bill of Lading*），简称《 海牙规则 》（*Hague Rules*）。

② 1968 年的《布鲁塞尔议定书》（*The* 1968 *Brussels Protocol*），简称《维斯比规则》（*Vispy Rules*）。

③ 1978 年的《联合国海上货物运输公约》（*United Nations Convention On the Carriage of Goods by Sea*），简称《汉堡规则》（*Hamburg Rules*）。

《海牙规则》目前仍为大多数国家所采用。该规则从 1924 年通过、1931 年 6 月生效以来，世界各国航运公司制定的提单条款大都以《海牙规则》为依据。1968 年通过的《维斯比规则》（已在 32 个国家和地区生效），只是对《海牙规则》作了些枝节性修改和补充，有关承运人的责任基础和免责条款等根本性问题丝毫未加变动。该规则于 1976 年 6 月生效，《汉堡规则》（已在 34 个国家生效）则对《海牙规则》作了较大的实质性的修改，对货方和承运人双方的权益作了比较公平合理的调整。该公约于 1978 年 3 月通过，并于 1992 年 11 月 1 日生效。目前，还有一些国家，如中国，未加入上述任何一个公约，但在制定本国《海商法》时参照和借鉴了三个公约的部分内容。因此，运输规则的不统一给国际贸易带来诸多不便，影响了货物的自由转让，也增加了交易成本。这种现象引起了国际社会的高度重视，在国际海上货物运输领域构筑一个统一规则的呼声日益高涨。

联合国国际贸易法律委员会于 2008 年 7 月制定了《联合国全程或部分国际海上货物运输合同公约》（*UN Convention on Contract for the International Carriage of Goods Wholly or Partly by Sea*），并将该公约命名为《鹿特丹规则》（*The Rotterdam Rules*），决定于 2009 年 9 月 23 日在荷兰鹿特丹发布签署。《鹿特丹规则》共有 18 章 96 条。该规则制定的主要目的是取代现有的《海牙规则》《维斯比规则》以及《汉堡规则》，以真正实现海上货物运输规则的国际统一。

（一）有关提单的国际公约简介

1.《海牙规则》（*Hague Rules*）

《海牙规则》的全称是《关于统一提单的若干法律规则的国际公约》（*International Convention for the Unification of Certain Rules of Law Relating to Bill of Lading*），1924

年8月25日由26个国家在布鲁塞尔签订，1931年6月2日生效。公约草案于1921年在海牙通过，因此命名为《海牙规则》，包括欧美许多国家在内的50多个国家先后加入了这个公约。《海牙规则》使得海上货物运输中有关提单的法律得以统一，在促进海运事业发展，推动国际贸易发展方面发挥了积极作用，是最重要的和目前仍被普遍使用的国际公约，我国于1981年承认该公约。《海牙规则》的缺点是较多地维护了承运人的利益，在风险分担上很不均衡，因而引起了作为主要货主国的第三世界国家的不满，他们纷纷要求修改《海牙规则》，建立航运新秩序。

2.《维斯比规则》（*Visby Rules*）

在第三世界国家的强烈要求下，修改《海牙规则》的意见已为北欧国家和英国等航运发达国家所接受，但他们认为不能急于求成，以免引起混乱，主张折中各方意见，只对《海牙规则》中明显不合理或不明确的条款作局部的修订和补充，《维斯比规则》就是在此基础上产生的。所以《维斯比规则》也称为《海牙—维斯比规则》（*Hague-Visby Rules*），它的全称是《关于修订统一提单若干法律规定的国际公约的议定书》（*Protocol to Amend the International Convention for the Unification of Certain Rules of Law Relating to Bill of Lading*），或简称为“1968年布鲁塞尔议定书”（*The* 1968 *Brussels Protocol*），该规则1968年2月23日在布鲁塞尔通过，于1977年6月生效。目前已有英、法、丹麦、挪威、新加坡、瑞典等20多个国家和地区参加了这一公约。

3.《汉堡规则》（*Hamburg Rules*）

《汉堡规则》是《联合国海上货物运输公约》（*United Nations Convention on the Carriage of Goods by Sea*，1978）的简称。该规则是在1978年3月6日至31日召开的由联合国主持的“海上货物运输大会”上经讨论通过的，并于1992年11月1日生效，会议在德国汉堡举行，有78国代表参加。《汉堡规则》可以说是在第三世界国家的反复斗争下，经过各国代表多次磋商，发达国家在某些方面作出妥协后通过的。《汉堡规则》全面修改了《海牙规则》，其内容在较大程度上增加了承运人的责任，保护了货方的利益，代表了第三世界发展中国家的意愿。但因签字国为埃及、尼日利亚等非主要航运货运国，因此目前《汉堡规则》对国际海运业影响不是很大。

（二）目前已生效的三个公约的比较

1. 承运人的责任期间不同

《海牙规则》和《维斯比规则》规定，承运人的责任期间是从装船到卸船，即“钩到钩”；而《汉堡规则》扩大为自接收货物时起到交付货物时止，包括从港区到港区、堆场到堆场、货运站到货运站。

2. 对货物的定义不同

《海牙规则》规定，活动物和甲板货不属于货物范围，这些货物如被海水冲走，承运人不负责任；而《汉堡规则》将活动物和甲板货列入货物范围。

3. 货损索赔书面通知时间不同

《海牙规则》规定，收货人对货物的不明显损害应在连续3天内提出书面通知；而《汉堡规则》延长为15天。

4. 承运人免责条款不同

《海牙规则》规定，承运人有17项免责条款；而《汉堡规则》取消了这些免责条款，保护了货方的利益。

5. 承运人的责任限制不同

《海牙规则》规定，承运人对每件或每单位货物的灭失或损坏赔偿金额不超过100英镑或相当于100英镑的其他货币；《维斯比规则》规定，把赔偿金额改为不超过10000金法郎/千克或30金法郎/千克，两者中以数额较高的为准；《汉堡规则》规定为835特别提款权（SDRs）或每千克2.5SDRs，两者中也是以数额较高的为准。

6. 对承运人延迟交货责任的规定不同

《海牙规则》对延迟交货未作规定；而《汉堡规则》规定了承运人若延迟交货则要负三项责任：行市损失、利息损失、停工停产损失。

7. 公约的适用国家和地区不同

《海牙规则》只适用于缔约国所签发的提单；而《汉堡规则》规定，凡装卸港在缔约国的提单均适用。

8. 诉讼时效不同

《海牙规则》规定，诉讼时效为一年；《维斯比规则》虽也规定为一年，但经船、货双方协议可以延长，在一年期满后如果在受理该案的法院允许的期限内，承运人至少仍有三个月的期限向第三者提出赔偿诉讼；而《汉堡规则》将诉讼时效延长为二年，包括托运人向承运人起诉或承运人向托运人起诉。

由于上述三项公约签署的历史背景不同，内容不一，各国对这些公约的态度也不相同，因此，各国船公司签发的提单背面条款也就互有差异。

（三）《鹿特丹规则》简介及与以往公约的对比分析

《鹿特丹规则》共有18章96条，主要是围绕船货双方的权利义务、争议解决及公约的加入与退出等作出一系列规定。与传统的三大公约相比，《鹿特丹规则》作出的变革主要包括：

1. 提出了“批量合同”的概念

自美国《哈特法》发布以来，国际海上货物运输领域公约与法律的起草的根本初衷都是为了防止承运人滥用合同自由及其自身的优势地位逃避责任，但随着国际范围内货主力量的提升，不少大的货主也具有与承运人平等谈判的能力。基于该变化，《鹿特丹规则》首次在国际公约中提出了“批量合同”的概念。根据该公约，批量合同是指在约定期间内分批装运约定总量货物的运输合同，货物总量可以是最低数量、最高数量或者一定范围的数量。针对批量合同，《鹿特丹规则》允许承运人与托运人约定增加或者减少该公约中规定的权利、义务和赔偿责任，并承认上述约定在特定情况的约束力。

2. 提出了“履约方”与“海运履约方”的概念

《鹿特丹规则》没有沿用《汉堡规则》提出的“实际承运人”概念，而是提出了“履约方”与“海运履约方”的概念。根据该公约，“履约方”是指承运人以外的，履行或者承诺履行承运人在运输合同下有关货物接收、装载、操作、积载、运输、照料、卸载或者交付的任何义务的人；“海运履约方”则指凡在货物到达船舶装货港至货物离开船舶卸货港期间履行或者承诺履行承运人任何义务的履约方，内陆承运人仅在履行或者承诺履行其完全在港区范围内的服务时方为海运履约方。可见，《鹿特丹规则》下的“海运履约方”与托运人之间不存在直接的合同关系，而是在承运人直接或间接的要求、监督或者控制下，实际履行或承诺履行承运人在“港至港”运输区段义务的人。这一规定突破了合同相对性原则，海运履约方承担公约规定的承运人应负的义务和赔偿责任，并有权享有相应的抗辩和赔偿责任限制。

3. 明确承认了“电子运输记录”的法律效力

与前述三个公约不同，《鹿特丹规则》明确规定了电子运输记录，确认了其法律效力，并将电子运输记录分为可转让与不可转让两种。该公约明确规定，凡应在运输单证上载明的内容，均可在电子运输记录中加以记载，但电子运输记录的签发和随后的使用须得到承运人和托运人的同意，并且电子运输记录的签发、排他性控制或者转让，与运输单证的签发、占有或者转让具有同等效力。

4. 扩大了承运人的责任期间

与《海牙规则》“钩至钩”或“舷至舷”及《汉堡规则》“港至港”的调整范围不同，为适应国际集装箱货物“门到门”运输方式的变革，《鹿特丹规则》明确规定，承运人的责任期间，自承运人或者履约方为运输而接收货物时开始，至货物交付时终止。

5. 加重了承运人的适航义务

与《海牙规则》明显不同的是，《鹿特丹规则》规定，承运人必须在开航前、开航当时和海上航程中谨慎处理，使船舶处于且保持适航状态；妥善配备船员、装备船舶和补给供应品，且在整个航程中保持此种配备、装备和补给；使货舱、船舶所有其他载货处所和由承运人提供的载货集装箱适于且能安全接收、运输和保管货物，并保持此种状态。

6. 进一步明确了承运人的责任

《鹿特丹规则》对承运人的责任基础做出明确的规定，采用了完全过失责任制，废除了目前较为主流的“航行过失”和“火灾过失”免责。同时，《鹿特丹规则》还规定，未在约定时间内在运输合同约定的目的地交付货物，为迟延交付，这一规定删节了《汉堡规则》中“合理时间”的标准。在《鹿特丹规则》中，承运人的责任限制被提高到每件或每单位 875SDRs 或者毛重每千克 3SDRs，以二者中较高限额为准，但货物价值已由托运人申报且在合同事项中载明的，或者承运人与托运人已另行约定高于本条所规定的赔偿责任限额的，不在此列。此外，《鹿特丹规则》还对船货双方的举证责任和顺序做了较为具体的规定。

7. 进一步明确了托运人的义务

《鹿特丹规则》明确规定，除非运输合同另有约定，否则托运人应当交付备妥待运的货物。在任何情况下，托运人交付的货物应当处于能够承受住预定运输的状态，包括货物的装载、操作、积载、绑扎、加固和卸载，且不会对人身或者财产造成损害。托运人有提供信息、指示和文件的义务。对于承运人遭受的灭失或者损坏，如果承运人证明，此种灭失或者损坏是由于违反本公约规定的托运人义务而造成的，托运人应当负赔偿责任。

此外，《鹿特丹规则》还提出了“单证托运人”的概念，根据该公约，“单证托运人”是指托运人以外的，同意在运输单证或者电子运输记录中记名为“托运人”的人。单证托运人享有托运人的权利，并且也应承担其相应的义务。

8. 对货物交付作出了更为全面的规定

《鹿特丹规则》较为细致地就货物交付问题作出了全面规定。根据该公约，当货物到达目的地时，要求交付货物的收货人应当在运输合同约定的时间或者期限内，在运输合同约定的地点接受交货。无此种约定的，应当在考虑到合同条款和行业习惯、惯例或者做法以及运输情形，并能够在合理预期的交货时间和地点接受交货。收货人应当按照交付货物的承运人或者履约方的要求，以交货地的习惯方式确认从承运人或者履约方收到了货物。收货人拒绝确认收到货物的，承运人可以拒绝交付。

如果没有签发可转让运输单证或者可转让电子运输记录，承运人应当在一定的时间和地点将货物交付给收货人，声称是收货人的人未按照承运人的要求适当表明其收货人身份的，承运人可以拒绝交付；如果签发了必须提交的不可转让运输单证，承运人应当在收货人按照承运人的要求适当表明其为收货人并提交不可转让单证时，在一定的时间和地点将货物交付给收货人，声称是收货人的人不能按照承运人的要求适当表明其收货人身份的，承运人可以拒绝交付，未提交不可转让单证的，承运人应当拒绝交付。所签发不可转让单证有一份以上正本的，提交一份正本单证即可，其余正本单证随即失去效力。如果签发的是可转让运输单证或可转让电子运输记录，可转让运输单证或可转让电子运输记录的持有人有权在货物到达目的地后向承运人主张提取货物，但若该持有人不能提交单证或不能证明其为可转让电子运输记录的持有人，承运人应当拒绝交付，所签发可转让运输单证有一份以上正本，且该单证中注明正本份数的，提交一份正本单证即可，其余正本单证随即失去效力。使用可转让电子运输记录的，一经向持有人交付货物，该电子运输记录随即失去效力。

《鹿特丹规则》还对无单放货作出规定，将航运实践中承运人凭收货人的保函和提单副本交货的习惯做法，改变为承运人凭托运人或单证托运人发出的指示交付货物，且只有在单证持有人对无单放货事先知情的情况下，才免除承运人无单放货的责任。如果单证持有人事先对无单放货不知情，承运人对无单放货仍然要承担责任，此时承运人有权向上述发出指示的人索要担保。公约为承运人实施上述无单放货设定了条件，即可转让运输单证必须载明可不凭单放货。

9. 明确提出了“货物控制权”的概念

《鹿特丹规则》首次在国际海上货物运输领域明确规定了货物的控制权。“货物控制权”是指根据该公约按运输合同向承运人发出有关货物的指示的权利。《鹿特丹规则》所定义的控制权只能由控制方行使，且仅限于就货物发出指示或者修改指示的权利，此种指示不构成对运输合同的变更；在计划挂靠港，或者在内陆运输情况下，在运输途中的任何地点提取货物的权利；由包括控制方在内的其他任何人取代收货人的权利。控制权存在于公约规定的整个承运人责任期间，该责任期间届满时即告终止。

《鹿特丹规则》规定，签发不可转让运输单证，其中载明必须交单提货的，托运人为控制方，且可以将控制权转让给运输单证中指定的收货人，该运输单证可不经背书转让给该人，所签发单证有一份以上正本的，应当转让所有正本单证，方可实现控制权的转让。为了行使控制权，控制方应当提交单证且适当表明其身份，所签发单证有一份以上正本的，应当提交所有正本单证，否则不能行使控制权；签发可转让运输单证的，持有人为控制方，所签发可转让运输单证有一份以上正本的，持有人得到所有正本单证，方可成为控制方。持有人可以根据公约，通过将可转让运输单证转让给其他人而转让控制权，所签发单证有一份以上正本的，应当向该人转让所有正本单证，方可实现控制权的转让，并且为了行使控制权，持有人应当向承运人提交可转让运输单证，特定情况下，还应当适当表明其身份，所签发单证有一份以上正本的，应当提交所有正本单证，否则不能行使控制权；签发可转让电子运输记录的，持有人为控制方，持有人可以按照公约规定的程序，通过转让可转让电子运输记录，将控制权转让给其他人，并且为了行使控制权，持有人应当按照公约规定的程序证明其为持有人。

其他情况下，托运人为控制方，除非托运人在订立运输合同时指定收货人、单证托运人或者其他人为控制方，控制方才有权将控制权转让给其他人。此种转让在转让人向承运人发出转让通知时对承运人产生效力，受让人于是成为控制方，并且控制方行使控制权时，应当适当表明其身份。

10. 就权利转让问题作出了明确规定

《鹿特丹规则》还就权利转让问题作了专门的规定，签发可转让运输单证的，其持有人可以通过向其他人转让该运输单证而转让其中包含的各项权利。指示单证的，须背书给其他人，若是不记名单证或者空白背书单证的，或者是凭记名人指示开出的单证，且转让发生在第一持有人与该记名人之间的，无须背书。签发可转让电子运输记录的，不论该电子运输记录是凭指示开出还是凭记名人指示开出，其持有人均可以按照公约规定，通过转让该电子运输记录，转让其中包含的各项权利。

作为非托运人的持有人，未行使运输合同下任何权利的，不能只因为是持有人而负有运输合同下的任何赔偿责任。同时，如果作为非托运人的持有人，行使运输合同下任何权利的，则需负有运输合同对其规定的任何赔偿责任，但该赔偿责任必须载入可转让运输单证或者可转让电子运输记录，或者可以从其中查明。

复习思考题

一、名词解释

班轮运输　航次租船　滞期费　海运提单　倒签提单

二、单选题

1. 在班轮运价表中用字母“M”表示的计收标准为(　　)。

A. 按货物毛重计收　　B. 按货物体积计收

C. 按商品价格计收　　D. 按货物件数计收

2. 在定程租船方式下，在装卸费的收取办法中FO的含义是(　　)。

A. 船方不负担装卸费

B. 船方负担装卸费

C. 船方只负担装货费，而不负担卸货费

D. 船方只负担卸货费，而不负担装货费

3. 按提单收货人抬头分类，在国际贸易中被广泛使用的提单有(　　)。

A. 记名提单　　B. 不记名提单

C. 指示提单　　D. 班轮提单

4. 在规定装卸时间的办法中，使用最普遍的是(　　)。

A. 日或连续日　　B. 累计 24 小时好天气工作日

C. 连续 24 小时好天气工作日　　D. 24 小时好天气工作日

5. 海运提单日期应理解为(　　)。

A. 货物开始装船的日期　　B. 货物装船过程中任何一天

C. 货物装船完毕的日期　　D. 签订运输合同的日期

6. 如果是以 FOB 成交的进口合同，租船订舱由(　　)负责。

A. 买方　　B. 卖方

C. 双方　　D. 船方

7. 海运提单的抬头是指提单的(　　)。

A. SHIPPER　　B. CONSIGNEE

C. NOTIFY PARTY　　D. VOYAGE NO.

8. 清洁提单是指(　　)。

A. 承运人未加有关货物或包装不良之类批注的提单

B. 不载有任何批注的提单

C. 表面整洁无涂改痕迹的提单

D. 提单收货人栏内没有指明任何收货人的提单

9. 租船运输中的速遣费与滞期费的大小关系是(　　)。

A. 速遣费＝1/2 滞期费　　B. 速遣费＝2 倍滞期费

C. 速遣费＝滞期费　　D. 无关系

10. 在（　　）下保函是合法的。

A.《海牙规则》　　B.《维斯比规则》

C.《汉堡规则》　　D.《鹿特丹规则》

三、多选题

1. 定期租船下，租船人应负担(　　)。

A. 船员工资　　B. 港口费

C. 装卸费　　D. 船员伙食费

E. 燃料费

2. 联运提单适用于(　　)。

A. 海运＋陆运　　B. 陆运＋空运

C. 空运＋邮购　　D. 海运＋航空

E. 陆运＋邮购

3. 如果海运提单上的抬头制作(　　)，则需要由发货人做背书转让。

A. To Order　　B. To Order of Shipper

C. To Order of Consignee　　D. To Bear

E. To Order of Issuing Bank

4. 海运提单的性质和作用是(　　)。

A. 承运货物收据　　　　B. 货物投保的凭证
C. 货物所有权凭证　　　　D. 运输合同的声明
E. 出口结汇的主要单据
5. 海运提单根据收货人抬头不同可以分为(　　)。
A. 记名提单　　　　B. 直达提单
C. 不记名提单　　　　D. 指示提单
E. 可转让提单

四、简答题

1. 简述班轮运输的特点。
2. 简述租船运输的几种方式及其各自特点。
3. 简述海上班轮进出口代理业务流程。
4. 简述提单的性质、作用及其缮制。

五、计算题

1. 中国某港运往克罗地亚里耶港的货物，需在马赛或热那亚转船，除去一程运费要加收13%的燃油附加费以外，所加收的转船附加费（基本运价的50%）还要加上13%的燃油附加费。如果这批货重2吨，尺码为4立方米，M8级，一程运价为213.5港元，求全程运费。

2. 某公司出口洗衣粉到西非某港口城市，共100箱。该商品的内包装为塑料袋，每袋重1磅，外包装为纸箱，每箱100袋，箱的尺寸为长47厘米、宽39厘米、高26厘米。经查该商品为5级货，按“M”标准计算，去西非航线的5级货每运费吨的基本运费为367港元，另加转船费15%、燃料费33%、港口拥挤费5%。该货物的运费是多少？（计算结果保留两位小数）

3. 外轮在天津新港每一晴天工作日装卸袋装花生米的标准为1000M/T。现有一艘登记吨为20000的轮船，按晴天工作节假日除外的标准装运袋装花生米7200M/T出口，具体装运情况如下：

日期	工作时间	实际工作时间
8月18日	14：00—24：00	10小时
8月19日	00：00—24：00	24小时
8月20日	00：00—24：00（下雨10小时）	14小时

试计算速遣费或滞期费（速遣费为一天2000美元，滞期费为一天4000美元）。

六、案例分析

【案例1】

我方向澳大利亚FOB价格购进一批矿产品共30000吨。在贸易合同中规定卖方每天应负责装货2000吨，按晴天工作日计算。我方在运进这批货物的租船合同中规定每装货2500吨，按连续工作日计算。在上述两个合同中滞期费每天均为6000美元，速遣费每天均为3000美元。结果卖方只用了13天（其中包括两个星期天）便将全部货物装完。结合滞期费和速遣费的内容，简述我方在签订上述两个合同时有何失误之处。

【案例2】

2016年，天堂进出口有限责任公司（以下简称“天堂公司”）购进一批圣诞节用的火鸡，信用证规定于2016年11月30日前装货，由承运人所属“伊丽莎白”号货轮承运上述货物。该轮于12月3日才抵达装货港，承运人接受发货人的保函，授权其代理人签发了11月30日已装船的清洁提单。发货人凭全套单证从开证行取得全部货款。

2016年12月15日，天堂公司持承运人签发的提单到合同指定的港口提货时，发现该提单所记载的船舶还未抵港，直到12月26日提单所记载的货物才运抵目的港。由于销售季节已过，给天堂公司造成巨大的损失，该公司的国内销售商对其提出索赔。

天堂公司认为，承运人未能按信用证规定的装船期限如期装货，却签发了与信用证一致的提单，属于欺诈行为，应对由此造成的一切损失承担责任。承运人认为，货物未能如期运抵目的港交货，是因所属“伊丽莎白”号货轮在某港锚地停泊时遇暴雨和台风，该轮抛锚与另外一艘锚地待泊的油轮相撞，造成该轮及部分集装箱严重受损。该轮不得不进行紧急修理，于12月11日续航。而提单所载的全部货物最终完好地运抵交货港，并置于天堂公司控制之下，由于不可抗力造成承运人不能如期交货，承运人已恪尽职守，完成了应尽的责任和义务，迟延交货纯属人力不可抗拒原因所致，故不应承担赔偿责任。

问题：

1. 承运人签发的提单属于何种提单？其后果如何？

2. 承运人可否以不可抗力为由减轻或免除责任？为什么？

七、项目实操

2017年4月23日，浙江金苑进出口公司外贸单证员张无忌制作好信用证项下的单据后，请根据信用证内容缮制其后随附的海运提单。

MT700		ISSUE OF DOCUMENTARY CREDIT
SENDER		EMIRATES BANK INTERNATIONAL, DUBAI
RECEIVER		HANGZHOU CITY COMMERCIAL BANK, HANGZHOU, CHINA
SEQUENCE OF TOTAL	27：	1/1
FORM OF DOC. CREDIT	40 A：	IRREVOCABLE
DOC. CREDIT NUMBER	20：	FFF07699
DATE OF ISSUE	31C：	170225
APPLICABLE RULES	40E：	UCP LATEST VERSION
EXPIRY	31D：	DATE 170510 PLACE CHINA
APPLICANT	50：	JAFZA BASED TRADING COMPANY 2ND FLOOR, No. 128 NADD－AL－HAMAR ROAD, AL WAHA COMMUNITY CENTRE, UAE

HANGZHOU GARDEN ENTERPRISE

BENEFICIARY	59：	7/F.，SANXIN MANSION，No. 33—35，XINTANG ROAD，HANGZHOU，CHINA
AMOUNT	32B：	CURRENCY USD AMOUNT 54000. 00
AVAILABLE WITH/BY	41D：	ANY BANK IN CHINA，BY NEGOTIATION
DRAFTS AT	42C：	30 DAYS AFTER SIGHT
DRAWEE	42A：	EMIRATES BANK INTERNATIONAL，NEW YORK
PARTIAI SHIPMTS	43P：	PROHIBTED
TRANSHIPMENT	43T：	ALLOWED
LOADING IN CHARGE	44A：	CHINA MAIN PORT
FOR TRANSPIRT TO…	44B：	DUBAI，UAE
LATEST SHIPMENT	44C：	170425
DESCRIPTION OF GOODS	45A：	4500 PIECES OF LADIES JACKET，SHELL：WOVEN TWILL 100% COTTON，LINING：WOVEN 100% POLYESTER，ORDER No. SIK 768，AS PER S/C No. ZJJY0739

STYLE NO.	QUANTITY	UNIT PRICE	AMOUNT
L357	2250 PCS	USD 12. 00/PC	USD 27000. 00
L358	2268 PCS	USD 12. 00/PC	USD 27216. 00

DOCS. REQUIIRED 46A：AT CIF DUBAl，UAE

+ COMMERCIAL INVOICE SIGNED IN TRIPLICATE.

+ PACKING LIST IN TRIPLICATE.

+FULL SET (3/3) 0F CLEAN ON BOARD MARINE BILL OF LADING MADE OUT TO THE ORDER，MARKED FREIGHT PREPAID AND NOTIFY APPLICANT.

+ CERTIFICATE OF CHINESE ORIGIN CERTIFIED BY CHAMBER OF COMMERCE OR CCPIT.

+ INSURANCE POLICY / CERTIFICATE IN DUPLICATE ENDORSED IN BLANK FOR 110% INVOICE VALUE，COVERING ALL RISKS AND WAR RISKS OF CIC OF PICC (1/1/1981) INCI. WAREHOUSE TO WAREHOUSE AND I. O. P AND SHOWING THE CLAIMING CURRENCY IS THE SAME AS THE CURRENCY OF CREIT.

+ SHIPPING ADVICE SHOWING THE NAME OF THE CARRYING VESSEL，DATE OF SHIPMENT，MARKS，QUANTITY，NET WEIGHT AND GROSS WEIGHT OF THE SHIPMENT TO APPLICANT WITHIN 3 DAYS AFTER THE DATE OF BILL OF LADING.

ADDITIONAL CONDITION 47A：+ DOCUMENTS DATED PRIOR TO THE DATE OF THISCREDIT ARE NOT ACCEPTABLE.

+ THE NUMBER AND THE DATE OF THIS CREDIT AND THE NAME OF ISSUING BANK MUST BE QUOTED ON ALL DOCUMENTS.

+ MORE OR LESS 5 PCT OF QUANTITY OF GOODS IS

ALLOWED.

+ TRANSHIPMENT ALLOWED AT HONGKONG ONLY.

+ SHORT FORM / CHARTER PARTY / THIRD PARTY BILL OF LADING ARE NOT ACCEPTABLE.

+ SHIPMENT MUST BE EFFECTED BY 1×40' FULL CONTAINER LOAD. B / L TO SHOW EVIDENCE OF THIS EFFECT IS REQUIRED.

+ THE GOODS SHIPPED ARE NEITHER ISRAELI ORIGIN NOR DO THEY CONTAIN ISRAELI MATERIALS NOR ARE THEY EXPORTED FROM ISRAEL, BENEFICIARY'S CERTIFICATE TO THIS EFFECT IS REQUIRED.

+ ALL PRESENTATIONS CONTAINING DISCREPANCIES WILL ATTRACT A DISCREPANCY FEE OF USD 60.00 PLUS TELEX COSTS OR OTHER CURRENCY EQUIVALENT. THIS CHARGE WILL BE DEDUCTED FROM THE BILL AMOUNT WHETHER OR NOT WE ELECT TO CONSULT THE APPLICANT FOR A WAIVER.

DETALLS OF CHARGES　71B：ALL CHARGES AND COMMISSIONS OUTSIDE UAE ARE FOR ACCOUNT OF BENEFICIARY EXCLUDING REIMBURSING FEE.

PRESENTATION PERIOD　48：WITHIN 15 DAYS AFFTER THE DATE OF SHIPMENT, BUT WITHIN THE VALIDITY OF THIS CREDIT.

CONFIRMANTION　49：WITHOUT.

INSTRUCTIONS　78：ALL DOCUMENTS ARE TO BE REMITTED IN ONE LOT BY. COURIER TO EMIRATES BANK INTERNATIONAL, TRADE SERVICES, DUBAI. BRANCH, BUILDING BANIYAS STREET—DEIRA—UNITED ARAB EMIRATES DUBAI, UAE.

<table>
<tr><td>Shipper Insert Name, Address and Phone</td><td colspan="2">B/L No. 2651</td></tr>
<tr><td></td><td rowspan="3">COSCO SHIPYARD</td><td rowspan="3">中远集装箱运输有限公司
COSCO CONTAINER LINES
TLX:
FAX:
ORIGINAL
Port-To-Port Or Combined Transport
Bill of lading</td></tr>
<tr><td>Consignee Insert Name, Address and Phone</td></tr>
<tr><td></td></tr>
</table>

（续表）

<table>
<tr><td colspan="2">Notify Party Insert Name，Address and Phone
(it is agreed that noresponsibility shall attach to the carrier or his agents for failure to notify)</td><td rowspan="5">RECEIVED in external apparent good order and condition except as otherwise noted. The total number of packages or unites stuffed in the container, the description of the goods and the weights shown in this bill of lading are furnished by the merchants, and which the carrier gas no re-asonable means of checking and is not a part of this bill of lading contract. The carrier has issued the number of bills of lading stated below, all of this tenor and date. One of the original bills of lading must be surrendered and endorsed of signed against the delivery of the shipment and whereupon any other original bills of lading shall be void. The merchants agree to be bound by the terms and conditions of this bill of lading as if each gad personally signed this bill of lading.
See clause 4 on the back of this bill of lading (terms continued to the back hereof, please read carefully).
* Applicable only when document used as a combined transport bill of lading.</td></tr>
<tr><td colspan="2"></td></tr>
<tr><td>Combined Transport *
Pre-carriage by</td><td>Combined Transport *
Place of receipt</td></tr>
<tr><td>Ocean Vessel Voy. No.</td><td>Port of Loading</td></tr>
<tr><td>Port of Discharge</td><td>Combined Transport
Place of dilivery</td></tr>
</table>

<table>
<tr><td>Marks & Nos.
Container/Seal No.</td><td>NO. of Containers or Packages</td><td>Description of Goods</td><td>Gross Weight
Kgs</td><td>Measurement</td></tr>
<tr><td></td><td></td><td></td><td></td><td></td></tr>
<tr><td></td><td></td><td colspan="3">Description of Contents for Shipper's Use Only (Not Part of This B/L Contract)</td></tr>
</table>

第三章　国际铁路货物运输

学习目标

理解铁路货物运输基本知识。

熟知国际铁路货物联运的特点、作用。

掌握国际铁路货物联运的适用规章、具体规定、托运程序以及运费的计收。

了解对中国香港地区铁路货物联运的一般做法。

导读材料

中国外运陕西公司诉哈尔滨铁路局国际铁路联运合同纠纷案

1993 年 7 月，中国外运陕西公司受陕西省进出口公司的委托，于西安西站向俄罗斯西西伯利亚贸易公司托运毛巾被 1390 条、床单 19800 条。俄罗斯西西伯利亚贸易公司收到货物后，因俄罗斯市场行情发生变化，遂与陕西外运公司达成将货物全部退给原告的协议。1993 年 8 月 31 日，俄罗斯西西伯利亚贸易公司将货物交由俄罗斯铁路鄂木斯克东站承运，货物运单到站为西安铁路分局西安西站，收货人为中国外运陕西公司，运到期限为 35 日。运期届满后陕西外运公司未能收到货物。哈尔滨铁路局满洲里站出具证明，证实俄罗斯铁路未向其交接该批货物，只传递了运单。西安铁路分局西安西站出具商务记录，证实货物未运到该站。中国外运陕西公司于 1994 年 3 月 23 日向哈尔滨铁路局提出赔偿请求，哈尔滨铁路局通知俄罗斯铁路国境站后贝加尔铁路局给予赔偿，后贝加尔铁路局未作答复，哈尔滨铁路局也未在规定的期限内答复陕西外运公司。陕西外运公司遂起诉，要求哈尔滨铁路局赔偿货款 518700 瑞士法郎、利息 13832 瑞士法郎，并负担全部案件受理费。

经哈尔滨铁路运输中级法院审理，此案最终处理结果为：

（一）货物应视为全部灭失

本批货物为整车运输，按照《国际货协》的规定，超过货物应运到期限 30 天内，未将货物交付收货人，收货人可认为货物已灭失。

（二）俄罗斯铁路是货物灭失的责任铁路

俄罗斯西西伯利亚贸易公司将货物交付给俄罗斯铁路鄂木斯克东站承运后，参加运送的后贝加尔站未向中国国境站哈尔滨铁路局满洲里站交付货物，只是传递了铁路运单。西安铁路分局西安西站也证实货物未运至该站。陕西外运公司书面通知后贝加尔铁路局赔偿，该局未作答复，也未提供已向中方满洲里国境站交付货物的证据。因此，可以认定货物是在俄罗斯铁路承运期间灭失的，直接责任者应是俄罗斯后贝加尔铁路局。

（三）哈尔滨铁路局赔偿灭失货物的损失

根据《国际货协》第二十九条第二项以及附件的规定，赔偿请求应提交受理审核赔偿请求的满洲里国境站的主管机关哈尔滨铁路局审查。《国际货协》第三十三条第一项规定：

"对于货物的全部灭失……已付赔款的铁路，有权向参加运送的其他铁路索取这项赔款。"哈尔滨铁路局作为赔偿请求受理机关应对灭失的货物先予赔偿，赔付后向责任者俄罗斯后贝加尔铁路局清算。

（四）赔偿范围

赔偿全部货款。按《国际货协》的规定，货物出口发票所列的总价款为 518700 瑞士法郎，应予以全部赔偿。

赔偿利息。《国际货协》第二十八条第三项规定，铁路应按货物全部灭失受理的赔偿，从提赔之日起经过 180 天后，才对赔偿请求给予答复或支付应付赔款的，则对应付赔款额加算年利 4％的利息。陕西外运公司提赔时间是 1994 年 3 月 23 日，至向法院起诉时哈尔滨铁路局仍未答复，已超过 180 天，哈尔滨铁路局应按赔款额的年利 4％支付利息。

陕西外运公司诉请的赔偿铁路运费不应支持。根据《国际货协》的规定，赔款中应包括铁路运费。但本案的铁路运费是由俄罗斯西西伯利亚贸易公司在返还货物时向发站交付的，陕西外运公司未支出这项费用，不存在赔偿问题。

第一节　铁路货物运输概述

铁路运输是现代运输业的主要方式，在国际贸易货物运输中，尤其是在内陆接壤的国家之间的贸易中，起着无可替代的作用。

自 1825 年诞生在英国的世界第一条铁路即英国斯托克顿至达林顿铁路正式营运以来，铁路运输已有近 200 年的历史。到目前为止，世界铁路总长度约 150 万千米，其中美洲铁路长度约占全世界铁路总长度的 1/3，欧洲约占 1/3，非洲、澳洲和亚洲之和占 1/3。由此可见，世界铁路分布极不平衡。目前铁路里程最长的国家依次为美国、俄罗斯、加拿大、印度和中国，其之和约占全世界铁路总里程的 50％。

全世界铁路运输发展的基本趋势是运输设备的现代化和运输管理的自动化。铁路运输现代化的内容之一就是高速化。随着科学技术的进步，铁路牵引动力不断改进，运行速度由开始时的每小时 20 千米提高到每小时 80～100 千米。20 世纪五六十年代，发达国家完成了铁路牵引动力改革，实现了电气化和内燃化，运行时速达到 120～200 千米。现在高速铁路的运行时速已超过 200 千米。现代铁路因牵引动力的电气化和内燃化，铺设复线、无缝线和重型钢轨，以及采用现代化通信设备，尤其是电子计算机的应用，使铁路运营管理逐步实现了自动化，大大提高了列车速度、载重量和密度。高速旅客列车时速可达 160～250 千米，最高可达 300 千米以上，法国的 TGV100 型电动列车时速可达 380 千米，磁悬浮列车在向时速 500 千米发展。货物列车速度可达时速 100 千米。货物列车因采用长大列车和载重列车，运输效率大大提高，运输成本大大降低。现代铁路运输正向技术设备先进、经营管理现代化和自动化方向发展。

一、铁路运输概述

（一）铁路机车（Locomotive）

铁路机车俗称火车头。铁路车辆本身没有动力装置，无论是客车还是货车，都必须把许多车辆连接在一起编成一列，由机车牵引才能运行。所以，机车是铁路车辆的基本动力。铁路上使用的机车种类很多，按照机车原动力分，可分为蒸汽机车、内燃机车和电力机车三种。目前我国铁路运输已淘汰了蒸汽机车，而以电力机车为主、内燃机车为辅。

（二）车辆（Freight Cars）

铁路车辆是运送旅客和货物的工具，可分为客车和货车两大类。铁路货车的种类很多，可以从以下几个方面对其分类。

1. 按用途或车型划分

按照用途或车型分为通用货车和专用货车两大类。通用型货车又可分为棚车、敞车和平车等；专用货车是专供装运某些指定种类货物的车辆，它包括保温车、长大货物车、圆罐车、家畜车、水泥车等。

2. 按载重量划分

我国的货车可分为20吨以下、25～40吨、50吨、60吨、65吨、70吨、90吨等各种不同的车辆。为适应我国货物运量大的客观需要，有利于多装快运和降低货运成本，我国目前以制造60吨车为主。

3. 按轴数划分

车辆可分为四轴车、六轴车和多轴车等。我国铁路以四轴车为主。

4. 按制作材料划分

按制作材料，铁路货车分为钢骨车和全钢车。钢骨车车底架及梁柱等主要受力部分用钢材，其他部分用木材制成，因而自重轻，成本低；全钢车坚固耐用，检修费用低，适合高速运行。

（三）车辆标记（Marks of Cars）

一般常见的车辆标记有：

① 路徽。凡中国铁道部所属车辆均有人民铁道的路徽。

② 车号。车号是识别车辆的最基本标记。车号包括型号和号码。型号又有基本型号和辅助型号两种。

货车的基本型号用大写的汉语拼音字母来表示，这些字母多数是各类货车名称的第一个汉字的汉语拼音首字母，但也有个别例外。常用种类货车的基本型号见表3-1。

表3-1 常用种类货车的基本型号

车辆种类	型号	车辆种类	型号
棚车	P	保温车	B
敞车	C	集装箱车	X
平车	N	罐车	G
砂石车	A	长大货物车	D
煤车	M	家畜车	J
矿石车	K	水泥车	U
粮食车	L	毒品车	W

辅助型号表示车辆的构造型式，以阿拉伯数字和汉语拼音组合而成，表示重量系列、顺序系列、材质或结构。

车辆号码一般是顺序号，但其编码也有一定的规范，我国火车车辆号码编排采用按车种区分号段，如棚车为 3000000～3499999，敞车为 4000000～4899999，保温车为 7000000～7231999，罐车为 6000000～6309999 等。

一个完整的货车标记包括基本型号、辅助型号和车号。例如 C62A4785930，C 是基本型号，表示是货车中的敞车；62 是辅助型号，表示重量系列或顺序系列；A 是辅助型号，表示车辆的材质或结构；4785930 是车号。

③ 配属标记。对于同定配属的车辆，应标上所属铁路局和车辆段的简称，如“京局京段”表示北京铁路局北京车辆段的配属车。

④ 载重。它是车辆允许的最大装载重量，以吨为单位。

⑤ 自重。它是车辆本身的重量，以吨为单位。

⑥ 容积。它是货车（平车除外）可供装载货物的容积，以立方米为单位。

⑦ 特殊标记。根据货车的构造及设备情况，在车辆上还可涂打各种特殊的标记。

二、铁路运输的特点

铁路运输是国家的经济大动脉，是物流运输方式的一种。和其他运输工具相比，铁路运输主要具有以下几个特点：

第一，准确性和连续性强。铁路运输几乎不受气候影响，一年四季可以不分昼夜地进行定期的、有规律的、准确的运转。

第二，速度比较快。铁路货运速度每昼夜可达几百公里，一般货车可达 100 千米/时左右，远远高于海上运输。

第三，运输量比较大。一列货物列车一般能运送 3000～5000 吨货物，远远高于航空运输和汽车运输。

第四，成本较低。铁路运输费用仅为汽车运输费用的十几分之一到几分之一，运输油耗约是汽车运输的 1/20。

第五，安全可靠，风险远比海上运输小。

第六，初期投资大。铁路运输需要铺设轨道、建造桥梁和隧道，建路工程艰巨复杂；需要消耗大量钢材、木材；占用土地。其初期投资大大超过其他运输方式。

另外，铁路运输由运输、机务、车辆、工务、电务等业务部门组成，要具备较强的准确性和连贯性，各业务部门之间必须协调一致。这就要求在运输指挥方面实行统筹安排、统一领导。

【相关资料】

我国的国际铁路通道

与我国有铁路联运的陆地邻国有朝鲜、俄罗斯、蒙古、哈萨克斯坦、越南等多个国家，其中上述五国都和我国开办了国际铁路联运业务。自 20 世纪 50 年代至今，铁路联运一直是我国与邻国之间开展经济贸易联系的重要运输渠道，为发展双边贸易创造了有利条件。

我国通往邻国的铁路干线及国境车站主要包括以下几种：

1. 中俄之间

滨洲线：自哈尔滨起向西北至满洲里，全长935千米。这条铁路线是我国与欧亚国家之间陆运进出口货物以及大陆桥运输的最重要的运输线。该线路通过我国边境城市满洲里及俄罗斯的后贝加尔与西伯利亚铁路相连。

滨绥线：自哈尔滨起，向东经绥芬河与俄罗斯远东地区的铁路相连接，全长548千米，是我国与俄罗斯远东地区及库页岛地区进出口货物的重要运输线，也是我国通往日本海的最大陆路贸易口岸的铁路线。该线路通过我国边境口岸绥芬河车站，与绥芬河车站相对的俄罗斯国境车站是格罗迭科沃车站。

2. 中蒙之间

中蒙之间我国的铁路干线是集二线，该线路从京包线的集宁站，向西北到二连浩特，全长331千米，是我国通往蒙古、俄罗斯乃至欧洲的另一条国际大通道。我国边境口岸二连浩特是集二线的终点站，与之相对的蒙古国国境车站是扎门乌德站。

3. 中哈之间

中哈之间我国的铁路干线是北疆线，该线路东起新疆乌鲁木齐，向西到达终点站阿拉山口，全长460千米，是我国通往哈萨克斯坦及亚欧其他国家的另一条铁路干线，也是第二亚欧大陆桥的运输线。阿拉山口是北疆铁路的终点站，与阿拉山口相对的是哈萨克斯坦的德鲁日巴车站。

4. 中朝之间

沈丹线：从沈阳到丹东，越过鸭绿江与朝鲜铁路相连，全长277千米，是我国以及蒙古、俄罗斯通往朝鲜的主要铁路线。丹东车站是中朝边境我方的国境站，与丹东车站相邻的是朝鲜的新义州车站。

长图线：西起吉林长春，东至图们，跨过图们江与朝鲜铁路相连接，全长527千米。图们车站是中朝边境我方的国境站，与之相邻的是朝鲜的南阳车站。

梅集线：自梅河口至集安，全长245千米，集安车站是梅集线的我方终点站，越过鸭绿江可直通朝鲜满浦车站。

5. 中越之间

湘桂线：从湖南衡阳起，经广西柳州、南宁到达终点站凭祥，全长1043千米。凭祥车站是我方的国境车站，与凭祥车站相邻的是越南的同登车站。

昆河线：从云南昆明到河口，全长468千米。山腰站是我国的国境车站，与越南的老街站铁路接轨后直达河内，被誉为中国西南通往越南及东南亚的“南方丝绸之路”。

表3-2 我国和邻国的过境站及轨距

我国国境站名称	邻国国境站名称	我国轨距（毫米）	邻国轨距（毫米）	交接、换装地点	
				出口	进口
满洲里	后贝加尔	1435	1520	后贝加尔	满洲里
绥芬河	格罗迭科沃	1435	1520	格罗迭科沃	绥芬河
二连浩特	扎门乌德	1435	1520	扎门乌德	二连浩特
阿拉山口	德鲁日巴	1435	1520	德鲁日巴	阿拉山口
霍尔果斯	霍尔果斯	1435	1520	霍尔果斯	霍尔果斯
丹东	新义州	1435	1435	新义州	丹东

（续表）

我国国境站名称	邻国国境站名称	我国轨距（毫米）	邻国轨距（毫米）	交接、换装地点	
				出口	进口
图们	南阳	1435	1435	南阳	图们
集安	满浦	1435	1435	满浦	集安
凭祥	同登	1435	1000	凭祥	凭祥
山腰	老街	1000	1000	老街	山腰

注：①中俄、中蒙的铁路轨距不同，货物在国境站不可原车过轨，需要换装。中朝铁路轨距相同；昆河线为米轨铁路，货车可直接过轨；越南铁路连接我国凭祥一段为标准轨和米轨的混合，经凭祥的联运货车可直接过轨。

② 确定进出口货物的国内段运价里程时，应将国境站至国境线的里程计算在内。例如，货物经由满洲里站出口，应加算满洲里站至中俄国境线的9.8千米。

三、铁路运输在我国对外贸易中的作用

铁路运输在我国对外贸易中起着举足轻重的作用，具体表现在以下几个方面：

（一）有利于发展同欧亚各国的贸易

通过铁路把欧亚大陆连成一片，为发展与近东和欧洲各国的贸易提供了有利条件。在中华人民共和国成立初期，我国的国际贸易主要局限于东欧国家，铁路运输占我国进出口货物运输总量的50%左右，是当时我国进出口贸易的主要运输方式。20世纪60年代以后，随着我国海上货物运输的发展，铁路运输的地位虽有所下降，但其作用仍然十分重要。20世纪50年代以来，我国与朝鲜、蒙古、越南、苏联的进出口货物，绝大部分仍然是通过铁路运输来完成的；我国与西欧、北欧和中东地区一些国家也通过国际铁路联运来进行进出口货物的运输。

（二）有利于开展同中国港澳地区的贸易，并通过香港进行转口贸易

铁路运输是内地与港澳开展贸易的一种运输方式，港澳两地的日用品一直以来都由内地供应。随着内地对港澳地区出口的不断扩大，运输量也逐渐增加。对港澳的运输应达到优质、适量、均衡、应时的要求，这在政治上和经济上都非常重要。为了确保港澳地区的市场供应，内地开设了直达的快运列车，对繁荣和稳定港澳市场、促进港澳地区的经济发展起到了积极作用。香港是世界著名的自由港，与世界各地有着非常密切的联系，海、空定期航班比较多，作为转口贸易基地，开展陆空、陆海联运，对我国发展与东南亚、欧美、非洲、大洋洲各国和地区的贸易，保证我国的出口创汇起着重要作用。

（三）对进出口货物在港口的集散和各省、市之间的商品流通起着重要作用

我国幅员辽阔，海运进口货物大部分利用铁路从港口运往内陆的收货人处，海运出口货物大多数也是由内陆通过铁路向港口集中，因此铁路运输是我国国际货物运输的重要集散方式。至于国内各省市和地区之间调运外贸商品、原材料、半成品和包装物料，主要也是通过铁路运输来完成的。我国国际贸易进出口货物运输大多要通过铁路运输这一环节，铁路运输在我国国际货物运输中发挥着重要作用。

（四）利用欧亚大陆桥运输

大陆桥运输是指以大陆上的铁路或公路运输系统为中间桥梁，把大陆两端的海洋连接

起来的集装箱连贯运输方式。为了适应我国经济贸易的发展需要，利用西伯利亚大陆桥和新亚欧大陆桥开展铁路集装箱运输，将会促进我国与这些国家和地区的国际贸易的发展。

第二节 国际铁路货物联运

一、国际铁路货物联运的特点

国际铁路货物联运（International Carriage of Goods by Rail）是指两个或两个以上不同国家铁路当局联合起来完成一票货物的铁路运送。它是使用一份统一的国际铁路联运单据，由参加国铁路部门负责两国或两个以上国家铁路的全程运输货物过程，并在由一国铁路向另一国铁路移交货物时无须发货人、收货人参加的一种运输方式。它通常是依据有关的国际条约进行的。其特点有以下几点：

第一，涉及面广。每运送一批货物都要涉及两个或两个以上国家、多个国境站。

第二，对运输条件有统一要求。国际铁路货物联运要求每批货物的运输条件，如包装、转载、票据的编制、添附文件及车辆使用等，都要符合有关国际联运的公约、规则的统一规定。

第三，组织工作复杂。联运货物必须由两个或两个以上国家的铁路部门参与运送，在办理国际铁路货物联运手续时，其运输票据、货物、车辆及单证都必须符合相关国家的有关规定，并且要做好衔接工作。

第四，使用一份国际铁路联运票据完成货物的跨国运输。

第五，国境换装作业不需要货主参加。

二、国际铁路货物联运适用的规章

国际铁路合作组织主要有三个，即总部设立在伯尔尼的由国家作为成员国的国际铁路运输中央事务局、总部设立在华沙的东欧国家铁路合作组织以及总部设立在巴黎的民间性质的国际铁路联盟。这些组织的主要任务是发展和协调国际铁路营运，共同解决运输中存在的经济、技术、商务及法律等方面的问题，判定和修改有关国际公约。我国是铁路合作组织的成员国，已于1976年6月参加国际铁路联盟。国际铁路货物联运适用的规章主要有：

(一)《国际货约》和《国际货协》

19世纪中期，欧洲大陆各国彼此间的贸易往来非常频繁，铁路运输是各国对外贸易的重要运输方式。为协调各国间铁路运输的有关问题，相关国家通过签订国际条约开展国际铁路客货联运。1890年，欧洲国家在瑞士首都伯尔尼签订了《国际铁路运送规则》(《伯尔尼公约》)，并于1893年开始施行。直至1934年，该公约经修改后始称为《国际铁路货物运送公约》(*Convention Concerning International Carriage of Goods by Rail*)，简称《国际货约》。原先有欧洲、亚洲、非洲的33个国家加入了该公约，包括前南斯拉夫、奥地利、瑞士、德国、法国、意大利、比利时、荷兰、西班牙、葡萄牙、芬兰、瑞典、挪威、丹麦、希腊、卢森堡、英国、爱尔兰、列支敦士登、伊朗、伊拉克、叙利亚、黎巴嫩、突尼斯、阿尔巴尼亚、摩洛哥、土耳其、保加利亚、匈牙利、罗马尼亚、捷克、斯洛伐克和波兰。《国际货约》对国际铁路货物运输的影响日益扩大。

1951 年在北大西洋公约组织欧洲各国部长运输会议上，由苏联代表提议，起草并通过了《国际货协》，最初有苏联、阿尔巴尼亚和已经是《国际货约》成员国的保加利亚、匈牙利、罗马尼亚、波兰、捷克斯洛伐克和德国 8 个国家参加，随后，中国、朝鲜、蒙古、越南、古巴也参加进来。“货协”国家自 20 世纪 80 年代末由于苏联和东欧各国政体发生变化而调整，但铁路联运业务并未终止，原“货协”许多运作上的制度，因无新的规章替代仍被沿用。

（二）《国际铁路货物联运统一过境运价规程》（简称《统一货价》）

《统一货价》原先从属于《国际货协》，规定了参加《国际货协》的铁路办理货物运送的手续、过境运送费用及杂费的计算，过境铁路里程表、货物品名分等表和货物运费计算表等内容，对铁路和发、收货人均有约束力。由于 20 世纪 80 年代末 90 年代初的东欧剧变，1991 年 6 月，中国、朝鲜、蒙古、保加利亚、罗马尼亚等国家签订了《关于统一过境运价规程的协约》，规定《统一货价》不再从属于《国际货协》，具有独立的法律地位。新的《统一货价》对旧的进行了修改和补充，我国铁路自 1991 年 9 月 1 日起实行新的《统一货价》。

（三）《国境铁路协定》和《国境铁路会议议定书》

我国与相邻的俄罗斯、蒙古、朝鲜、越南等国家分别签订有《国境铁路协定》，它规定了办理联运货物交接的国境站、车站及货物交接的条件和方法、交接列车和机车运行办法及服务方法等内容。根据协定的规定，中国、朝鲜、蒙古、俄罗斯、哈萨克斯坦等国的铁路部门要定期召开国境铁路会议，对执行协定中的有关问题进行协商，商定双方铁路之间关于行车组织、旅客运送、货物运送、车辆交接以及其他有关问题，制定相应措施。此外，相关国家还签订了《国境铁路会议议定书》。

另外，还有《国际铁路货物联运协定办事细则》《国际联运车辆使用规则》等相关规章。

三、国际铁路货物联运的范围与运送方式

（一）国际铁路货物联运的不同情况

1. 同参加《国际货协》国家铁路之间的货物运送

参加《国际货协》各国铁路办理联运的车站，除阿尔巴尼亚、朝鲜铁路外，凡开办国内货运营业的车站，都办理国际铁路货物联运。我国各站营业办理限制按国内《货物运价里程表》的规定办理。朝鲜铁路仅部分车站开办国际铁路货物联运，其货物运送按朝鲜《国际货协》参加国铁路间的货物运送，使用一份运单从发货站向铁路发运，由铁路在最终到达站将货物交付给收货人。在同一铁路轨距的国家间，发送国原列车直接过轨；在不同轨距的国家间，则在换装站或国境站进行换装，或更换另一轨距的货车轮对或使用变距轮对。在铁路不连接的《国际货协》参加国铁路之间，其货物运送可通过参加国的某一车站运用其他运输工具转运。阿尔巴尼亚的铁路与其他国的铁路不连接，可以通过布达佩斯车站由发、收货人委托的代理人领取后，用其运输工具转运到阿尔巴尼亚。

2. 同未参加《国际货协》国家铁路间的货物运送

发货人在发送站用国际货协票据办理至参加《国际货协》的最后一个过境铁路的出口国境站，由国境站站长（或发、收货人）委托的收转人办理、转送至最终到站。

3. 通过港口的货物运送

我国通过塔林、里加，波兰铁路格丁尼亚、格但斯克、什切青或德国铁路扎斯尼次、罗斯托克等港口站向芬兰、瑞典、挪威和丹麦等国发送货物。朝鲜、蒙古、俄罗斯和越南等国，通过中国铁路大连、新港、黄埔等港口站向阿尔巴尼亚或日本等国发货，或相反方向发货时，发货站和港口间用国际货协票据办理，由发货人或发货人委托在港口站的收转人办理转发送。

（二）国际铁路货物联运的办理类别

1. 根据货量、体积不同划分

按发货人托运货物的数量、性质、体积、状态等划分，国际铁路货物联运的办理类别分为以下三种：整车货物（Fu11 Car Load，FCL）、零担货物（Less than Car Load）和大吨位集装箱（Dry Container）。

目前，《国际货协》与铁路双边协定均对此做出了明确的规定：

整车货物运输是指按一份托运单托运的一批货物的重量、体积或形状需要单独一辆及其以上车辆装载的运输组织形式。整车货物运输费用较低，运输速度快，能承担的运量较大，是铁路货物运输的主要种类之一。

零担货物运输是指一批托运的货物，其重量或体积不需要单独一辆货车装载的运输组织形式。《国际货协》规定，一批货物重量小于5000千克，按其体积又不需要单独一辆货车运送的货物，即零担货物。

大吨位集装箱是指按一张运单办理的、用大吨位集装箱运送的货物或空的大吨位集装箱。

2. 根据运送速度不同划分

按运输速度划分，国际铁路货物联运可分为慢运、快运和挂运。

快运。整车货每昼夜320/运价千米，零担货每昼夜200/运价千米。

慢运。整车货每昼夜200/运价千米，零担货每昼夜150/运价千米。

随旅客列车挂运。整车货每昼夜420/运价千米。

根据《国际货协》的规定，如果有关各国铁路机关另有商定条件，则应适用该双边协定而不适用《国际贸协》的上述规定。目前，我国分别与朝鲜、越南、蒙古、俄罗斯等国家签署了双边协定，对两国间的运送条件做出了具体的规定。因此，我国运送到这些国家的铁路联运货物，应按照双边协定办理。

四、国际铁路货物联运运费的计算与核收

国际铁路货物联运运费的计算与核收使用的规章主要是《国际货协》《统一货价》和中华人民共和国铁道部的《国内价规》。

（一）计算运输费用的基本规定

1. 参加《国际货协》各铁路间运送费用的核收原则

① 发送路的运送费用——在发站向发货人或根据发送路国内现行规定核收。

② 到达路的运送费用——在到站向收货人或根据到达路国内现行规定核收。

③ 过境路的运送费用——按《统一货价》在发站向发货人或在到站向收货人核收。

2.《国际货协》参加国与非《国际货协》参加国铁路间运送费用核收的规定

发送路的运送费用在发站向发货人或根据发送路国内现行规定核收。到达路的运送费

用在到站向收货人或根据到达路国内现行规定核收。过境路的运送费用要看该国是否参加《国际货协》，参加《国际货协》并实行《统一货价》的各过境路的运送费用，在发站向发货人核收，但办理转发送国家铁路的运送费用，可以在发站向发货人或在到站向收货人核收；过境非《国际货协》铁路的运送费用，应在到站向收货人核收。

3. 通过过境铁路港口站货物运送费用核收的规定

从参加《国际货协》并实行《统一货价》的国家，通过另一个实行《统一货价》的过境铁路港口，向其他国家或相反方向运送货物时用国际货协票据办理货物运送，只能办理至过境港口站为止或从这个站开始办理。

从参加《国际货协》铁路发站至港口站的运送费用，在发站向发货人核收；相反方向运送时，在到站向收货人核收。

（二）国内段运输费用的计算与核收

国际铁路货物联运国内段的运送费用，按照我国《国内价规》的相应规定进行计算，运费计算的程序及公式如下：

① 根据货物运价里程表确认从发站到到站的运价里程。

② 根据运单上填写的货物品名查找货物运输品名检查表，确定适用的运价号。

③ 根据运价里程和运价号在货物运价率中查出相应的运价率。

④ 将按《铁路货物运价规则》确定的计费重量与该批货物适用的运价率相乘，算出该批货物的运费。运费计算公式如下：

整车货物每吨运价（运价率）＝发到基价＋运行基价×运价公里

运费＝运价率×计费重量

【例3－1】 我国某企业从国外进口一整车矿石，该货物的品名分类代码为“04”，经查该货物的运价号为“4”。按照《铁路货物运价规则》的规定，使用矿石车、平车、砂石车，经铁路局批准装运“铁路货物运输品名分类与代码表”，“01”“0310”“04”“06”“081”和“14”类货物按40吨计费；国内段从发站至到站的运价里程为200公里。

试根据下表中的内容核算该票货物的国内段运费。

表3－3 铁路货物运价率表

办理类别	运价号	发到基价		运行基价	
		单位	标准	单位	标准
整车	1	元/吨	5.6	元/吨公里	0.0288
	2	元/吨	6.3	元/吨公里	0.0329
	3	元/吨	7.4	元/吨公里	0.0385
	4	元/吨	9.3	元/吨公里	0.0434
	5	元/吨	10.1	元/吨公里	0.0491
	6	元/吨	14.6	元/吨公里	0.0704

计算如下：

第一步：根据商品的运价号为“4”可以确定该批货物的发到基价为9.3元/吨，货物的运行基价为 0.0434 元/吨公里。

第二步：

整车货物每吨运价（运价率）＝发到基价＋运行基价×运价公里

＝9.3＋0.0434×200

＝17.98（元/每吨）

第三步：运费＝运价率×计费重量＝17.98×40 ＝719.2（元）

因此，该票货物的国内段运费为 719.2 元。

（三）过境运输费用的计算与核收

国际铁路货物联运过境运费是按照《统一货价》的规定计算的。其计算程序如下：

① 根据运单记载的应通过的过境站，在《统一货价》过境里程表中分别找出货物所通过的各个国家的过境里程。

② 根据货物品名，查阅《统一货价》中的通用货物品名表，确定所运货物应适用的运价等级。

③ 根据货物运价等级和各过境里程，在《统一货价》中找出符合该批货物的运价表。

④《统一货价》对过境货物运费的计算是以慢运整车货物的运费额（即基本运费额）为基础的，其他种别的货物运费则在基本运费额的基础上分别乘以不同的加成率。其计算公式如下：

基本运费额＝货物运费率×计费重量

运费＝基本运费额×（1＋加成率）

加成率是指运费总额按托运类别在基本运费额基础上所增加的百分比，快运货物运费按慢运运费加 100％；零担货物运费加 50％后再加 100％；随旅客列车挂运整车费，另加 200％。

（四）运到逾期罚款的计算

① 运到期限。铁路承运货物后，应在最短期限内将货物运送至最终到站。货物从发站至到站所允许的最大限度的运送时间，即货物运到期限。

② 运到逾期。货物实际运到天数超过规定的运到期限天数，即该批货物运到逾期。如果货物运到逾期，造成逾期的铁路应按该铁路收取的运费的一定比例向收货人支付逾期罚款。逾期罚款的计算公式如下：

逾期罚款＝ 运费×罚款率

$$逾期百分率=\frac{实际运送天数-按规定计算运到期限天数}{按规定计算运到期限天数}\times 100\%$$

按《国际货协》的规定，罚款率为：逾期不超过总运到期限 1/10 时，为运费的 6％；逾期超过总运到期限 1/10，但不超过 2/10 时，为运费的 12％；逾期超过总运到期限 2/10，但不超过 3/10 时，为运费的 18％；逾期超过总运到期限 3/10，但不超过 4/10 时，为运费的 24％；逾期超过总运到期限 4/10 时，为运费的 30％。

自铁路通知货物到达和可以将货物移交给收货人处理时起，一昼夜内如收货人未将货物领出，即失去领取运到逾期罚款的权利。

【例 3－2】　某公司从保加利亚进口一批机器，该批货物按规定计算的运到期限天数为

60 天。保加利亚瓦尔纳港口站于某年 3 月 10 日以慢车整车承运。该批货物经由鲁塞东瓮格尔、后贝加尔/满洲里，5 月 16 日到达北京东站。铁路部门所收运费为 8000 欧元。问题：你认为该批货物是否运到逾期？假如逾期，铁路部门应向收货人支付多少逾期罚款？

计算如下：

第一步：确定该批货物的实际运送天数。实际运送日期为 3 月 11 日至 5 月 16 日（从承运货物的次日零时起开始算，不足 1 天按 1 天计算），故实际运送天数为 67 天，而规定运到的期限天数为 60 天，因此，该批货物逾期。

第二步：计算逾期百分率：

逾期百分率＝（67－60）÷60×100％＝11.67％

第三步：逾期超过总运到期限的 1/10，但不到 2/10，逾期罚款率按 12％计算支付。

第四步：按逾期罚款公式计算：

逾期罚款＝8000×12％＝960（欧元）

因此，铁路部门应对逾期运到的该批货物支付逾期罚款 960 欧元。

第三节　国际铁路货物联运业务流程

一、国际铁路联运出口货物运输流程

国际铁路联运出口货物运输流程主要包括货物托运、国境站的交接和出口货物的交付。由于国际铁路货物联运托运的复杂性，运量较小的贸易公司多数都委托有业务资质的铁路国际货运代理办理铁路货物联运的托运，如中铁国际多式联运有限公司等，由他们负责向中国铁路公司在各地区的货运中心申请运力和办理货物的进出口相关事宜。

（一）国际铁路联运货物的托运

货物的托运是发货人组织货物运输的一个重要环节。在我国，对于整车发运的货物，发货人在备妥货物后，应当提出用车申请。在委托货代公司办理的情况下，货代公司根据客户的运输要求，设计运输方案和设计装载加固方案。根据铁路规定，在始发站提报国际铁路联运计划，并根据货物品类，如超限、超长、超重货物和危险品货物提报装载加固、包装方案，等待中外铁路公司商定后批回计划。此项工作所需时间，普通货物一般 10 日左右，超限、超大起重货物和危险品货物一般为一个月左右。

托运人需向货代公司提交货物明细货单，以便其配置装载车辆和装载加固、包装方案，并以此为据，作出装车清单和相应报关单据（报关单、装车单、商务发票）。此项工作应与申报国际铁路联运计划同时进行。

根据货物的装载、包装方案，货代公司准备装载加固、包装材料或通知专用线厂家准备齐全，并对装车地点的短途运输能力和装载加固、包装能力提前准备妥当。待装载加固、包装方案、国际联运车皮计划批准后，即开始进入发运阶段。

货物发运货代公司应正确缮制各种托运所需单据。国际联运运单必须准确填制，发往越南货物单据只需用中文填写即可，发往中亚五国的货物需用中、俄两种文字填写，且必须用打印机打印。必要时，货代公司要协助托运人缮制报关单、装箱单、商务发票等，完

成出口货物的报验、报关。

在货运和报关单据准备齐全后，即可申报请车计划。如在始发站报关，则应先在海关录入、报关手续无问题后方可申报。

请车计划得到批准后即可装车。在装车前，应检查车辆是否合格，主要有以下几项：车辆的轴检；段检是否过期（期限应包括预计出境时间）；车辆上应有 MC－1 标志；车辆各部附件、配件是否完好。如是超限货物，则车辆两侧或货物两侧应有明显记载标志；装载完毕，待车站货运安全人员检验完后即制票交费发运。如在口岸报关，则需将准备的装车清单传到口岸代理，由口岸代理缮制报关单据（核销单及箱单、发票应有一定备份存放代理处）。在一定期间内到达口岸的车辆可以用一份单据报关出境。报完关的车辆，则可以分批出境。

国际铁路联运运单第三联是核销外汇、办理退税专用，一般在发车后第二日，车站汇总、登记、报分局归档后即可发还。海关报关单据（核销单、箱单、发票、退税联）在报关完毕后即可退回。但在始发站报关时，始发站海关需边境口岸海关回复，证明货物确已出境后方可退回。

货代公司随时和口岸及外铁代理联系，包括发车前的国联商订、口岸交接、境外运输及到达交货，以及根据货主要求所从事的其他服务，将全部内容以运行通报的方式向货主通报。所有财务结算均由货代公司同托运人商定在一地进行，其结算条款及数额将由运输协议和附件规定。

车站接到运单后，应进行认真审核，检查请车计划批准情况和运单上的各项内容是否正确。如确认可以承运，应予签证。运单上的签证表示货物应进入车站的日期或装车日期，表示铁路已接受托运，运输合同成立。发货人应按签证指定的日期将货物搬运至车站或指定的货位，铁路公司根据运单上的记载查对货物，认为符合国际货协和有关规章制度的规定，车站方可接受，并开始负保管责任。整车货物一般在装车完毕后，由发站在运单上加盖承运日期戳，即表示承运开始。发货人从始发站取得运单号，并在出口货物报关单内填写运单号、车号和装车日期，然后向铁路公司交付运费，取回盖有始发站承运戳记的运单副本，完成货物的装车发运工作。

托运、承运完毕，铁路运单作为运输合同即开始生效。铁路公司按《国际货协》的规定对货物负保管、装车并运送到指定目的地的一切责任。

中国铁路客户服务中心的货物发送作业程序和主要内容概括见表 3－4。

表 3－4 铁路货物的发送办理程序和内容

办理步骤	作业内容
1. 内容	托运人向车站货运室提交货物运单
2. 受理	车站货运室根据批准的请车计划核对运单填写是否正确，若认为可以承运，即予以签证并制定货物搬入日期和地点
3. 进货和验收	托运人将货物或集装箱重箱搬进车站，货运员按照运单验收货物
4. 装车	货物装车，对需要施封的货车予以施封
5. 制票和承运	核算制票货运员填制的货运票据，核收运输费用，在运单上加盖站名日期戳以示承运
6. 送票	车站货运室整理货运票据，并送交车站运转室

（二）国际铁路联运出口货物在国境站的交接

从一国铁路向另一国铁路办理移交或接收货物和车辆的车站称为国境站，也称国境口岸、边境站。在我国，国境站除设有一般车站应设的机构外，还设有国际联运交接所、海关、国家出入境检验检疫所、边防检查站、货代等单位。国境站除办理一般车站的事务外，还办理国际铁路联运货物、车辆和列车与邻国铁路的交接，货物的换装或更换轮对、运送票据、文件的翻译及货物运送费用的计算与复核等项工作。

1. 国际铁路联运出口货物交接的一般程序

出口国境站货运调度根据国内前方站列车到达预报，通知交接所和海关做好接车准备。

出口货物列车到站后，铁路会同海关接车，并将列车随带的运送票据送交接所处理，货物及列车接受海关的监管检查。

交接所实行联合办公，由铁路、海关、货代等单位参加，并按照业务分工开展流水作业，协同工作。铁路主要负责整理、翻译运送票据，编制货物和车辆交接单，以此作为向邻国铁路办理货物和车辆交接的凭证。货代公司主要负责审核货运单证，主要检查运单、出口货物明细单、随附单证等是否齐全一致，纠正出口货物单证差错，处理错发、错运事故。海关则根据托运人的申报或起运地海关批准放行的报关单，验关放行。最后由双方铁路公司具体办理货物和车辆的交接手续，并签署交接证件。

2. 有关联运出口货物交接中的几个问题

（1）联运出口货物的交接方式

货物交接可分为凭铅封交接和按实物交接两种方式。凭铅封交接时，应检查封印是否有效或丢失，印文内容、字迹是否清晰可辨，同交接单记载是否相符，车辆左、右侧铅封是否一致等，然后由双方铁路公司凭完整铅封办理货物交接手续。

按实物交接适用于未施封的货车，可分为按货物重量、按货物件数和按货物现状交接三种方式，适用于不同种类货物运输。按货物重量交接的，如中朝两国铁路间使用敞车、平车和砂石车散装煤、石膏、焦炭、矿石、铝矾土等货物；按货物件数交接的，如中越两国铁路同用敞车类货车装载每批不超过100件的整车货物；按货物现状交接的，一般是难以查点件数的货物。

在办理货物交接时，交付方必须编制“货物交接单”。没有编制交接单的货物，在过境站不得办理交接。

对于在我国国境站换装交接的出口货物，铁路在接到发货通知后，应联系对方按时派车接运。货到口岸时，由双方派人办理现场货物交接，并编制交接文件，作为货物交接和结算凭证。对于在外国国境站办理换装交接的出口货物，货代公司应安排人员出国，到换装站办理货物交接手续。

（2）出口交接时货物损失的处理

联运出口货物在国境站换装交接时，如发现单证的漏填错填、单证不齐、单货不符，或货物方面的溢短、残损、污染、湿损、被盗、包装破裂、品质不良等事故，国境站的货代公司应会同铁路查明原因，分清责任，分别加以处理。由于铁路方面原因造成的货物损失，要提请铁路公司编制商务记录，并由铁路公司负责整修。整修所需包装物料由国境站货代公司根据需要与可能提供，但费用由铁路公司承担。由于发请人原因造成的事故，在国境站条件允许的情况下，同国境站货代公司组织加工整修，但需由发货人提供包装物料，负担所有的费用和损失。因技术条件限制，无法在国境站加工整修的货物，应由发货人到国境站指导，或将货物返回发货人处理。

（三）国际联运出口货物的交付

国际联运出口货物抵达终点站后，铁路公司应通知运单中所记载的收货人领取货物。在收货人付清运单中所记载的一切应付运费后，铁路公司必须将货物连同运单交付给收货人。收货人必须支付运送费用并领取货物。收货人只有在货物因毁损或腐坏而使质量发生变化，以致部分货物或全部货物不能按原用途使用时，才可以拒绝领取货物。收货人领取货物时，应在运行报单上填记货物领取日期，并加盖收货戳记。

二、国际铁路联运进口货物运输流程

国际铁路联运进口货物业务流程与出口货物在货物与单据的流转程序上基本相同，但在业务环节上的具体做法有些不同。

（一）国际铁路联运进口货物的发运

国际铁路联运进口货物的发运工作是联运进口货物的首要环节。该项工作由国外发货人根据合同规定，向该国铁路车站办理。

根据《国际货协》规定，通过《国际货协》缔约国的铁路联运进口货物，国外发货人向其铁路公司办理托运时，一切手续和规定均按《国际货协》和各国国内规章办理。

我国进口公司及运输部门在联运进口货物发运前应当主要做好以下几方面的工作：

① 运输标志的编制和使用。按照我国有关规定，进出口公司在签订进口合同之前，应当取得由商务部统一编制向国外订货的代号，作为“收货人唛头”，并按照统一规定的收货人唛头对外签订合同。

② 正确制定进口贸易合同的有关条款。在采用铁路联运方式进口货物时，为保证货物运输的顺利进行，在制定买卖合同条款时应当对与铁路运输有关的条款予以特别注意，使之符合铁路部门的有关规定，主要包括：商品品名应当准确、具体并尽量与铁路运价表一致，以方便查找和计算货物的性质、数量、包装是否符合终到站的业务要求；铁路终到站的选择是否合理；合同中对超重超限、特殊货物的规定是否符合《国际货协》的有关规定；货物是否应由卖方派人押运至我国国境站；随附单证，例如货物明细单、商品检验证书、重量单、包装清单、检疫证书等是否齐全。

③ 向国境站寄送合同资料。合同资料是国境站核放货物的重要依据，各进出口公司应在贸易合同签字以后，及时将一份合同中文抄本寄给货物进出口口岸的货代公司。前述合同资料包括：合同的中文抄本及其附件、补充书、协议书、变更申请书、更改书、有关确认函电等。

（二）联运进口货物在国境站的交接和分拨

联运进口货物在国境站的交接程序与出口货物的交接程序基本相同。其做法是：进口国境站根据邻国国境站货物列车的预报和确报，通知交接所及海关做好检查准备工作。进口货物列车到达后，铁路部门会同海关接车，同双方铁路部门进行票据交接，然后将车辆交接单及随车带的货运票据转呈交接所，交接所根据交接单办理货物和车辆的现场交接。海关则对货物列车执行实际监管。

我国进口国境站交接所通过内部联合办公，开展单据核放、货物报关和验关工作，然后由铁路部门负责将货物调往换装线进行换装作业，并按流程编组向国内发运。

对于小额订货（具有零星分散的特点）、合装货物和混装货物，通常以口岸货代公司作为收货人。因此，在双方国境站办妥货物交接手续后，口岸货代公司应及时向铁路部门提取货物，进行开箱分拨，并按照合同编制有关货运单证，向铁路部门重新办理托运手续。在分运货物时，必须做到货物包装牢固，单证与货物相符，如发现货损货差，属于铁路公司责任的，必须由铁路公司出具商务记录；如属发货人责任的，由各有关进出口公司向发货人提出索赔。

（三）国际铁路联运进口货物的交付

联运进口货物抵达到站后，铁路部门根据运单或随附运单的进口货物通知单所记载的实际收货人发出货物到达通知单，通知收货人领取货物。收货人收到到货通知后，必须向车站领取货物并支付运送费用。在收货人付清运单所载的一切应付费用后，铁路部门必须将货物连同运单一起交付收货人。

收货人领取货物时，应在运单“货物交付收货人”栏内填记货物领取日期，并加盖收货戳记。收货人只有在货物因毁损或腐坏而使质量发生变化，以致部分货物或全部货物不能按原用途使用时，才可以拒绝领取货物。在运单中所载的货物短少时，收货人也应首先按运单向铁路部门支付全部应付款额，在收货人的赔偿请求获得确认后，再索回未能交付货物部分的已付款额。

货物的灭失问题，按照前述《国际货协》有关规定处理。

三、货损事故的索赔与时效

铁路对国际联运货物从承运起至到站交付货物时止，对货物全部或部分灭失或损坏、逾期运达所造成的损失应承担责任。发货人或收货人向铁路索赔时必须提供下列文件：

① 货物全部灭失时，如由发货人索赔应提供运单副本；如由收货人索赔应提供运单或运单副本。

② 货物部分灭失、毁损或腐坏时，发货人或收货人都应提供运单和铁路交给收货人的商务记录。

③ 货物逾期到达，收货人索赔时应提供运单。

④ 铁路多收运送费用时，发货人或收货人都按其已交付的运费提出索赔金额并须提供运单。在我国发货人可不提供运单，但收货人必须提供运单。

关于运送费用和损失的索赔应在 9 个月内提出；关于逾期运达的索赔应在 2 个月内提出。自提出索赔之日起，铁路必须在 6 个月内给予审理并答复索赔人。凡超过时效的索赔则无效并不得提出诉讼。

第四节　国际铁路货物联运运单

国际铁路货物联运运单（International Through Rail Waybill）是参加国际铁路货物联运的铁路部门与发货人、收货人之间缔结的运输合同。除了货物描述外，它还载明了参加联运的各铁路和发、收货人以及其他各方的权利、义务和责任。运送国际联运货物时，需使用国际铁路货物联运运单。发货人在托运时，应按每批货物逐项填写运单，签字后向铁路发站提交。

一、国际铁路货物联运运单的构成和使用

国际铁路货物联运运单按每批货物填写一份，其中包括下列五联：

（一）运单正本

运单正本是货物运送合同，随同货物至到站，并随同货物到达通知单和货物一起交给收货人。

（二）运单副本

运单副本在运送合同缔结后交给发货人，它不具有运单的效力，仅作为货物已由铁路承运的证明。发货人凭铁路运单副本向收货人结算货款、行使变更运输权利（要求）以及在货物和运单全部丢失时，凭此单向铁路部门提出索赔要求。

（三）运行报单

运行报单是参加联运的各国铁路部门办理货物交接、划分运送责任以及清算运费、统计运量和运费收入的原始依据。它随同货物至到站，并留存到达铁路。

（四）货物交付单

货物交付单随同货物至到站，并留存到达站。

（五）货物到达通知单

货物到达通知单随同货物至到站，并同运单正本和货物一起交给收货人。

此外，还有为发送铁路和过境铁路准备的必要份数的补充运行报单。

二、国际铁路货物联运运单的性质

国际铁路货物联运运单仅具有运输合同证明和货物收据的功能，不具有物权凭证的功能，不具有流通性。因此，《国际货约》和《国际货协》均明确规定国际铁路货物联运运单中的收货人一栏必须是记名的。国际铁路货物联运运单虽不具有流通性，但可以作为运输单据用于国际贸易货款的结算。

三、国际铁路货物联运运单的缮制

运单正面各栏粗线内和运单背面由铁路填写，未画粗线的各栏由发货人填写。现将发货人填写的各栏说明如下：

第 1 栏，填写发货人的名称及其通信地址。发货人只能是一个自然人或法人。填写发货人名称时可为发货人姓名或发货单位完整名称。由中国、朝鲜、越南发货时，准许填写这些国家规定的发货人及其通信地址的代号。

第 2 栏，填写出口单位和进口单位签订的供货合同号码。如供货合同有两个号码，则发货人在该栏填写出口单位合同号码，进口单位合同号码可填写在第 6 栏内。

第 3 栏，填写运价规程中所载的发站全称，如系专用线或专用铁道装车应在发站栏以括号注明专用线或专用铁道的名称。

第 4 栏，发货人可在该栏中填写自己的声明。

① 修改运单（不超过一栏或相关的两栏）时，注明所作的修改，并签字或加盖戳记证明。

② 运送家庭用品而不声明价格时，记载“不声明价格”亲笔签字证明。

③ 在过境路上绕路运送超限货物时，注明绕行的线路。

④ 易腐货物的运送方法（加冷、通风、加温）、车种（冷藏车、棚车）或使用大吨位集装箱装载，均由发货人确定并注明；如未注明，即认为没有必要加冷、通风、加温。

⑤ 运送不需要照料或照管或遵守保温制度的易腐货物时，记载“运送全程都不需要照料、照管或遵守保温制度”。

⑥ 用棚车运送易腐货物而需通过车窗或车门连续通风时，注明这种运送方法。

⑦ 取得随旅客列车运送货物的同意后，注明“货物在……铁路（铁路简称）随旅客列车运送”。

⑧ 如在运单上未添附出口许可证（国家规定的特定商品），则应注明出口许可证的号码、签发日期、有效期和该证所在的出口国境站具体单位。

⑨ 记载对货物在运送和交付时发生阻碍问题的处理意见。

⑩ 记载授权押运人的事项。

⑪ 从国际货协参加路向未参加路发货时，记载货物最终到站的实际收货人及其通信地址。

⑫ 从国际货协参加路通过其过境路港口发货时，记载“水路向……（注明到达国）运出”。从港口站发货时，收转人应记载“由水路从……（注明原发送国）运入”。

⑬ 在收货人栏填写运输代理名称时，注明实际的收货人和通信地址。

⑭ 对过境蒙古的国境货物，加盖中国铁路对外服务公司和外运公司的专用戳记。

第5栏，注明收货人的名称及其通信地址，收货人只能是一个自然人或法人。填写收货人名称时，可为收货人姓名或收货单位完整名称。必要时，发货人可指示在收货人的专用线或专用铁道交货。

下述事项可在本栏记载：

① 根据发站电报或收货人要求申请变更收货人时，运输合同变更处理站（截留货物的车站或国境站）应将收货人及其通信地址画消，记载新收货人及通信地址。

② 从国际货协参加路向未参加路发货时，记载在参加路最终国境站办理货物收转的代理公司的名称及通信地址。从国际货协参加路向未参加国际货协的铁路发货而由站长办理转发送时，则在该栏填写“站长”。

③ 从国际货协参加路通过其过境路港口发货时，记载港口办理货物收转的代理公司名称及通信地址。

第6栏，发货人可以对该批货物做出记载，该项记载仅作为对收货人的通知，铁路不承担任何义务和责任。例如，填写“属于……合同项下”“按照第……号发货单（或运输单，或订货单）”“继续发往……”“运送用具（或空容器）应予返还”。

第7栏，注明货物应通过的发送路和过境路的出口国境站。如有可能从一个出口国境站通过邻国的几个进口国境站办理货物运送，则还应注明运送所要通过的进口国境站。根据发货人注明的通过国境站确定线路。

第8栏，在斜线之前，应注明到达路的简称；在斜线之后，应用印刷体字母（中文用正楷粗体字）注明运价规程上所载的到站的全称。运往朝鲜的货物，还应注明到站的数字代号。根据发站电报和收货人要求申请变更到站时，运输合同变更处理站应将原到站画消，并记载新到站。

从国际货协参加路向未参加路发运货物时，记载参加路的最后国境路和出口国境站。运往非货协国的货物由站长办理转发时，还需在出口国境站站名后记载“由铁路继续办理转发送至……铁路……站”。从国际货协参加路通过其过境路港口发货时，记载过境路和港口站。

第 9 栏，填写每件货物上的记号、标记和号码。货物如装在集装箱内，则还要填写集装箱号码。

第 10 栏，填写包装的具体种类，如纸箱、木箱、木桶、铁箱等，不能笼统地填“箱”“桶”，如用集装箱运输，则注明“集装箱”的字样，并在下面用括号注明装入集装箱内货物的包装种类。如货物运送时不需要包装或容器，并在托运时未加容器或包装，则应记载“无包装”。

第 11 栏，危险货物按国际货协附件第 2 号的规定，过境货物按《国境铁路货物联运通用货物品名表》的规定：其他货物或按运送该批货物适用的发送路、到达路现行的国内运价规程品名表的规定或直通运价规程品名表的规定，或按贸易上通用的名称填写。两国间的货物运送，可按两国商定的直通运价规程品名表中的名称填写。在“货物名称”字样下面专设的栏内填写通用货物品名表规定的六位数字代码。

第 9～11 栏的一般说明：填写第 9～11 栏事项时，可不受各栏间竖线的严格限制。但是，有关货物事项的填写顺序，应严格符合各栏的排列次序。填写全部事项时，如篇幅不足，应添附篇幅相当运单的补充清单，并在有关栏内记载事项补充“见补充清单”。

第 12 栏，注明一批货物的件数。使用集装箱运送货物，注明集装箱数，并在下面用括号注明装入所有集装箱内货物的总件数。用敞车类货车运送不盖篷布或盖有篷布而未加封的货物，其总件数超过 100 件时，或运送仅按重量不按件数计的小型无包装制品时，注明“堆装”，不注件数。

第 13 栏，注明货物的总重量（公斤）。用集装箱和托盘或使用其他运送用具运送货物时，注明货物重量、集装箱、托盘或其他运送用具的自重和总重。对于大吨位集装箱应分别记载每箱的货物重量、集装箱自重和总重。运送空集装箱时，记载集装箱自重。

第 14 栏，用大写数字填写第 12 栏中所记载的件数，即货物件数或记载“堆装”字样。发送集装箱货物时，注明第 12 栏括号中记载的装入集装箱内的货的总件数。

第 15 栏，用大写数字填写第 13 栏中所记载的总重量。

第 16 栏，发货人应签字证明列入运单中的所有事项正确无误。发货人的签字也可用印刷的方法或加盖戳记处理。

第 17 栏，该栏内的记载事项仅与互换托盘有关。注明托盘互换办法，并分别注明平式托盘和箱式托盘的数量。一般此栏不必填写。

第 18 栏，在发送集装箱货物时，应注明集装箱的种类（指大、中、小吨位）和类型（20、30、40 英尺）。使用运送用具时，应注明该用具的种类（如篷布、粮谷挡板、车门栓栏、钢丝绳、炉子、铁制拴马棒）。填写事项时，如篇幅不足，应添附篇幅相当于运单的补充清单，并注明“记载事项见补充清单”。

第 19 栏，运送集装箱时，应注明集装箱所属记号和号码［中国铁路集装箱的记号为(TBJU)］。使用属于铁路的运送用具时，应注明运送用具所属记号和号码。使用不属于铁路的运送用具时，应注明大写字母“P”。填写事项时，如篇幅不足，应添附篇幅相当于运单的补充清单，并注明“记载事项见补充清单”。

第20栏，如发货人负担过境铁路运送费用，则根据《国际货协》第十五条，填写所负担过境铁路名称的简称。如发货人不负担任何一个过境铁路的运送费用，填写“无”字；如未填写“无”字样，也认为过境运送费已转由收货人支付。

第21栏，办理种别分为：整车、零担、大吨位集装箱，并将不需要者画消。

第22栏，发货人应在运单该栏内注明由谁装车，将不需要者画消。无画消记载时，即认为由发货人装车。

第23栏，注明发货人在运单上添附的所有文件的名称（如出口货物明细单、出口货物报关单、动植物检疫证书、出口许可证、品质证明书、商品检验证书、卫生检疫证书、外贸合同、发票和其他货物出口所必需的文件）和份数。如运单上附有补充清单，记载添附补充清单的张数。

第24栏，用大写数字注明以瑞士法郎表示的货物价格。

第25栏，在本栏上半部注明发送路和发站的数字编码（我国不填）。在本栏下半部按发送国现行的国内规章规定填写批号。我国将运送本批货物的带号码补充运行报单的号码填入运单和不带号码的补充运行报单的本栏下半部，上半部不填。我国不采用检查标签。

第26栏，本栏供海关记载之用。

第27栏，注明车种、车号和所属路简称。如车辆上无车种标记，则按发送路现行的国内规章填写车种。如车辆上有十二位数码，则不填写上述事项，而应填写其全部数码。

第28栏，填写车辆上记载的载重量。

第29栏，填写所使用车辆的轴数。

第30栏，填写车辆上记载的自重。当用过磅的方法确定空车重量时，用分数注明车辆上记载的自重（分子）、过磅确定的自重（分母）。

第27～30栏的一般说明：第27～30栏用于记载使用车辆的事项，只有在运送整车货物时填写。至于各栏是由发货人填写还是由铁路车站填写，则视由何方装车而定。当在国境站将原整车货物换装到另一种轨距的车辆或在途中换装时，换装站应将原车辆记载事项画消，但原字迹须能辨认，并应在下面记载换装后每一车辆的事项。

多车换装为一车时，换装站应注明：“（17）装人两（或三）批整车货物”。填写换装后车辆事项时，如篇幅不足，换装站应编制必要数量的补充清单（运单1、2、3、4、5各需一张，每份补充运行报单一份），并将其添附在运单各份补充运行报单上，在上述四栏的最后一行记载“续见补充清单”。为押运人提供单独车辆时，还必须记载有关该车辆的相应事项，并在下面注明“押运人用的车辆”。运送有押运人押运的成组车辆时，发站应在与该组车辆有关的每一份运单内记载“（15）由……辆车组成的车组有押运人押运”。

第31～44栏略。

第45栏，填写车辆或集装箱上施加的封印个数和所有记号（车站名称、封印号码或施封年月日、铁路局简称或钳子号码，发货人施封时为发货人简称）。至于铅封的个数和记号，视由何方施封而由发货人或铁路车站填写。发货人委托铁路施封时，发货人注明“委托铁路施封”。

第46栏，在货物承运后，发站加盖发站日期戳，作为签订运输合同的凭证。

第47栏，货物到达后，到站加盖到站日期戳。

第 48 栏，注明确定重量的方法，如“用轨道衡”“按标准重量”“按货件上标记重量”等。由发货人确定货物重量时，发货人应在该栏注明确定重量的方法。

第 49 栏，由铁路确定重量时，加盖车站戳记，并由司磅员签字。

表 3-5 国际铁路货物联运运单（例）

发送路简称	1 发货人，通信地址： 389700	25 批号（检查标签）	运输号码：
中铁	Jing international logistic Co 25 longwangshan Street Liaoning , China	33 12.5.1	N0 9383727 2 合同号码： No 876091
	5 收货人，通信地址： 807221 Blinkers Co.Ltd 8620W.Knoll Dr Msico CA –90067	3 发站：大连货运公司 4 发货人的特别申明：	
6 对铁路无效约束力的记载：		26 海关记载	
7 通过的国境站：大连站			
8 到达路和站	俄铁 俄罗斯联邦铁路	27 车辆 /28 标记载重（吨）/ 29 轴数/ 30 自重/ 31 换装后的货物重量	

27	28	29	30	31
KP2453874 俄铁	C500	6	450	454.6

国际货协——运单 慢运	9 记号，标记，号码	10 包装种类	11 货物名称	12 件数	13 发货人确定的件数（公斤）	32 铁路确定的件数（公斤）
			50，附件第二号 CASUAL SHOES			
	ART.NO 3331	集装箱		200	2400	2400

14 共计件数（大写）：贰佰件整	15 共计重量（大写）：贰仟肆佰千克整	16 发货人签字		
17 互换托盘 数量	集装箱/ 运送用具 18 种类 类型	19 所属者及号码		
20 发货人负担下列过境铁路的费用：无	21 办理种别：/ 整车 零担 大规模集装箱	22 有何方发车：/ 发货人 铁路		33 34
	不需要的画清			35
23 发货人添附的文件	24 货物的声明价格：肆拾贰万陆仟 RMB			36 37
	45 封印			38
	个数 200	记号 ART.NO 3331		39 40
46 发站日期数 2012–11–9	47 到站日起数 2012–12–30	48 确定重量方法 按货件上标记的重量	49 过磅的戳记，签字	41 42 43

第五节 对港澳地区的铁路货物运输

我国香港和澳门自古以来就是我国的领土，居民中98%是中国人。港澳地区是我国同世界各国、各地区经贸往来的重要通道之一，也是我国换取现汇的重要场所，占我国出口创汇额的20%以上。因此，做好对港澳地区的运输工作是我国外贸运输的重点之一。

一、对香港地区的铁路货物运输

（一）对香港地区货物运输的铁路及口岸介绍

1. 港段铁路概况

港段铁路是京九、广九铁路的一部分，自边境罗湖车站起，途经上水、粉岭、大埔、大学、大炭、大围、九龙塘、旺角至九龙车站，全长34千米。

香港铁路有4个卸货点，其中最大的卸货点是九龙车站的红磡货场，绝大部分杂货、果菜都在此卸车。货场可容纳200多辆车，可供卸车的货位有100多个。何文田货场专供卸活畜禽，有48个卸车的车位。沙田车站的百适货场，专用线每天可卸杂货的车位有20个。旺角车站每天可卸杂货的车位有30个。

广九铁路公司对货车只办理行车和调车作业，不办理货运业务。目前，港段铁路的货运业务，包括接货、托运、调度、组织装卸、交货，均由中国旅行社香港分社（以下简称香港中旅分社）承包。香港中旅分社是中国外运集团深圳分公司（以下简称深圳外运分公司）在香港的货运代理。

2. 深圳口岸概况

深圳市位于广东省东南部，是京九、广九铁路的交接站。深圳与香港毗邻，其铁路、公路均与九龙相连。铁路有深圳北站（货运站）和深圳站（客运站）。内地各省市铁路发往香港的整车和零担货物车，均在深圳北站进行解体、编组以及必要的装卸作业和联检作业。由深圳北站岔出一条专用线，通往深圳新开发的笋岗仓库区，专用线终端有外运仓库。深圳北站南面的深圳站是香港出入境旅客中转换车以及以包裹办理进出口货物的车站。深圳站向南有罗湖桥，它是内地与香港的分界处。

深圳站以东的文锦渡桥是公路的进出口岸，汽车运输的货物经由文锦渡公路进出口。

深圳外运分公司是各外贸专业公司在深圳口岸的货运代理，负责其货物的进出口业务。内地各省、市、自治区的外贸专业公司，由铁路经深圳口岸或铁路转公路的出口货物（除活畜禽、鱼类由各省自办外），均委托深圳外运分公司办理接货、报关、查验、过轨等中转运输手续。其他发货单位的出口货物、使领馆物资、展品以及其他非贸易物资通常也委托深圳外运分公司代办中转运输业务。此外，深圳外运分公司还接受各省、市、自治区外贸专业公司的委托，代办普通件杂货的进出口、库存、装箱、中转等业务。

（二）对香港地区铁路货物运输的特点

1. 商品结构特殊

除经香港转口的商品外，专供香港地区的商品主要为居民生活所需的副食品，以鲜活冷冻为主。这些货物对运输条件要求高，管理难度大，一般要求配载特殊车辆，运送速度要快。

2. 运输方式特殊

对香港地区的铁路运输既不同于国际铁路联运，也不同于一般的内地运输，而是采取特殊方式。对香港地区的铁路运输由两部分组成：内地运输和香港段运输。其特点为“两票运输，租车过轨”，即发货人首先在发送地车站以内地铁路运输方式将货物托运至深圳北站，收货人为深圳外运分公司；货车到达深圳北站后，由深圳外运分公司作为各地出口单位的代理向铁路租车过轨，交付租车费，并办理出口报关等手续。经海关放行过轨后，再由中旅香港分社在港段罗湖车站重新起票托运至九龙，货到九龙站后由中旅香港分社负责卸货并交收货人。

对香港的铁路货物运输会出现两次托运，内地的铁路运单不能用于办理结汇，结汇凭证是由各地外运公司以承运人身份出具的“承运货物收据”(Cargo Receipt)。

3. 贸易方式特殊

由于输港商品的特殊性，对港澳地区出口的贸易方式也具有特殊性，主要采用配额许可证方式。有相当数量的货物，尤其是鲜活商品，采取配额许可证管理，由驻港机构根据香港市场的销售情况进行调节，在内地各发运口岸按配额发运，保证供港货物的“均衡、适量、优质、应时”。

（三）对香港地区铁路货物运输的一般程序

① 发货地的外运分公司或外贸公司向当地铁路部门办理从发货地至深圳北站的内地铁路运输的托运手续，填写内地铁路运单。

② 发货地的外运分公司或外贸公司委托深圳外运分公司办理接货、报关、查验、过轨等中转运输手续。预寄的单证和装车后拍发的起运电报是深圳外运分公司组织运输的依据（如发货地具备报关条件，也可在发货地报关）。

③ 深圳外运分公司接到铁路的到车预告后，抽出事先已分类编制的有关单证加以核对，并抄送香港中旅分社以备接车。

④ 货车到达深圳北站后，深圳外运分公司与铁路进行票据交接，如单证齐全无误，则向铁路编制过轨计划；如单证不全，或者有差错，则向铁路编制留站计划。具备过轨手续的货车，由深圳外运分公司向海关办理出口报关手续，海关审单无误后即会同联检单位对过轨货车进行联检，联检无问题后，由海关放行。

⑤ 放行后的货车由铁路运到深圳北站以南一千米与港段罗湖站的连接处，然后由罗湖站验收并拖运过境。过境后由中旅分社向港段海关报关，并在罗湖站另行起票，港段承运后，即将过轨货车送到九龙站，由中旅分社负责卸车并将货物分别交付给各个收货人。

（四）对香港地区铁路货物运输的主要单证

货运单证和电报是深圳外运分公司和香港中旅分社接受委托组织运输的依据。如单证、电报迟到或有错，货车就不能及时过轨，造成在深圳口岸留站压车，不仅商品不能及时出运，而且会增加租车费用，严重时甚至造成堵塞。因此，供港货物的单证、电报要求必须做到份数齐全、填写准确、寄拍及时。

1. 供港货物委托书

供港货物委托书又称联运出口货物委托书，是供港铁路运送货物最基本的必备单证之一，是发货人向深圳外运分公司和香港中旅分社办理货物转运、报关、接货等工作的依据，也是向发货人核算运送费用的凭证。

2. 出口货物报关单

出口货物报关单是发货人向海关申报的依据。发货单位可在深圳口岸报关，或在当地办理转关报关。

3. 起运电报

发货单位在货物装车后24小时内应向深圳外运分公司拍发起运电报。如在广州附近装车，应以电话通知深圳外运分公司。拍发起运电报，目的是使深圳口岸和驻港机构及时做好接运准备，或在运输单证迟到或丢失时以起运电报作为补制单证的依据，因此，起运电报是供港货物运输的必备文件。

4. 承运货物收据

由于对香港的铁路货物运输是“两票运输”，内地铁路运单不能作为对港结汇的凭证，因此，出口香港的铁路运输货物装车发运后，发货单位所在地的外运公司即以运输承运人的身份向各发货单位提供经深圳口岸中转至香港的承运货物收据，以此作为向银行结汇的凭证和香港收货人提货的凭证。承运货物收据既是承运人出具的货物收据，也是承托双方运输契约的证明，同时还能代表货物所有权，是香港收货人的提货凭证，外运公司要对该批货物全程运输负责。签发承运货物收据主要依据委托书和内地铁路运单的领货凭证。

除以上单证外，对香港的铁路货物运输单证还有商检证书、内地铁路运单等。

（五）对香港地区铁路货物运输的运费计收

内地对香港的铁路货物运输分内地段和香港段两段完成，运费是按内地铁路运费和香港地区铁路运费分别计算的。

1. 内地段铁路运费的计算与核收

内地段铁路运费包括铁路基本运费、深圳过轨租车费、货物装卸费、货运代理劳务费等。以上费用均按人民币计算。

从发站至深圳北站的内地段铁路运费的计算和核收以铁道部制定的《铁路货物运价规则》为依据，可参照国际铁路货物联运国内段运费的计算来确定。国内段运费的计算公式如下：

运费＝（基价1＋基价2）×运费里程×计费重量

深圳口岸有关费用有以下几种：

① 深圳北站有关费用，包括货车租用费和货物装卸费。其中，货车租用费按《铁路货物运价规则》的规定计算，货物装卸费按当地物价部门批准的装卸费率核收。

② 深圳外运分公司有关费用，包括整车和零担出口劳务费及仓储费用。

2. 香港段铁路运费的计算

香港段铁路运费包括铁路基本运费、香港段终点调车费、卸车费及香港段劳务费等。以上各项费用均按港元计算。

香港段铁路运费的计算程序如下：

① 按商品名称找出运费等级。

② 按该运费等级查出相应的运费率，再与车辆标重相乘即该票货物的铁路运费。

香港段铁路运费的计算公式如下：

运费＝等级运费率×车辆标重（吨）

二、对澳门地区的铁路货物运输

澳门与内地没有铁路直通，内地各省（区、市）运往澳门的出口货物，先由铁路运至广州。整车货物到广州南站新风码头 42 道专用线，零担货物到广州南站，危险品零担货物到广州吉山站，集装箱和快件到广州火车站。

收货人均为中国外运广东有限公司。货物到达广州后，由该公司办理水路或公路的中转，运至澳门。货物到达澳门后，由南光集团运输部负责接收货物并交付收货人。广东省的地方物资和一部分不适合水运的内地出口物资，可用汽车经拱北口岸运至澳门。

三、香港运往内地的铁路货运业务概述

（一）货物的类别

从香港进口的货物大都可从深圳铁路进口。对于整车货物可利用回空车辆从深圳口岸陆运进口；对于同一到站的零担货物，在到站没有海关的情况下，可在深圳办理报关后以直达零担车运送。其他零担货物、危险品和阔大货物，须预先商定后方可办理。活畜禽和猪的产品（包括生猪肉、皮骨、鬃毛、原肠等），因港段条件限制暂不能承运。

（二）运输方式

从香港进口货物所采用的运输方式主要有以下两种：

第一种，在九龙车站装整车或拼装同一到站，经深圳原车过轨，由深圳外运公司代运直达内地目的站。

第二种，在九龙车站以铁路包裹（快件）托运，在罗湖桥办理交接，由深圳外运公司分拨或以包裹、零担、邮件等方式运往内地目的地。

四、内地与港澳地区之间铁路集装箱运输业务

（一）内地与港澳地区之间铁路集装箱运输的业务特点

内地与香港九龙间的铁路集装箱货物运输既不同于国内铁路集装箱货物运输，也不同于国际铁路集装箱联运，应根据铁道部《内地—九龙集装箱直达快运列车运输办法》中的规定予以处理。与前述非铁路集装箱货物运输相比，内地与香港九龙间的铁路集装箱货物运输具有以下两个显著特点：

第一，在运输单据上，使用中铁集装箱运输中心（简称中铁）印制的“中铁集装箱运输中心联运提单”取代货物运单。

第二，在运输组织上，改变了普通货物的“租车方式、两票运输”方式，采取在指定办理站之间“一票直达”的方式。

（二）缮制中铁集装箱运输中心联运提单时应注意的问题

1994 年，随着中铁和香港九广铁路公司联合经营的郑州—武汉—香港集装箱直达快运列车的开通，为加强对内地—九龙集装箱直达快运列车的运输经营管理，中铁特印制了“中铁集装箱运输中心联运提单”，以取代货物运单。根据铁道部《内地—九龙集装箱直达快运列车运输办法》《中铁集装箱运输中心联运提单填制办法每》的规定，“中铁集装箱运输中心联运提单”（以下简称“中铁提单”）是承运人与托运人之间办理集装箱货物联运，货物被接收后签订的运输合同。

“中铁提单”分正本提单和副本提单。正本提单根据托运人要求的份数，签署完毕后全部交还托运人。副本提单在单程运输时有两联，一联是带海关联的副本，填记发站所在地海关记载事项，随车同行，在深圳转关时，巡岗海关将海关部分留存后，副本提单随车继续运输至到站，交付后到站存档；另一联副本提单由发站承运人留存。往返运输另加一份副本提单，到站承运人存档，保证原箱按期返回；原箱返回时，另重新填制提单，不再收取费用。在口岸办理报关报验手续的集装箱运输，使用带海关联的副本提单。

“中铁提单”缮制时应注意以下几点：

第一，提单不允许做大的修改，小的修改不得超过三处，其修改内容需要承运人加盖修改章证明。如修改提单是由于托运人错误地填写集装箱订单造成的，承运人应要求托运人在集装箱订单修改内容上盖章证明。

第二，“收货人或指示”栏，到香港的填写收货人的名称、地址、电话或指示，在香港转口的填写负责在香港转口业务代理人的名称、地址和电话。

第三，“交货地点”栏，运费支付到葵涌的填写葵涌，运费支付至九龙的不必填写。

第四，“发站”必须是内地—九龙集装箱直达快运列车的办理站，且名称填写完整。

第五，“到站”栏填写“九龙”。

第六，内地发往九龙的集装箱，运费可以预付，也可以到付，但九龙发往内地的集装箱不允许到付运费。

思考练习题

一、名词解释

整车货物　国际铁路货物联运　国际铁路联运运单过境站　《统一过境运价规程》

二、单选题

1. 国际铁路联运中对于零担货物的重量不超过(　　)千克为限。

A. 2000　　B. 3000　　C. 4000　　D. 5000

2. 俄罗斯、哈萨克斯坦等国家，以及蒙古等国家的铁路均采用(　　)形式支付过境费用。

A. 只能由发货人通过代理支付　　B. 可以由收货人通过代理支付

C. 只能由收货人通过代理支付　　D. 托运人代收

3. 下列属于运输合同的凭证的是(　　)。

A. 运行报单　　B. 运单正本

C. 运单副本　　D. 货物交付单

4. 内地对港澳地区的铁路货运方式中，对澳门的货物从发站与铁路办理国内段的铁路运输至(　　)地区的货运站中转至澳门。

A. 上海　　B. 深圳　　C. 珠海　　D. 广州

5. 过境费用的计收仍按《国际货协》的规定，通过铁路予以结算的制度是(　　)。

A. 铁路结算制　　B. 代理结算制
C. 佣金结算制　　D. 委托结算制

三、多选题

1. 根据发货人托运的货物的数量、性质、体积、状态等条件，国际铁路联运办理的种别分别为(　　)。
A. 整车　　B. 零担
C. 大吨位集装箱　　D. 散货车
2. 国际铁路联运运单包括(　　)。
A. 货物到达通知单　　B. 运单正本
C. 运行报单　　D. 货物交付单
3. 国际铁路联运费用由(　　)构成。
A. 过境路运送费用　　B. 发送路运送费用
C. 到达路运送费用　　D. 中转路运送费用
4. 内地对香港地区铁路货运的方式(　　)。
A. 目前无铁路直接相通　　B. 内地进港铁路运输
C. 利用九龙回空车辆装运进口货物　　D. 集装箱直达运输
5. 港段铁路杂费与劳务费包括(　　)。
A. 终点站费　　B. 装卸费
C. 国际集装箱加固费和吊箱费　　D. 港段调车费、港段劳务费

四、简答题

1. 简述国际铁路货物联运运单的特点。
2. 简述国际铁路联运运单的构成与流转过程。
3. 国际铁路货物联运适用的规章有哪些?
4. 简述国际铁路联运货代进出口业务流程。

五、计算题

甲国有5个车辆是整车货物随旅客列车挂运经我国运往乙国，已知车辆标重为16吨，按过境里程和运价等级该货物在《统一货价》中的基本运价率为6美元/吨，而根据运价里程和运价号查得该货物在我国国内价规中的运价率折合美元为7美元/吨，若两个运价的计费重量均为货车标重，我国应向甲国发货人收取多少运费?

六、案例分析

我国外贸公司出口一批零部件，经俄罗斯办理零担铁路货物入境，货物在我国国内到站后，外贸公司提货时发现运单中记载的货物发生部分短少，于是该公司拒绝收货并拒绝支付到达路段的运费。

问题：该收货人做法是否正确?为什么?

七、项目实操

保加利亚瓦尔纳港口于 2016 年 9 月 10 日以慢运整车承运一批机器 30 吨，经由鲁塞东/翁格内、后贝尔加/满洲里国境站，该批货物按规定计算的运到期限天数为 60 天，实际于 2016 年 11 月 18 日到达北京东。已知逾期铁路的运费为 10000 瑞士法郎。

问题：这批货物是否逾期？如果逾期，逾期铁路应向收货人支付逾期罚款多少？

第四章 国际航空货物运输

学习目标

理解民用航空货物运输发展现状。

理解国际航空货物运输组织概况。

掌握国际航空运输经营方式。

熟知航空货运运价与运费的计收。

了解进出口货物航空运输的流程及航空运单的主要内容。

导读材料

2015 年 3 月 10 日，国际航空运输协会（IATA，以下简称“国际航协”）敦促全球航空货运采取三项重要举措——货运流程无纸化转型、关注全球药品货运处理标准的制定、确保锂电池安全运输的强制行动。

在上海举行的第九届 IATA 全球货运大会上，国际航协理事长兼首席执行官汤彦麟先生（Tony Tyler）表示：“全球航空货运已经历数年的挑战。欣喜的是，2014 年出现了自 2010 年以来的首次显著提升，我们期待这一趋势今年能够继续。然而，营收仍低于 2011 年的最高水平，收益也连续第四年下降。对于航空货运，我始终保持乐观的态度。但是我们唯有通过完善业务才能不断提升航空货运的价值。尽管挽回已失收入的征途漫漫，但前景是光明的，因为航空物流企业已经认真地进行战略布局和规划未来。”

2014 年是无纸化货运转型的重要节点，全球电子航空运单（E—AWB）的比例已逾 24%。进一步加强整个航空货运产业链条的合作、加强与海关部门的协同是完善工作的重点。在世界各地，越来越多的航线已获得监管部门的批准，其中就包括上海航线，其从 2014 年 11 月起加入这一行列。

“尽管仍有许多工作尚待完成以帮助航空物流企业转型，但业界的思维模式已发生了重大变化，通过业界成员的共同努力，我们现在可以展望并实现其他航空货运文件的数字化。”汤彦麟先生表示。业界的目标是在 2015 年实现 45% 的电子航空运单，2016 年则达到 80%。

全球药品货运处理标准将是航空货运夺得每年 600 亿美元的医药物流市场的重要一环。这个行业需要满足客户对货物完整性的期望，同时符合各国和各地区有关监管部门的法律、法规。“如果上述需求无法得到满足，航空货运将失去医药物流这一巨大的市场机遇。与此同时，竞争对手正不遗余力地试图赢得这一机会。”汤彦麟先生补充道。

为帮助航空物流企业提升竞争力，国际航协已推出了新的举措——独立医药物流验证中心（CEIV 医药），评估和验证冷链流程并提供培训，以保证航空物流企业符合所有适用的标准和法规要求。汤彦麟先生说：“CEIV 认证能够帮助相关各方建立信任，让货主放心，敏感货物将被妥善运输直至送达客户。”

锂电池的安全运输仍是行业重点关注的问题。健全的法规和指导业已存在，但并非所有的货主都在认真遵守和执行。中国是锂电池最大的生产国和重要市场，国际航协已拟定中文的锂电池运输指导意见，希望提高业者对这一重要问题的认知，但政府主管部门也需加强管理。“监管机构需加快步伐。虽然行业已积极行动，但如果没有监管，以及在必要时强制执行，货主或许不会严格地遵守相关规定。”汤彦麟先生强调。

第一节　国际航空货物运输概述

航空运输（Air Transportation）是使用飞机、直升机及其他航空器运送人员、货物、邮件的一种运输方式，具有快速、机动的特点，是现代旅客运输，尤其是远程旅客运输的重要方式，也是国际贸易中的贵重物品、鲜活货物和精密仪器运输所不可缺少的。

一、民用航空货物运输业的发展

航空运输始于1871年普法战争中的法国人用气球把政府官员和物资、邮件等运出被普军围困的巴黎。1918年5月5日，飞机运输首次出现，航线为纽约—华盛顿—芝加哥。同年6月8日，伦敦与巴黎之间开始定期邮政航班飞行。20世纪30年代有了民用运输机，各种技术性能不断改进，航空工业的发展促进了航空运输业的发展。第二次世界大战结束后，在世界范围内逐渐建立了航线网，以各国主要城市为起讫点的世界航线网遍及各大洲。

民航业作为经济社会发展重要的基础产业，与一个国家、一个地区乃至全球经济社会发展的关系十分密切，特别是在经济全球化背景下，航空运输不仅是一种交通运输方式，还成为区域经济融入全球经济的快速通道。

（一）国际航空货运发展情况

2016年，国际民航组织的191个成员国完成航空运输总周转量7243.5亿吨公里，其中，货运周转量1856亿吨公里，与1990年相比，年均分别增长5%和5.1%。1990—2010年货运量年均增长5.8%；2010—2016年，货运量年均增长0.7%。

2016年，在国际民航组织成员国完成的运输总周转量中，货运周转量占25.6%。其中，国际航班占86%，国内航班占14%。在当年世界民航货运周转量中，从各国情况来看，排名前10的国家完成量占63.1%。在国际航班货运周转量中，这10个国家完成量占59.7%。在国内航线货运周转量中，中美两国占80%。其中，美国占58.5%，中国占21.5%。从航空公司情况来看，前15家航空公司的完成量占50.9%，其中5家货运航空公司完成量占21.1%。美国联邦快递（FedEx）和联合包裹运送服务公司（UPS）完成量占美国的72%。

从国际航空货运的发展历程中可以看出国际航空货运具有以下5个特点：

一是发展较快。上述数据显示，国际航空货运在过去相当长一段时间内的增长是快于旅客运输的。近年来，由于受到世界金融危机的较大冲击，国际航空货运正处在一种缓慢的恢复之中。据国际航协统计，2017年1—8月份与2016年同期相比，全球国际货运吨公里增长了4.7%。未来5年，在世界主要贸易国家的共同引领下，受区域交通、快递业和新兴经济体增长的拉动，国际航空货运仍将保持4%以上的增长。

二是价值很高。据统计，2016年全球航空货运业载运4930万吨，约占全球贸易量的1%。但是，这1%运输量的货物总价值却高达6.8万亿美元，占到世界贸易价值的33%。由此可见，尽管航空货运占全球贸易吨量的比重很小，但它属于高端运输，在全球贸易价值中占有很高份额，具有不可替代的重要作用。

三是规模性强。数据显示，在全球排名前30的机场中，2016年完成了5154万吨的货运吞吐量，占全球机场货运吞吐总量的55%。国际民航组织2016年的数据显示，亚太地区的航空货运量占全球航空货运总量的39.9%，欧洲占22.4%，北美占21%，三个地区合计占全球的83.3%。其中，美国完成货运周转量371亿吨公里，中国完成160亿吨公里，两国完成数占全球的28.6%。由此可见，全球航空货运量不仅主要集中在国际航线市场上，而且集中在少数国家和主要机场上。

四是趋于专业化。基于航空货运产品不同于航空客运的特点，很多大的客货混合型航空公司在发展中逐步将其货运业务独立出来运营，并形成了专业化公司参与全球竞争，如汉莎货运和大韩货运等。而以美国联邦快递和联合包裹运送服务公司为代表的全球快递型航空公司正成为引领全球航空货运趋于更加专业化的典型。

五是转向物流化。受全球经济一体化的影响，全球贸易呈多元化发展趋势，不同寿命期的产品对运输速度和方式有不同的需求，尤其是高端商品的全球采购和全球销售模式正在逐步改变着传统航空货运的商业模式。从联邦快递、联合包裹和其他大型货运公司的经营方式中不难看出，国外大型货运航空公司通过服务链整合，并依靠现代信息技术，提供从空中到地面再到客户手中的全产业链服务，已经基本实现了从传统航空货运向现代航空物流的转型。

（二）中国航空货运发展情况

2016年，中国民航完成航空运输总周转量672亿吨公里，其中，货邮周转量170亿吨公里，与1990年相比，年均分别增长15.4%和14.1%。1990—2010年，货运周转量年均增长16.7%；2010—2016年，货运周转量年均增长－1.5%。

2016年，在中国航空运输总周转量中，货运占25.3%。在货运总周转量中，国际航线占64.1%，国内航线占35.9%。在当年货运总周转量中，101架货机完成85.2亿吨公里，占50%多。另外，近50%由客机腹舱运输。7家货运航空公司完成62.3亿吨公里，占36.6%。当年，中国193座机场完成货运吞吐量1258.5万吨，排名前10的机场完成数占72.9%。其中，北京、上海、广州、深圳4座城市5座机场完成数占59%，上海2个机场完成数占26.7%。

总的来看，我国航空货运发展还是比较快的。近年来，受世界金融危机的影响，政府和企业都采取了不少措施。但从全球范围来看，我国航空货运还比较落后，目前还处在传统货运向现代物流转变的起步阶段，相对于航空货运发达国家和大型公司还有很大差距。其存在的问题可以概括为“小、散、差、低、乱”五点。

一是规模较小。据国际民航组织统计，2016年，在国际航线上，美国完成了217亿吨公里的货物运输，阿拉伯联合酋长国完成了139亿吨公里，韩国完成了117亿吨公里，中国完成了104亿吨公里。由此可见，尽管中国航空货运总周转量居世界第2位，但是网际航线位居第4位，排在阿拉伯联合酋长国和韩国之后。扣除在国际航线的运输量后，我国国内航线实际只有56亿吨公里的周转量。当年，我国的全货机数量仅有101架，其中70架为窄体机型。而相对于美国800架大型全货机而言，我国全货机架数还不及其13%，运输能力则不及其10%。

二是经营较散。全国的101架全货机分散在7家公司经营，最多的一家也只有20余架。2016年，在我国各类航空货运企业的发展中，拥有全货机的客货兼营航空公司有5家，市场占有率56%；无全货机的客货兼营航空公司有36家，市场占有率30%；全货机航空公司3家，市场占有率7%；快递货运航空公司2家，市场占有率7%。

三是效益较差。在国内外的市场经营中，我国大多数航空公司货运产品同质化严重，主要载运普通货物，依靠价格竞争。2016年，我国航空公司货运吨公里收入仅为1.73元（国际航线为1.63元，国内航线为1.96元），而燃料消耗成本就达每吨公里1.13元，大部分公司处于亏损状态。在国际航线上，境内航空公司市场占有率仅为30%，远低于国外航空公司70%的市场占有率。

四是信息化比较低。其主要表现为行业应用信息化的范围窄、发展缓慢、水平低、资金投入严重不足。在我国航空物流供应链中的航空公司、枢纽机场和大型货运代理人，通常建有独立的货运信息系统，而小型航空公司、机场和大部分代理均没有建立信息系统。与此同时，这些已建立的信息系统之间也相互不兼容，信息孤岛现象十分严重。

五是市场秩序较乱。其主要表现为垄断经营和无序竞争并存。据统计，目前国内具有正规航空货运销售代理资质的企业多达3700家，还有一些无证代理。货运代理资质良莠不齐，有的很不规范。航空公司、货运代理、机场货站对危险品的运输管理不严，存在安全隐患。

二、航空货物运输的特点

航空货运虽然起步较晚，但发展异常迅速，尤其受现代化企业管理者的青睐，原因之一就在于它具有许多其他运输方式所不能比拟的优越性。概括起来，航空货物运输的主要特点有以下几种：

（一）运送速度快

从航空业诞生之日起，航空运输就以快速而著称。到目前为止，飞机仍然是最快捷的交通工具，常见的喷气式飞机经济巡航速度大都在每小时850～900千米。快捷的交通工具大大缩短了货物在途时间，对于那些易腐烂、变质的鲜活商品，时效性、季节性强的报刊、节令性商品，抢险、救灾品的运输，这一特点显得尤为突出。可以说，快速加上全球密集的航空运输网络，才有可能使我们为从前可望而不可即的鲜活商品开辟远距离市场，使消费者获得更多的利益。

运送速度快，在途时间短，也使货物在途风险降低，因此许多贵重物品、精密仪器往往也采用航空运输的形式。当今国际市场竞争激烈，航空运输所提供的快速服务也使得供货商可以对国外市场瞬息万变的行情即刻做出反应，迅速推出适销产品占领市场，获得较好的经济效益。

（二）不受地面条件影响，可以深入内陆地区

航空运输利用天空这一自然通道，不受地理条件的限制。对于地面条件恶劣、交通不便的内陆地区非常合适，有利于当地资源的出口，促进当地经济的发展。航空运输使本地

与世界相连，对外的辐射面广，而且航空运输比公路运输、铁路运输占用土地少，对寸土寸金、地域狭小的地区发展对外交通无疑是十分适合的。

（三）安全、准确

与其他运输方式比，航空运输的安全性较高，航空公司的运输管理制度也比较完善，货物的破损率较低。如果采用空运集装箱的方式运送货物，则更为安全。

（四）节约包装、保险、利息等费用

由于采用航空运输方式，货物在途时间短，周转速度快，企业存货可以相应地减少。一方面，有利于资金的回收，减少利息支出；另一方面，企业仓储费用也可以降低。又由于航空货物运输安全、准确，货损、货差少，保险费用较低，与其他运输方式相比，其包装简单，包装成本较小。这些都构成了企业隐性成本的下降、收益的增加。

（五）航空运输的局限性

航空运输的主要缺点，首先是载重量小，运输成本较高，当前尚不能大规模地发展普通货物运输。其次是噪声及尾气污染严重。货物运输的局限性主要表现在航空货运的运输费用较其他运输方式更高，不适合低价值货物；航空运载工具——飞机的舱容有限，对大件货物或大批量货物的运输有一定的限制；飞机飞行安全容易受恶劣气候影响等。

三、国际航空运输组织

（一）国际民用航空组织（International Civil Aviation Organization，ICAO）

国际民用航空组织（以下简称国际民航组织）于 1947 年 4 月 4 日成立，是联合国所属专门机构之一，也是政府间的国际航空机构。总部设在加拿大的蒙特利尔，现有成员国 150 多个。其宗旨是根据安全和有秩序的发展方式，使国际航运业务建立在机会均等的基础上，并予以完善和经济的经营。其常设领导机构是理事会，由大会选出的成员国代表组成。

我国是该组织的成员国，也是理事国之一。1971 年 11 月 19 日，国际民航组织第 74 届理事会通过决议，承认中华人民共和国为中国的唯一合法代表。1974 年 2 月 15 日，中华人民共和国政府决定承认《国际民用航空公约》，并自同日起参加国际民航组织的活动。1974 年 9 月，在国际民航组织第 21 届大会上，中国当选为理事国，在以后的两届大会上，又连续当选为理事国。1977 年第 22 届大会决定中文作为这个组织的工作语言之一。

为了发展国际民航事业，国际民航组织曾做了下列各项工作：

① 促进各国和平交换空中通过权。

② 简化飞机进出的海关、移民局和检疫所的手续。

③ 规定各机场的导航、通信、气象、情报等设备以及空中交通管制系统。

④ 编印 15 种国际民航语言。

⑤ 鼓励各国改进飞机的性能。

⑥ 在联运、票价、表格和单据统一等方面也做了一些工作。

（二）国际航空运输协会（International Air Transport Association，IATA）

国际航空运输协会是各国航空运输企业之间的联合组织，会员必须是国际民航组织成员国的空运企业。其前身是 1919 年在海牙成立并在第二次世界大战时解体的国际航空业务协会。1944 年 12 月，出席芝加哥国际民航会议的一些政府代表和顾问以及空运企业的代表聚会，商定成立一个委员会为新的组织起草章程。1945 年 4 月 16 日，在哈瓦那会议上修改并通过了草案章程后，国际航空运输协会成立。总部设在加拿大蒙特利尔，执行机构设在日内瓦。目前，IATA 在世界各地共拥有 250 多家航空公司会员。

IATA 的宗旨是“为了世界人民的利益，促进安全、正常和经济的航空运输，扶植航空交通，并研究与此有关的问题”；“为直接或间接从事国际航空运输工作的各空运企业提供合作的途径”；“与国际民航组织及其他国际组织协力合作”。IATA 的出版物为《国际航空运输协会评论》（季刊），英文版。

（三）国际货运代理协会联合会（The International Federation of Freight Forwarders Association，FIATA）

国际货运代理协会联合会简称“菲亚塔”，是国际货运代理人的组织。其会员不仅包括货运代理企业，还包括海关、船务代理和空运代理、仓库业和汽车运输业等部门。

国际货运代理协会联合会于 1926 年 5 月 31 日在奥地利维也纳成立，总部设在瑞士苏黎世。其创立目的是解决由日益发展的国际货运代理业务所产生的问题，保障和提高国际货运代理在全球的利益，提高货运代理服务的质量。在国际货运代理协会联合会的指导下，许多国家开始筹建本国的货运代理人协会，成为该组织的正式会员。协会联合会的一般会员由国家货运代理协会或有关行业组织或在这个国家中独立注册登记的且为唯一的国际货运代理公司组成。作为中国最大的货运代理公司——中国对外贸易运输（集团）总公司早在 1985 年就加入了该协会，并成为其正式会员，中国国际货运代理协会目前也是该协会会员。国际货运代理协会联合会是世界范围内运输领域中最大的非政府和非营利性质的组织，是公认的国际货运代理的代表。其主要任务是协助各国的货运代理组织和同行业联系起来，在各种国际会议中代表货物发运人的利益。

国际货运代理协会联合会下设多个技术委员会，包括公共关系委员会，运输和研究中心委员会，法律、单据和保险委员会，铁路运输委员会，公路运输委员会，航空运输委员会，海运和多种运输委员会，海关委员会，职业训练委员会，统计委员会等。其中，航空运输委员会是唯一的永久性机构。

（四）国际机场理事会（Airports Council International，ACI）

国际机场理事会，原名为国际机场联合协会（Airports Association Council International），于1991年1月成立，1993年1月1日改为现名。国际机场理事会是全世界所有机场的行业协会，是一个非营利性组织。其宗旨是加强各成员与全世界民航业的各个组织和机构的合作，包括政府部门、航空公司和飞机制造商等，并通过这种合作，促进建立一个安全、有效、与环境和谐的航空运输体系。国际机场理事会目前拥有169个国家和地区的554名正式会员。在亚洲、太平洋地区约有42个国家和地区的57名正式会员。北京首都国际机场于1996年11月17日被正式批准为该组织的会员。

四、国际航空货物运输法规

民用航空越是发展，其活动越是频繁，所涉及的社会关系也就越广泛，更加需要一种法律来保障这一行业的健康发展，民用航空法由此诞生。民用航空法是用以调整民用航空活动所产生的各种社会关系的法律规范的总和。经过一个多世纪的发展，民用航空法已经成为一个较为完善的法律体系。

航空法分为国内航空法和国际航空法两大部分，分属于不同的法律体系。国内航空法是国家的重要法律，它涉及领空主权的宣告及其空域管理制度，规范民用航空行政管理行为，调整民用航空活动产生的民商法律关系，还涉及采用刑法手段保护民用航空的安全问题。国际航空法是国际法的重要组成部分，它确立了领空主权原则，调整国家之间开展民用航空活动产生的社会关系。从管辖内容看，民用航空法可分为行政关系调整规范、安全技术管理规范和客货运输合同管理规范，我们主要学习货运合同管理规范。

（一）国际航空法

尽管国际航空运输发展较晚，但是国际航空运输的国际立法却比较迅速和完善。在1929年的《统一国际航空运输某些规则的公约》（简称《华沙公约》）以及1955年的《海牙议定书》、1960年的《瓜达拉哈拉公约》、1971年的《危地马拉议定书》、1975年的《蒙特利尔附加议定书》等5个公约、修订议定书、补充性公约的基础上（《华沙公约》及后来的各议定书统称为“华沙法律体系”），国际民航组织于1999年5月10日至28日在蒙特利尔召开国际航空法大会，大会通过了新的《统一国际航空运输某些规则的公约》（*Convention for the Unification of Certain Rules for International Carriage by Air*，又称为《蒙特利尔公约》），用以替代“华沙法律体系”的各份公约或议定书。该公约经30个国家递交了批准书、接受书、核准书或者加入书后，已于2003年11月4日正式生效。据国际民航组织统计，目前，国际民航组织190个成员中有148个加入了《华沙公约》，其中100多个国家和地区批准、接受、核准或加入了1999年通过的《蒙特利尔公约》。

2005年6月1日，中国向国际民航组织交存批准书，同年7月31日起该公约对中国生效。《蒙特利尔公约》的主要目的是统一国际航空运输规则，明确国际航空运输承运人责任，促进国际航空运输有序发展，确保消费者权益。

《蒙特利尔公约》共7章57条，对国际旅客和货物运输合同有关的运输凭证、承运人的责任期间、承运人的赔偿责任制度、托运人的权利义务以及索赔诉讼等问题作出了规定。

（二）国内航空法

1.《中华人民共和国民用航空法》的有关规定

《中华人民共和国民用航空法》于1996年3月1日起正式施行。该法在制定过程中吸收了《华沙公约》的主要精神，在国际航空运输的定义、承运人责任、发货人及收货人的权利和义务、航空货运单、索赔通知和诉讼时效等方面的规定，与《华沙公约》基本相同，同时也采纳了《海牙议定书》中的合理内容，删除了承运人的驾驶过失免责，延长了索赔时效。

关于承运人对货物灭失或损坏的赔偿责任归责原则，该法采纳了《蒙特利尔第四号议定书》规定的严格责任制度，制定了更为严格的规定。该法的第一百二十五条第四款规定："因发生在航空运输期间的事件，造成货物毁灭、遗失或者损坏的，承运人应当承担责任。但是，承运人证明货物的毁灭、遗失和损坏完全是由于下列原因之一造成的，不承担责任：①货物本身的自然属性、质量或者缺陷；②承运人或者其受雇人、代理人以外的人包装货物的，货物包装不良的；③战争或者武装冲突；④政府有关部门实施的与货物入境、出境或者过境有关的行为。"

我国民用航空法的有关规定的颁布虽早于《蒙特利尔公约》，但在制定过程中已经注意吸收了其草案中的有关规定，因此，两法的规定基本一致。

2. 中国民用航空货物国际运输规则

为了加强对货物国际航空运输的管理，保护承运人、托运人和收货人的合法权益，维护正常的国际航空运输秩序，根据《中华人民共和国民用航空法》第九章公共航空运输的有关规定，中国民用航空总局组织制定了《中国民用航空货物国际运输规则》（简称《航空国际货规》），自2000年8月1日起施行。

《航空国际货规》共9章49条。它们分别对与国际航空货物运输有关的货物托运、货物收运、运价、运费和其他费用、运输货物、货物交付、特种货物运输、承运人的运输条件规定等的制定和修改了详细规定。

五、航空基础知识

（一）航空器

航空器即我们所熟知的飞机。目前，世界上使用的航空器主要由空中客车（Airbus）、播音（Boeing）、福克（Fokker）、麦道（McDonnell－Douglass）生产的各型号飞机以及由俄罗斯生产的"安"系列飞机，中国近些年来也开始生产大型飞机。

运输货物的飞机分为全货机和客货混用机。全货机的主舱和下舱全部装货，客货混用机的主舱前部运送旅客，后部及下舱装货。一般情况下，200座以下的飞机称为窄体飞机，只能在下舱装运非集装箱货物，不能装板箱货。200座以上的飞机称为宽体飞机，可以装运集装货物。

集装货物主要集装在集装器中，适用于运送体积和数量较大的货物。集装器分为集装板和集装箱，前者与通常使用的托盘类似，配有网罩，后者是密闭的箱体，它们是根据不同的机型按照一定标准（形状和尺寸）制作的，上面标有不同的代号，适用于不同的机型。

（二）航线

民航从事运输飞行，必须按照规定的线路前进，这种路线叫作航空交通线，简称航线。航线不仅确定了航行的具体方向、经停地点，还根据空中管理的需要规定了航路的宽度和飞行的高度层，以维护空中交通秩序，保证飞行安全。

航线按照飞机飞行的路线分为国内航线和国际航线。飞机飞行的线路起讫点、经停点均在国内的称为国内航线，飞机飞行的线路跨越本国国境通达其他国家的航线称为国际航线。

世界上最繁忙的航空线有以下几条：

① 西欧—北美的北大西洋航空线。该航线主要连接巴黎、伦敦、法兰克福、纽约、芝加哥和蒙特利亚等航空枢纽。

② 西欧—中东—远东航空线。该航线连接西欧各主要机场至远东中国香港、北京、日本东京等机场，并途经雅典、开罗、德黑兰、卡拉奇、新德里、曼谷和新加坡等重要航空站。

③ 远东—北美间的北太平洋航空线。这是北京、香港、东京等机场经北太平洋上空至北美西海岸的温哥华、西雅图、旧金山、洛杉矶等机场的航空线，并可延伸至北美东海岸的机场。太平洋中部的火奴鲁鲁是该航线的主要中继加油站。

此外，还有北美—南美、西欧—南美、西欧—非洲、西欧—东南亚—澳新、远东—澳新、北美—澳新等重要国际航线。

我国目前主要在北京、上海、天津、沈阳、大连、哈尔滨、青岛、广州、南宁、昆明和乌鲁木齐等机场接办国际航空货运任务。

（三）航班

飞机由始发站起飞按照规定的航线经过经停站至终点站做运输飞行称为航班。

（四）航空港

航空港为航空运输的经停点，又称航空站或机场，是供飞机起飞、降落和停放及组织、保障飞机活动的场所。近年来随着航空港功能的多样化，港内除了配有装卸客货的设施外，一般还配有商务中心、娱乐中心、货物集散中心，满足往来旅客的需要，同时吸引周边地区的生产、消费。航空港按照所处的位置分干线航空港和支线航空港。按业务范围分国际航空港和国内航空港。其中国际航空港需经政府核准，可以用来供国际航线的航空器起降营运，航空港内配有海关、移民、检疫和卫生机构。而国内航空港仅供国内航线的航空器使用，除特殊情况外不对外国航空器开放。

通常，航空港内配有以下设施：跑道与滑行道、停机坪、指挥塔或管制塔、助航系统（包括通信、气象、雷达、电子及目视助航设备等）、输油系统、维护修理基地（为航空器做归航以后或起飞以前的例行检查、维护、保养和修理）、货栈和其他各种公共设施（包括供水、供电、通信交通、消防系统等）。

六、国际航空货运代理

国际航空货运代理的主体是航空公司，因航空公司受人力、物力等因素的约束，难以直接面对众多的客户，处理航运前和航运后的繁杂服务项目，实践中就需要航空货运代理公司为航空公司代理组织货源、出具运单、收取运费、进出口疏港、报关、报检、送货、中转，使航空公司可以集中精力做好自身业务。这就相当于航空公司将物流业务外包给货运代理。

国际航空货运代理公司作为货主和航空公司之间的桥梁和纽带，具备以下两种职能：一是为货主提供服务，即代替货主向航空公司办理托运或提取货物；二是代理航空公司业务职能，即代替航空公司接收货物，出具航空公司的总运单和自己的分运单。

国际航空货运需要大量的信息，著名的 OAG 国际有限公司（Official Airline Guide）为此提供服务，包括客运航空、货运航空及商务旅行所需的全球航班信息及数据解决方案，其航空货运门户网站为 oagcargo. com。该网站提供的主要产品有航空路线与装运策划工具、危险品条例、动态货运价格数据库、空中及路面运输计划数据、货物跟踪、货运时刻表等，其中的货运航班信息动态服务对象包括全球的货运代理、托运人、航空公司，服务内容中的货运航班在线提供了即时的全球几十万个航班时刻、经停点、飞机型号等信息，为相关方的货运计划设计、货物跟踪等提供有偿帮助。

第二节　国际航空货物运输方式

一、班机运输（Scheduled Airline）

班机运输是指通过在固定航线上定期航行的航班所进行的运输。一般航空公司都使用客、货混合型飞机，一方面搭载旅客，一方面又运送少量货物。但一些较大的航空公司在一些航线上开辟出了定期的货运航班，使用全货机运输。班机运输一般具有以下特点：

① 班机由于有固定航线、固定停靠港和固定开航时间，因此，国际间的空运货物多使用班机运输，以便安全、迅速地到达世界上的各通航地点。

② 便利收货人、发货人，可确切掌握货物起运和到达时间，这对市场上急需的商品、鲜活易腐货物以及贵重商品的运送是非常有利的。

③ 班机运输一般是客货混载，因此舱位有限，不能使大批量的货物及时出运，往往需要分期分批运输。这是班机运输的不足之处。

二、包机运输（Chartered Carrier）

由于班机运输形式下货物舱位常常有限，因此当货物批量较大时，包机运输就成为重要方式。包机运输通常可分为整机包机和部分包机。

（一）整机包机

整机包机是指航空公司或包机代理公司按照合同中双方事先约定的条件和运价将整架飞机租给租机人，从一个或几个航空港装运货物至指定目的地的运输方式。

（二）部分包机

部分包机则是指由几家航空货运代理公司或发货人联合包租一架飞机，或者是由包机公司把一架飞机的舱位分别卖给几家航空货运代理公司的货物运输形式。相对而言，部分包机适合于运送一吨以上但货量不足整机的货物。在这种形式下，货物运费较班机运输低，但由于需要等待其他货主备妥货物，因此运送时间要长一些。

包机运输满足了大批量货物进出口运输的需要，同时运费比班机运输低，且随国际市场供需情况的变化而变化，给包机人带来了潜在利益。但包机运输是按往返路程计收费用的，存在着回程空放的风险。空放按包机运价的一定百分比收取空放费。

与班机运输相比，包机运输可以由承租飞机的双方议定航程的起止点和中途停靠的空港，因此更具灵活性。但各国政府出于安全的需要，也为了维护本国航空公司的利益，对他国航空公司的飞机通过本国领空或降落本国领土往往大加限制，复杂烦琐的审批手续大大增加了包机运输的营运成本。

三、集中托运（Consolidation）

（一）集中托运的概念

航空公司的舱位销售主要是依靠航空货运代理实现的，这是航空货物运输与其他货物运输方式的一个显著区别。航空货运代理的主要业务之一是办理集中托运业务，在该业务中被称为集中托运商。集中托运就是集中托运商（Consolidator）将不同托运人的货物集中起来，以较低的运价交付给承运人承运，然后再由其在目的地的分拨商（Break Bulk Agent）将货物分别交付不同收货人的业务。

（二）集中托运方式的特点

一是集中托运商在货物运输的组织上起着主导作用。不论集中托运商以自己的名义还是以承运人代理人的名义组织运输，他都是利用自己的经营网络，将众多小批量货物组织起来，集中交给承运人运输，在目的地再通过自己的分拨商将货物分交给收货人，并且代理托运人办理货物出入境手续，完成货物的运输工作，从而大大方便了货主和承运人。

二是集中托运商提供了更良好的服务。集中托运商通过完善的地面服务网络，提供专业的服务项目，更能提高服务质量，不仅使托运人、收货人受益，也使承运人受益。

三是集中托运商签发分运单，能够让托运人更早取得航空货运单，提前结汇，加快资金周转。

四是集中托运的货物范围受到限制。航空承运人为了方便货物管理，一般不接受集中托运商集中托运某些特殊的货物。航空公司一般都规定下列货物不得采用集中托运形式：贵重物品、活动物、尸体、骨灰、外交信袋和危险物品。这些货物都必须办理直接运输，即由托运人或通过代理人直接向航空公司办理单票托运。

五是由于集中托运需要时间收集货物，不能保证随托随运，所以不适合易腐烂变质的货物、紧急货物或其他对时间要求高的货物运输。

（三）集中托运的货运单证及合同关系

集中托运时，集中托运商必须签发分运单（House Air Waybill，HAWB）。分运单是由空运代理人签发的航空货运单。航空代理人在收到托运货物后，必须向托运人签发航空货运单，表明代理人或代表承运人收到货物，并开始承担运输责任。分运单的格式一般同航空公司签发的主运单相同，但必须填写真正的发货人和收货人。

航空货运代理人如果以自己的名义签发航空货运单，他对于托运人和收货人来说，已不再是运输代理人，而是承运人，应当承担承运人的法定义务，如果签发分运单时声明是代表承运人签发的，则未改变其代理人身份。

主运单（Master Air Waybill，MAWB）由空运承运人向集中托运商签发的航空货运单。主运单除了具有货物收据和空运合同的作用外，还是空运代理人向航空承运人结算运费的依据。主运单中的发货人和收货人应分别填写为集中托运商和分拨商。

航空分运单是航空货运代理人与各分托运人之间的货物运输合同的证明，而航空主运单是航空公司和航空货运代理人之间的货物运输合同证明，所以，分托运人与航空公司没有直接的契约关系；货物通过航空公司运输到目的地后，由启运地航空货运代理公司在目的地的分公司或代理人凭主运单从航空公司处提取货物，再凭分运单将货物拨交各收货人，因此，收货人与航空公司也没有直接的货物交接关系。但是，如果集中托运商在与各分托运人签发分运单时，声明其为航空公司的代理人时，各分托运人与承运人之间则存在运输合同关系。

集中托运货物舱单（Manifest）：载明各票货物相关信息的货物清单。由于众多货物集中托运，将各票货物的相关信息一一写在主运单中极不方便。实践中人们将这些信息记载在货物舱单上，然后将其附在主运单背面，并在主运单正面的品名一栏中注明“集中托运货物的相关信息见附带的舱单”。

（四）集中托运与直接运输的区别

一是接管货物人不同：前者由集中托运商接管，后者由承运人接管。

二是使用的航空货运单形式不同：前者使用的是分运单和主运单，后者使用的是航空公司的航空货运单。

三是航空货运单的填写不同：前者的分运单和主运单中的托运人和收货人应分别填写为真正的货主和集中托运商、分拨商，后者只填写为真正货主；前者的分运单和主运单中显示的是两种不同的运价，后者只显示一种运价；前者有两个出单日期，一般应以分运单出单日期为运输合同开始日期，后者只有一个出单日期。

四、航空快递（Air Courier）

航空快递是指由专门从事航空快递业务的公司与航空公司合作，以最快的速度在货主、航空公司、用户之间运送急件的业务。

（一）航空快递方式的产生和发展

航空快递业务的产生和不断发展源于市场的需求。1969 年，美国三个大学生看到了航空快递业务的市场前景，联络朋友创立了世界上第一家快递公司，专门从事银行、航运文件的传送工作，后来又将业务扩大到样品等小包裹运输服务。该公司以该三个人名字的第一个字母命名，于是世界上第一家快递公司 DHL－AIRWAY（敦豪空运）诞生了。由于其快捷、安全的运送特点，航空快递备受贸易界、工商界、运输界以及政府部门的青睐，因而在世界范围迅速发展起来。目前，我国从事快递业务的公司已达 130 多家，世界上几大航空快递公司，如 DHL、FedEx、UPS、TNT、OCS、EMS 都在我国抢占市场。

随着物流业的发展，航空快递业务必将在工商企业的物流管理和供应链管理中发挥更大的作用。

（二）航空快递业务形式

1. 门到门（或桌到桌）服务

门到门服务是航空特快专递最主要的业务种类。所谓的门到门服务实际上是提供桌到桌服务，即航空快递公司在收到发件人电话通知后，立即派人到发货人办公室取货，然后将所有收到的快件集中到一起，根据其目的地分拣、整理、制单、报关、发往世界各地。快件到达目的地后，再由当地的分公司办理清关、提货手续，并分送至收件人手中。在这期间，客户还可依靠快递公司的电脑网络随时对快件的途中位置和抵达情况进行查询。

2. 门（桌）到机场服务

门到机场服务是指快递公司从发件人处提取快件并发运，在快件到达目的地机场后由快递公司通知收件人自己去办理清关、提货等相关手续。对于急件物品或海关当局有特殊规定的货物多采用这种方式。

3. 专人派送

专人派送是指由快递公司派专人携带快件随机将快件直接送到收件人手中的一种服务方式。这种服务方式虽然周到，但费用很高，一般很少采用。

（三）航空快递业务特点

航空快递业务与普通航空货运及国际邮政业务相比较，其基本业务程序基本相同，但作为一项专门业务具有下列特点：

1. 收件范围受限

由于航空快递依赖的运输工具——飞机的货舱舱容有限，又由于快件运输的即时性，快递公司无法提前预订固定的舱位，这就决定了航空快递的收件范围只能是体积较小的文件和物品。其中文件包括银行票据、贸易合同、商务信函、船务单据等，包裹包括机器小零件、小件样品、小件行李等。因此，通过航空快递的物品在重量和体积方面都受到限制。对于包裹，多数航空公司要求毛重不超过32千克，其外包装单边长不得超过102厘米，外包装三边长不得超过175厘米。对于超过规定体积的较大货物，需要与航空公司商洽。而普通的航空运输业务则以运送货物为主，规定每件货物体积不得小于5厘米×10厘米×20厘米。邮政业务则以私人信函为主要对象，对包裹要求每件重不超过20千克，长度不超过1米，比航空快递要求得更小。

2. 运输单据特点

航空快递业务使用的运输单据为交付凭证（Proof of Delivery，POD）。而航空货运使用航空货运单，邮政使用的是包裹单或邮寄凭证。

航空快递的交付凭证共有四联：第一联用于出口报关；第二联贴在货物包装上随货同行，作为收件人核收货件的依据，并且在随货单据丢失时，可作为进口报关单据；第三联用于快递公司结算运费和统计；第四联交发件人作为发运凭证。在该联背面印有条款，以明确当事各方的责任和义务，并作为日后解决争议的依据。

3. 运送速度快

由于航空快递公司大多建有全球的分拨网络，快件的流向简单清楚，减少了错误，提高了操作效率，缩短了运送时间。

4. 业务范围覆盖全球

经营航空快递的公司大多属于跨国公司，这些公司以独资或合资的形式将业务深入世界各地，并建立全球网络。可以说，如今航空快递公司可以将快件运送至世界各个角落。

5. 服务质量高

与传统的空运和邮政业务相比，航空快递业务的服务质量更高。

【相关资料】

知名五大快递公司

在全球快递市场中，规模最大的四家快递企业以及新晋上榜的快递企业分别为：联合包裹运送服务公司（UPS）、联邦快递公司（FedEx）、敦豪公司（DHL）、天地公司（TNT）和邮政特快专递服务（EMS）。

1. 联合包裹运送服务公司（UPS）

UPS总部位于美国，提供全球包裹投递、美国散货拼车、供应链管理等服务。

UPS以货车经营国内陆运起家，直到1982年才开始投入航空界从定空中和联邦快递竞争。1988年10月其购下迅递公司（Asian Courier System）开始在亚太地区经营其业务，其总部设在新加坡，亚洲理货中心则分别设在香港、首尔、台北、东京和吉隆坡5个城市，并分别设有转运站，利用自己的飞机在上述城市之间每周空运6次，并超过700航次。目前，包裹业务是UPS的核心业务，全球营运中心有2400处，运件车辆共130000部，私有空运飞机226架，每日租用飞机2302架，1994年每日货运量达1150万件包裹和文件。至目前为止，UPS已成全球快递业界的龙头，其成功因素除了强调顾客至上与不断改善服务品质之外，稳健而又迅速的经营作风更是制胜的关键之一。

2. 联邦快递公司（FedEx）

FedEx总部位于美国，其业务种类包括运输、电子商务和商业服务等，十分丰富，细分业务覆盖广泛。FedEx下设若干公司，分别独立经营各类业务，竞争合作，协作管理。其包括三个主要业务公司：联邦快递公司（FedEx Express）、联邦快递地面包裹系统有限公司（FedEx Ground）、联邦快递散货货运集团（FedEx Freight LTL Group）。此外，其还设置了联邦快递企业服务有限公司（FedEx Service），为主要业务部门提供支持。

实际上，联邦快递公司于1971年6月18日成立于美国德拉瓦市，但是直到1972年初才正式挂牌营业，1972年底基于各方面因素的考量，将总部迁往孟菲斯市。由空运起家的联邦快递公司，初期受到民航法规限制的影响，公司的营运十分艰难，直到1975年，业务方才出现盈余。1978年，公司因为财务全股票正式上市，业绩开始蒸蒸日上，到1984年，市场占有率及营运收入更成为全美之冠，于是开始积极迈向国际化，首先买下了吉尔柯快递公司，这使联邦快递公司的势力伸展至荷兰、英国以及阿拉伯联合大公国，之后又在1988年以高价购并飞虎航空公司，以求得到飞虎公司所拥有其他国家45年的航权以及机场起降权，但是不幸的，在购并后联邦快递公司仅仅得到5个国家据点：蒙特利艾、多伦多、布鲁塞尔、伦敦与东京，而且东京这个据点并不能成为其前往亚洲其他地方的跳板，必须另行开拓其他据点。由于购并飞虎公司的利益不如预期，反而承受巨大的负担，再加上 UPS 公司在美国大力抢占市场，更使得联邦快递公司面临了极大的营运危机。1990 年后，联邦快递之规模及营运状况已大大落后于 UPS，就业务量而言，当时联邦快递每日只能收到 100 万个包裹，而 UPS 则已高达每日 1100 万个包裹之多，二者差距由此可见一斑。之后，由于联邦快递在欧洲市场的决策频频出错，营运的状态属强弩之末，在不得已的情况下，终于在 1992 年将英国市场及欧陆市场分别转让予瑟区里·奥东茄快递公司及 TNT 快递公司，并协议联邦快递日后得承运这两家公司在美国所接到的生意，从此便自欧洲市场撤出。

3. 敦豪公司（DHL）

DHL 系于 1996 年 9 月由美国律师希朗、戴尔斯和林达在加州合资成立的。DHL 这个名称来自三个公司创始人姓氏的首字母，他们是 Adrian Dalsey、Larry Hillblom 和 Robert Lynn。一开始，创始人们自己乘坐飞机来往于旧金山和檀香山之间运送货物单证，这样可以在货物到达之前就进行货物的清关，从而显著地缩短在港口的等待时间。1972 年，香港企业家钟普洋加入经营，在香港成立“DHL INT'S LTD”，负责美国本土以外的国际业务推展。1973，有鉴于中国台湾地区经济的繁荣和国际贸易的快速成长，其在中国台湾成立分支机构，委托洋基航空接掌全通有美公司负责推展厂商样品及包裹的快递服务业务。此外，当联邦快递跨入国际市场时，为了与其对抗，DHL 分别和日航、德航订约，在取得机位上具有优先权。在中国台湾地区，DHL 亦十分积极地开拓网络。首先于 1990 年 1 月成立电话行销单位，以补强外勤人员的工作效率，开发更广的客户层面；之后，又于同年 3 月和 7－ELEEN 合作进行 DROP－IN 国际快递服务；到了 1994 年服务据点增加到 800 多个，成为中国台湾地区通路最广的业者。到目前为止，DHL 的服务网包含了全球 219 国，拥有 800 多个分公司，全球员工近 2 万人。就亚太地区而言，因为进入得早，知名度高，其市场占有率为世界第一，但是美中不足的是，DHL 自有机队不多，主要以灵活运用商业客机来转运货物，但是成本相对也较高，此外业务以利润微薄的文件居多，在包裹方面则尚待加强，这种情况对 DHL 而言无疑是不利的。2002 年初，德国邮政全球网络成为 DHL 的主要股东。到 2002 年底，DHL 已经 100％由德国邮政全球网络拥有。2003 年，德国邮政全球网络将其下属所有的快递和物流业务整合至一个单一品牌：DHL。目前，DHL 的业务主要包括 DHL Express、DHL Global Forwarding、DHL Freight 和 DHL Supply Chain 等。

4. 天地公司（TNT）

TNT 原是荷兰的邮政指定运营商，经营范围包括邮件和快递两部分。2010 年年初，邮件与快递业务分离，各自独立运作。TNT 快递业务内容包括包裹、货运、增值服务和新兴平台。TNT 快递业务主要按照地理位置分为四个部门，即三个地理划分和一个业务划分：欧洲、西亚和非洲地区，亚太地区，美洲，其他网络。

TNT 快递早在 1988 年就进入了中国，受当时相关政策的限制，TNT 快递与中外运合资建立了“中外运——天地快件有限公司”，开拓在中国的快递业务。在中国市场，TNT 快递取得了快速的发展。最近 6 年，TNT 快递在中国市场平均保持约 23％的收入增长和年均 30％的业务增长速度。目前，TNT 快递的服务已经覆盖国内 500 个城市，拥有 2000 个服务网点。TNT 中国是 TPG 网络的一部分。

5. 邮政特快专递服务（EMS）

2000 年，中国邮政正式启动物流配送工程。中国邮政利用中国目前已经形成的世界规模最大的邮政网络构筑中国最大的物流配送网络，同时，利用已经与世界 150 个国家和地区建立了通邮关系，可以通达 200 个国家和地区特快专递的优势逐步进军国际物流市场。

第三节　航空货物运价与运费

一、基本概念

（一）航协区

与其他各种运输方式不同的是，国际航空货物运输中与运费有关的各项规章制度、运费水平都是由国际航协统一协调、制定的。在充分考虑了世界上各个国家、地区的社会经济、贸易发展水平后，国际航协将全球分成三个区域，简称为航协区（IATA Traffic Conference Areas），每个航协区内又分成几个亚区。由于航协区的划分主要从航空运输业务的角度考虑，依据的是不同地区的经济、社会以及商业条件，因此和我们熟悉的世界行政区划有所不同。

1. 一区（TC1）

一区包括北美洲、中美洲、南美洲、格陵兰、百慕大和夏威夷群岛。

2. 二区（TC2）

二区由整个欧洲大陆（包括俄罗斯的欧洲部分）及毗邻岛屿，冰岛、亚速尔群岛，非洲大陆和毗邻岛屿，亚洲的伊朗及伊朗以西地区组成。二区也是和我们所熟知的政治地理区划差异最大的一个区，它主要有三个亚区：

非洲区：含非洲大多数国家及地区，但北部非洲的摩洛哥、阿尔及利亚、突尼斯、埃及和苏丹不包括在内。

欧洲区：包括欧洲国家和摩洛哥、阿尔及利亚、突尼斯三个非洲国家及土耳其（既包括欧洲部分，也包括亚洲部分）以及白俄罗斯、乌克兰、俄罗斯的欧洲部分。

中东区：包括巴林、塞浦路斯、埃及、伊朗、伊拉克、以色列、约旦、科威特、黎巴嫩、阿曼、卡塔尔、沙特阿拉伯、苏丹、叙利亚、阿拉伯联合酋长国、也门等。

3. 三区（TC3）

三区由整个亚洲大陆及毗邻岛屿（已包括在二区的部分除外），澳大利亚、新西兰及毗邻岛屿，太平洋岛屿（已包括在一区的部分除外）组成。其中：南亚次大陆区包括阿富汗、印度、巴基斯坦、斯里兰卡等南亚国家。东南亚区包括中国（含香港、澳门、台湾）、东南亚诸国、蒙古、哈萨克斯坦、乌兹别克斯坦、吉尔吉斯斯坦、土库曼斯坦、塔吉克斯坦、密克罗尼西亚等群岛地区。西南太平洋洲区包括澳大利亚、新西兰、所罗门群岛等。日本、朝鲜区仅含日本、朝鲜和韩国。

【例 4－1】　下列城市属于 IATA 三个航空运输业务区中的 TC3 区的有（　　）。

A. London　　B. Cairo　　C. Osaka　　D. Busan

(二) 航空运价

运价又称费率，是指承运人对所运输的每一重量单位货物（千克或磅）所收取的，自始发地机场至目的地机场的航空费用。

航空货物运价一般以始发地的本国货币公布，有的国家以美元代替其本国货币公布。

销售航空货运单所使用的运价应为填制货运单之日的有效运价。

(三) 航空运费 (Weight Charge)

货物的航空运费是指航空公司将一票货物自始发地机场运至目的地机场所收取的航空运输费用。该费用根据每票货物所适用的运价和货物的计费重量计算。每票货物是指使用同一份航空运单的货物。

由于货物的运价是指运输起讫地点间的航空运价，所以航空运费就是指货物从始发地机场至目的地机场间的航空运输费用，不包括其他费用。

(四) 计费重量

计费重量是指用以计算货物航空运费的重量。它可以是货物的实际毛重，也可以是体积重量，或较高重量分界点的重量。

1. 实际毛重（Actual Gross Weight）

包括货物包装在内的重量，称为货物的实际毛重。一般情况下，对于高密度货物（High Density Cargo），应考虑将其实际毛重作为计费重量。

2. 体积重量（Volume Weight）

按照国际航协规则，将货物的体积按一定的比例折合成的重量，称为体积重量。

由于货舱空间的限制，一般对于低密度货物（Low Density Cargo），即轻泡货物，应考虑将其体积重量作为计费重量。

不论货物的形状是否为规则的长方体或正方体，计算货物体积时，均应以最长、最宽、最高的三边的厘米长度为准。长、宽、高的小数部分按四舍五入取整。体积重量按每6000立方厘米折合1千克计算，即：

$$体积重量=货物体积/6000\ 立方厘米$$

3. 计费重量（Chargeable Weight）

计费重量是指货物的实际毛重与体积重量相比，取其高者；然后在运价表里查出相应费率，相乘即得出运费。但当货物较高计费重量分界点的运费比计得的航空运费低时，则以此分界点的运费作为最后收费依据；反之，则以计得的运费为准。这是航空公司给货主的一项优惠。

国际航协规定，国际货物的计费重量以0.5千克为最小单位，重量尾数不足0.5千克的，按0.5千克计算；0.5千克以上不足1千克的，按1千克计算。

(五) 起码运费

起码运费（Minimum Charges）是航空公司运输一批货物所能接受的最低运费，是航空公司在考虑办理即使很小的一批货物也会产生的固定费用后制定的。

如果承运人收取的运费低于起码运费，就不能弥补运送成本。因此，航空公司通常规定，无论所运送的货物适用哪一种航空运价，所计算出来的运费总额都不得低于起码运费。若计算出的数值低于起码运费，则以起码运费计收，另有规定者除外。

【例 4-2】 A 点至 B 点，普通货物 4 千克，M 级运费为 37.5 元，而 45 千克以下的航空货物运价 N 级 7.5 元，求应收费用。

解：7.5×4 = 30（元）

计算结果小于 M 级运费，此批货物应收运费 37.5 元。

二、公布的航空直达运价

（一）一般货物运价

一般货物运价（General Cargo Rates，GCR）是使用最为广泛的一种运价。当一批货物不能适用特种货物运价，也不属于等级货物时，就应该适用一般货物运价。通常，各航空公司公布的一般货物运价，针对所承运货物数量的不同，运价的分类如下：

① 45 千克（100 磅）以下，运价类别代号为 N（Normal Rate）。

② 45 千克以上（含 45 千克），运价类别代号为 Q（Quantity Rate）。

③ 45 千克以上的，可分为 100、200、250、300、500、1000、2000 千克等多个收费重量分界点，但运价类别代号仍以 Q 表示。

货物运费一般是以货物的实际毛重或体积重量，乘以相应的重量等级运价得出的。但还要用据此得出的运费与其较高的重量等级分界点所计算出的运费相比，取其中较低者。

【例 4-3】 PEK（北京）到 SXB（斯特拉斯堡）的运价分类如下：

N：18 元；Q：14.81 元；300 千克，13.54 元；500 千克，11.95 元。

① 普货一件 38 千克从 PEK 运到 SXB，计算运费。

比较 18×38＝684（元）和 14.81×45 = 666.45（元），取其低者，故该件货物可按 45 千克以上运价算得的运费 666.45 元收取。

② 机械设备自 PEK 运至 SXB，毛重 450 千克，计算运费。

比较 13.54×450＝6093（元）和 11.95×500 = 5975（元），取其低者，故该件货物可按 500 千克以上运价算得的运费 5975 元收取。

（二）特种货物运价

特种货物运价（Specific Commodity Rates，SCR）通常是承运人根据在某一航线上经常运输某一种类货物的托运人的请求，或为促进某地区间某一种类货物的运输，经国际航协同意，所提供的优惠运价。

国际航协在公布特种货物运价时，将货物划分为以下类型：

① 0001—0999：食用动物和植物产品。

② 1000—1999：活动物和非食用动物及植物产品。

③ 2000—2999：纺织品、纤维及其制品。

④ 3000—3999：金属及其制品，但不包括机械、车辆和电器设备。

⑤ 4000—4999：机械、车辆和电器设备。

⑥ 5000—5999：非金属矿物质及其制品。

⑦ 6000—6999：化工品及相关产品。

⑧ 7000—7999：纸张、芦苇、橡胶和木材制品。

⑨ 8000—8999：科学、精密仪器、器械及配件。

⑩ 9000—9999：其他货物。

其中，每一组又细分为10个小组，每个小组再细分。这样几乎所有的商品都有一个对应的组号，公布特种货物运价时，只需指出本运价适用于哪一组货物即可。

通常情况下，指定商品运价低于相应的一般货物运价。就其性质而言，该运价是一种优惠性质的运价。鉴于此，指定商品运价在使用时，对货物的起讫地点、运价使用期限、货物运价的最低重量起点等均规定特定的条件。

使用指定商品运价计算航空运费的货物，其航空货运单的“Rate Class”一栏用字母“C”表示。

在使用指定商品运价时，只要所运输的货物满足下述三个条件，则运输始发地和运输目的地就可以直接使用指定商品运价：运输始发地至目的地之间有公布的指定商品运价；托运人所交运的货物品名与有关指定商品运价的货物品名相吻合；货物的计费重量满足指定商品运价使用时的最低重量要求。

运费计算步骤：先查询运价表，如有指定商品代号，则考虑使用指定商品运价；查找TACT RATES BOOKS的品名表，找出与运输货物品名相对应的指定商品代号；如果货物的计费重量超过指定商品运价的最低重量，则优先使用指定商品运价；如果货物的计费重量没有达到指定商品运价的最低重量，则需要比较计算。

【例4－4】 Routing：BEIJING，CHINA（BJS）to NAGOVA，JAPAN（NGO）

Commodity：FRESH ORANGES

Gross Weight：EACH 65.4kgs，TOTAL 4 PIECES

Dimensions：128cm×42cm×36cm×4

计算航空运费。

公布运价如表4－1所示。

表4－1 公布运价

BEIJING Y. RENMINBI		CN CNY		BJS KGS
NAGOVA		JP	M	230.00
			N	37.51
			45	28.13
		0008	300	18.80
		0030	500	20.61
		1093	100	18.43
		2195	500	18.80

解：①按普通运价使用规则计算。

Volume：128×42×36×4＝774144（立方厘米）

Volume Weight：774144/6000 ＝ 129.024（千克）＝ 129.0（千克）

Gross Weight：65.4×4 ＝ 261.6（千克）

Chargeable Weight：262.0千克

分析：由于计费重量没有满足指定商品代码0008的最低重量要求300千克，因此只能先按普通货物来算。

Applicable Rate：GCR/Q4 528.13CNY/KG

Weight Charge：262.0×28.13=7370.06（元）

②按指定商品运价使用规则计算。

Chargeable Weight：300.0（千克）

Applicable Rate：SCR0008/Q300 18.80CNY/kg

Weight Charge：300.0×18.80=5640.00（元）

对比①与②，取运费较低者，所以运费为5640.00元。

（三）等级货物运价

等级货物运价（Class Rates/Commodity Classification Rates，CCR）适用于指定地区内部或地区之间的少数货物运输，通常是在一般货物运价的基础上增加或减少一定的百分比。

适用等级货物运价的货物通常有以下几种：

① 活动物、活动物的集装箱和笼子。

② 贵重物品。

③ 尸体或骨灰。

④ 报纸、期刊、书籍、商品目录、盲人和聋哑人专用设备等。

⑤ 作为货物托运的行李。

其中，①～③项通常按45千克以下的一般货物运价的150％～200％计收，用“S”（Surcharged Class Rate）表示；④～⑤项通常按45千克以下的一般货物运价的50％计收，用“R”（Reduced Class Rate）表示。

【例4－5】 Routing：BEIJING，CHINA（BJS）to VANCOUVER，CANADA（CAD）

Commodity：PANDA

Gross Weight：400kgs

Dimensions：150cm×130cm×120cm

计算航空运费。

公布运价如表4－2所示。

表4－2 公布运价

BEIJING Y. RENMINBI		CN CNY		BJS KGS
VANCOUVER		CA	M	420.00
			N	59.61
			45	45.68
			100	41.81
			300	38.79
			500	35.77

解：查找活动物运价表，从北京到温哥华，属于三区运往一区加拿大，运价的构成形式是“150% of Appl. GCR”。

① 按查找的运价构成形式来计算：

Volume Weight：150×130×120/6000=390（千克）

Gross Weight：400（千克）

Chargeable Weight：400 千克

Applicable Rate：S 150% of Application GCR

Weight Charge：150%×38.79×400=23276.00（元）

② 计费重量已经接近下一个较高重量点 500 千克，用较高重量点的较低运价计算：

Chargeable Weight：500.0（千克）

Applicable Rate：S 150% of Application GCR

Weight Charge：150%×35.77×500=26830.00（元）

对比①与②，取运费较低者，因此航空运费为 23276.00 元。

（四）集中托运货物运价

集中托运货物也称混运货物，指使用同一份货运单运输的货物中包含有不同运价、不同运输条件的货物。

1. 申报方式与计算规则

（1）申报整批货物的总重量或总体积

计算规则：混运的货物被视为一种货物，将其总重量确定为一个计费重量。运价采用适用的普通货物运价。

（2）分别申报每一类货物的件数、重量、体积及货物品名

计算规则：按不同种类货物适用的运价与其相应的计费重量分别计算运费。

如果混运货物使用一个外包装将所有货物合并运输，则该包装物的运费按混运货物中运价最高的货物运价计收。

2. 声明价值

混运货物只能按整票（整批）货物办理声明价值，不得办理部分货物的声明价值，或办理两种以上的声明价值。所以，混运货物声明价值费的计算应按整票货物总的毛重。

3. 最低运费

混运货物的最低运费按整票货物计收，即无论是分别申报还是不分别申报的混运货物，按其运费计算方法计得的运费与起止地点间的最低收费标准比较，取高者。

【例 4-6】　Routing：BEIJING，CHINA（BJS）to OSAKA，JAPAN（OSA）

Commodity：Books and Handicraft and FRESH Apple

Gross Weight：100kgs and 42kgs and 80kgs

Dimensions：4 Pieces 70cm×47cm×35cm and
1 Piece 100cm×60cm×42cm and
2 Pieces 90cm×70cm×32cm

计算航空运费。

公布运价如表 4-3 所示。

表 4-3 公布运价

BEIJING Y. RENMINBI		CN CNY		BJS KGS
OSAKA		JP	M	230.00
			N	37.51
			45	28.13
		0008	300	18.80
		0030	500	20.61
		1093	100	18.43
		2195	500	18.80

解：先把这票货物作为一个整体计算运费；再按分别申报计算运费，两者比较取低者。

(1) 总体申报

Total Gross Weight：100.0kgs＋42.0kgs＋80.0kgs＝222.0kgs

Volume Weight：

70cm×47cm×35cm×4＋100cm×60cm×42cm×1＋90cm×70cm×32cm×2

＝1115800cm^3/6000kgs

＝185.96kgs

≈186.0kgs

Gross Weight：222.0kgs

Chargeable Weight：222.0kgs

Applicable Rate：GCR/Q 28.13CNY/KG

Weight Charge：222.0×28.13＝6244.86CNY

(2) 分别申报

① Books：

Volume Weight：70cm×47cm×35cm×4＝460600cm^3

460600cm^3/6000kgs＝76.77kgs≈77.0kgs

Gross Weight：100.0kgs

Chargeable Weight：100.0kgs

Applicable Rate：R 50% of Normal GCR

50%×37.51＝18.76CNY/KG

Weight Charge：100.0×18.76＝1876.00 CNY

② Handicraft：

Volume Weight：100cm×60cm×42cm×1＝252000cm^3

252000cm^3/6000kgs＝42.0kgs

Gross Weight：42.0kgs

Chargeable Weight：42.0kgs

Applicable Rate：GCR N 37.51CNY/KG

Weight Charge：42.0×37.51＝1575.42CNY

③ Apple（FRESH）：

Volume Weight：90cm×70cm×32cm×2＝403200cm³

403200cm³/6000kgs＝67.2≈67.5kgs

Gross Weight：80.0kgs

Chargeable Weight：80.0kgs

Applicable Rate GCR N 28.13 CNY/KG

Weight Charge：80.0×28.13＝2250.40CNY

④ 三种运费相加

1876.00CNY＋1575.42CNY＋2250.40CNY＝5701.82CNY

对比总体申报运费和分别申报运费，取低者，即运费为 5701.82 元。

（五）争取优惠运价的注意事项

为争取到较优惠的航空运价，应注意下列事项：

① 如果有协议运价，则优先使用协议运价。

② 在相同的运价种类、相同的航程、相同的承运人条件下，公布的直达运价应按下列顺序使用：

优先使用特种货物运价。如果特种货物运价条件不完全满足，则可以使用等级货物和一般货物运价。

其次使用等级货物运价。等级货物运价优先于一般货物运价使用：

第一，如果货物可以按指定商品运价计费，但因其重量没满足指定商品运价的最低重量要求，则将指定商品运价计费与一般货物运价计费的结果相比较，取低者；如果该货物同时又属于附加的等级货物，则只允许用附加的等级货物运价和指定商品运价计费的结果相比较，取低者，不能与一般货物运价计费的结果相比较。

第二，如果货物属于附减的等级货物，其等级货物运价计费则可以与一般货物运价计费的结果相比较，取低者。

③ 公布的运价是一个机场到另一个机场的运价，而且只适用于单一方向。

【例 4－7】　Routing：BEIJING，CHINA（BJS）to OSAKA，JAPAN（OSA）

Commodity：FRESH ORANGES

Gross Weight：EACH 71.5kgs，TOTAL 6 PIECES

Dimensions：113cm×40cm×24cm×6

计算航空运费。

公布运价如表 4－4 所示。

表 4－4　公布运价

BEIJING Y. RENMINBI		CN CNY		BJS KGS
OSAKA		JP	M	230.00
			N	37.51

（续表）

BEIJING Y. RENMINBI		CN CNY		BJS KGS
			45	28.13
		0008	300	18.80
		0030	500	20.61
		1093	100	18.43
		2195	500	18.80

解：运费计算如下：

Volume：113×40×24×6＝650880（立方厘米）

Volume：Weight 650880/6000 ＝ 108.48（千克）≈108.5（千克）

Gross Weight：71.5×6 ＝ 429.0（千克）

Chargeable Weight：429.0 千克

查找 TACT RATES BOOK 的品名表，品名编号：0008。所对应的货物名称为“FRUIT，VEGETABLES－FRESH”，现在承运的货物是 FRESH ORANGES，符合指定要求。商品代码“0008”，货主交运的货物重量符合“0008”指定商品运价使用时的最低重量要求。

Applicable Rate：SCR0008/Q300 18.80CNY/KG

Weight Charge：429.0×18.80 ＝ 8065.20（元）

【例 4－8】 从北京运至东京的杂志重为 50 千克，经查杂志属于附减等级运价，其公布的运价 M 为 230.00，N 为 37.31，Q 为 28.13，附减比例为 Q 运价的 50%。试计算该杂志的运费。

解：杂志重为 50 千克，大于 45 千克，故运价应选 Q，费率为 28.13。又因杂志属附减等级货物，实际运价应为 Q 运价的 50%，故运费为：

50×28.13×50% ＝ 703.5（元）

第四节 航空运输进出口业务

一、进口货物航空运输流程

航空货物进口运输代理业务程序是指代理公司接受收货人的委托办理接货手续，完成货物从入境到提取或转运的整个流程的各个环节所需办理的手续及准备相关单证的全过程。

（一）代理预报

国外发货前，国外代理公司将运单、航班号、件数、重量、品名、收货人及地址、电话等内容通知目的地代理公司，目的是让代理公司做好接货前的准备工作。

（二）交接单货

航空货物入境时，单据一般随机到达。运输工具与货物均处于海关监管之下，货物卸下后存入监管仓库，进行舱单录入，将舱单上的总运单号、收货人、始发站、目的站、件数重量等信息备案给海关留存，以便报关用。同时，根据运单上收货人的地址寄提单、提货通知。交接时要注意单单核对、单货核对。核对后如有问题，应及时处理有关单据和货物。如果发现货物短缺或破损及其他异常情况，应向民航部门索要商务事故记录作为以后索赔的依据。

（三）理货与仓储

货代公司接货后将货物存入监管仓库，组织理货与仓储。

1. 理货

应逐一核对每票货物的件数，检查有无破损，按照大货、小货，重货、轻货，单票货、混载货，危险品、贵重物品，冷冻冷藏等分别进仓。

2. 仓储

注意防雨淋和受潮，货物不能放在露天地点；防重压；防温度变化导致货物变质；防危险品危及人员及其他货物安全；防贵重货物被盗。

（四）理单与到货通知、运单处理

1. 理单

将集中托运进口总运单项下的分运单分别整理出来，审核与到货的情况是否一致，制成清单并分别输入海关电脑，以便报关、报验、提货。

2. 到货通知

接到货物后，为减少仓储费用支出，应该尽早、尽快、妥当地通知货主到货情况，提醒货主准备好单证报关、提货。

3. 运单处理

运单上需盖好几个章：监管章（总运单）、代理公司分运单确认章（分运单）、检验检疫章、海关放行章等。

（五）制单、报关

制单指按海关要求，依据运单、发票、箱单及证明文件制作进口货物报关单。进口报关是进口运输中的关键环节，在向海关申报后，海关会有初审、审单、征税、验放等环节。

（六）提货、收费

1. 提货

办完报关、报验等手续后，货主凭盖有海关放行章、检验检疫章的进口提货单到监管仓库付费提货。

2. 收费

货代公司发放货物之前，应将费用收妥。应收费用包括：到付运费及垫付佣金、单证报关费、仓储费（冷藏、冷冻、危险品、贵重物品）、装卸费、代付费用、关税及垫付佣金等。

（七）送货与转运

国外货主有时会要求将货物直接交给收货人，货代公司可以提供送货上门或国内的转运服务。

二、出口货物航空运输流程

（一）市场销售

市场销售即承揽货物，航空货运代理公司需及时向发货单位介绍本公司的业务范围、服务项目、各项收费标准等。货运代理公司与发货人达成运输意向后，可以向发货人提供所代理的有关航空公司的“国际货物托运书”。发货人发货时，首先需填写托运书，加盖公章，作为货主委托代办货物出口航空运输的依据。

（二）委托运输

发货人委托航空货运代理公司空运出口货物时，应填写托运书，而且托运人必须在上面签字或盖章。托运书（Shipper's Letter of Instruction，SLI）是托运人委托承运人或其代理人填写航空货运单的一种表单，上面列有填制货运单所需的各项内容，并印有授权承运人或其代理人代其在货运单上签字的文字说明。在接受托运人的委托后进行单证操作前，空运代理要对托运书中的价格、航班日期等进行审核；同时，空运代理必须在托运书上签名并写上日期以示确认。

（三）审核单证

托运基本单证应包括发票、装箱单、托运书、报关单、外汇核销单等，特殊单证包括许可证、商检证、进料/来料加工登记手册、索赔/返修协议（正本）、到付保函、关封。

（四）预配舱

空运代理汇总所接受的各票货物的委托，计算出各航线的件数、重量、体积，按照客户的要求和货物重、泡情况，根据各航空公司不同机型对不同板箱的重量和高度要求，制订预配舱方案，并对每票货物配上运单号。

（五）预订舱

空运代理根据所制订的预配舱方案，按航班日期打印出总运单号、件数、重量、体积，向航空公司预订舱。

（六）接受单证

航空货运代理公司接受托运人或其代理人送交的已经审核确认的托运书及报关单证和收货凭证。

（七）填制空运单

承运人或其代理人要依据发货人提供的国际货物托运书填制空运单，空运单需用英文填写。集中托运货物的航空货运单一般包括总运单和分运单。

（八）接收货物

接收货物，即航空货运代理公司把即将发运的货物从发货人手中接过来并运送到自己的仓库。接收货物一般与接单同时进行。对于通过空运或铁路从内地运往出境地的出口货物，货运代理公司按照发货人提供的运单号、航班号、接货地点及接货日期，代其提取货物。如货物已在始发地办理了海关手续，发货人应同时提供始发地海关的关封。接货时，货运代理公司应对货物进行查验并办理交接手续。

（九）标记和标签

① 标记：托运人在货物外包装上书写的有关事项和记号。

② 标签：承运货物的标识。每件货物要拴挂或粘贴有关的标签，对需特殊处理或照管的货物要粘贴指示性标志。

（十）配舱

配舱时，需要核对货物的实际件数、重量、体积与托运书上预报数量的差别，注意对预订舱位、板箱的有效利用、合理搭配，按照各航班机型、板箱型号、高度、数量进行配载。

（十一）订舱

订舱是指将所接收的空运货物向航空公司正式提出运输申请并订妥舱位。货运代理公司订舱时，可依照发货人的要求选择最佳的航线和最佳的承运人，同时为发货人争取最低、最合理的运价。订舱后，航空公司会签发舱单，同时给予装货集装器领取凭证，以表示舱位订妥。

（十二）出口报关

出口报关指发货人或其代理人在货物发运前，向出境地海关办理货物出口手续，直至海关放行的过程。

（十三）出仓单

配舱方案制订好后，可着手编制出仓单。出仓单上应载明日期、承运航班的日期、装载板箱的形式及数量、货物进仓顺序编号、总运单号、件数、重量、体积、目的地三字代码和备注。出仓单交给出口仓库，用于出库计划，出库时点数并向装板箱交接；出仓单交给装板箱环节，是向出口仓库提货的依据，也是制作“国际货物交接清单”的依据；出仓单交给报关环节，当报关有问题时，可有针对性地反馈，以采取相应措施。

（十四）提板箱与装板箱

除特殊情况外，航空货运均以集装箱和集装板运输。航空货运代理公司要根据订舱计划向航空公司申领板、箱并办理相应的手续。

（十五）签单

海关放行货物。在货运单上盖章后，航空货代需到航空公司签单，只有签单确认后才允许将单、货交给航空公司。

（十六）交接发运

① 交接是向航空公司交单、交货，由航空公司安排航空运输。交单就是将随机单据和应由承运人留存的单据交给航空公司。随机单据包括航空运单正本（第二联）、发票、装箱单、产地证明、品质鉴定书。

② 交货即把与单据相符的货物交给航空公司。交货之前必须粘贴或拴挂货物标签，清点和核对货物，填制货物交接清单。大宗货、集中托运货以整板、整箱称重交接，零散小货按票称重，计件交接。

（十七）航班跟踪

单、货交接给航空公司后，航空公司可能会因航班取消、延误等种种原因，未能按预定时间运出，所以货运代理公司自单、货交给航空公司之日起就需对航班、货物进行跟踪。

（十八）信息服务

货运代理公司应提供多方面信息服务，如订舱信息、审单报关信息、仓库收货信息、交运称重信息、集中托运信息、单证信息等。

（十九）费用结算

费用结算包括与承运人结算费用、与发货人结算费用、与国外代理人结算到期运费和利润分成。

第五节 航空运单

航空货物运输的凭证被称为“航空货物运单”，在《华沙公约》中称为“Air Consignment Note”（ACN），在《海牙议定书》中被叫作“Air Waybill”。

航空货物运单（Air Waybill）简称航空运单，是航空承运人或其代理人签发的重要的货物运输单据，是承托双方的运输合同凭证，其内容对双方均具有约束力。与海运提单不同的是，航空运单一般不可转让（尽管两个公约都不限制航空运单的转让，但几乎所有航空运单都做成了不可转让的），持有航空运单也并不能说明可以对货物拥有所有权。但根据合同和买卖双方当事人的约定，可凭航空运单向银行办理结汇。

航空运单的正本一式三份，每份都印有背面条款，其中一份交发货人，是承运人或其代理人接收货物的依据；第二份由承运人留存，作为记账凭证；最后一份随货同行，在货物到达目的地，交付给收货人时作为核收货物的依据。

航空运单同时有若干副本（通常六份以上），供相关各方使用。

一、航空运单的主要作用

航空运单不仅证明航空运输合同的存在，而且航空运单本身就是托运人与航空运输承运人之间缔结的货物运输合同，在双方共同签署后产生效力。

航空运单也是货物收据，在发货人将货物发运后，承运人或其代理人就会将其中一份交给发货人（即发货人联），作为已经接收货物的证明。除非另外注明，它是承运人收到货物并在良好条件下装运的证明。

航空运单分别记载着属于收货人负担的费用、属于应支付给承运人的费用和应支付给代理人的费用，并详细列明费用的种类、金额，因此可作为运费账单和发票。承运人往往也将其中的承运人联作为记账凭证。

货物出口时，航空运单是报关单证之一。在货物到达目的地机场进行进口报关时，随机代交收货人的航空运单是收货人核收货物的依据，同时也是向海关申报的基本单证及海关查验放行的主要凭证。

如果承运人承办保险或发货人要求承运人代办保险，则航空运单也可用作保险证书。载有保险条款的航空运单又称为红色航空运单（Red Air Waybill）。

航空运单随货同行，证明了货物的身份。运单上载有有关该票货物发送、转运、交付的事项，承运人会据此对货物的运输做出相应安排。

二、航空运单的分类

（一）航空主运单（Master Air Waybill，MAWB）

凡由航空运输公司签发的航空运单就称为主运单。它是航空运输公司据以办理货物运输和交付的依据，是航空运输公司和托运人订立的运输合同，每一批航空运输货物都有相应的航空主运单。

（二）航空分运单（House Air Waybill，HAWB）

集中托运人在办理集中托运业务时签发的航空运单被称为航空分运单。在集中托运的情况下，除了航空运输公司签发的主运单外，集中托运人还要签发航空分运单。

航空分运单作为集中托运人与托运人之间的货物运输合同，当事双方分别为集中托运人和货主；而航空主运单作为航空运输公司与集中托运人之间的货物运输合同凭证，当事双方分别为航空运输公司和集中托运人，这种情况下货主与航空运输公司没有直接的契约关系。

三、航空运单的填制

各航空运输公司所使用的航空运单大多借鉴国际航协所推荐的标准格式，差别不大。所以，这里介绍这种标准格式，又称中性运单。下面就有关需要填写的栏目做简要说明。

第 1 栏，始发站机场需填写国际航协统一制定的始发站机场或城市的三字代码，这一栏应该和第 9 栏一致。

1A：国际航协统一编制的航空公司代码，如中国国际航空公司的代码就是 999。

1B：运单号。

第 2 栏，发货人姓名、住址（Shipper's Name and Address）：填写发货人的姓名、地址、所在国家及联络方法。

第 3 栏，发货人账号：只在必要时填写。

第 4 栏，收货人姓名、住址（Consignee's Name and Address）：应填写收货人的姓名、地址、所在国家及联络方法。与海运提单不同，由于航空运单不可转让，所以“凭指示”之类的字样不得出现。

第 5 栏，收货人账号：同第 3 栏一样，只在必要时填写。

第 6 栏，承运人代理的名称和所在城市（Issuing Carrier's Agent Name and City）。

第 7 栏，代理人的国际航协代码。

第 8 栏，代理人账号。

第 9 栏，始发站机场及所要求的航线（Airport of Departure and Requested Routing）。这里的始发站应与第 1 栏填写的内容一致。

第 10 栏，支付信息（Accounting Information）：此栏只有在采用特殊付款方式时才填写。

第 11 栏，11A（C、E）：去往（To）：分别填入第一（二、三）中转站机场的国际航协代码。

11B（D、F）：承运人（By）：分别填入第一（二、三）段运输的承运人。

第 12 栏，货币（Currency）：填入 ISO 货币代码。

第 13 栏，收费代号：表明支付方式。

第 14 栏，运费及声明价值费（Weight Charge/Valuation Charge，WT/VAL）。此时，

可以有两种情况预付（Prepaid，PPD）或到付（Co11ect，COLLI）。如预付，在14A中填入“×”，否则填在14B中。需要注意的是，航空货物运输中的运费与声明价值费的支付方式必须一致，不能分别支付。

第15栏，其他费用（Other）：也有预付和到付两种支付方式。

第16栏，供运输用声明价值（Declared Value for Carriage）：在此栏填入发货人要求的用于运输的声明价值。如果发货人不要求声明价值，则填入“NVD”（No Value Declared）。

第17栏，海关声明价值（Declared Value for Customs）：发货人在此栏填入对海关的声明价值，或者填入“NCV”（No Customs Valuation），表明没有声明价值。

第18栏，目的地机场（Airport of Destination）：填入最终目的地机场的全称。

第19栏，航班及日期（Flight and Date）：填入货物所搭乘航班及日期。

第20栏，保险金额（Amount of Insurance）只有在航空运输公司提供代保险业务而客户也有此需要时才填写。

第21栏，操作信息（Handling Information）：一般填入承运人对货物处理的有关注意事项，如“Shipper's Certification for Live Animals”（托运人提供活动物证明）等。

第22栏，22A～22L项是货物运价和运费细节。

22A：货物件数（No. of Pieces）和运价组成点（Rate Combination Point，RCP）：填入货物包装件数，如10包即填“10”。当需要组成比例运价或分段相加运价时，在此栏填入运价组成点机场的国际航协代码。

22B：毛重（Gross Weigh）：填入货物总毛重。

22C：重量单位：可选择千克（kg）或磅（lb）。

22D：运价等级（Rate Class）：针对不同的航空运价共有6种代码，它们是M（Minimum，起码运费）、C（Specific Commodity Rates，特种货物运价）、S（Surcharge，高于一般货物运价的等级货物运价）、R（Reduced，低于一般货物运价的等级货物运价）、N（Normal，45千克以下货物适用的一般货物运价）、Q（Quantity，45千克以上货物适用的一般货物运价）。

22E：商品代码（Commodity Item No.）：在适用特种货物运价时，需要在此栏填入商品代码。

22F：计费重量（Chargeable Weight）：此栏填入航空公司据以计算运费的计费重量，该重量可以与货物毛重相同，也可以不同。

22G：运价（Rate/charge）：填入该货物适用的费率。

22H：运费总额（Total）：此栏数值应为起码运费值或者运价与计费重量两栏数值的乘积。

22I：货物的品名、数量，含尺码或体积（Nature and Quantity of Goods Incl. Dimensions or Volume）：货物的尺码应以厘米或英寸为单位，尺寸分别以货物最长、最宽、最高边为基础。体积则是上述三边的乘积，单位为立方厘米或立方英寸。

22J：该运单项下的货物总件数。

22K：该运单项下的货物总毛重。

22L：该运单项下的货物总运费。

第23栏，其他费用（Other Charges）：指除运费和声明价值附加费以外的其他费用。根据国际航协规则，各项费用分别用三个英文字母表示。其中，前两个字母是某项费用的代码，如运单费表示为 AW（Airway Bill Fee）。第三个字母是 C 或 A，分别表示费用应支付给承运人（Carrier）或货运代理人（Agent）。

第 24～26 栏，分别记录运费、声明价值费和税款金额，有预付与到付两种方式。

第 27～28 栏，分别记录需要付给货运代理人（Due Agent）和承运人（Due Carrier）的其他费用合计金额。

第 29 栏，需预付或到付的各种费用。

第 30 栏，预付、到付的总金额。

第 31 栏，发货人的签字。

第 32 栏，签单时间（日期）、地点、承运人或其代理人的签字。

第 33 栏，货币换算及目的地机场收费记录。

以上所有内容不一定要全部填入航空运单中，国际航协也并不反对在航空运单中填入其他所需内容。但这种标准化的单证对航空货运经营人提高工作效率、促进航空货运业向电子商务的方向迈进有着积极意义。

表 4-5　航空运单

999		
Shipper's Name and Address	Shipper's Account No.	Not Negotiable Air waybill　AIR CHINA 中国国际航空公司 Issued by
		Copies 1, 2 and 3 of this Air Waybill are originals and have the same validity.
Consignee's Name and Address	Consignee's Account No.	It is agreed that the goods described for accepted for carriage in apparent good order And condition (except as noted) and SUBJECT TO THE CONDITIONS OF CONTRACT ON THE REVERSE HEREOF. ALL GOODS MAY BE CARRIED BY AND OTHER MEANS INCLUDING ROAD OR ANY OTHER CARRIER UNLESS SPECIFIC CONTRARY INSTRUCTIONS ARE GIVEN HEREON BY THE SHIPPER'S ATTENTION IS FRAWN TO THE NOTICE CONCERNING CARRIER'S LIMITATION OF LIABILITY. Shipper may increase such limitation of liability by declaring a higher value for carriage and paying a supplemental charge if requested.
Issuing Carrier's Agent Name and City		Account Information
Agent's IATA Code	Account No.	
Airport of Departure (Addr. of First Carrier) and Requested Routing		

（续表）

To	By First Carrier Routing and Destination	to	by	to	by	Currency	CHGS Code	WTNAL		Other		Declared Valued for Carriage	Declared Value for Customs
								PPD	COLL	PPD	COLL		

Airport of Destination	Flight Date	Flight Date	Account Insurance	INSURANCE — If Carrier offers insurance, and such insurance is requested in accordance with the conditions thereof, indicate amount to be insured in figures in box marked "Amount if insurance"

Handing Information
(For USA only) These commodities licensed by U. S. for ultimate destination Diversion contrary to U. S. law is prohibited

No. of Pieces RCP	Gross Weight	Kg lb		Rate Class			Chargeable Weight		Rate Charge		Total		Nature and Quantity of Goods (Incl. Dimensions or Volume)
				Weight Charge	Commodity Item No.								

Prepaid	Collect	Other Charges
Valuation Charge		

四、航空运单的签字

托运人或其代理人签字：由托运人或其代理人签字（Signature of Shipper or his Agent），表示托运人同意承运人的装运条款。

承运人或其代理人签字：由托运人或其代理人签字（Signature of Issuing Carrier or his Agent），航空运单必须经承运人或其代理人签字才能生效。

运单签发日期（Executed on Date）：日期应为飞行时间，如运单在飞行前签发，则应以飞行日期为货物装运期。

复习思考题

一、名词解释

班机运输　集中托运　起码运费　航空运单　航空运价

二、单选题

1. 航空公司签发的运单为(　　)。

A. 航空主运单　　B. 航空分运单　　C. 提单　　D. 承运合同

2. 鲜活易腐商品和贵重物品最适宜采用(　　)。

A. 火车运输　　B. 轮船运输　　C. 航空运输　　D. 邮政运输

3. 国际航空运输协会将世界各地划分为三个区域，其中三区主要是指：亚洲、澳大利亚、(　　)等。

A. 非洲　　B. 新西兰　　C. 伊朗　　D. 格陵兰

4. 国际民用航空组织总部设在(　　)。

A. 纽约　　B. 华盛顿　　C. 蒙特利尔　　D. 巴黎

5. 一批货物重 60 千克，体积为 300 000 立方厘米，其航空运输的计费重量应为(　　)。

A. 30 千克　　B. 60 千克　　C. 50 千克　　D. 80 千克

三、多选题

1. 以下属于航空附加费的有(　　)。

A. 起码运费　　B. 声明价值附加费　　C. 货到付款劳务费

D. 中转手续费　　E. 地面运输费

2. 国际航空货物运输的主要特征有(　　)。

A. 运送速度快

B. 安全、准确

C. 可节约包装、保险、利息等费用

D. 不受地面条件影响，可深入内陆地区

3. 下列物品中，不能办理航空集中托运的是(　　)。

A. 贵重物品　　B. 活动物　　C. 危险物品

D. 文物　　E. 艺术品

4. 航空运单的性质和作用主要有(　　)。

A. 承运合同　　B. 报关凭证　　C. 货物收据

D. 物权凭证　　E. 运费账单

5. 各种不同的航空运价和费用都具有哪些共同点(　　)。

A. 所报的运价是指从一个机场到另一个机场，而且适用于双向

B. 从机场到机场的运价，包括其他额外费用

C. 运价一律适用当地公布的货币

D. 航空运单中的运价是指按出具运单之日所适用的运价

E. 用当地货币公布的运价是按每公斤或每磅为单位计算的

四、简答题

1. 简述航空运输的特点。
2. 简述航空运输的作用。
3. 简述国际航空货物运输进出口业务流程。
4. 简述航空运单的主要作用、缮制方法及步骤。

五、计算题

1. 根据以下资料计算运费：

Routing：Shanghai，China（SHA）to Paris，France（PAR）

Commodity：TOY

Gross Weight：5. 6kgs

Dimensions：40cm×28cm×22cm

公布运价如下：

Shanghai Y. RENMINBI	CN CNY		SHA KGS
PARIS	FR	M	320. 00
		N	50. 37
		45	41. 43

2. Routing：Shanghai，China（SHA）to Mexico City，The United States of Mexico（MEX）

Commodity：General Cargo

Gross Weight：15kgs×112

Dimensions：40cm×44cm×60cm

Shanghai Y. RENMINBI	CN CNY		SHA KGS
Mexico City	MEX	M	181. 00
		Q	21. 62
		100	18. 82
		200	15. 35
		1 500	15. 07
		2 000	14. 60

六、案例分析

2017年初，意大利代理商陈伟明与汇泰公司签订了丝绸服装贸易合同。同年4月23日，陈伟明与意大利国际货运咨询责任有限公司米兰分公司（以下简称“I.F.C公司”）签订了一份委托运输合同。合同签订后，陈伟明于同年4月29日传真告知汇泰公司的中介中发公司通知汇泰公司，称此次出口货物包括以后的出口货物都交由I.F.C公司承运，运费由其在米兰提货时支付。为便于订舱发运，汇泰公司按照陈伟明的要求改用东方航空公司（以下简称“东航”）的《国际货物托运书》。汇泰公司于同年5月至9月先后7次按照陈伟明的指示将货物送到上海虹桥机场华讯公司的仓库。该公司签收了货物，随后代填并签发了6票东航货运主运单，还委托华丽空运有限公司上海分公司签发一票中国国际航空公司主运单。7票货物于同年5月至9月间陆续运到米兰，陈伟明先后向I.F.C公司支付了全程空陆运费、清关费及杂费，提取了货物。2009年2月10日，华讯公司致函汇泰公司称，当时汇泰公司委托I.F.C公司，但I.F.C公司与华讯公司有代理协议，现I.F.C公司将收款权移交给华讯公司，要求汇泰公司按照航空分运单支付上海到米兰7票货的全程空运费101712.824美元，汇泰公司以运费由外商支付，本公司无支付运费义务为由拒付，双方酿成纠纷。华讯公司向浙江省湖州市中级人民法院起诉，要求汇泰公司支付航空分运单记载的全程空运费及滞纳金共计126123.904美元。

请根据本章内容对案例进行分析。

七、项目实操

托运人将以下所附航空货运单传真给国际货运代理人，并咨询关于货物运输事宜，请你作为国际货运代理人的操作人员给予答复。

(1) 该票货物的始发站机场？

(2) 该票货物的目的站机场？

(3) 该票货物的航空承运人？

(4) 该票货物的货币币种？

(5) 该票货物的运费支付方式？

(6) 该票货物的声明价值？

(7) 该票货物的保险金额？

(8) 该票货物的总运费？

(9) 该票货物的“Rate Class”栏的“Q”的含义？

(10) 该票货物的“Other Charges”栏的“AWC：50”的含义？

航空运单

<table>
<tr><td>999</td><td></td><td colspan="2"></td></tr>
<tr><td colspan="2">Shipper's Name and Address</td><td>Shipper's Account No.</td><td>Not Negotiable
Air waybill AIR CHINA 中国国际航空公司
Issued by</td></tr>
<tr><td colspan="3"></td><td>Copies 1, 2 and 3 of this Air Waybill are originals and have the same validity.</td></tr>
</table>

（续表）

Consignee's Name and Address NEWYORKSPORT IMPORTERS, NEW-YORK U. S. A TEL: 78799999	Consignee's Account No.	It is agreed that the goods described for accepted for carriage in apparent good order And condition (except as noted) and SUBJECT TO THE CONDITIONS OF CONTRACT ON THE REVERSE HEREOF. ALL GOODS MAY BE CARRIED BY AND OTHER MEANS INCLUDING ROAD OR ANY OTHER CARRIER UNLESS SPECIFIC CONTRARY INSTRUCTIONS ARE GIVEN HEREON BY THE SHIPPER'S ATTENTION IS FRAWN TO THE NOTICE CONCERNING CARRIER'S LIMITATION OF LIABILITY. Shipper may increase such limitation of liability by declaring a higher value for carriage and paying a supplemental charge if requested.
Issuing Carrier's Agent Name and City KUNDA AIR FLIGHT CO. LTD		Account Information
Agent's IATA Code	Account No.	
Airport of Departure (Addr. of First Carrier) and Requested Routing BEIJING		

To NYC	By First Carrier Routing and Destination CA	to	by	to	by	Currency CNY	CHGS Code	WTNAL		Other		Declared Valued for Carriage NVD	Declared Value for Customs NCV
								PPD	COLL	PPD	COLL		

Airport of Destination NEW YORK	Flight Date	Flight Date CA921/30 JUL, 2016	Account Insurance NIL	INSURANCE — If Carrier offers insurance, and such insurance is requested in accordance with the conditions thereof, indicate amount to be insured in figures in box marked "Amount if insurance"

Handing Information
(For USA only) These commodities licensed by U. S. for ultimate destination Diversion contrary to U. S. law is prohibited

（续表）

No. of Pieces RCP	Gross Weight	Kg Lb	Rate Class	Commodity Item No.	Chargeable Weight	Rate Charge	Total	Nature and Quantity of Goods (Incl. Dimensions or Volume)
RCP	53. 8	K	Weight Charge Q		77. 00	48. 34	3722. 18	MECHIN-ERY DIMS：70X47X35 CMX4

Prepaid 2772. 18	Collect	Other Charges
Valuation Charge		AWC：50

第五章　国际公路、内河、管道、邮政运输

学习目标

理解国际公路、内河、管道、邮政运输基本知识。

熟知国际公路、内河、管道、邮政运输的特点、方式及要求。

导读材料

2018年开通汉欧跨境公路运输

2018年1月4日11时34分，中欧（武汉）班列2018年第一列去程班列，迎着风雪踏上征程。班列搭载的货物主要为汽车零部件、装饰品、服装产品、电子产品等，主要来自湖北、长三角、珠三角等地。

2017年中欧（武汉）班列全年开行377列，开行的线路在全国开行中欧班列的35个城市中名列第一，成为武汉市参与“一带一路”倡议的引擎。武汉汉欧国际物流有限公司（下称“汉欧国际”）相关负责人介绍，新的一年该公司将紧抓中国加入TIR（《国际公路运输公约》）机遇，研究开通汉欧跨境公路运输线路，同时积极申请邮路，适时发展中欧（武汉）班列邮快件运输业务，建设武汉第五国际通道。

2017年中欧（武汉）班列拿下的一个又一个“第一次”是对辛勤工作的最好奖赏。这一年，中欧（武汉）班列将东风整车、富士康电子产品、武钢特种钢材、长飞光纤光缆等出口到欧洲，带动了长三角、珠三角及长江沿线企业货物来武汉中转，还吸引冠捷、英利、迪卡侬、奶粉巨头澳优公司等企业在湖北布局生产，一趟列车开出了一条产业带。

对于汉欧国际的另一项创新是促成首列中欧零售专列开行。2017年10月28日10时30分，一列由欧洲体育用品零售集团“迪卡侬”定制的“中欧专列”，从武汉出发，沿着中国与“一带一路”沿线国家贸易往来的重要通道，开往法国北部杜尔日港口，是全国首

列零售企业定制“中欧专列”。迪卡侬全球物流合作伙伴丹马士大中华地区执行总监吴冰青告诉《长江商报》记者，作为国际物流企业，他们一方面看中与汉欧国际的良好合作关系，另一方面是认可拥有迪卡侬物流园的武汉。

汉欧国际相关负责人介绍，新的一年该公司将紧抓中国加入 TIR（《国际公路运输公约》）机遇，研究开通汉欧跨境公路运输线路，恢复武汉公路口岸，建设武汉第四国际通道，搭建武汉铁、水、公、空多式联运国际交通运输体系，同时积极申请邮路，适时发展中欧（武汉）班列邮快件运输业务，建设武汉第五国际通道，为武汉发展跨境电商保驾护航。

国际公路运输案例——昆曼公路

昆曼公路（昆曼高速公路）是中国的第一条国际高速公路，起于云南省会昆明，止于泰国首都曼谷，是亚洲公路网编号为 AH3 公路中的一段。全长约 1807 公里，中国境内 688 公里，老挝境内 229 公里，泰国境内约 890 公里，于 2008 年 12 月正式通车。

该公路主要进行“蔬菜换石油”的国际陆运，即是由泰国公司把油通过昆曼公路用油罐车把油拉到中国磨憨口岸，中国向泰国出口新鲜蔬菜，用来缓解云南成品油供应长期紧张和泰国不易种植蔬菜的问题，而且有利于打造“云菜”品牌，带动农民增收。

朝发夕至是昆曼公路对外界描绘出的完美蓝图，然而现在看来，这样的“承诺”，更像是一张画在纸上的“大饼”。2013 年，走昆曼公路需要办理 4 次出入境手续，各国通关手续时间长短不一，收费标准、种类不同，理论上 20 个小时的路程，即使连夜兼程、通关顺利也至少需要两三天，费用也较多。在老挝境内，还要面临收费混乱、强要小费、通关效率低下等“人为障碍”。更麻烦的是，中泰车辆，特别是货车至今无法实现互通。

2013 年 6 月，云南省东南亚南亚经贸合作发展联合会、老挝国家工商会、泰国城乡发展基金会三方举行的第二次中老泰昆曼经济走廊民间协调机制会议上，三方共同签署了《昆曼公路便利化运输民间先行解决方案》。根据方案，货物车辆从昆明腾俊国际陆港验关出发后，仅在老挝会晒有一次甩挂作业，即可直达泰国曼谷物流中心，全程 1800 多公里的昆曼公路中途不再掏箱验关，这将大幅节约物流的时间和成本。方案确认了昆曼公路陆路运输试行路线为昆明—磨憨（中国）—磨丁（老挝）—会晒（老挝）—清孔（泰国）—曼谷；陆水联运试行路线为昆明—景洪港（中国）—清盛港（泰国）—曼谷。方案支持昆明国际陆港和会晒物流中心开展甩挂运输试点建设，支持在磨憨使用货运专用通道。

具体操作方式为：货物车辆在昆明国际陆港出发，经磨憨货运通道，抵达老挝后加挂老挝车牌，货车使用双牌照通行到达老挝会晒物流中心，进行甩挂作业，进入泰国清孔使用泰国车牌，直达泰国曼谷物流中心。反之，货物车辆在泰国曼谷物流中心出发，经泰国清孔物流中心，进行甩挂作业，抵达老挝会晒物流中心使用老挝牌照，加挂中国牌照，经磨憨口岸直达昆明国际陆港。

“货物车辆从腾俊国际陆港出发，直接抵达曼谷物流中心，中途只有一次甩挂作业，不必再掏箱验关，物流时间预计从现在的 72 小时左右，缩短为 48 小时左右，减少 1/3 左右的时间，物流成本也将大幅缩减。”腾俊集团总经理陈明清认为，此次方案旨在促进政府《大湄公河次区域客货跨境运输协定》尽早完成法律程序，是昆曼公路通关便利化的一次民间先行推进。“海关、工商、税务、检疫等政府职能，在腾俊国际陆港将实现一站式服务，将极大地缩短货物进出关的时间。”

另外一件好事，2013 年 12 月 11 日连接老挝会晒和泰国清孔的会晒大桥正式贯通，至此，昆曼大通道正式全线无缝连接。随着会晒大桥建成，货运成本将降低，原本混乱的通关环节也将在《昆曼公路便利化运输民间先行解决方案》推出后进一步得到改善。泰国运来的水果蔬菜也会比现在更加便宜。不少蔬果进出口商对记者表示，对于新鲜蔬果来说，“速度就是价格”，他们一直盼望着昆曼公路能全线贯通，通关手续更快捷一些。“我们从去年起，就一直在盼望着大桥正式通车。”苏绍良是云南省投资控股集团石化燃气事业部总经理。他介绍，公司每个月都要从泰国运送三四千吨的成品油到昆明，然而每次在湄公河口岸通关，都只是需要耗费三四个小时，抵达昆明需要耗费一天半的时间。大桥通车不但缩短了通行时间，还大大节约通行成本。

第一节　国际公路运输

国际公路运输是指国际货物借助一定的运载工具，沿着公路作跨及两个或两个以上国家或地区的移动过程，起重要的衔接作用。国际公路运输也是现代运输的主要方式之一，它与铁路运输同为陆上运输的基本运输方式。公路运输的工具是汽车，通道是公路。

一、国际公路货物运输的特点

（一）时差效益

在对外贸易的港口集运中，汽车可以随要随运，而且装卸时间短、运行速度快，保证货物在预定时间内，按质、按量运至港口装运。可以尽早结汇，加速资金周转。

（二）远距离效益

汽车高度灵活，适应性强，有时可以选择小于铁路或水路运输的运距，使商品在途时间缩短，能迅速投放市场或投入生产，从而加速资金周转，获得运距差效益。外贸出口商品集港运输一般属于中、短距运输，经济运输距离在 300～500 公里，正是汽车的经济运距，其综合经济成本常常低于铁路运输和水上运输。

（三）运输质量效益

公路运输装卸环节少，货损货差小，损失比例也较小。

（四）公路运输的局限性

载重量小，不适宜装载重件、大件货物，不适宜长途运输，运价通常较水路、铁路高。

二、国际公路货物运输的作用

公路运输的特点决定了它最适合于短途运输。它可以将两种或多种运输方式衔接起来，实现多种运输方式联合运输，做到进出口货物运输的“门到门”服务。

公路运输可以配合船舶、火车、飞机等运输工具完成运输的全过程，是港口、车站、机场集散货物的重要手段。尤其是鲜活商品、集港疏港抢运，往往能够起到其他运输方式难以起到的作用。可以说，其他运输方式往往要依赖汽车运输来最终完成两端的运输任务。

公路运输也是一种独立的运输体系，可以独立完成进出口货物运输的全过程。公路运输是欧洲大陆国家之间进出口货物运输的最重要的方式之一。我国的边境贸易运输、港澳货物运输，其中有相当一部分也是靠公路运输独立完成的。

集装箱货物通过公路运输实现国际多式联运。集装箱由交货点通过公路运到港口装船，或者相反。美国陆桥运输，我国内地通过香港的多式联运都可以通过公路运输来实现。

三、公路货物运输业务的分类

（一）出口物资的集港（站）运输

指出口商品由产地（收购站或加工厂）至外贸中转仓库、由中转仓库至港口仓库、由港口仓库至船边（铁路专用线或航空港收货点）的运输。

（二）货物的疏港（站）运输

指按进口货物代理人委托，将进口货物由港（站）送达指定交货地点。

（三）国际多式联运的首尾段运输

指国际多式联运国内段的运输，即将出口货物由内陆装箱点装运至出运港（站）、将进口货物由港（站）运至最终交货地的运输。

（四）边境公路过境运输

经向海关申请办理指定车辆、驾驶员和过境路线，在海关规定的地点停留，接受海关监管和检查，按有关规定办理报验、完税，放行后运达目的地的运输。

（五）特种货物运输

超限笨重物品、危险品、鲜活商品等的运输，要使用专门车辆并向有关管理部门办理准运证方得起运。

（六）“浮动公路”运输

浮动公路运输又称车辆渡船方式运输，这种联合运输的特点是在陆运与水运之间，不需将货物从一种运输工具上卸下再转换到另一种运输工具上，而仍利用原来的车辆作为货物载体。衔接方式是将整车货载开上船舶，以运达另一港口，而且在转换时，不触碰货物，因而有利于减少或防止货损。

四、国际公路货运合同

国际公路货运合同指合同中规定的接管和交付货物的地点位于不同国家，承运人以营运车辆进行货物运输，托运人支付运费并明确合同双方当事人权利、义务关系的合同，其中营运车辆是指用于国际货物运输公路营运的机动车、拖挂车、拖车和半拖车等公路交通货运工具。国际公路货运合同的当事人是托运人（又称发货人）和承运人。承运人的代理人、受雇人或其他受雇为履行运输合同服务的人员，在承运人授权范围或雇佣范围内的行为（或不为），视同承运人本人的行为，由承运人承担所产生的一切权利义务。代托运人与承运人订立国际公路货运合同，须有托运人的授权委托证明，在托运人授权范围内所做的一切行为，直接由托运人承担其权利义务。

国际公路货运合同包括以下主要条款：

① 运单的签发日期和地点；

② 托运人的名称和地址；

③ 承运人的名称和地址；

④ 货物接管地点、日期以及指定的交货地点；

⑤ 收货人的名称和地址；

⑥ 货物品名和包装方法，如属危险货物，应说明其基本性质；

⑦ 货物件数、特征标志和号码；

⑧ 货物毛重或以其他方式表示的量化指标；

⑨ 与运输有关的费用（运费、附加费、关税和从签订合同到交货期间发生的其他费用）；

⑩ 办理海关手续和其他手续所必需的托运人的通知；

⑪ 是否允许转运的说明；

⑫ 托运人员负责支付的费用；

⑬ 货物价值；

⑭ 托运人关于货物保险给予承运人的指示；

⑮ 交付承运人的单据清单；

⑯ 运输起止期限；

⑰ 双方权利义务；

⑱ 违约责任；

⑲ 仲裁庭选择条款及法律适用；

⑳ 合同文本及效力。

在国际公路货运业务中，常常把运单视为运输合同而不另订运输合同。国际公路货运合同是双务合同，合同双方当事人的意思表示一致，合同方可成立。合同应当是合法行为，应符合有关的国际规则，如《汉堡规则》和有关国家的法律，不得妨害社会公共秩序，不得损害他人利益。国际公路货运合同的条款直接或间接违背有关国际公约或有关国家的法律的无效，特别是给予承运人的保险利益或其他类似条款或任何转嫁举证责任的条款均属无效，但是该条款无效并不影响其他条款的效力。

第二节　内河运输

内河运输（Inland Water Transportation）是指使用船舶通过国际内江湖河川等天然或人工水道，运送货物和旅客的一种运输方式。它是水上运输的一个组成部分，是内陆腹地和沿海地区的纽带，也是我国边疆地区与邻国边境河流的连接线，在现代化的运输中起着重要的辅助作用。其早期在我国南方就存在，主要用于“盐”“茶叶”“丝绸”的货物运输。

一、内河运输费用

内河运输指船舶在江河航线之间，经营客运和货运业务。它与沿海运输和远洋运输相比，船舶吨位较小。它的成本降低了计算客、货运换算成本以外，还按照运输的不同种类计算运输分类成本，分类成本主要有以下几种：客运为客轮客运、拖驳货运；油运为油轮油运、拖驳油运；排运为拖轮排运。

河内运输费用支出一般分为船舶费用和港埠费用。船舶费用指运输船舶的各项费用，包括船员工资、提取修理费、事故损失和其他费用。港埠费用指为分配由运输船舶负担的港埠费用，以及直接支付外单位的港口费用。内河运输成本以月、季、年为成本计算期。一般说来，船舶费用应按不同船舶类型归集，对于吨位较大的船舶也可单独进行单船归集。在计算运输分类成本时，应将按船舶类型归集的船舶费用在各运输种类之间进行分配。

二、世界主要内河运输概况

(一) 密西西比河

密西西比河是北美洲最长的河流，全长为6262千米，列世界第四长河。其干流和支流，流经美国31个州和加拿大2个省，流域面积达322万平方千米，居世界第五位。密西西比河的主要支流包括：伊利诺斯河、密苏里河、俄亥俄河、田纳西河、阿肯色河等，形成一个庞大的水系，是美国内河航道网的主干，流向自北向南。密西西比河沿岸密布大城市、工业区，美国最大的海港新奥尔良也位于密西西比河入海口的三角洲，良好的航运条件和城市依托造就了密西西比河发达的内河运输业。密西西比河水系货运量约为7亿吨，主要运输货种为煤炭、食品及农产品、石油及制品、原材料等大宗散货。

(二) 莱茵河

莱茵河是西欧第一大河，发源于瑞士境内的阿尔卑斯山北麓，西北流经列支敦士登、奥地利、法国、德国和荷兰，最后在鹿特丹附近注入北海，全长1232千米。自1815年维也纳会议以来，莱茵河已成为国际航运水道，干线通航里程约为1000千米，货运量约4.5亿吨，主要运输货种为建材、石油、金属矿石、煤炭等，近年来集装箱运输、汽车滚装船运输发展迅速。

(三) 多瑙河

多瑙河在欧洲长度仅次于伏尔加河，是欧洲第二长河。它发源于德国西南部，自西向东流，流经奥地利、斯洛伐克、匈牙利、克罗地亚、塞尔维亚、保加利亚、罗马尼亚、摩尔多瓦、乌克兰，最后注入黑海，河流全长2850千米，流域面积81.7万平方千米。多瑙河干流为自由通航的国际航道，可通航里程2742千米，可通航支流30多条，较重要者有左岸的蒂萨河、奥尔特河、普鲁特河，右岸的德拉瓦河、萨瓦河、摩拉瓦河、伊斯克河等，此外，德国在多瑙河上游凯尔海姆向北跨过分水岭，建170千米长的运河和一系列船闸，与莱茵河支流美因河相连，构成多瑙—美因—莱茵运河，东南至黑海，西北至北海，贯穿欧洲大陆。多瑙河全河航运总量保持在1～1.3亿吨，受欧洲政治和航道本身因素等影响，货运量并未获得重大突破。

（四）伏尔加河

伏尔加河位于俄罗斯的西南部，全长 3690 千米，是欧洲最长的河流，也是世界最长的内流河，流入里海，流域面积达 136 万平方千米。伏尔加河及其支流是俄罗斯最重要的内河航道，除干流外，支流最重要的航运干线是谢克斯纳伏河、奥卡河、莫斯科河、卡马河、别拉雅河和乌法河，并建有伏尔加河—莫斯科河、伏尔加河—顿河运河、伏尔加河—波罗的海运河、白海—波罗的海运河共五大人工河道，把伏尔加河变成了“五海之河”，与里海、亚速海、黑海、波罗的海、白海相连通。

伏尔加河水系可通航水道长达 1700 余千米，货运量占俄罗斯河运总量的 70%以上，结冰期 11 月末至次年 4 月，通航期 7～9 个月，封冻期长对航运有较大影响。伏尔加河及运河河流货运量总计 7000 万吨左右，占俄罗斯内河货运量的 2/3 左右，主要货流以石油、木材、粮食、机械为主。

（五）塞纳河

塞纳河是法国北部大河，全长 780 千米，源于东部郎格勒高原，流经巴黎盆地，在勒阿弗尔附近注入英吉利海峡。其中通航里程 540 千米，巴黎市区段长约 20 千米，通航 1000～3000 吨级船舶。塞纳河畔有 70 个港口，主要港口有巴黎、鲁昂和勒阿弗尔，年货物吞吐量 2500 多万吨。

三、我国内河运输概况

（一）京杭运河苏州市区段

京杭运河苏州市河段全长约 40 千米，三级航道，通航 1000 吨级船舶。苏州市所需煤炭的 50%和矿建材料的 80%均通过内河运输，市河段年货运量达 1 亿吨，根据 2017 年观测统计数据，市河段船舶年通过量最大值为 1.79 亿吨。

（二）黄浦江

黄浦江全长 92 千米，穿越上海市区段约 60 千米，将全市分割成浦西和浦东。其中吴淞口至巨潮港 67.3 千米为内河一级航道，并可通航万吨级海船，巨潮港至分水龙王庙 23.5 千米为内河三级航道，通航 1000 吨级船舶。黄浦江航道年货运量达 1 亿多吨，根据 2017 年观测统计数据，黄浦江船舶年通过量最大值接近 2 亿吨。

【相关资料】

杭州东洲内河国际港：让内河港通联全球海港

2016 年 7 月 14 日，杭州跨境电商东洲内河国际港开港，按“互联网+”思维，其将杭州与世界连接，深化浙江省内首条集装箱海河联运航线，承担起传统大宗货品运输与跨境电商物流运输的作用。目前东洲内河国际港设有 500 吨级泊位 10 余个，年设计吞吐量达 300 万吨。从国内看，这里将融入长江经济带和江海联运大战略；从国际看，这里亦将沿着“一带一路”走向全球。

东洲内河国际港预期还将实现可观的社会效益：园区在完成地方税收、吸收就业方面取得显著成效，并将成为国内水上综试区标杆。园区集聚物流及相关配套企业 50 家以上，

跨境电商企业30家以上，吸纳社会就业人数超过3000人。充分发挥东洲码头省内首条集装箱海河联运航线的优势，主动参与国家“一带一路”战略，为杭州融入国家“水上丝绸之路”提供新路径。到2020年，园区年集装箱吞吐量预计将超过50万标箱，跨境电商保税物流及相关出口交易规模将突破200亿元。园区开发后将集聚电子商务、智慧物流及相关配套企业100家以上，成为国内一流的综合型、智能化保税物流园区。

东洲内河国际港是2012年1月建成营运的，占地395亩，岸线总长991米，是杭州地区规模最大的内陆型集装箱作业港口。东洲内河国际港位于富阳市东洲街道里山新浦闸处，富春江南北槽分界处，工程在南槽北岸、东洲岛尾部，距富阳市约13千米，距杭州市约5千米，距萧山区约15千米，距临安市约8千米。东洲内河国际港条件便捷，水路经富春江、钱塘江、杭州湾可抵杭州、上海、宁波、无锡等地，陆路有贯穿全境的320国道，沿江一级公路与沪杭、杭甬、杭宁高速公路相连。2014年，正式打通省内首条集装箱海河联运航线，使杭州港真正开启江海联运模式，启动了杭州地区外贸集装箱的水路运输，并全国首创内河港“港船车厢”一体的“散改集”业务。

第三节 管道运输

管道运输（Pipeline Transportation）是一种特殊的运输方式，与普通货物运输方式有很大的不同。它是货物在管道内借助高压气泵的压力输往目的地的一种运输方式。

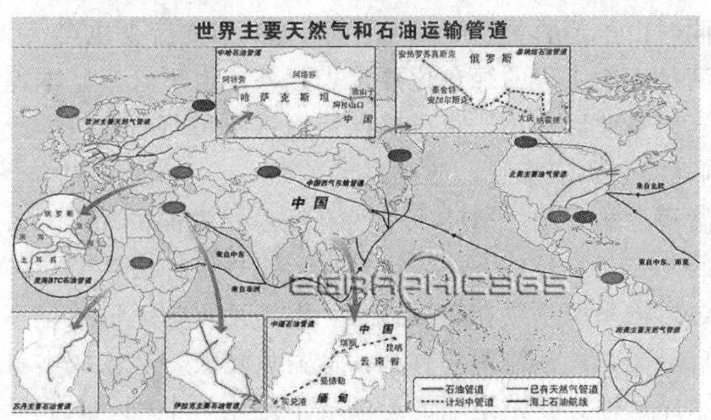

一、管道运输的种类

管道运输就其运输对象可分为气体管道、液体管道、水浆管道（输送矿砂、煤粉）和压缩空气管道（输送邮件、单证）等。

二、管道运输的优点

（一）运量大

一条输油管线可以源源不断地完成输送任务。根据其管径的大小不同，其每年的运输量可达数百万吨到几千万吨，甚至超过亿吨。

（二）占地少

运输管道通常埋于地下，其占用的土地很少；运输系统的建设实践证明，运输管道埋藏于地下的部分占管道总长度的95%以上，因而对于土地的永久性占用很少，分别仅为公路的3%、铁路的10%左右，在交通运输规划系统中，优先考虑管道运输方案，对于节约土地资源意义重大。

（三）管道运输建设周期短

国内外交通运输系统建设的大量实践证明，管道运输系统的建设周期与相同运量的铁路建设周期相比，一般来说要短1/3以上。

（四）管道运输安全可靠、连续性强

由于石油天然气易燃、易爆、易挥发、易泄露，采用管道运输方式既安全，又可以大大减少挥发损耗，同时由于泄露导致的对空气、水和土壤污染也可大大减少，也就是说，管道运输能较好地满足运输工程的绿色化要求。此外，由于管道基本埋藏于地下，其运输过程受恶劣多变的气候条件影响小，可以确保运输系统长期稳定地运行。

（五）管道运输耗能少、成本低、效益好

发达国家采用管道运输石油，每吨千米的能耗不足铁路的1/7，在大量运输时的运输成本与水运接近，因此在无水条件下，采用管道运输是一种最为节能的运输方式。管道运输是一种连续工程，运输系统不存在空载行程，因而系统的运输效率高。理论分析和实践经验已证明，管道口径越大，运输距离越远，运输量越大，运输成本就越低，以运输石油为例，管道运输、水路运输、铁路运输的运输成本之比为1∶1∶1.7。

三、管道运输的缺点

（一）专用性强

运输对象受到限制，承运的货物比较单一，只适合运输诸如石油、天然气、化学品、碎煤浆等气体和液体货物。

（二）灵活性差

管道运输不如其他运输方式（如汽车运输）灵活，除承运的货物比较单一外，它也不容随便扩展管线。其实现“门到门”的运输服务，对一般用户来说，管道运输常常要与铁路运输或汽车运输、水路运输配合才能完成全程输送。

（三）固定投资大

为了进行连续输送，还需要在各中间站建立储存库和加压站，以促进管道运输的畅通。

（四）专营性强

管道运输属于专用运输，其生产与运销混为一体，不提供给其他发货人使用。

四、世界管道运输的发展

能源需求的快速增长推动了管道工程建设的迅猛发展，大型国际管道已横跨北美、北欧、东欧乃至跨越地中海连接欧非两个大陆。

20 世纪 20 年代末，焊接技术诞生，管道建设进入飞速发展时期。1925 年，英国建成世界上第一条焊接钢管天然气管道。第二次世界大战期间，美国建设了当时世界上口径最大的原油管道和成品油管道——得克萨斯州朗维尤至纽约州费城原油管道（管径 610 毫米）、得克萨斯州博蒙特至新泽西州贝永成品油管道（管径 508 毫米），成为现代输油管道的开端。1944 年 6 月，英美盟军跨越英吉利海峡建设了一条成品油管道。到 1959 年，美国的原油输送管网已发展至 25.7 万千米，80％运往炼油厂的原油靠管道运输。

从 20 世纪 60 年代开始，管道向大管径、长距离方向发展。70 年代，我国建设了青海格尔木至西藏拉萨的成品油管道，全长 1076 千米，成为世界海拔最高的输油管道，最高点海拔达 4857 米。

输气管道的建设和发展比输油管道晚一些。1891 年，美国在俄克拉荷马州建成一条 4 千米的天然气试验管道。20 世纪 70 年代，长距离、大输量海底天然气管道开始建设。

第四节 邮政运输

国际邮政运输是一种具有国际多式联运性质的运输方式。一件国际邮件一般要经过两个或两个以上国家或者独立行政区域的邮政局和两种或两种以上不同运输方式的联合作业方可完成。

一、国际邮政运输的特点

（一）国际最广泛的运输方式

国际邮政是在国与国之间进行的，在多数情况下，国际邮件需要经过一个或几个国家经转。各国相互经转对方的国际邮件，是在平等互利、相互协作配合的基础上，遵照国际邮政公约和协定的规定进行的。为确保邮政运输安全、迅速、准确地传送，在办理邮政运输时，必须熟悉并严格遵守本国和国际的邮政各项规定和制度。

（二）具有国际多式联运性质

国际邮政运输过程一般需要经过两个或两个以上国家的邮政局和两种或两种以上不同的运输方式的联合作业才能完成。但从邮政托运人角度来说，它只要向邮政局照章办理一次托运，一次付清足额邮资，并取得一张包裹收据（Parcel Post Receipt），全部手续即告完备。至于邮件运送、交接、保管、传递等一切事宜均由各国邮政局负责办理。邮件运抵目的地，收件人即可凭邮政局到件通知和收据向邮政局提取邮件。所以，国际邮政运输就其性质而论，是一种国际多式联合运输性质。

（三）具有“门到门”（Door to Door）运输的性质

各国邮政局如星斗密布于全国各地，邮件一般可在当地就近向邮政局办理，邮件到达目的地后，收件人也可在当地就近邮政局提取邮件。所以邮政运输基本上可以说是“门到门”运输。

但国际邮政运输与其他运输方式还是有所不同。国际邮政运输，对邮件重量和体积均有限制，如每件包裹重量不得超额 20 公斤，长度不得超过 1 米。所以邮政运输只适宜重量轻、体积小的小商品，如精密仪器、机器零件、金银首饰、药品以及各种样品和零星物品等。

二、国际邮政运输的分类

国际邮件按运输方法分为水陆路邮件和航空邮件。按内容性质和经营方式分为函件和包裹两大类。按我国邮政规定，邮包分为：

① 普通包裹。凡适于邮递的物品，除违反规定禁寄和限寄的以外，都可以作为包裹寄送。

② 脆弱包裹。容易破损和需要小心处理的包裹，如玻璃器皿、古玩等。

③ 保价包裹。邮局按寄件人申明价值承担补偿责任的包裹。一般适于邮递贵重物品，如金银首饰、珠宝、工艺品等。

此外，国际上还有快递包裹，代收货价包裹、收件人免付费用包裹等，目前我国邮政暂不办理这些项目。以上包裹如以航空方式邮递，即分别称为航空普通包裹、航空脆弱包裹和航空保价包裹。邮政局在收寄包裹时，均给寄件人以执据，故包裹邮件系属于给据邮件。给据邮件均可以办理附寄邮件回执。回执是在邮件投交收件人作为收到凭证的邮件。回执尚可按普通、挂号或航空寄送。

各国对邮费采取不同的政策，有些国家把邮政收入作为国家外汇收入来源之一；有些国家要求邮政自给自足，收支大致相抵；有些国家对邮政实行补贴政策，从而形成不同的邮费水平。

三、万国邮政联盟简介

万国邮政联盟（Universal Postal Union）简称邮联。它是联合国的一个专门机构，成立于 1874 年，是根据当年 22 个国家在瑞士伯尔尼会议所签署的国际邮政公约而成立的。其前身称“邮政总联盟”。1878 年第二次代表大会在巴黎召开时，修订原公约，定名为《万国邮政公约》（*Universal Convention of Post*），并改为现在的名称。

四、邮政运输禁止和限制寄递范围

投递国际邮件，除应遵照国际一般禁止或限制寄递的规定外，还必须遵照本国禁止和限制出口的规定，以及寄达国禁止和限制进口及经转国禁止和限制过境的有关规定。

（一）禁寄限寄范围

国际邮件内容，除必须遵照国际一般禁止或限制寄递的规定外，还必须遵照本国禁止和限制出口的规定，以及寄达国禁止和限制进口及经转国禁止和限制过境的规定。根据我国海关对进出口邮递物品监督办法和国家法令，如武器、弹药、爆炸品、受管制的无线电器材、中国货币、票据和证券、外国货币、票据和证券、黄金、白银、白金、珍贵文化古玩、内容涉及国家机密和不准出口的印刷品、手稿等，均属于禁止出口的物品。限制出口的物品是指有规章数量或经批准方可向外寄递的物品，如粮食、油料等，每次每件以一公斤为限。对商业性行为的邮件，则按进出口贸易管理条例规定的办法，如规定需要附许可证邮递的物品，寄件人必须向有关当地对外贸易管理机构申请领取许可证，以便海关凭此放行。有些物品，如肉类、种子、昆虫标本等按规定须附卫生检疫证书。

（二）有关重量、尺寸、封装和封面书写要求的规定

按照国际和我国邮政规定，每件邮包重量不得超过 20 公斤，长度不得超过 1 米。之所以要有这样的规定，是基于国际邮件交换的需要，邮政业务和交通运输业的分工所致。如不加以限制，邮政业务就无异于货运业务。邮件封装视邮件内所装物品性质的不同，要求亦有所不同，对封装总的要求以符合邮递方便、安全并保护邮件不受损坏丢失为原则。对封面书写则要求清楚、正确、完整，以利准确、迅速和安全地邮递。

五、邮政运输的责任范围

邮政单位与寄件人之间是委托关系，自寄件人委托被邮政单位接受后，直到邮政单位将邮件交付收件人后委托关系才终止。根据我国邮政法规定，下列原因所造成的可免予负责：不可抗力；寄达国按其国内法令予以扣留或没收；违反禁、限寄规定而被主管当局没收或销毁；寄达国声明对普通包裹不负补偿责任；寄件人的过失或所寄物品性质不符以及邮件封装不妥；虚报保价金额；属于海关监管查验所作的决定；寄件人未在规定期限一年内办理查询。

【相关资料】

国际 e 邮宝资费及相关规定

寄达国家		资费		起重	备注
		元/件	元/克		
美国	非 eBay	10	0.076	50 克，不足按 50 克计费	—
	eBay	10	0.074		—
	WISH	10	0.075		—

（续表）

<table>
<tr><th colspan="4" rowspan="2">寄达国家</th><th colspan="2">资费</th><th rowspan="2">起重</th><th rowspan="2">备注</th></tr>
<tr><th>元/件</th><th>元/克</th></tr>
<tr><td colspan="2" rowspan="3">俄罗斯</td><td colspan="2">非 eBay</td><td>10</td><td>0.1</td><td rowspan="3">50 克，不足按 50 克计费</td><td>—</td></tr>
<tr><td colspan="2">eBay</td><td>8</td><td>0.1</td><td>—</td></tr>
<tr><td colspan="2">促销</td><td>8</td><td>0.092</td><td>eBay＋非 eBay</td></tr>
<tr><td>英国</td><td>—</td><td>—</td><td>—</td><td>17</td><td>0.065</td><td>—</td><td>eBay＋非 eBay</td></tr>
<tr><td>西班牙</td><td>—</td><td>—</td><td>—</td><td>14</td><td>0.06</td><td>—</td><td>新近开通</td></tr>
<tr><td>以色列</td><td>—</td><td>—</td><td>—</td><td>17</td><td>0.06</td><td>—</td><td>促销</td></tr>
<tr><td>新西兰</td><td>—</td><td>—</td><td>—</td><td>9</td><td>0.07</td><td>50 克，不足按 50 克计费</td><td>促销</td></tr>
<tr><td>日本</td><td>—</td><td>—</td><td>—</td><td>12</td><td>0.04</td><td>50 克，不足按 50 克计费</td><td>—</td></tr>
<tr><td>乌克兰</td><td>—</td><td>—</td><td>—</td><td>8</td><td>0.075</td><td>10 克，不足按 10 克计费</td><td>促销</td></tr>
<tr><td>中国香港</td><td>—</td><td>—</td><td>—</td><td>17</td><td>0.03
（广东 0.02）</td><td>—</td><td>促销价执行中</td></tr>
<tr><td>加拿大</td><td>挪威</td><td>—</td><td>—</td><td>19</td><td>0.065</td><td>—</td><td>—</td></tr>
<tr><td>澳大利亚</td><td>法国</td><td>—</td><td>—</td><td>19</td><td>0.06</td><td>—</td><td>—</td></tr>
<tr><td>韩国</td><td>—</td><td>—</td><td>—</td><td>22</td><td>0.04</td><td>—</td><td>促销价执行中</td></tr>
<tr><td>马来西亚</td><td>新加坡</td><td>—</td><td>—</td><td>22</td><td>0.045</td><td>—</td><td>促销价执行中</td></tr>
<tr><td>土耳其</td><td>奥地利</td><td>比利时</td><td>瑞士</td><td rowspan="3">22</td><td rowspan="3">0.06</td><td>—</td><td rowspan="3">希腊为标准资费，其他路向促销价执行中</td></tr>
<tr><td>丹麦</td><td>匈牙利</td><td>意大利</td><td>卢森堡</td><td>—</td></tr>
<tr><td>荷兰</td><td>波兰</td><td>瑞典</td><td>希腊</td><td>—</td></tr>
<tr><td>芬兰</td><td>爱尔兰</td><td>葡萄牙</td><td>—</td><td>22</td><td>0.065</td><td>—</td><td>促销价执行中</td></tr>
<tr><td>墨西哥</td><td>—</td><td>—</td><td>—</td><td>22</td><td>0.09</td><td>—</td><td>促销价执行中</td></tr>
<tr><td>沙特阿拉伯</td><td>—</td><td>—</td><td>—</td><td>26</td><td>0.05</td><td>—</td><td>—</td></tr>
</table>

限重：2 公斤；以色列 3 公斤。

参考时限：墨西哥 20 个工作日，沙特、乌克兰、俄罗斯 7～15 个工作日，其他路向 7～10 个工作日。

单件最大尺寸：长、宽、厚合计不超过 90 厘米，最长一边不超过 60 厘米。圆卷邮件直径的两倍和长度合计不超过 104 厘米，长度不得超过 90 厘米。

单件最小尺寸：长度不小于 14 厘米，宽度不小于 11 厘米。圆卷邮件直径的两倍和长度合计不小于 17 厘米，长度不小于 11 厘米。

查询：提供收寄、出口封发、进口接收实时跟踪查询信息，不提供签收信息，只提供投递确认信息。客户可以通过 EMS 网站或拨打客服专线、寄达国邮政网站、eBay 网站中查看邮件跟踪信息。

赔偿：暂不提供邮件的丢失、延误、损毁补偿、查验等附加服务。对于无法投递或收件人拒收邮件，提供集中退回服务。

投递范围：

① 美国——本土，本土以外所有属地及其海外军邮地址。

② 英国——本土及海峡群岛、马恩岛。

③ 法国——仅本土区域，邮编范围为 01—95 开头的地区及其海外属地无法投递，包括科西嘉、瓜德罗普、马提尼克、法属圭亚那、留尼旺、圣皮埃尔和密克隆、马约特。

④ 其他国家——仅本土。

其他：

1. 邮政 shipping 发运系统支持语言：简体中文、繁体中文、日语、意大利语、西班牙语、俄语、英语；不支持语言：韩语、阿拉伯语、葡萄牙语、德语、法语、挪威语。

2. 资费价格涉及小数点后 3 位的，计算结果四舍五入，保留到两位小数，精确到分。

3. 香港路向，广东省执行促销资费：17 元每件，0.02 元每克。

4. 西班牙路向目前暂在广东、浙江、福建全省和北京进行试运行，正式开办另行告知。

5. 促销路向的促销价格截止时间，另行告知。

复习思考题

一、名词解释

管道运输　　内河运输　　万国邮政联盟　　国际公路货运合同

二、单选题

1. 我国的运输(　　)是随着石油生产的发展而发展起来的。

A. 管道运输　　B. 航空运输

C. 集装箱运输　　D. 大陆桥运输

2. 下面不属于管道运输优点的是(　　)。

A. 运量大　　B. 占地少

C. 管道运输安全可靠　　D. 管道运输建设周期长

3. 具有“门到门”运输性质的运输方式是(　　)。

A. 国际邮政运输　　B. 管道运输　　C. 铁路运输　　D. 航空运输

4. 永远是单方向运输的是(　　)。

A. 铁路运输　　B. 邮政运输　　C. 管道运输　　D. 公路运输

5. 下列方式中，具有多式联运性质的是(　　)。

A. 铁路运输　　B. 航空运输　　C. 公路运输　　D. 邮政运输

三、多选题

1. 下列属于公路运输局限的有(　　)。

A. 载重量小　　B. 不适宜装载重件、大件货物

C. 不适宜长途运输　　D. 运价通常较水路、铁路低

2. 按我国邮政规定，邮包分为(　　)。

A. 普通包裹　　B. 脆弱包裹　　C. 保价包裹　　D. 特殊包裹

3. 根据我国海关对进出口邮递物品监督办法和国家法令，属于邮政运输禁止的是(　　)。

A. 武器　　B. 弹药　　C. 中国货币　　D. 服装

4. 管道运输就其运输对象可分为(　　)。

A. 气体管道　　B. 液体管道　　C. 水浆管道　　D. 压缩空气管道

5. 根据我国邮政法规定，下列哪种原因所造成的可免予负责(　　)。

A. 虚报保价金额

B. 寄达国按其国内法令予以扣留或没收

C. 违反禁、限寄规定而被主管当局没收或销毁

D. 寄达国声明对普通包裹不负补偿责任

四、简答题

1. 简述公路运输的特点和作用。

2. 简述公路运输作业流程。

3. 简述管道运输的优缺点。

4. 简述国际邮政运输的特点、免责范围。

五、项目实操

2016 年 9 月 25 日，某科技公司销售部经理花 105 元邮费，通过快递公司向某园艺设备公司邮寄一批价值 1.5 万余元的货物，未选择保价服务。数天后，某园艺设备公司未收到货。某科技公司起诉至北京市通州区人民法院，请求判令快递公司赔偿丢失货物的损失 1.5 万余元。

快递公司辩称未对邮件内容进行查验，不清楚其中是否为上述货物。某科技公司邮寄的快件确实在运输过程中发生灭失，该公司愿意赔偿。由于某科技公司未选择保价服务，根据现有法规及快递业务服务标准中对赔偿标准的规定，对非信函件的快递按照不超过运费 5 倍的原则赔偿，故该公司同意按邮费的 5 倍进行赔偿。2009 年 2 月 19 日，通州区法院以快递须知中有关保价的规定属无效的格式条款为由，一审判决快递公司按照遗失物品的实际价值即 1.5 万余元向某科技公司承担赔偿责任。快递公司不服，提起上诉。今年 8 月，北京市二中院作出维持原判的终审判决。

结合国际邮政运输的相关规定，对此案例作出分析。

第六章　集装箱运输、国际多式联运与大陆桥运输

学习目标

理解大陆桥运输。

熟知集装箱运输。

掌握国际多式联运。

导读材料

一批货物由印度的马得拉斯港装船经新加坡转船运往温哥华，承运人签发了全程运输提单。在新加坡转船时，货物在码头等候装第二程时，在露天仓库受雨遭损。货主向承运人索赔，船方以货物不在船上而是在陆地上受损，不属于海上运输为由拒赔。

请分析，承运人拒赔理由是否充分？为什么？

分析要点：承运人拒赔的理由不充分。根据《联合国国际货物多式联运公约》对国际多式联运所下的定义，国际多式联运使用一份包括全程的多式联运单据，并由多式联运经营人对全程运输负总的责任。一旦在运输过程中发生货物灭失或损坏时，由多式联运经营人对全程运输负责。该批货物是在新加坡转船过程中等候第二程运输时遭损的。承运人不能以货物不在船上而是在陆地上受损，不属于海上运输为由拒赔。

第一节　集装箱运输

集装箱（Container）是指具有一定规格和一定强度的专为周转使用的大型货柜，在我国台湾和香港地区称为“货柜”。集装箱的英文原义是“容器”，但并不是所有的容器都可以称为集装箱，它除了能装载货物外，还需要适应许多特殊要求。

国际标准化组织 104 技术委员会（International Organization Standardization Technical Committee 104，ISO/TC104）根据保证集装箱在装卸、堆放和运输过程中的安全需要，在货物集装箱的定义中提出了作为一种运输设备的货物集装箱应具备以下条件：

① 具有耐久性，其坚固强度足以反复使用。

② 是为便于商品运送而专门设计的，在一种或多种运输方式中无须中途换装。

③ 设有便于装卸和搬运，特别是便于从一种运输方式转移到另一种运输方式的装置。

④ 设计时应注意便于货物装满或卸空。

⑤ 内容积为 1 立方米或 1 立方米以上。

目前，日本、美国、法国等国都全面地引用了国际标准化组织有关集装箱的定义。我国国家标准 GB/T1992—2006“集装箱术语”引用了国际标准化组织有关集装箱的上述定义。

严格地说，集装箱运输并不是一种独立的货物运输，而是为了方便运输所采取的一种货物集装方式，也称成组化运输。但是，由于集装箱运输在各种交通工具的构造、装卸设备、货物装箱、货物交接、运输单证以及运费等方面的特殊性，我们有必要单独对有关问题进行阐述。

一、集装箱运输的优势

集装箱运输是以集装箱作为运输单位进行货物运输的一种最先进的现代化运输方式。这种运输方式将多种多样的杂货集装于具有统一长、宽、高规格的集装箱体内进行运输，适用于各种运输方式的单独运输和各种不同运输方式的联合运输。

与传统的杂货运输方式相比，集装箱运输具有以下优越性：

① 装卸效率高。集装箱运输是将单件货物集合起来，装入集装箱，使运输单位成组化，便于机械操作，从而大大提高了装卸效率，加快了船舶周转，同时也降低了装卸劳动强度。

② 手续简便，货物运送迅速。由于集装箱运输提高了装卸效率，特别适合门到门运输。货物于发货地在海关监管下装箱铅封以后，交给承运人，一票到底，途中无须倒载，大大减少了中间环节，简化了货运程序，加快了货运速度，缩短了货运时间。

③ 减少货损货差，提高货运质量。集装箱坚固耐用，强度大，对货物起着很好的保护作用。由于集装箱在转换运输工具时，不用拆箱、倒载，加之杂货箱水密性好，不易损坏，不怕外界恶劣天气的影响，货物途中丢失的可能性大大降低，货物完好率大大提高。

④ 节省包装费用。集装箱作为一种能反复使用的运输设备，能起到保护货物的作用，从而降低了货物运输时的包装费用。

⑤ 便于国际多式联运，实现门到门运输。因集装箱运输便于机械操作，提高了装卸效率，可以非常方便地从一种运输工具转换到另一种运输工具上，因此，最适合门到门运输。

二、集装箱标准化和集装箱的种类

（一）集装箱标准化

集装箱标准化是指为了使作为共同运输单元的集装箱在海运、陆运、空运中具有通用性和互换性，提高集装箱运输的安全性和经济性，为集装箱的运输工具、装卸设备的选型、设计和制造提供依据，使集装箱运输成为相互衔接配套、专业化、高效率的运输系统，而为集装箱的各种技术条件，如尺寸、结构、试验方法等建立标准并执行的状态。

为了有效地开展国际集装箱多式联运，必须强化集装箱标准化，进一步做好集装箱标准化工作。

国际标准化组织 104 技术委员会自 1961 年成立以来，对集装箱国际标准做过多次补充、增减和修改。到目前为止，国际标准集装箱共有 13 种规格，其宽度均一样(2438 毫米)，长度有 4 种（12192 毫米、9125 毫米、6058 毫米、2991 毫米），高度有 4 种(2896 毫米、2591 毫米、2438 毫米、2438 毫米)。例如：

IA 型 40ft（12192 毫米）　　IB 型 30ft（9125 毫米）

IC 型 20ft（6058 毫米）　　ID 型 10ft（2991 毫米）

目前，海上集装箱运输大部分采用 20 英尺和 40 英尺两种。

表 6-1　普通集装箱箱型

型号（GP）	容积（立方米）	有效容积（立方米）	一般限重（吨）
20’	33	25	17.5
40’	68	55	22
40’高	76	68	22
45’	96	86	29
10’	14.9	12	9

（二）集装箱的种类

从制作材料上看，主要有铝合金集装箱、全钢集装箱、纤维板集装箱、玻璃钢集装箱、不锈钢集装箱等，都具备一定的抗压、抗拉强度和承重能力。

按货物所装种类或用途不同，集装箱可以划分为以下 8 种：

1. 干货集装箱（Dry Cargo Container，DC）

除液体、冷冻货、活的动物、植物外，在尺寸、重量等方面适合集装箱运输的货物，几乎均可使用干货集装箱。这种集装箱样式较多，使用时应注意箱子内部容积的最大负荷，特别是在使用 20 英尺、40 英尺集装箱时更应注意这一点。

2. 散装集装箱（Bulk Container）

散装集装箱适用于装运散装的货物，如谷类、饲料、化肥等。使用散装集装箱，可以节约包装费用，提高装卸效率。

3. 冷藏集装箱（Refrigerated Container）

冷藏集装箱装有制冷设备，用以装载冷冻货物或冷藏货物。在整个运输过程中，箱内温度可根据所运输货物的需要进行调节，适用于装运因温度变化而容易变质的商品，如鱼、肉、新鲜水果、蔬菜等。

4. 框架集装箱（Flat Rack Container，FR）

框架集装箱没有箱顶和两侧，由箱底和四周框架构成，适于装载长大、超重、轻泡货物，还便于装载牲畜以及诸如钢材之类可以免除外包装的裸装货。其特点是自重轻，还可以从箱子侧面进行装卸，但密封性差。

5. 平台集装箱（Platform Container）

平台集装箱是比框架集装箱还要简化，仅保留箱底的一种特殊结构的集装箱。当需要运输一些超长、超重货物，而它们的尺寸和重量又超过了一个集装箱的承载能力时，就可以把两个这样的集装箱（也就是平台）连接起来使用。

6. 罐式集装箱（Tank Container，TK）

罐式集装箱是适用于运送酒类、油类、液体化工品等货物的集装箱，由罐体和箱体框架两部分组成。

7. 牲畜集装箱（Live Stock Container）

牲畜集装箱是一种专门为装运动物而制造的特殊集装箱，材料选用金属网，使其通风良好，而且便于喂食，该种集装箱也能装载小汽车。

8. 汽车集装箱（Car Container）

汽车集装箱是为专门运输汽车而制造的集装箱，结构简单，通常只设框架与箱底，根据汽车的高度，可装载一层或两层。

表 6-2 部分集装箱类型及英文缩写

箱类中文名称	箱类英文名称	箱类英文缩写	装载货物类型
普柜	general purpose	GP	普货
高柜/超高柜	high cube container	HC/HQ	体积大的货物
框架集装箱	flat rack container	FR	重型机械
开顶集装箱	open top container	OT	重型机械等大型货物，特别适合平板玻璃
保温冷冻集装箱	feeder container	RF	需要温度控制的货物
罐式集装箱	tank container	TK	酒类、油类等液体货物

三、集装箱货物装箱及交接方式

（一）集装箱货物装箱方式

集装箱运输是将一定数量的单件货物装入标准规格的集装箱箱内，以集装箱作为运送单位进行的运输。这种运输方式改变了传统的货物流通途径，在集装箱货物的流转过程中，其流转形态分为两种：一种为整箱货，另一种为拼箱货。

1. 整箱货（Full Container Load，FCL）

整箱货是货主自行将货物装满整箱后，以箱为单位进行托运的集装箱运输方式。整箱托运时，如果托运人使用的是承运人的集装箱，需要先将空的集装箱运到托运人的工厂或仓库；随后，货主安排货物装箱，同时可以要求海关人员监管装箱作业，并在装货作业完成后给集装箱加锁和海关铅封；接着，承运人将装满货物的集装箱运到集装箱场站，托运人取得场站收据；最后，托运人凭场站收据换取提单或运单。如果货主使用的是自备箱，就可以省略第一步的调空箱的过程，其他程序不变。

2. 拼箱货（Less than Container Load，LCL）

如果托运人运送的货物数量较少，不足以构成一个整箱，就可以使用承运人提供的拼箱服务。在拼箱服务中，承运人会将来自不同托运人的货物按照其性质、数量、目的地进行分类、整理，把去往同一目的地的一定数量的货物拼装入一个集装箱内，这种集装箱运作方式称为拼箱。到目的地后，如果由承运人安排将集装箱内的货物取出，货主自提或由承运人送货到收货人指定的工厂或仓库称为拆箱。拼箱货的分类、整理、集中、装箱（拆箱）、交货等工作均在承运人码头集装箱货运站或内陆集装箱转运站进行。

（二）集装箱交接地点

集装箱交接地点指发（收）货人与承运人之间交接货物、划分责任风险和费用的地点，主要有集装箱堆场、集装箱货运站，或者买卖双方约定的特定地点，一般是工厂或仓库大门。

1. 集装箱堆场（Container Yard，CY）

集装箱堆场也被称为场站，是办理集装箱重箱或空箱装卸、转运、保管、交接的场所。对海运集装箱出口来说，堆场的作用就是把所有出口客户的集装箱在某处先集合起来（不论通关与否），到了截港时间之后，再统一上船（此时必定已经通关）。也就是说，堆场是集装箱通关上船前的统一集合地，在堆场的集装箱货物等待通关，这样便于船公司、海关等进行管理。

2. 集装箱货运站（Container Freight Station，CFS）

集装箱货运站是拼箱货装箱和拆箱的船、货双方办理交接的场所。它的经营者代表承运人负责办理下列业务：①将箱子送往 CY，并接受 CY 交来的进口货箱；②拼箱货的理货和交接；③对货物外表进行检验时，如发现有异状，办理批注；④拼箱货的配箱积载和装箱；⑤进口拆箱货的拆箱和保管；⑥代承运人加铅封并签发站收据；⑦办理各项单证和编制等。

（三）集装箱货物的交接方式

集装箱货物的交接方式，根据贸易条件所规定的交接地点不同一般分为：

1. 门到门交接（Door to Door）

在这种交接方式下，货物都是整箱交接，货主将货物在工厂或仓库装箱后，直接在此地将箱交给承运人，承运人负责全程运输，直到运到收货人的工厂或仓库为止。这种全程运输称为“门到门”运输。

2. 门到场交接（Door to CY）

在这种交接方式下，货物也是整箱交接，货主将货物在工厂或仓库装箱后，直接在此地将箱交给承运人，承运人负责将货物运至目的地或卸箱港的集装箱堆场。

3. 门到站交接（Door to CFS）

承运人在发货人的工厂或仓库接货后再运输到目的地或卸箱港的集装箱货运站。

4. 场到门交接（CY to Door）

承运人或运输经营人在码头堆场或内陆集装箱堆场收货（以整箱的方式），并负责运输至收货人的工厂或仓库为止。

5. 场到场交接（CY to CY）

承运人或运输经营人在码头堆场或内陆集装箱堆场收货（以整箱的方式），并负责运输至卸货码头堆场或内陆集装箱堆场，在堆场向收货人交货（以整箱的方式）。

6. 场到站交接（CY to CFS）

承运人或运输经营人在码头堆场或内陆集装箱堆场收货（以整箱的方式），并负责运输至卸货码头集装箱货运站或内陆集装箱货运站，通常经拆箱后向收货人交货。

7. 站到门交接（CFS to Door）

运输经营人在装货港码头的集装箱货运站或内陆集装箱货运站接收货物，运输至收货人的工厂或仓库。在这种方式下，通常是拼箱接、整箱交。

8. 站到场交接（CFS to CY）

运输经营人在装货港码头的集装箱货运站或内陆集装箱货运站接收货物，并负责将货物运至目的地或卸箱港的集装箱堆场。

9. 站到站交接（CFS to CFS）

运输经营人在装货港码头的集装箱货运站或内陆集装箱货运站接收货物，并负责运输至卸货码头的集装箱货运站或内陆集装箱货运站。在这种方式下，通常是拼箱交接。

从上述可以总结出对货主而言的集装箱货物的四种交接方式，见表 6－3。

表 6－3 集装箱主要交接方式

整箱接收—整箱交付	
① 门—门	②门—场
③ 场—门	④场—门
整箱接收—整箱交付	
⑤站—站	
整箱接收—整箱交付	
⑥门—站	⑦场—站
整箱接收—整箱交付	
⑧站—门	⑨站—场

四、集装箱运输费用

（一）不同交接方式的集装箱运价构成

集装箱运输将传统的货物交接从港口向内陆延伸，使承运人的责任、费用及风险扩大到内陆港口、货运站、货主的工厂等交接地点，这使得集装箱的运价构成因素有所增加。总的说来，集装箱运价的构成因素有：海上运费、港口装卸费、内陆运费、内陆港站中转费、拆装箱费、集装箱使用费以及各种承运人加收的附加费等。

集装箱运输中最经常采用的货物交接方式有 CY—CY、CY—CFS、CFS—CFS 三种，不同交接方式的运价构成因素是不同的。

1. CY—CY 交接方式的运价构成

在 CY—CY 交接方式下，货物是以整箱形态进行交接的。装拆箱及运输两端集装箱堆场以外的运输由发货人、收货人自己完成。承运人负责运输两端堆场到堆场之间的一切责任、费用。这时，构成运价的成本主要有：起运港堆场、码头服务费（包括接收货物、堆场存放、搬运至船边装卸桥下的各种费用），装船费，海上运费（包括各种附加费），卸船费，卸货港堆场、码头服务费，集装箱使用费等。堆场、码头服务费一般都采用包干形式计收。

2. CY—CFS 交接方式的运价构成

在 CY—CFS 交接方式下，承运人以整箱形态接收货物，运抵目的港后在 CFS 交付货物。这时，构成运价的成本主要有：装卸两港的堆场、码头服务费，装船费与卸船费，海上运费及附加费，集装箱使用费，目的港 CFS 的拆箱服务费（包括重箱搬运费、拆箱费、货物在 CFS 的存储费、空箱运回堆场的费用等）。

3. CFS—CFS 交接方式的运价构成

在 CFS—CFS 交接方式下，货物是以拼箱形态交接的。这时，构成运价的成本主要有：起运港的装箱服务费、堆场服务费、装船费、海上运费、目的港卸船费、目的港堆场服务费、拆箱服务费及集装箱使用费等。

集装箱运输是一种班轮运输形式，它的运价也采用运价本的形式予以公开。运价本中包括了不同航线不同类别货物的各种费用收取标准。

（二）内陆运输费

1. 拖车运费

传统的卡车运输是以车的标准吨位按公里计算并计收运费的，计费单位是箱/公里。在往返线路上，重去空回，或空去重回的，收单程运费；往返距离不等的按远者计算；专程运送空箱的按单程计收费用。通常，集装箱拖车运费都定有一个基本运距，超过此运距的，可享受运费减成；达不到此运距的，实行运费加成。

2. 火车运费

目前，我国的铁路集装箱专用车很少。一般都用 50 吨或 60 吨车皮装运两个 20’箱或一个 40’箱，按 40 吨收取 9 号运费。用这种办法运集装箱，铁路局每个车皮要少收 10 吨～20 吨的运费。前几年，我国已进行过专用列车试验，结果表明其运费水平高于目前的 9 号运费，低于同区段的卡车运费。

3. 内河运费

内河主要指长江沙市下游的主要港口（武汉、九江、芜湖、南京、张家港和南通）。尽快建立内陆集装箱运输网络，制定和完善运费体系是我们应当认真研究的问题。

4. 拼箱服务费

拼箱服务费主要包括 CFS—CY 之间空、重箱的运输、理货，CFS 内的搬运、分票、堆存、装拆箱以及签发站收据、装箱单制作等各项费用。CFS 一般以运费吨位作为收货单位。

5. 堆场服务费

堆场服务费也称码头管理费，包括在装货港 CY 接受来自货主或 CFS 的整箱货以及堆存和搬运至装卸桥下的费用。多数船公司将这部分费用包括在海洋运费中。CY 费用另行支付的（即不包含在运费中），都以运费吨为单位。

6. 集装箱机器设备使用费

当货主使用的集装箱及底盘车由承运人提供时，就会发生这种费用。另外，它还包括集装箱从底盘车上吊上吊下的费用以及延滞费。

（三）集装箱海运费

1. 件杂货运费的计算方法

目前，各船公司拼箱货运费基本上依据件杂货运费的计算标准计算，即按公司运价本规定的（或双方议定的）W/M 费率计算基本运费，再加收集装箱运输所产生的有关费用，如拼箱服务费、支线附加费、超重或超尺度附加费等。

拼箱货运费的计收应注意以下几点：

第一，拼箱货运费的计算是与船公司或其他类型的承运人承担的责任和成本费用一致的，拼箱货由 CFS 负责装、拆箱，承运人的责任从装箱的 CFS 开始到拆箱的 CFS 为止。

接受货物前和交付货物后的责任不应包括在运价之内。装拆箱的CFS应为承运人拥有或接受承运人委托办理有关业务。

第二，承运人在运费中加收拼箱服务费等常规附加费后，不再加收件杂货码头收货费用。承运人运价本中规定W/M费率后，基本运费与拼箱服务费均按货物的重量和尺码计算，并按其中高者收费。

第三，拼箱货起码运费按每份提单收取，计费时不足一吨部分按一吨收费。

第四，在拼箱运输中，承运人一般不接受货主提出的选港和变更目的港的要求，因此没有变更目的港的附加费。

第五，各公司的W/M费率多数采用等级费率。货物大多分为一般货物、半危险货物、危险货物、冷藏货物四类，并分别定出W/M费率。

第六，尽管各公司运价本中都说明了各航线的等级费率，但在激烈的竞争形势下，一些公司经常采用议价形式，其基本费率和附加费用可能与运价本不一致。有的公司甚至只报一个W/M费率而不加收附加费。

第七，对于符合运价本中有关成组货物的规定和要求，并按拼箱货托运的成组货物，一般给予运价优惠。如托盘运输，计费时可扣除托盘本身的重量或尺码。

2. 整箱货运费的计收

世界上大多数船公司对整箱货集装箱的海运费一般都采用包箱费率（Box Rates）。这种包箱费率是各公司根据自身情况，按箱子的类型制定的不同航线的包干运价，既包括集装箱海上运输费用，也包括在装、卸船港码头的费用。集装箱港口装卸费一般也是以箱为单位计收的，大多采用包干费形式（装卸包干费与中转包干费）。另外，集装箱在运输全程中，在起运地、中转地、终到地堆场存放超过规定的免费堆存期时收取的延运费（滞期费）一般也都是按箱以天数计收的。集装箱运输中以箱计费的特点使集装箱运输的计费方式实现了统一化和简单化，大大方便了运输经营人和货主。

包箱费率可分为两类等级货物包箱费率和均一包箱费率。前者是按货物的类别、级别和不同箱型规定的包箱费率；后者则是不论货物的类别（危险品、冷藏货除外），只按箱型规定的包箱费率。

根据中国远洋运输公司使用的交通部"中国远洋货运运价本"，包箱费率主要有以下三种：

第一种，FAK包箱费率（Freight for All Kinds）。这种包箱费率是对每一集装箱不细分箱内货物的货类级别，不计货量（当然是在重量限额以内），只按箱型统一规定的费率计费，也称为均一包箱费率。

采用这种费率时，货物仅分为普通货物、半危险货物、危险货物和冷藏货物四类，不同类的货物、不同尺度（20ft/40ft）的集装箱费率不同。

第二种，FCS包箱费率（Freight for Class）。这种费率是按不同货物种类和等级制定的包箱费率。在这种包箱费率下，一般将货物分为普通货物、非危险化学品、半危险货物、危险货物和冷藏货物等几大类。其中，普通货物与件杂货一样为1～20级，各船公司运价本中按货物种类、级别和箱型规定包箱费率，但集装箱货的费率级差要大大小于件杂货费率级差。

使用这种费率计算运费时，先要根据货名查到等级，然后按航线、货物大类等级、交接方式和集装箱尺寸查询，即可得到单位集装箱的运费。一般低价货费率高于传统运输费率，高价货费率则低于传统费率；同一等级货物，实重货运价高于体积货运价。

第三种，FCB包箱费率（Freight for Class and Basis）。它是指在FCS包箱费率的基础上，进一步按货物的重量或体积计费标准（W/M）来确定集装箱的包箱费率，即按不同货物的类别、等级（Class）及计费标准（Basis）制定的包箱费率。同一级费率因计算标准不同，费率也不同。使用这种费率计算运费时，首先不仅要查清货物的类别、等级，还要查明货物是以体积还是以重量作为计算单位，然后按等级、计费标准及交接方式、集装箱尺寸等查询单位集装箱的运费。如8～10级、CY—CY交接方式、20英尺集装箱货物按重量计费为1500美元、按尺码计费则为1450美元。由于这种计费方式太过烦琐，在实际业务中很少使用。

【例6-1】 商品A从加拿大进口，装货港是蒙特利尔，卸货港是大连新港，商品A的体积是每箱0.164立方米，每箱装60只。试分别计算进口数量为5000只和9120只的海运费。

第一步，计算产品体积：

进口数量为5000只，总体积＝5000/60×0.164＝13.667（立方米）

进口数量为9120只，总体积＝9120/60×0.164＝24.928（立方米）

第二步，查运价：查得蒙特利尔港口运至大连新港的海运费分别是每20英尺集装：USD1350，每40英尺集装箱USD2430，拼箱每立方米USD65。

20英尺集装箱的有效容积为25立方米，40英尺集装箱的有效容积为55立方米，根据计算结果来看，5000只的海运费宜采用拼箱，9120只的海运费宜采用20英尺集装箱。

第三步，计算运费总额：

进口数量为5000只，海运费＝13.667×65＝888.36（美元）

进口数量为9120只，海运费＝1350（美元）

3. 最低运费（Minimum Freight）

为了保证营运收入不低于营运成本，各船公司都制定了起码的收费标准（即最低费率）。在集装箱运输中，各船公司最低运费的规定形式不尽相同，基本上可归纳为下面几种形式：

第一种，规定最低货物等级。这种计算方法适用于按货物等级计收运费的情况，可使船公司在承运低等级货物时不致亏损，如中远公司运价本中规定以7级为最低收费等级，低于7级的货物以7级计算。

第二种，规定最低箱载利用率。这种方法是通过规定集装箱载重量及容积最低利用率来间接地规定最低运费吨。例如，可载货18吨、32立方米的20英尺箱，对计算标准为W/M的货物规定为95%/85%，意味着规定了最低载货吨为17.1吨/27.2立方米。

第三种，在整箱运输下，根据箱子的种类和规格（尺度）规定最低运费吨。

第四种，在拼箱运输下，规定每票货物的最低运费吨。

4. 最高运费（Maximum freight）

最高运费仅适用于集装箱整箱运输。其含义是即使货主实际装箱的货物尺码吨超过规定的最高计费吨，承运人仍按箱子的计费吨收取运费，超出部分免收运费。

规定最高运费的目的在于鼓励托运人采用集装箱装运货物，并能最大限度地利用集装箱的容积。各船公司规定的最高计费吨一般习惯按箱子内容积的85%计算，因此当装运轻泡货物时，可能会发生实际装载货物的尺码超出箱子规定的最高计费吨的情况，这样，超出部分免收运费。值得注意的是，国际标准对集装箱总重量有严格规定，最高运费只适用于按尺码吨计算运费的货物，而不适用于按重量计费的货物，超重是绝对不允许的。

如某船公司规定20英尺干货箱最高计费吨为21.5立方米，而箱内实装货物的体积达到27立方米，但重量没有超过20英尺干货箱的最大载重限制，那么运费仍按21.5立方米计收，超出的5.5立方米免收运费；如果27立方米的货物重量超出20英尺干货箱的最大载重限制，那么不是最高运费的问题，而是根本不允许超重。

5. 集装箱附加费

集装箱运输有时要加收附加费，包括：变更目的港附加费、变更交货方式附加费、重件（由CFS装箱）附加费、港口附加费、选卸附加费、燃油附加费等。这些附加费有的按箱计收，有的按箱内货物量（M/W）计收。

五、集装箱进出口货运流程

（一）集装箱出口货运流程

具体来说，集装箱的出口货运主要包括以下程序：

1. 订舱（Booking）

订舱是指托运人或其代理人向承运人或其代理机构等申请货物运输，承运人对此申请给予承诺的行为。发货人（在FOB价格条件下，也可以是收货人）应根据贸易合同或信用证条款的规定，在货物出运之前的一定时间内，填制订舱单向船公司或其代理人，或经营集装箱运输业务的其他人提出订舱申请。很多情况下，发货人委托货运代理来办理有关订舱的业务。

2. 承运

承运是指船公司或其代理人，或经营集装箱运输业务的其他人接受订舱或托运申请的行为。船公司或其代理人，或负责集装箱运输业务的其他人根据货主的订舱申请，考虑其航线、船舶、港口条件、运输时间等方面能否满足发货人的要求，从而决定是否接受订舱申请。一旦接受订舱申请，应审核托运单，确认无误后，在装货单联“场站收据副本(1)”上签章，表明承运货物。同时，应根据托运单编制订舱清单，然后分送集装箱码头堆场、集装箱货运站，据此办理空箱的发放及重箱的交接、保管以及装船等一系列业务。

3. 发放空箱

一般来说，集装箱是由船公司免费提供给货主或集装箱货运站使用的，货主自备箱的比例较小。

在整箱货运输时，空箱由发货人到指定的集装箱码头堆场领取；拼箱货运输时，则由集装箱货运站负责领取空箱。在领取空箱时，必须提交集装箱发放通知书。发货人办理交接时，应与集装箱码头堆场的业务人员一起对集装箱及其附属设备的外表状况进行检查，并分别在设备交接单（出场）上签字确认。

4. 货物装箱

集装箱货物有整箱货和拼箱货之分，其各自的装箱作业也不相同。在整箱货的情况下，货主自行完成货物的装箱，并填制装箱单。对于拼箱货，发货人将不足一整箱的货物运至集装箱货运站。货运站根据订舱清单的资料，核对无误后接管货物，并签发场站收据给发货人；集装箱货运站将分属于不同货主的零星货物拼装到同一个集装箱内，并填制装箱单。

5. 整箱货交接

发货人自行负责装箱的整箱货，通过内陆运输至集装箱码头堆场。码头堆场对重箱进行检验后，与货主共同在设备交接单上签字确认，并根据订舱清单，核对场站收据和装箱单，接收货物。

6. 集装箱交接签证

集装箱码头堆场在验收货箱后，即在场站收据上签字，并将签署的场站收据交还给发货人，由发货人据此换取提单。

7. 换取提单

发货人凭借集装箱堆场或货运站的经办人员签署的场站收据，向集装箱运输经营人或其代理人换取提单，然后去银行结汇货款。

8. 装船

集装箱码头堆场或集装箱装卸区根据接受待装的货箱情况，制订装船计划，在船舶到港前将待装集装箱移至前方堆场，船靠泊后完成装船作业。

（二）集装箱进口货运流程

集装箱的进口货运包括卸货、接运、报关、报验、转运等多项业务，涉及多种运输方式的承运人、港口、海关、检验检疫等管理机构。其主要货运程序如下：

1. 卸船准备

船公司在卸货港的代理人在收到装货港的船公司或其代理人寄来的有关单证后，就开始进行一系列的准备工作。船舶到港前，船公司在卸货港的代理人要联系集装箱码头堆场，为船舶进港、卸货以及货物的交接做好准备工作；联系集装箱货运站，为拼箱货的拆箱作业做好准备工作。此外，船公司在卸货港的代理人还要向收货人发出进口货物的提货通知书，通知收货人做好提货准备。

2. 卸船拆箱后，发放到货通知

卸货港的集装箱码头堆场根据装货港寄来的相关单证，制订卸船计划。船舶进港靠泊后，进行卸船作业。一般来说，集装箱从船上卸下来后，如果是在堆场进行整箱交接，则将集装箱安置在码头后方的堆场，向收货人发出到货通知，如果是拼箱货，则需要先将集装箱运送到指定的集装箱货运站，进行拆箱、分票、整理后，再发出到货通知，要求收货人及时来提取货物。

3. 换取提货单

收货人收到到货通知后，凭此通知和正本提单向船公司或其代理人换取提货单。船公司或其代理人对各单据进行核查，审核无误后，收回到货通知和正本提单，签发提货单给收货人。如果是运费到付的方式，换单前收货人还要付清运费。在实际业务中，由于种种原因（如提单流转慢），货已到港，收货人可能还未得到提单，急于提取货物的收货人往往出具保证书来换取提货单，等提单收到后再注销保证。

4. 报关、报验

根据国家有关法律、法规的规定，进口货物办理验放手续后，收货人才能提取货物。

因此，收货人在换取了提货单后，还必须凭提货单和其他报关单证及时地办理有关报关、报验手续。

5. 交付货物

经海关验收，并在提货单上加盖海关放行章后，收货人就可以在指定的地点凭收货单提取货物，完成货物的交付。整箱货的交付是在集装箱堆场进行的；拼箱货的交付是在集装箱货运站完成的。堆场或货运站凭海关放行的提货单，与收货人结清有关费用（在货运过程中可能产生的相关费用，如滞期费、保管费、再次搬运费等）后交付货物。

在交付整箱货或拼箱货时，集装箱堆场或集装箱货运站的经办人员还必须会同货主或货主的代理人检查集装箱或货物的外表状况，填制集装箱设备交接单（出场）。双方在记载了货物状况的交货记录上签字，作为交接证明，各持一份。

六、集装箱运输的主要货运单据

集装箱运输单证可分为两大类：一类是在运输各环节产生的运输单证，另一类是向口岸各监管部门申报的单证。

运输单证主要有托运单、配舱回执、设备交接单、装箱单、场站收据、集装箱提单、理货报告、集装箱装载清单、集装箱实装船图、货物舱单和交货记录等。

向海关、商检、动植物检疫、卫检、港监等口岸监管部门申报所用的相关单证主要有：报关单、合同副本、信用证副本、商业发票、进出口许可证、产地证明书、免税证明书、商品检验证书、药物/动植物报验单、危险品清单、准运单、危险品包装证书和装箱说明书等。

这些单证中，除了沿用传统件杂货物国际运输中使用的单证（可能格式上有区别）外，新单证主要有设备交接单、装箱单、场站收据、集装箱提单和交货记录。下面对这些单证的作用和使用作简要说明。

（一）托运单（Dock Receipt，D/R）

托运单包含场站收据，承运人委托集装箱装卸区、中转站或内陆站收到整箱货或拼箱货后签发的收据。场站收据由发货人根据轮船公司印就的格式进行填制。场站收据的作用，相当于传统运输中的大副收据，它是发货人向船公司换取提单的凭证。

（二）装箱单（Container Load Plan，CLP）

装箱单是记载每箱货物的具体资料，是向海关申报的必要单证。

装箱单的主要内容有船名、航次、装卸港、收交地点、集装箱号和规格、铅封号、场站收据或提单号、发货人、收货人、通知人及货名、件数、包装种类、标志、号码、重量和尺码等。对危险品还应作出特殊要求说明。

装箱单一般一式数份，分别由货主、货运站、装箱人留存和交船代、海关、港方、理货公司使用，另外还需准备足够份数交船方随货带往卸货港以便交接货物、报关和拆箱等用。

制作装箱单时，装箱人负有保证装箱单内容与箱内货物一致的责任。如需理货公司对整箱货物理货时，装箱人应会同理货人员共同制作装箱单。

（三）集装箱配载图（Pre-stowage Plan）

配载图由外轮代理公司根据订舱清单、装箱单及堆场积载计划编制，并在船舶抵港征得船方同意后即行装船。配载图由集装箱船各排每列和分层的横断构成。

（四）场站收据（Dock Receipt）

承运人委托集装箱装卸区、中转站或内陆站收到整箱货或拼箱货后签发的收据。场站收据由发货人编制。如同一批货物装有几个集装箱时，先凭装箱单验收，直到最后一个集装箱验收完毕时，才由港站管理员在站场收据上签收。站场在收到整箱货后，发现所装的箱外表或拼箱货包装外表有异状时，应加批注。

（五）提货单（Delivery Order）

进口收货人或其代理在收到“到货通知”后需持正本提单向承运人或其代理换取“提货单”，然后向海关办理报关，经海关在“提货单”上盖章放行后，才能凭该单向承运人委托的堆场或货运站办理提箱或提单，提货时收货人或其代理要在提货单上盖章以证明承运人的责任已结束。

提货单一般为一式五联。第一联称“提货单”，此联由港方留存；第二联称“费用账单”，此联由收货人留存；第三联也是“费用账单”，此联由港方留存；第四、五联均称“交货记录”，收货人提货时需在此两联上盖章，第四联由港区留存，第五联由港区转船代留存。

（六）设备交接单（Equipment Receipt）

这是集装箱所有人或租用人委托集装箱装卸区、中转站或内陆站与货方即用箱人或其代表之间交接集装箱及承运设备的凭证。交接单由承运人或其代理人签发给货方，据以向区、站领取或送还重箱或空箱。交接单第一张背面印有交接使用条款，主要内容是集装箱及设备在货方使用期中产生的费用以及设备及所装货物发生损坏、灭失的责任划分，及对第三者发生损害赔偿的承担。设备交接一般在区、站大门口办理。设备包括集装箱、底盘车、台车及电动机等。交接单分“出门”和“进门”两种。

第二节　国际多式联运

一、国际多式联运的定义

国际多式联运（International Multimodal Transport，IMT）是在国际集装箱运输的基础上发展起来的一种新型的运输形式，是联合运输形式中的特殊形式，它与传统的联合运输相比有许多不同之处。《联合国国际货物多式联运公约》对国际多式联运所作的定义是：国际多式联运是指多式联运经营人按照多式联运合同，以至少两种不同的运输方式，将货物从一国境内接管的地点运到另一国境内的指定交货地点的运输方式。

国际多式联运不同于传统的联合运输，它是为了适应集装箱运输而发展起来的一种新型运输方式。这种运输方式的主体不再是各运输区段运输工具的拥有者，而是多式联运经营人。多式联运经营人可以是没有运输工具的“契约承运人”（Contracting Carrier），或称“无船承运人”（Non－vessel Operating Common Carrier，NVOCC），也可以是拥有某种运输工具的承运人。在承运人责任制度上，它打破了传统上的承运人分段责任制度，而采用了由多式联运经营人对全段运输承担总责任的所谓“统一责任制度”，这对维护货方利益提供了极大的保障，由于国际多式联运是一种新型运输方式，经营人的法律地位发生了根本性变化，所以，联合国于 1980 年 5 月制定并通过了《联合国国际货物多式联运公约》（简称《多式联运公约》），规范多式联运经营人与其他当事人的合同行为。

我国《海商法》为了将多式联运合同纳入调整范畴，规定："本法所称多式联运合同，是指多式联运经营人以两种以上的不同运输方式，其中一种是海上运输方式，负责将货物从接收地运至目的地交付收货人，并收取全程运费的合同。"其将陆陆、陆空的多式联运形式排除在调整范围之外。但鉴于海陆、海空联运是国际货物多式联运的主要形式，在国际多式联运公约尚未生效条件下，《海商法》的有关规定仍具有重要意义。

二、国际多式联运经营人

（一）国际多式联运经营人的概念

根据《多式联运公约》的规定，多式联运经营人（Multimodal Transport Operator，MTO）是指本人或通过其代表与发货人订立多式联运合同的任何人，他是事主，而不是发货人的代理人或代表，或参加多式联运的承运人的代理人或代表，并且负有履行合同的责任。

国际多式联运经营人可以分为两种：

1. 有船承运人

船舶运输经营人传统上只提供港到港的船舶运输服务，并承担货物在此期间的责任。随着集装箱运输的发展，许多船舶运输经营人将服务从港口向两端延伸，通过与其他运输方式的承运人订立分运合同来组织完成国际多式联运。

2. 无船承运人

在接收货物后，将运输委托给各种方式的运输承运人进行，但本人对货主仍负责。国际无船多式联运经营人可以分为以下几种：

第一，除船舶运输经营人以外的承运人为国际多式联运经营人。除船舶运输经营人以外的承运人通常从事某些类型的运输业务，如公路运输、铁路运输和航空运输，不拥有或经营船舶运输，但通常与船舶运输经营人订立分运合同，以国际多式联运经营人的身份提供国际多式联运服务。

第二，不拥有或不经营任何运输工具的货运代理人、报关经纪人以及仓储装卸公司。这些人不是任何一种运输方式的经营人，不拥有任何运输工具，但以国际多式联运经营人的身份组织安排货物的全程运输，承担全程责任，签发国际多式联运单证。

第三，提供国际多式联运服务的专业多式联运公司。

（二）国际多式联运经营人的基本特征

根据国际多式联运的国际法、国际惯例和国内法，作为国际多式联运的主体，国际多式联运经营人应具备以下基本特征或条件：

第一，国际多式联运经营人本人或其代表必须就多式联运的货物与货主本人或其代表订立多式联运合同，而且该合同至少使用两种不同运输方式完成货物全程运输，同时合同中的货物是国际货物。

第二，国际多式联运经营人自货主或其代表处接管货物时起即签发国际多式联运单据，并对接管的货物开始负有责任。国际多式联运经营人需要把具有不同特点的运输方式有机地整合在一起，完成或组织完成全程运输，并对全程运输负责。

第三，国际多式联运经营人必须承担国际多式联运合同规定的与运输或其他服务有关的责任，并保证将货物交给国际多式联运单证的持有人或单证中指定的收货人。

第四，对于运输全过程中所发生的货物灭失或损害，国际多式联运经营人首先对货物受损人负责，并应具有足够的赔偿能力。

第五，国际多式联运经营人应具备多式联运所需要的、与其相适应的技术能力，并确保自己签发的国际多式联运单证的流通性，使其作为有价证券在经济上具有令人信服的担保程度。

（三）国际多式联运经营人的责任赔偿制度

1. 责任期间

国际多式联运经营人的责任期间，是指应当在多长时间范围内，对货主负全程运输责任。

《多式联运公约》采取了《汉堡规则》的类似做法，在第十四条将多式联运经营人的责任期间规定为“自接收货物时起到交付货物时止”的全部掌管货物期间。我国《海商法》第一百零三条对此作了类似规定。考虑到各国当局的不同规定和集装箱业务特点，《多式联运公约》进一步规定，如果收货人不向多式联运经营人提取货物，则多式联运经营人按照多式联运合同或按照交货地点的法律或特定行业惯例，将货物置于收货人的支配之下或者根据交货地点的法律或规章将货物交给有关当局或其他第三人，即为交付了货物，其运输合同责任到此终止。

根据上述规定，无论货物的灭失或者损坏发生在哪一个运输区段，只要是在多式联运经营人的责任期间，货方即可向多式联运经营人提出损害赔偿。由于集装箱运输形式下货物的交付有整箱接收—整箱交付、拼箱接收—拼箱交付、整箱接收—拼箱交付、拼箱接收—整箱交付四种基本形式，所以在不同的交接方式下，多式联运经营人的责任期间需视交接货物方式而定。在整箱接收—整箱交付，即门—门交接方式中，他的责任期间最长。

2. 责任形式

承运人的责任形式是关于承运人赔偿责任大小和法律适用选择的综合制度。多式联运中的货物运输一般是由多式联运经营人及其代理人和各区段的实际承运人共同完成的。如果货物在运输中发生灭失、损坏或延迟，谁应当对此负责？对损害的赔偿，应当对各区段按照同一标准，还是按照损害发生区段所适用的法律规定的标准？这些是多式联运经营人责任形式所要解决的问题。

目前，国际货物联合运输中承运人的赔偿责任形式主要有三种类型和做法：

（1）统一责任制（Uniform Liability System）

统一责任制是指国际多式联运经营人对货主负不分区段运输的统一原则责任，即货物的灭失或损坏，包括隐蔽损失（损失发生的区段不明），不论发生在哪个区段，国际多式联运经营人按一个统一原则负责，并一律按一个限额赔偿。《多式联运公约》所采取的就是这种责任制。《多式联运公约》规定，国际多式联运经营人不仅要单独对货物在整个运输过程中所发生的损失负责，而且不管货物损失发生在哪个运输区段，均按统一的限额赔付（但货物损失发生的运输区段所适用的国际公约或强制性国家法律所规定的赔偿限额高于统一限额时，仍应按该国际公约或国家法律办理）。统一赔偿限额是多式联运中包括海运者，每包或其他货运单位不得超过920记账单位（特别提款权），或按毛重每千克不得超过2.75记账单位，以较高者为准，若多式联运中不包括海运或内河运输，则按毛重每千克不得超过8.33记账单位计算。

采用这种统一责任制，在履行合同时一般不涉及其他运输公约或有关国家法律的赔偿规定。国际多式联运合同一经签订，托运人就知道国际多式联运经营人对货损、货差或延期交付等承担多大的责任，一旦发生损失，其所获赔偿通常不会因地而异。

(2) 网状责任制（Network Liability System）

网状责任制即网状赔偿责任制，又称分段赔偿责任制，是当前国际多式联运业务中采用的最为普遍的一种多式联运经营人的赔偿责任制。根据这种责任制，多式联运经营人的责任范围以各区段运输的原有责任为限，如海上区段按《海牙规则》、铁路区段按《国际铁路货物运输公约》、公路区段按《国际公路货物运输公约》、航空区段按《华沙公约》办理。在不适用上述国际公约时，则按相应国家的法律规定办理。赔偿限额也是按各区段的国际公约或国家法律规定赔偿。对于不明区段的货物隐蔽损失，或按《海牙规则》办理，或按专门订明的国际多式联运经营人赔偿责任办理。《联运单证统一规则》和联运提单多采用网状责任制。由于网状责任制涉及的赔偿规则较多且差别较大，事先不知道依据哪个规则，这对托运人来说，就不如在多式联运合同中订明一个赔偿责任。但就网状责任制而言，有国际多式联运经营人对全程负责，手续简便，发生损失时只需找一个事主，并且能够得到和单一运输方式相同的赔偿。因此，尽管网状责任制不够理想，但托运人也是乐于接受的。

(3) 修正统一责任制（Modified Uniform Liability System）

修正统一责任即修正统一赔偿责任制。它属于统一责任制范畴，但又与其不完全相同，是在某些方面进行修正了的一种赔偿责任制。换言之，它在责任范围方面与统一责任制相同，而在赔偿限额方面则与分段责任制相同。因此，它是介于上述两种责任制之间的一种责任制，故又称责任原则混合制。《多式联运公约》就采用了这种赔偿责任制。《多式联运公约》规定，当知道损失发生的区段，而制约该区段运输的单一方式运输公约的赔偿限额高于《多式联运公约》的限额时，多式联运经营人的赔偿责任就以单一运输公约的限额为依据。当损失发生在海运中时，由于海运的赔偿限额均低于《多式联运公约》的限额，因此便以《多式联运公约》的限额为依据，发生在其他运输方式中时，由于公路的运输限额相当于《多式联运公约》中不包括海运的限额，因此均适用于网状责任制赔偿限额。这样规定比完全按网状责任制的赔偿限额办理对货主有利。

三、国际多式联运单据

国际多式联运单据是证明国际多式联运合同以及证明国际多式联运经营人接管货物并负责按合同条款交付货物的运输单证。

从称谓上说，国际多式联运单据有多式联运单据（Multimodal Transport Document, MTD）、多式联运提单（Multimodal Transport Bill of Lading, MTB/L），也有联合运输单证（Combined Transport Document, CTD）和联合运输提单（Combined Transport Bill of Lading, CTB/L）。中国远洋运输公司和中国对外贸易运输公司以多式联运经营人身份签

发的多式联运单证就采用 CTB/L 的称谓。

从性质上说，国际多式联运单据和海运提单类似。国际多式联运单据不是多式联运合同，只是多式联运合同的证明，同时是多式联运经营人收到货物的收据和凭其交货的凭证。至于它是不是物权凭证，则要看联运中的一程是否包含海洋运输和单据中收货人抬头的写法。如果至少有一程是海运且单证做成指示抬头或不记名抬头，即可作为物权凭证，经有效背书后可以转让并可凭此作为提货依据。在实践中，这种可转让的多式联运单据继承了提单的特定功能，适应了国际货物多式联运的实际需要，在蓬勃发展的国际货物多式联运中具有旺盛的生命力，促进了国际贸易的进一步发展。

从单据签发人的责任承担上说，国际多式联运单据较一般的运输单据复杂，签发人为了避免各国法律规定的分歧和明确责任，可以注明对于联运的全程均以《海牙规则》作为责任依据，或注明只对海运过程负责。目前，在实践中，一般是将国际商会 1973 年制定、1975 年修订的《联运单证统一规则》作为联运提单承运人责任条款的依据，采用网状责任制，中国远洋运输公司和中国对外贸易运输公司签发的多式联运单证也是如此。

第三节　大陆桥运输

大陆桥运输（Land Bridge Transport）是指以横贯大陆的铁路作为中间桥梁，把大陆两端的海洋连接起来的集装箱连贯运输。大陆桥的意思是在海洋间把一块大陆当作桥梁，组成一个海—陆—海的运输方式。因此，这是一种地理上形象的叫法。大陆桥运输实际上是指将国际标准集装箱（20 英尺或 40 英尺）装载在直达专用列车上，利用大陆的铁路作为中间桥梁，把大陆两端的海洋连接起来，凭借不同国家的铁路进行运输，从而形成跨越大陆、连接海洋的国际集装箱连贯运输方式。因此，大陆桥运输也是“国际铁路集装箱过境运输”。

大陆桥运输也是“国际多式联运”的组成部分。它以集装箱为媒介，将多种运输方式联合成一个整体的运输体系，从而选择最便捷的路径，使之发挥各自的优势，以达到缩短运程、节省时间、降低运输成本、简化货运手续、加快运输速度的目的，并发挥集装箱运输的优越性。

大陆桥运输在整个国际货物多式联运过程中，（铁路）主要承担的是“过境铁路运输”。例如，国外货物通过中国的国境站或港口站进入中国关境，在海关监管下，通过铁路运输，运抵另一国境站或港口站，监管交接出境，货物交付国外收货人或其代理或《国际货协》参加路铁路。

一、北美大陆桥

北美洲幅员辽阔，海岸线长，地理位置优越，铁路和公路运输系统也十分发达，非常适宜开展大陆桥运输。

（一）北美大陆桥运输

北美大陆桥（North American Land Bridge），是指利用北美的铁路开展从远东到欧洲的国际多式联运。北美大陆桥运输包括美国大陆桥运输和加拿大大陆桥运输。

1. 美国大陆桥运输

美国大陆桥有两条陆运运输线路：一条是从西部太平洋沿岸至东部大西洋沿岸的铁路和公路运输线；另一条是从西部太平洋沿岸至东南部墨西哥湾沿岸的铁路和公路运输线。美国大陆桥于1971年年底由经营远东—欧洲航线的船公司和铁路承运人联合开办“海陆海”国际多式联运线，后来美国几家班轮公司也投入营运。目前，主要有4个集团经营远东经美国大陆桥至欧洲的国际多式联运业务。这些集团均以国际多式联运经营人的身份，签发国际多式联运单证，对全程运输负责。

2. 加拿大大陆桥运输

加拿大大陆桥与美国大陆桥相似，由船公司把货物海运至温哥华，经铁路运到蒙特利尔或哈利法克斯，再与大西洋海运相接。由于加拿大大陆桥的运输成本较美国大陆桥的运输成本高，同时又难以确保二程船在太平洋航线的舱位等问题，加拿大大陆桥的使用远远不及美国大陆桥。

北美大陆桥是历史最悠久、影响最大、服务范围最广的陆桥运输线。据统计，从远东到北美东海岸的货物有50%以上是采用双层列车进行运输的，因为采用这种陆桥运输方式比采用全程海运方式通常要快1～2周。例如，集装箱货物从日本东京到欧洲鹿特丹港，采用全程海运（经巴拿马运河或苏伊士运河）通常需5～6周时间，而采用北美大陆桥运输仅需3周左右的时间。

随着美国和加拿大大陆桥运输的成功营运，北美其他地区也开展了大陆桥运输。墨西哥大陆桥（Mexican Land Bridge）就是其中之一。该大陆桥横跨特万特佩克地峡(Isthmus Tehuantepec)，连接太平洋沿岸的萨利纳克鲁斯港和墨西哥湾沿岸的夸察夸尔科斯港，陆上距离近300公里。墨西哥大陆桥于1982年开始营运，目前其服务范围还很有限，对其他港口和大陆桥运输的影响还很小。

（二）美国小陆桥运输

小陆桥运输（Miniland Bridge Transport，MLB）从组织方式上看，与大陆桥运输并没有本质的区别，也是利用陆上桥梁来连接海运，但运输的目的地是沿海港口，比大陆桥运输少了一段海运。

目前，美国小陆桥主要开展集装箱运输，包括以下线路：

一是远东海运到美国西海岸（太平洋沿岸）港口，转陆运至东海岸（大西洋沿岸）地区，或其相反方向。

二是远东海运到美国西海岸（太平洋沿岸）港口，转陆运至东南部墨西哥湾地区，或其相反方向。

三是欧洲海运到美国东海岸（大西洋沿岸）地区，转陆运至西海岸（太平洋沿岸）地区，或其相反方向。

四是欧洲海运到美国东海岸（大西洋沿岸）港口，转陆运至墨西哥湾地区，或其相反方向。

小陆桥运输的发展，把远东到美国东海岸地区的货物都吸引到了西海岸，使现有太平洋航线的货运量大幅度增加。由于航线的合理经营，许多船公司都停止向美国东海岸安排直达船，而经营小陆桥运输，既可降低运输成本，又缩短了运输时间，还可以享有大批量运输的利益。

但小陆桥运输也存在一些不足之处，如铁路运费较高、往返程货源不平衡以及东海岸铁路本身的问题等。

（三）美国微桥运输

美国微桥运输（Micro Bridge Service），又称为半陆桥运输，与小陆桥运输基本相似，只是交货地点在美国内陆地区，只利用陆桥的一部分把海运与内陆铁路运输连接起来。对于由美国东部内陆地区运往远东的货物，如果采用小陆桥运输，首先要通过国内运输运至东海岸，再通过国内铁路运输从东海岸港口运至西海岸港口，最后换装船舶海运至远东。如果从内陆地区直接以国际货运单运至西海岸港口转运，不仅避免了双重港口的中转和收费，还缩短了运输时间。而远东到美国内陆地区的货物，也可海运至美国西海岸，换装铁路后直接运到内陆城市（如芝加哥、匹兹堡等），不需要进入东海岸港口。于是，由铁路、船公司、海关以及商检等部门共同协商，在行政、法规上采取一定的措施，形成了美国微桥运输。

（四）美国 OCP 运输

美国幅员辽阔，内陆城市众多。以芝加哥、底特律为中心的中西部城市是美国的重要经济区，其距太平洋沿岸约 2000 公里，离大西洋沿岸约 1000 公里。该地区约占全美经济活动的 1/3，其中对外贸易也约占 1/3。因此，它与远东地区之间的贸易货物，大部分要经过约 2000 公里的内陆运输，其中以铁路运输为主。远东地区与太平洋沿岸间的集装箱运输，已经发展到可以经由美国太平洋沿岸港口将集装箱货物运至美国内陆，特别是到美国中西部去的货物采用联运，即船公司可利用美国铁路运输体系代替原来发、收货人安排的货物由港口向铁路转到内陆的运输。这不仅节约了运输时间，方便了货主安排内陆中转，而且发货量集中，可使货主享受铁路优惠运价。

随着集装箱运输的开展，在中国的出口贸易中，美国和加拿大商人开来的信用证中常出现 OCP 运输一词。因此，贸易商对 OCP 运输应有所了解，以更好地进行国际贸易运输工作。

1. OCP 运输的概念

OCP 是“Overland Common Points”的简称，意指“内陆地区”是享受优惠费率通过陆运可抵达的地区。所谓内陆地区，根据运输费率的规定，以美国西部 9 个州为界，即以洛基山脉为界，其以东地区均为内陆地区，面积约占全美国土面积的 2/3。

OCP 运输费率是太平洋航运公会为争取运往美国内陆地区的货物，途经美国西海岸港口转运而制定的一个比直达美国西海岸港口还低的运输费率。加拿大与美国毗邻，贸易与运输和美国有密切关系，因此，加拿大也有一个 OCP 地区，自西向东的陆运实行与美国相同的优惠费率。

由于 OCP 的优惠费率和陆运的便捷，原来海陆联运至美国东海岸各港的货物被吸引到了美国西海岸港口，经营该航线的船公司也日益增多。中国现在运往美国、加拿大 OCP 地区的货物也是经西海岸路线，由陆路转运。

2. OCP 运输的具体做法

经营美国和加拿大西海岸航运业务的船公司对多数货物定有两种费率：一是本地费率（Local Rate），适用于西海岸地区就地销售和使用的进口货物；二是“内陆地区”费率（OCP Rate），适用于由西海岸各港口转运到 OCP 地区的进口货物。后者比前者低 3%～5%。

3. OCP 运输的要求

① 卖方承担的责任、费用终止在美国西海岸港口，货物卸船后，由收货人委托中转商持正本提单向船公司提货，并负责运抵收货人指定地点。

② 收货人在收到货物单证 10 天内，必须申请进口保税运输，以保证将货物最终运抵交货地。

③ 货物买卖合同和信用证中目的港一栏内应加注 OCP 字样，在签发提单时，其签发要求应与货物买卖合同、信用证要求相符。

④ 如使用某一船公司美国航线专用提单时，因该提单栏内只有“卸货港”“最终交货地”两栏内容，在国内港口装船运往美国使用 OCP 运输方式而签发某一船公司专用提单时，目的港一栏内应注明“LOSANGELES OCP”。

⑤ 凡运往内陆公共点的集装箱货物，应在卸船 45 天内由收货人向铁路提供证明，如陆上运输单证、转运单、海关转运申请单等。

⑥ OCP 运输不是真正的多式联运，因此不具备多式联运一张单证、统一责任的要求。

二、西伯利亚大陆桥

西伯利亚大陆桥（Siberian Land Bridge，SLB），是指使用国际标准集装箱，将货物由远东海运到俄罗斯东部港口，经跨越欧亚大陆的西伯利亚铁路运至波罗的海沿岸港口，然后再采用铁路、公路或海运运到欧洲各地的国际多式联运的运输线路。

西伯利亚大陆桥是世界最著名的国际集装箱多式联运组织线路之一，也是目前世界上最长的一条陆桥运输线。它是远东—欧洲运输距离最短的一条运输线，可实行集装箱的“门到门”运输。目前，远东海运到俄罗斯东部港口的货物经西伯利亚大陆桥往返欧洲、亚洲的路线主要有三条。

① 铁—铁路线（Trans－Rail）：经西伯利亚铁路运至俄罗斯西部出境站，再转运欧洲或伊朗铁路，运到欧洲各地，或按反方向运输。

② 铁—海路线（Trans－Sea）：经西伯利亚铁路运至莫斯科，经支线铁路运输到波罗的海或黑海沿岸港口，再换装船舶，海运至西欧、北欧或巴尔干地区的港口，或按反方向运输。

③ 铁—公路线（Tracons）：经西伯利亚铁路运至俄罗斯西部出境站，再转公路运往欧洲各地，或按反方向运输。

西伯利亚大陆桥是较典型的一条国际多式联运线路。它大大缩短了远东到欧洲的运输距离，节省了运输时间。从远东经俄罗斯太平洋沿岸港口到欧洲的陆桥运输线全长 13000 千米，而相应的全程水路运输距离（经苏伊士运河）约为 20000 千米。

三、新亚欧大陆桥

为了适用和配合对外贸易运输的发展需要，我国对某些国家和地区已开始提供新亚欧大陆桥（Eurasia Bridge）运输服务。1990 年 9 月 12 日，随着中国兰新铁路与哈萨克斯坦土西铁路接轨，连接亚欧的第二座大陆桥正式贯通，并于 1993 年正式运营。

新亚欧大陆桥东起中国连云港，西至荷兰鹿特丹，途经哈萨克斯坦、乌兹别克斯坦、吉尔吉斯斯坦、塔吉克斯坦、俄罗斯、白俄罗斯、波兰、德国和荷兰等国，全长 10900

千米。

该陆桥为亚欧开展国际多式联运提供了一条便捷的国际通道。远东至西欧经新亚欧大陆桥比经苏伊士运河的全程海运航线，缩短运距8000千米，比通过巴拿马运河缩短运距11000千米。远东至中亚、中近东经新亚欧大陆桥比经西伯利亚大陆桥，缩短运距2700～3300千米。该陆桥运输线的开通有助于缓解西伯利亚大陆桥运力紧张的状况。

【相关资料】

第三亚欧大陆桥构想

随着世界政治、经济的深刻变化和区域一体化进程的快速推进，区域经济大整合需要区域内部建设更加便利、联系更加紧密的国际大通道。大陆桥作为一种便利、快捷和高效的海陆联运方式，成为推动区域经济大整合的必然选择。根据陆桥经济理论，人类社会发展的环境空间与布局已跨越了“江河经济”与“海岸经济”阶段，正在进入“陆桥经济”阶段。目前亚欧大陆有两条洲际大陆桥：一是西伯利亚大陆桥，也称为亚欧第一大陆桥，这条大陆桥东起俄罗斯东部的符拉迪沃斯托克港口，西至荷兰鹿特丹；二是新亚欧大陆桥，也称为第二亚欧大陆桥，这条大陆桥东起我国连云港，通过陇海—兰新铁路，从新疆阿拉山口出境，穿越中亚地区，连接俄罗斯、德国等欧洲国家，最终抵达鹿特丹。

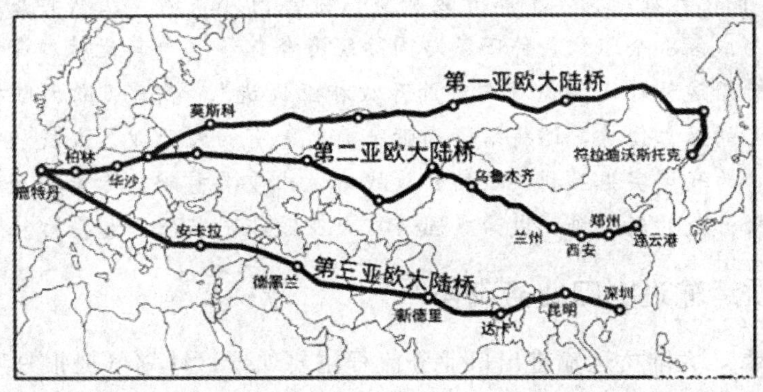

构想中的第三亚欧大陆桥东起以深圳为代表的广东沿海港口群，由昆明经缅甸、孟加拉国、印度、巴基斯坦、伊朗，从土耳其进入欧洲，最终抵达鹿特丹港，横贯亚欧非21个国家（含非洲支线4个国家：叙利亚、黎巴嫩、以色列和埃及），全长约15000千米，比目前经东南沿海通过马六甲海峡进入印度洋要短3000千米左右。第一亚欧大陆桥贯通亚洲北部地区，第二亚欧大陆桥连接从东到西的亚洲中部地区，而构想中的第三亚欧大陆桥可进一步将亚洲南部和东南部连接起来，使整个亚洲从东到西、从南到北的广大地区第一次由铁路网完整地联系起来，它将是我国陆路最便捷的国际大通道。

构想中的第三亚欧大陆桥将成为连接“三亚”（东亚、东南亚、南亚）的中枢、沟通“三洋”（太平洋、印度洋、大西洋）的纽带、横贯“三洲”（亚洲、欧洲、非洲）的桥梁。

据专家介绍，构想中的第三亚欧大陆桥具备四大优势：一是地理位置和气候条件较好，整个大陆桥避开了高寒、沙漠地区，相邻港口无封冻期，沿线铁路网络密集、四通八达并连接世界上许多重要海港和航空港，具有便捷、安全、高效率、低运输成本的优势。二是沿线地区分布着密集的铁路网，由东至西分别是中南半岛铁路网、南亚次大陆铁路网、西亚铁路网、欧洲铁路网及北非铁路网。中国国内部分已经基本形成了完整的铁路网络。三是连接了世界上一些货物吞吐量较大的港口，同时，这些海港又是重要的航空港（如深圳、香港、吉大港、加尔各答等），航线密集，可以有效地将海、陆、空三种运输方式结合在一起，综合利用各种运输方式的长处，实行多式联运，充分发挥综合交通运输体系的效用。四是连通了亚洲、欧洲和非洲，“三洲”面积和人口占世界的比重分别超过50%和80%，市场前景广阔。大陆桥沿线资源丰富，各国经济互补性强，在资源和市场之间架构起一座快捷、经济的桥梁，能为带动沿线国家和地区的经济社会发展创造更加良好的条件。

专家认为，第三亚欧大陆桥构想的提出顺应了国际经济一体化的发展趋势。第三亚欧大陆桥沿线有以中国为主的亚太经合组织的东亚板块、“东南亚国家联盟”、“孟中印缅地区合作论坛”、“南亚自由贸易区”、“海湾阿拉伯国家合作委员会”、石油输出国组织、欧盟、非盟等多个相互联系、相互覆盖的区域、次区域经济合作组织，这些合作组织构成了一张巨大的区域经济合作网络。这一广泛的区域合作要获得成功或取得更大成效，必须加快区域间交通线的连接，使资源和要素在区域内优化配置。第三亚欧大陆桥的构建，必将推动沿线发达地区和欠发达地区区域、次区域经济合作组织的建设，使发展向更宽领域、更深层面拓展，为区域间的开放和合作创造更加有利的条件。

党的十七大报告中明确指出“拓展对外开放的广度和深度，提高开放型经济水平”，要“扩大开放领域，优化开放结构，提高开放质量，完善内外联动、互利共赢、安全高效的开放型经济体系，形成经济全球化条件下参与国际经济合作和竞争新优势。深化沿海开放，加快内地开放，提升沿边开放，实现对内对外开放相互促进”。第三亚欧大陆桥的构建不仅能充分发挥中国西部的区位优势，还将给云南带来前所未有的大开放、大发展，从而全面提高开放型经济水平，为我国实施互利共赢的开放战略做出重要贡献。专家期望构建第三亚欧大陆桥成为我国对外开放的新举措，成为我国与广大亚欧非国家合作发展的金桥。

四、大陆桥运输进出口业务流程

以货代角度看，大陆桥运输进出口业务流程主要如下：计划（提报月度要车计划）→受理（审查货物运单）→装车前准备（车流组织、接车、车前会）→装车作业（监装、装车后检查）→装车后处理（剩货处理、货物运单处理）→运费核收（票据交接、收款）。

（一）计划

调查、核实货源、货流，提出次月要车计划；根据货源、货流编制直达列车、成组装车计划；接受路局下达的主、次月度要车计划。

（二）受理

受理审查货物运单：依据路局下达的月度计划，受理审查货物运单填记内容；检查应附证明文件；确认托运人付款方式；加盖“计划专用章”及有关戳记；及时、准确答复货主巢穴的国内、外运费；安排进货、验收货物：根据货物性质、包装、状态、数量、合理安排货物进位或仓储区；按照货物运单上的指定货位或仓储区，提出货物堆码要求；检查品名、包装、件数、重量、标记、标志；检查加固材料和装备物品；在货物运单上填记货位或仓储区号码、验收日期，加盖验收货运员名章或签字。

（三）装车前准备

车流组织：根据进货验收的货物运单和备货情况，编制日要车计划，使用微机上报路局次日请求车，填制货运工作日情况报表，准备接受路局下达的次日承认车装车命令。做好装车准备：重点和优先安排公司外贸出口的货物；统计和填制当日要车计划的完成实际量。接车：接受下达的配车计划和送车通知；检查线路安全距离，有作业车时，同时停止作业；上岗接车，联系调车组正确对货位；抄录车种，车号标重。车前会：主持车前会，向装卸工传达货物品名、性质、件数、重量、装载方法，装车时间要求及注意事项；多向调度室汇报装车车号、品名、到站及开始装车作业时间。

（四）装车作业

监装：边装车、边检查、指导作业，多车同时作业时，巡回监装；重点货物按规定会同有关人员监装，作业中发生问题及时处理；掌握作业进度，向调度室汇报预计装完时间和实际装完时间；按规定加固和施封，插放车辆指示牌。装车后检查：检查装载、捆绑加固及篷布苫盖情况；检查车辆门、窗盖、阀关闭状态和施封情况；检查与原货位及相邻货位情况；填记货物运单有关栏目和事项；检查附属作业，签证装卸作业工作单。

（五）装车后处理

剩货处理：整理和清点件数；通知托运人更改运单、处理剩货；装车次日起三日内处理完毕。货物运单处理：登记货物承运簿登记货运票据交接簿，将货物运单送交国际财务室核算制票。

（六）运费核收

签收货物运单后，检查填记有关事项；计算运杂费；根据货物运单填制货票，经办人签章；发给押运人须知，并检查货票甲联上的押运人签字；在货物运单、货票和封套上加盖车站承运日期戳记；收款。

复习思考题

一、名词解释

集装箱　场站收据　国际多式联运　国际多式联运提单　大陆桥运输

二、单选题

1. 将太平洋远东地区与波罗的海和黑海沿岸以及西欧大西洋口岸连接起来的大陆桥是（　　）。

A. 美国大陆桥　　B. 加拿大大陆桥

C. 新亚欧大陆桥　　D. 西伯利亚大陆桥

2. 下列选项中，（　　）不属于集装箱货物交接方式。

A. 整箱交、整箱接　　B. 拼箱交、拆箱接

C. 拼箱交、拼箱接　　D. 整箱交、拆箱接

3. 集装箱运输中对拼箱货集中装、集中拆的场所是(　　)。

A. 发、收货人仓库　　B. 码头

C. 集装箱货运站　　D. 集装箱堆场

4. 构成国际多式联运的特征或称基本条件中，错误的是(　　)。

A. 必须具有一份多式联运合同

B. 必须使用一份全程多式联运单证

C. 必须是至少三种不同运输方式的连续运输

D. 必须是国际货物运输

5. 多式联运经营人应具备的条件是(　　)。

A. 订立多式联运合同

B. 接货后即签发多式联运单证

C. 按合同规定将货物交指定的交货人或多式联运单据持有人

D. 有足够的赔偿能力

三、多选题

1. 国际多式联运的组织形式主要有(　　)。

A. 海陆联运　B. 海河联运　C. 陆桥联运　D. 海空联运　E. 陆空联运

2. 国际多式联运对责任范围和赔偿限额方面，根据目前国际上的做法，可以分为(　　)。

A. 统一责任制　B. 网状责任制　C. 层次责任制　D. 混合责任制　E. 块状责任制

3. 集装箱是一种运输设备，应满足以下要求(　　)。

A. 具有耐久性，其坚固强度足以反复使用

B. 便于商品运送而专门设计的，在一种或多种运输方式中运输时无须中途换装

C. 设有便于装卸和搬运的装置，特别是便于从一种运输方式转移到另一种运输方式

D. 设计时应注意到便于货物装满或卸空

4. 集装箱运输费用方式有哪些(　　)。

A. 整箱/整箱：装港拖箱费＋码头操作费＋运费＋卸港码头操作费＋拖箱费

B. 整箱/拼箱：船公司提供的拖箱费＋码头操作费＋运费＋拆箱费

C. 拼箱/拼箱：装箱费＋运费＋拆箱费

D. 拼箱/整箱：装箱费＋运费＋码头操作费＋船公司提供的拖箱费

5. 以下哪项不是大陆桥运输线路(　　)。

A. 西伯利亚大陆桥　　B. 新欧亚大陆桥

C. 中南美大陆桥　　D. 远东—欧洲大陆桥

四、简答题

1. 简述集装箱运输的特点及优、缺点。

2. 简述集装箱货物进出口运输操作。

3. 简述集装箱运输的主要货运单证。

4. 简述开展国际多式联运必须具备的特征和基本条件。

五、计算题

某公司出口一批螺丝刀到韩国，共600件，总重量16.2吨，总尺码为23.316立方米，由船公司装了一个20英尺集装箱。经查船公司运价表，该货运费计算标准为W/M，等级为10级，20英尺箱运费率是US＄870/M和US＄850/W，装箱费是US＄120/20。试计算该批螺丝刀的总运费。

六、案例分析

【案例1】

发货人将680包茶叶委托给某货运代理公司，安排货物自上海经美国小陆桥运往纽约。货物由货运代理公司装入一个20英尺集装箱，然后委托某船公司承运。船公司接管货物后签发清洁提单。货物运抵纽约，外表状况良好，铅封完整，但箱内少了100包茶叶。货主向货运代理公司起诉，诉其短交货物。

问题：货运代理公司是否对此货运事故负责？

【案例2】

2017年，中国重庆Z公司与奥地利B公司签订了购买5台注塑机的合同。合同中的运输条款规定，采用国际多式联运方式包装条款要求对货物进行妥善包装，以适应长途运输，随后，Z公司委托F货代公司作为国际多式联运经营人，通过其总公司的大陆桥运输网络，委托华欧公司为国外段的实际承运人。

5台注塑机共分两批装运，其中首批4台于2016年2月28日从奥地利起运，5月6日运抵重庆。经商检，因包装不良造成部分零件损坏，Z公司据此向B公司提出索赔。

第二批1台，分装在一个40英尺开顶箱和一个20英尺标准箱内，于4月25日从奥地利起运，6月25日运抵重庆。F货代公司接到报关后，用卡车转运自贡。6月27日在运往自贡的途中（距重庆99千米处）翻车，造成40英尺集装箱倾覆，所载货物被抛出，严重损坏。Z公司拒绝验收货物，提出金额高达9万多美元的索赔。

事故发生后，F货代公司迅速派人赶赴现场认真勘察，并做了详细的商务记录，拍摄了大量的现场照片。经对大量证据的考证分析，F货代公司认为B公司没有履行贸易合同中包装条款规定，将设备裸装于箱内，而未进行有效加固，致使设备在经长途运输后发生移位，重心偏离导致翻车。因此，F货代公司认为造成此次事故的主要责任在于B公司，并向其提出索赔。

问题：奥地利B公司是否对此货运事故负责？

七、项目实操

2017年9月，武汉某冰箱厂计划每月从武汉工厂将1000台冰箱运往欧洲荷兰鹿特丹的某商品经销中心，现寻找合适的运输承运商。假设你是一家国际货运代理公司，额外承保此项业务。

（1）简要说明运输方案设计的影响因素。

（2）列出可能的运输方案并给出你最佳的答案。

（3）简要说明整个运输的实施方案。

第七章 国际货物运输保险概述

学习目标

了解国际货物运输保险的特点、作用和基本原则。

掌握保险合同的订立、变更、解除和终止。

掌握保险合同的当事人、保险合同的形式、保险的基本原则。

导读材料

保险利益案

20××年10月，A公司委托B五金制品公司进口10000吨钢材。合同约定货物于11月在俄罗斯某港口装运，卸货港为中国连云港，货物由买方投保。根据该合同，B公司向保险公司为这批货物投保了海运货物平安险，并支付了保险费。保险人签发了保险单。12月30日，买卖合同项下的货物在俄罗斯一港口装货完毕，承运人签发了两套提单。次年承运上述货物的船舶在开往连云港途中因货舱进水而沉没，货物也因此全损。B五金制品公司向保险人索赔遭到拒绝，因此向某海事法院提起诉讼，要求判令保险人赔偿保险金及利息。被告在诉讼中辩称，B五金制品公司并非核定的经营钢材进口的公司，也没有申请领取进口许可证，其进口钢材的行为不合法，因此原告没有保险利益，保险合同应自始无效，原告无权请求保险赔偿。法院在审理中查明，B五金制品公司不是核定经营进出口钢材的企业，也没有向法院出示案件所涉的钢材进口许可证，因此认定原告没有保险利益，并驳回原告诉讼请求。原告于是提起上诉。二审法院终审判决认定：本案所涉保险标的进口钢材属于应核定经营或者申请领取进口许可证后方可进口经营的产品。B五金制品公司并非核定的经营钢材进口的公司，也没有申请领取进口许可证，因此其进口钢材的行为不合法。B五金制品公司对其非法进口的钢材不能享有法律上承认的利益，因此无保险利益可言。B五金制品公司以其非法进口的钢材为保险标的与保险人签订的保险合同依法应当被确认为无效，被保险人无权依据该无效保险合同向保险人索赔。法院终审判决驳回被保险人的诉讼请求。

分析：保险利益又称可保利益，是指投保人或者被保险人在保险标的上因具有某种利害关系而享有的为法律所承认的、可以投保的经济利益。保险利益是保险合同的效力要件。按照我国《保险法》的规定，投保人对保险标的应当具有保险利益。投保人对保险标的不具有保险利益的，保险合同无效。保险利益原则是《保险法》的基本原则之一，保险利益的成立必须具备“合法利益”这个要件，因为保险合同本身就是民事法律行为的一种，应该满足法律、行政法规的强制性规定。因此，投保人或者被保险人对于保险标的所具有的利益，必须是合法的、可以主张的利益，而不能是违反法律规定、通过不正当手段获得的利益。例如，对走私货物不具有保险利益，对盗窃来的货物不具有保险利益。该案件所涉及的钢材，因为投保人没有进口许可证，因此也不具有保险利益。不具有保险利益的合同，根据我国《保险法》的规定，当然无效，被保险人也就无法获得赔偿。

第一节 国际货物运输保险基础知识

在国际货物运输、装卸的过程中可能会遇到许多人类自身无法控制的自然灾害或意外事故，从而产生有关损失，一旦发生这些风险并产生损失，买方或卖方就会完全失去或减少贸易中的利益。在长期的贸易实践中，人们创造了一种转嫁货物在运输过程中风险损失的办法，即货物运输保险。货物通过投保，将不定的损失变为固定的费用，在货物遭到承保范围内的损失时，可以从保险公司及时得到经济上的补偿，这不仅有利于进出口企业加强经济核算，而且有利于进出口企业保持正常经营，从而有效地促进国际贸易的发展。

国际货物运输保险是以各种运输工具装载的国际运输货物作为保险标的（Subject of Insurance）的保险，即投保人对某一特定的运输货物（包括用海轮、火车、飞机、汽车、邮运和联运的各种货物），按一定的险别和规定的费率，向保险公司办理投保手续，并缴纳保险费，保险公司依约承保并发给投保人保险单证作为凭据，一旦运输货物在运输途中遭受各类风险事故，就由保险公司负责赔偿因风险事故所致的损失。

一、国际货物运输保险简史

现代的国际货物运输保险源自海上保险制度。海上保险制度是历史上最为悠久的保险制度，但它是从何时何地开始已无法考证。人们只能根据现有的资料进行推测，认为海上保险制度是从古代的“共同海损”及“船舶抵押借贷”等习惯产生的。

“共同海损”原则和“船舶抵押借贷”制度的产生可以追溯至公元前2000年的欧洲地中海。当时在海上贸易中，船主和货主常常会在同一条船上航行，货船遇到危险的情况经常发生，在遇到危险时人们经常采取的措施就是把一部分货物抛入海中，以减轻船舶的负担。为了避免抛货时产生争议，逐渐形成一种习惯做法，即在紧急情况下，由船主做出抛弃货物的决定，因抛弃货物所造成的损失由获益的船主和货主来共同分摊。这种“一人为众，众为一人”的习惯做法就是“共同海损”原则，这一原则后来逐渐发展为今天的共同海损分摊原则。

此外，海上保险的产生还与当时的“船舶抵押借贷”制度有关。当时，为了修理船舶和补充给养，船主往往以船货做抵押向当地商人借款，这种抵押借款的办法是：如果船主的船舶安全抵达目的地，则船主负责归还本息；如果船舶和货物在航行中因海难或海盗遭受损失，则按照损失的程度免除船主的部分或全部债务。这种借贷制度因为债权人要承担较大风险而且利率相当高，而债务人付出的高借贷利息部分相当于现代保险中的保险费支出，后来，人们把这种抵押借贷制度逐步完善为现代的海上保险制度。

13世纪末以后，意大利商人控制了东方和西方的中介贸易。这时，意大利北部地中海沿岸各城市如伦巴第、热那亚、佛罗伦萨、比萨、威尼斯等，逐渐成为海上贸易中心，海上保险便首先在这些地区得到发展。1316年，商人们在布鲁日成立了保险商会，并订立了货物海运的保险费率。现存世界上最古老的保险单就是1347年10月23日由热那亚商人乔治·勒克维出立的，承保“圣克勒拉”号航船从热那亚到马乔卡的航程。

15世纪以后，随着资本主义萌芽的出现，有了海上保险的法律。1435年，西班牙的巴塞罗那颁布法规对海上保险作出规定，这是最早的海上保险法。随后，其他海运国家亦先后颁布了类似的法律。到了伊丽莎白女王时代，海上保险在英国已得到普遍推广和使用，1575年首次成立了保险协会。

17世纪，伦敦保险人养成了一种习惯，喜欢聚集在他们当时经常光顾的咖啡馆内进行商业交往，讨论共同关心的问题。1688年，爱德华·劳埃德（Edward Lloyd）在伦敦泰晤士河畔开设了一家咖啡馆。船主、船员、商人、银行老板、高利贷者等常在咖啡馆交换航运消息，交谈商业新闻，商洽海上保险业务。老板爱德华·劳埃德抓住这个机会，努力为买卖保险的双方提供便利，进而将咖啡馆变成了保险市场。1691年，劳埃德咖啡馆由伦敦塔街迁往金融中心伦巴第街经营保险业务，并于1696年创办了专门报道海事航运消息的小报——《劳埃德新闻》，于是这里便逐渐发展为一大保险中心，这就是当代世界保险市场最大的保险垄断组织之一的“劳合社”（Lloyd's）。

二、国际货物运输保险的特点与作用

（一）国际货物运输保险的特点

国际货物运输保险的目的在于货物在水路、铁路、公路和联合运输过程中，因遭受保险责任范围内的自然灾害或意外事故所造成的损失能够及时得到经济补偿，并通过加强货物运输的安全防损工作，便于商品生产和流通。国际货物运输保险与其他保险相比，具有以下一些特征：

1. 承保范围的综合性

从范围上看，国际货物运输保险既有海上风险，又有陆上风险；从风险上看，既有自然灾害和意外事故引起的客观风险，又有外来原因引起的主观风险。简言之，国际货物运输保险承保风险的种类多、变化大，是其他保险所不能比拟的，充分显示出了它的综合性。

2. 承保标的的流动性

国际货物运输保险是为海上运输和海上贸易提供风险保障的，其保障的对象主要是国际贸易活动。国际货物运输保险承保的标的以货物为主，在国际运输中，交通运输工具和货物从一出口装运地（港口）到达另一进口目的地（港口）。因此，无论是交通运输工具，还是货物都经常处于流动状态，国际货物运输保险的标的总具有一定的流动性。

3. 承保对象的多变性

由于国际贸易是一种单证业务，国际货物运输保险允许保险单背书转让，而无须征得保险人的同意，这样的做法便于保险权益随物权单据的转移而随之转让。随着保险单持有人的转移，保险对象也就变化不定，因此，国际货物运输具有保险对象多变性的特征。

4. 保险险别和险种的多样性

由于运输方式不同，国际货物运输保险有不同的保险种类，如货物运输保险有海上货物运输、陆上货物运输、航空货物运输等几十种。不同的种类又包括不同的险别和险种，如海运保险在险别上有基本险和附加险之分，基本险又有平安险、水渍险、一切险等险种。

5. 保险的国际性

国际运输货物活动是在国际范围内进行的，因而相应的保险也具有国际性特征，涉及有关国际法规和有关国家的法律适用问题，以及管辖权、诉讼、仲裁等方面的一系列法律问题。

（二）国际货物运输保险的作用

国际货物运输保险作为一种经济补偿的手段，具有转移风险、均摊损失、实施补偿的功能。货物运输保险的具体作用体现在以下几个方面：

1. 转移风险

自然灾害、意外事故造成的经济损失一般都是巨大的，是受灾个人难以应付和承受的。买保险就是把自己的风险转移出去，为众多有风险顾虑的人提供保障。而接受风险的机构就是保险公司。转移风险并非灾害事故真正离开了投保人，而是保险公司借助众人的财力，给遭灾受损的投保人补偿经济损失。

2. 均摊损失

国际货物运输保险是由保险公司组织参加保险的单位，以缴付保险费的形式，集中起相当数量的保险基金，以此来承担所保风险。保险公司以收取保险费用和支付赔款的形式，将少数人的巨额损失分散给众多的被保险人，从而使个人难以承受的损失变成多数人可以承担的损失，这实际上是把损失均摊给有相同风险的投保人。

3. 实施补偿

实施补偿要以双方当事人签订的合同为依据，其补偿的范围主要有：投保人因灾害事故所遭受的财产损失；投保人因灾害事故依法应给予他人的经济赔偿；灾害事故发生后，投保人因施救保险标的所发生的一切费用。

第二节　保险的基本原则

保险的基本原则是在保险业务的发展过程中逐步形成并为国际保险业所公认的准则。这些准则有利于维护保险双方的合法权益，更好地发挥保险的职能和作用。

一、保险利益原则

（一）保险利益的含义

所谓保险利益（Insurable Interest）是指投保人或被保险人对所投标的所具有的法律上的利益。保险利益原则是指只有具有保险利益的人才能投保，在签订和履行保险合同的过程中，投保人或被保险人必须对保险标的具有可保利益，否则合同是非法或无效的。例如，投保人或被保险人因保险事故的发生致使保险标的不安全而受损或因保险事故不发生而受益，这种关系就是保险利益。

保险利益和保险标的具有密切关系，但两者的性质并不相同。保险标的是指保险合同中载明的投保对象。例如，财产保险中的建筑物、原材料等有价物及相关利益，以及人的寿命和身体等。而保险利益体现为投保人和保险标的之间的利益关系。保险标的因保险事故而损毁或伤亡时，保险人赔偿或给付的是被保险人因此而遭受的经济损失。

也就是说，保险利益以保险标的的存在为条件，只要保险标的存在，投保人或被保险人的经济利益也就存在，但如果保险标的遭受损失，投保人或被保险人也将承受经济上的损失，即被保险人对该保险标的所具有的保险利益非保险标的本身，即保险合同真正保障的是保险利益。

（二）保险利益成立的前提

1. 保险利益必须是法律承认的利益

投保人或被保险人对保险标的的利益必须是法律认可并受法律保护的利益，即在法律上可以主张的利益。违法行为取得的利益，不能成为保险利益。例如，走私货物不具有保险利益，不能得到保险保障，即便订立保险合同，也是无效的。

2. 保险利益必须是确定的利益

保险利益必须是既得利益或预期利益，无论是既得利益还是预期利益，必须是客观上可以实现的利益，仅凭主观臆测或推断将来可能获得的利益不能成为保险利益。例如，处于国际运输中的货物，其预期利润在投保时还未实现，但该利润在国际贸易合同顺利履行后确实能够实现，所以被保险人对预期利润具有保险利益，即预期利润可以成为保险金额的一部分。

3. 保险利益必须是具有经济价值的利益

保险利益必须具有经济价值是指被保险人对保险标的的利益必须可以用货币衡量。财产保险以损失补偿为目的，保障的是被保险人经济上的损失，如果某项财产的价值不能用货币计量，一旦发生损毁，则无法计算被保险人的经济损失，进而无法进行保险赔偿，因此不具有保险利益。例如，油轮上的机器设备、货物等财产的价值均可以用货币计量，因此具有保险利益。油轮上的日志、图纸等财产的损失难以用货币进行衡量，因此不具有保险利益。

（三）保险利益的表现

保险利益具体表现在以下几方面：

1. 现有利益

现有利益是指被保险人对财产已享有且可继续享有的利益。被保险人如对财产具有合法的所有权、保管权、抵押权、留置权等关系均具有保险利益。船舶所有人、货物所有人、船舶或货物的受押人等均可以是海上保险合同的被保险人。

2. 预期利益

预期利益是指因财产的现有利益而存在确实可得的未来一定时期的利益，包括利润利益、租金收入利益、运费收入利益等。例如，若在运输途中发生风险事故致使货物受损，承运人的运费收入就会减少，则承运人对于预期的运费具有保险利益。

3. 责任利益

责任利益是指被保险人因其对第三方的民事损害行为依法应承担的赔偿责任，因承担赔偿责任而作出经济赔偿和支付其他费用的人具有责任保险的保险利益。例如，承运人对货损、货差承担责任，船东对船员、乘客承担责任，都具有责任保险利益。

4. 合同利益

合同利益是指基于有效合同而产生的保险利益，如在国际贸易中，卖方将货物发运后，买方可能因自身原因拒付货款，使卖方遭受经济损失。因此，卖方对买方的信用具有保险利益。

（四）保险利益原则的作用

保险利益原则是指在订立和履行保险合同的过程中，投保人或被保险人对保险标的应当具有保险利益。如果投保人或被保险人对保险标的不具有保险利益，则保险合同无效。

现代保险制度起源于海上保险。在海上保险产生初期，航海还是一种冒险行为，曾出现过一些人将与自己毫无利益关系的船舶、货物作为保险标的投保，一旦船舶、货物因海事而受损，这些人就可以得到保险赔款。由于这种保险赔款并不是用于补偿被保险人的损失，而是投机者以少量的保险费支出获得大大超过保险费的不当收益，从而使保险成为一种赌博手段，这与其补偿损失的职能相悖。为了遏制这一现象，英国及其他各国的法律均规定，禁止订立不具有保险利益的保险合同，在保险业务活动中也逐渐形成了保险利益原则。保险业务必须遵循保险利益原则，其作用主要体现为以下几点。

1. 防止赌博行为

从保险利益原则的起源可知，遵循这一原则能有效地防止赌博行为的产生。保险利益原则规定，投保人或被保险人对保险标的必须具有保险利益才可订立有效的保险合同。换言之，若投保人或被保险人对保险标的不具有保险利益，则订立的保险合同无效，不能获得保险人的保险赔偿或给付。

2. 防止道德风险的发生

道德风险（Moral Hazard），又称道德危险，是指保险合同的当事人或关系人品行不端，为获得保险赔偿或保险金给付，故意促成保险事件发生的风险。

3. 限制保险保障的最高额度

保险利益是投保人或被保险人与保险标的之间的经济利益关系，具有经济价值。以其作为保险保障的最高限度，一方面能够使被保险人得到充分的补偿，另一方面又使其不会因保险而不当得利。保险作为一种经济补偿制度，其主要目标就是补偿被保险人因保险事故发生而遭受的经济损失，但不允许被保险人通过保险而额外获利。由此可见，保险利益既为被保险人得到保险保障提供了客观依据，也为保险人提供保险补偿提供了客观依据，维护了保险的经济补偿职能。

（五）保险利益原则在国际货物运输保险中的应用

在国际贸易中，各国法律对货物所有权何时由卖方转移给买方的规定不尽相同，因此，在国际货物运输保险（以下简称“国际货运险”）实践中，货物所有权并非保险利益的来源，承担货物灭失或损坏风险的一方才具有保险利益。因为不同的贸易术语对风险何时由卖方转移给买方有不同的规定，而风险转移的时间又决定了货物保险利益转移的时间，因此货物自起运地卖方仓库运至目的地买方仓库的运输过程中，何方具有保险利益，享有在事故发生时向保险人索赔的权利，取决于买卖双方在国际贸易合同中所采用的贸易术语。下面将分析国际商会制定的《2010 年国际贸易术语解释通则》（以下简称《2010 年通则》）所解释的 13 种贸易术语的保险利益转移时间。

1. EXW

在 EXW 术语项下订立的国际贸易合同，卖方在其所在地或其他指定的地点（如工场、工厂或仓库等）将货物交给买方处置时，即完成交货。货物灭失或损坏的风险自交货时起由卖方转移给买方承担。因此，对货物的保险利益也于此时转移给买方。

2. FAS

在 FAS 术语项下，卖方将已办理清关手续的货物运至指定的装运港的船边，即完成交货。货物损坏或灭失的风险于此时转移至买方，买方从受领货物那一刻起已具有保险利益，可通过办理国际货运险转嫁风险。

3. FOB、CFR 与 CIF

采用 FOB、CFR 和 CIF 术语订立的国际贸易合同，当货物在指定的装运港装上船时，卖方即完成交货。从该点起买方必须承担货物灭失或损坏的一切风险，具有对货物的保险利益。这三个术语只适用于海洋运输和内河运输方式。

在 FOB 和 CFR 术语项下，卖方没有投保国际货运险的义务，买方应自己办理保险，以转嫁运输途中的风险。若货物的损失发生在装运港装船之前，由卖方承担风险，若卖方希望得到保险保障，它需要自行办理从起运港仓库至装船前这一段运输过程的保险。若货物损失发生在装船之后，且买方已投保国际货运险，则可向保险公司索赔。

在 CIF 术语项下，规定卖方必须自付费用取得货物保险。卖方办理保险后，按照各国海洋运输保险的习惯做法，保险人承担责任的期限包括货物运离起运地发货人仓库至运达目的地收货人仓库的整个运输过程。因此，当货物在装运港装上船之前的运输途中发生损失时，卖方承担风险，有权向保险人索赔货损。若货物在装船之后发生损失，买方具有保险利益，可凭卖方提供的保险单向保险人索赔货损。

4. FCA、CPT 与 CIP

采用 FCA、CPT 和 CIP 贸易术语订立的国际贸易合同，卖方将经过出口清关手续的货物在指定的地点交给买方指定的承运人（FCA 术语）或自己指定的承运人（CPT 及 CIP 术语），即完成交货。货物的风险自交货时起转移给买方承担，对货物的保险利益也于此时转移给买方。

在 FCA 和 CPT 术语项下，卖方没有办理国际货运险的义务。如果买方事先已投保国际货运险，若货物损失发生在承运人接管货物之前，由于买方不具有保险利益，则无权向保险人索赔；若货物损失发生在承运人接管货物之后，买方作为被保险人即可向保险人索赔货款。

在 CIP 术语项下，卖方负有订立保险合同并支付保险费的义务。在卖方已经办理国际货运险的情况下，若货物在运输途中发生损失，当损失发生在承运人接管货物之前时，卖方承担风险，具有对该货物的保险利益，可向保险人索赔货物损失；当损失发生在承运人接管货物之后时，买方承担风险，享有对该货物的保险利益。由于货运保险单可通过卖方背书转让给买方，买方即可凭已转让的保险单向保险人索赔。

5. DAP、DAT 与 DDP

根据《2010 年通则》的解释，DAP、DAT 与 DDP 术语均属到达术语。DAP 为目的地交货；DAT 为运输终端交货；DDP 为已完税交货。按上述术语达成的国际贸易合同，卖方交货时货物已完成国际运输，到达买方所在国，货物损坏和灭失的风险于交货时转移给买方，在此之前的风险由卖方承担，因此卖方应自负费用投保国际货运险。如损失发生在卖方交货之前，卖方享有保险利益，可向保险人索赔货物损失；如损失发生在卖方交货之后，买方享有保险利益，必须另行办理保险才能获得保险保障。

二、最大诚信原则

(一) 最大诚信原则的含义

世界各国的立法均要求民事合同的各方当事人，在行使权利和履行义务时，遵循诚实信用原则，保险合同自然也不例外。我国《民法通则》第四条规定，民事活动应当遵循自愿、公平、等价有偿、诚实信用的原则。我国《保险法》第四条也规定，从事保险活动必须遵守法律、行政法规，尊重社会公德，不得损害社会公共利益。诚信就是诚实和守信用。诚实是指任何一方当事人对另一方当事人不得隐瞒、欺骗；守信用是指任何一方当事人都必须善意地、公平地、全面地按约定履行自己的义务。

所谓最大诚信原则，是指保险合同双方当事人在订立和履行合同时，必须以最大的诚意履行约定义务，恪守承诺，互不欺骗，互不隐瞒。英国 1906 年《海上保险法》第十七条规定，海上保险契约以最大诚信为基础，倘若任何一方不遵守最大诚信原则，另一方必须声明此项契约无效。

最大诚信原则最初起源于海上保险，现在已成为所有保险合同中各方需遵循的基本原则。为实现国际贸易，海上运输需要跨越国界在不同国家之间进行，必然出现作为保险标的的船舶、货物与保险人所在之处相距甚远的情形。由于保险人对承保标的的实际情况往往一无所知，对承保的风险难以控制，只能根据投保人的申报内容判断风险程度，从而决定承保与否及保险费率的高低。而保险标的一般处于投保人的控制和掌握之下，投保人应当了解、熟悉保险标的的有关情况。因此，投保的告知是否真实、全面对保险人极为重要，最大诚信原则由此逐渐成为保险业务活动的基本原则之一。

(二) 最大诚信原则的主要内容

最大诚信原则主要涉及三个方面的内容，即告知、陈述和保证。由于告知与陈述的内容很相近，我国《海商法》和《保险法》都将两者合并，统称为告知。

1. 告知

订立保险合同时，投保人和保险人都应向对方履行告知义务。要求保险人告知的意义在于，使投保人充分了解保险合同的内容以决定是否投保。要求投保人告知的意义在于，使保险人充分了解保险标的的风险程度，以考虑决定是否同意承保以及确定保险费率。因此，告知义务应当在保险合同成立之前履行。

(1) 告知的概念

告知 (Disclosure)，是指投保人在投保时，应将其所知道的有关保险标的的重要事实 (Material Facts) 全部告诉保险人，而且投保人所作的每次陈述都必须是真实的。换言之，投保人必须在诚信的基础上作出关于事实的基本正确的陈述，或对其所信任和期望的事实作出反应。告知是投保人应尽的义务之一。

对于重要事实的定义，英国 1906 年《海上保险法》第十八条规定："凡能影响谨慎的保险人确定保险费的事项，或决定是否承保的事项，均为重要事实。"由此可见，重要事实是指对保险人决定承保与否以及确定保险条件有影响的事项，即关系保险风险大小的事实。例如，人身保险中被保险人的年龄、身体健康状况、既往病史等，船舶保险中船舶的船级、船龄等情况均为重要事实。

(2) 告知的形式

根据各国的法律传统和保险业发展水平的不同，国际上主要有两种告知制度，即询问告知制度和无限告知制度。

① 询问告知制度。询问告知是指投保人对保险人询问的问题作出如实回答，即已履行告知义务，若保险人没有询问，则投保人无须告知。在具体实务中，保险人询问的方式包括要求投保人填写投保单、告知书以及口头询问等。相应地，投保人只要逐项如实地填写投保单、告知书或作出口头回答，即已履行了告知义务。

目前，大多数国家的保险立法适用的是询问告知制度。我国《保险法》第十七条规定，订立保险合同，保险人应当向投保人说明保险合同的条款内容，并可以就保险标的或者被保险人的有关情况提出询问，投保人应当如实告知。这表明我国《保险法》适用的是询问告知制度。

② 无限告知制度。无限告知是指对告知的内容不做具体规定，投保人应主动将其所知的或应知的与保险标的危险状况有关的任何重要事实告知保险人，而且其所做的陈述必须与客观事实相符。

无限告知对投保人的要求较高。法国、比利时以及英美法系国家的保险立法均采用无限告知制度。例如，英国 1906 年《海上保险法》第十八条规定，在契约订立时，被保险人应将其所知悉的各项重要事实告知保险人。我国海上保险的立法也规定采用无限告知制度，《海商法》第二百二十二条规定，保险合同订立前，被保险人应当将其知道的或者在通常业务中应当知道的有关影响保险人据以确定保险费率或者确定是否同意承保的重要情况如实告知保险人。

在保险实务中，主动告知并不是任意由投保人、被保险人凭自己的判断和认识进行告知。保险人同样向投保人提供投保单，投保单中的各个事项均被视为重要事项，投保人应如实告知，但应告知的事项不限于保险人的上述询问，如果有其他重要事项，投保人也应主动如实告知。

2. 保证

保证（Warranty），是指保险人要求投保人或者被保险人对某一事项的作为或不作为、履行某项条件以及某种事态的存在或不存在等作出承诺。保证是针对投保人或被保险人的要求，保险人通过要求被保险人遵守某项或几项保证的内容以控制风险，确保保险标的及其周围环境处于良好的状态。保证的内容是保险合同的重要条款之一。

(1) 保证的形式

按保证存在的形式，保证可分为明示保证和默示保证。

① 明示保证。明示保证以书面的形式载明于保险合同中，成为保险合同的条款。例如，船舶保险单中附有“被保险人保证船舶不去南极、北极、大湖区、波罗的海”的条款，就是被保险人对船舶航行区域所做的明示保证。

② 默示保证。默示保证又称绝对保证，是指根据有关法律或国际惯例产生的，不载明于保险合同中，习惯上或社会公认的被保险人必须遵守的保证。

(2) 违反保证的法律后果

保险合同中的保证事项均为重要事项，是订立保险合同的条件和基础，因而各国立法对被保险人遵守保证事项的要求极为严格，通常规定被保险人若违反保证，不论其是否有过失，保险人均有权自被保险人违反保证之时解除合同，不承担保险赔偿责任。

三、近因原则

（一）近因原则的含义

近因（Proximate Cause）原则是指当保险标的发生损失时，确定对保险标的所受损失是否应予以赔偿的基本原则。

在保险实务中，各种保险责任条款通常规定："下列原因造成保险标的损失，保险公司负责赔偿。"各种免责条款通常规定："下列原因造成保险标的损失，保险公司不负责赔偿。"由于导致损害事故的原因可能并不是单一的，而是多个原因同时发生作用、先后发生作用或交叉发生作用，此时需运用近因原则（Principle Proximate Cause）判断保险公司是否对损失承担保险责任。

1. 近因的定义

英国学者约翰·T. 斯蒂尔对近因做了以下定义："近因是指引起一系列事件发生，由此出现某种后果的、能动的、起决定作用的因素；在这一因素作用的过程中，没有来自新的独立渠道的能动力量的介入。"

由以上对近因的定义可知，近因不是指时间上最接近的原因，而是指导致保险事故发生的最有效、最直接、最主要的或起决定作用的原因。近因是一种起因，它与结果之间经历的时间可长可短，也可能引起一连串事故，只要中间没有新的力量打破或中断这一因果连锁关系，这一起因就是近因。所谓没有新的力量打破这一因果连锁关系，是指由起因至结果之间的每个事故都是先前事故的自然结果。

2. 近因原则的含义

1906 年英国颁发的《海上保险法》第五十五条第一款规定："除保险单另有约定外，保险人对由其承保危险近因所致的任何损失，均负赔偿责任，但对非由其承保危险近因所致的任何损失，均不负赔偿责任。"据此可知，近因原则可理解为导致损失的近因属于承保风险的，保险人应承担损失赔偿责任，近因不属于承保风险的，保险人不负赔偿责任。

（二）近因原则的应用

近因原则是保险理赔中必须遵循的重要原则之一。在英美等国的保险立法中，近因原则是一个十分复杂的、包括了很多具体规则的总原则，而且是不断发展变化的。在实践中，要从错综复杂的多个致损原因中确定何者为近因并不容易。这也是近因原则得以正确运用的关键。下面根据几种常见的不同情况，分析如何确定损失的近因以及如何应用近因原则。

1. 单一原因致损

单一原因直接造成损失的情况比较多见，造成保险标的损失的原因相对比较简单，与其他事件没有紧密联系。如果没有延续的因果关系链，此时该单一的原因就是近因。若该原因属于保险单载明的承保原因或风险，保险人应承担赔偿责任；反之，保险人不负赔偿责任。例如，在船舶保险中，船舶因意外触礁而沉没，触礁即船舶沉没致损的近因，由于触礁属于船舶保险承保的风险，所以保险人对船舶沉没损失应予以赔偿。

2. 数个原因同时发生致损

数个原因同时发生作用，是指无法严格区分不同原因在发生时间上的先后顺序。由于各原因发生无先后之分，而且对损害结果的形成均有直接的、有效的影响，原则上它们都是损失的近因。

当各个原因引起的损失结果可以划分时，保险人对所有承保危险引起的损失均需负责，但对不保风险和除外风险所致的损失不需负责。

当各个原因所致的损失无法划分时，保险人按下面两种情况处理。

第一种，数个原因之中既有承保风险，又有非承保风险，保险人对全部损失予以负责，即承保风险优于不保风险。

第二种，数个原因之中既有承保风险，又有除外风险，保险人对损失都不负责，即除外风险优于承保风险。例如，一幢大楼投保了火灾保险，在保险单的除外责任中列明地震除外，如果楼内厨房在做饭时不慎起火，几乎同时又发生了地震，地震引起电线走火，最终大楼被烧毁。由于导致火灾的原因中包括地震这一除外风险，而且承保风险和除外风险导致的损失难以分清，对于楼房的损毁，保险公司不予负责。

3. 数个原因先后连续发生致损

数个原因先后连续发生致损，指两个或两个以上的危险事故连续发生作用造成损失。由于各原因依次发生，在时间上可进行明显的区分，而且前后因之间持续不断地存在因果关系。此时，最先发生并导致一连串事故的原因即近因。

前因为承保风险，即近因为承保风险，保险人应承担赔偿责任。

前因为除外风险，即近因为除外风险，保险人不承担赔偿责任。

前因为保单不保风险，而后引起的原因属保单承保风险，保险公司应承担赔偿责任。

前因为保单不保风险，而后引起的原因属保单除外风险，保险公司不承担赔偿责任。

例如，袋装棉花投保我国保险条款海运平安险，在运输过程中船舶意外搁浅，船底裂缝，致使海水渗入，棉花受浸而致霉烂损失。虽然棉花的最终损失原因为霉烂，不属平安险的承保风险，但近因为搁浅，属于平安险的承保责任，所以对此损失保险人应负责。

4. 数个原因先后间断发生致损

数个原因先后间断发生致损，是指造成损失的各原因之间在发生时间上存在先后顺序，但相互之间不存在直接的、必然的联系，即各原因之间不存在因果关系，是完全独立的。

一方面，如果数个原因对损害结果的形成均有直接的、实质的影响，即它们均为近因，在这种情形下，判定保险人如何承担责任与数个原因同时致损基本一致。

另一方面，如果新出现的原因具有现实性、支配性和有效性，那么在此之前发生的原因就被新的原因所取代，可以不予考虑。此时，新的原因即为近因，当其为承保风险时，保险人对损失承担责任；当其为除外风险时，保险人对损失不承担责任。

【例 7－1】 一艘船舶投保了海上危险造成的损失，但敌对行为造成的损失除外。在第一次世界大战期间，该船在英吉利海峡被鱼雷击中，但仍行驶至法国勒阿弗尔目的港。港口当局害怕船沉在码头泊位上，要求该船移到港口外。由于海浪冲击，船舶沉没海底。那么此案中，什么是船舶沉没的近因呢？

法院分析认为，船舶损失的原因是被鱼雷击中而非海浪冲击。虽然从时间上看，最近的原因是海浪冲击，但该船被鱼雷击中后始终没有脱离危险。因此，被鱼雷击中是处于支配地位和起决定作用的原因，亦即被鱼雷击中是船舶沉没的近因。

四、补偿原则

（一）补偿原则的含义

经济补偿是保险的基本职能，因此补偿原则是保险的又一基本原则。

补偿原则（Principle of Indemnity）是指当保险标的发生保险事故遭受损失时，被保险人有权按照保险合同的约定得到充分的补偿；同时，保险补偿受到一定限制，赔偿金额不能超过规定的限额。

补偿原则体现了保险的宗旨，即一方面确保被保险人通过保险获得经济保障；另一方面又防止被保险人利用保险不当得利，从而有助于预防道德风险和保险欺诈，保证保险业健康、有序地发展。需要指出的是，补偿原则仅适用于补偿性的保险合同。

（二）补偿原则的基本内容

1. 保险补偿的限额

（1）以被保险人的实际经济损失为限

被保险财产受损后，保险人应按保险合同的规定承担赔偿责任，使被保险人在经济上恢复到未遭事故时的状况，但保险赔款不得超过被保险人实际所受到的经济损失。

补偿原则主要应用于财产保险中。在财产保险中，保险标的的实际损失通常是根据损失当时财产的实际价值确定的，即以损失当时财产的市场价为准，计算损失金额（定值保险和重置价值保险除外）。

例如，被保险人为自有房屋投保财产保险，保险金额 50 万元，在保险期内房屋遭遇火灾而被焚毁。如果经核定，损失当时该房屋完好的市场价为 40 万元，则被保险人所受到的经济损失为 40 万元，保险人只赔偿被保险人 40 万元。

（2）以保险金额为限

保险金额是保险双方事先约定的、记载于保险单上的、保险人承担赔偿责任的最高限额，因此保险赔款不能超过保险金额，而只能低于或等于保险金额。如上例，被保险人为自有房屋投保 50 万元的财产保险，假设损失当时市场房价上涨，该房完好市价达 60 万元，此时虽然被保险人因房屋被焚毁而致经济损失 60 万元，但保险人最多只赔偿 50 万元，即该房屋的保险金额。

（3）以保险价值为限

保险价值可能在订立保险合同时即已确定，也可能在保险标的发生保险事故后才予以确定。保险价值的金额因被保险人与保险人的不同约定而不同，双方可以约定以保险标的的重置价值作为保险价值，也可以约定以保险事故发生时保险标的的实际价值作为保险价值。我国《保险法》第四十条规定，保险金额不得超过保险价值，超过保险价值的，超过的部分无效。因此，如果保险金额超过保险价值，即使保险标的发生全损，保险人的赔偿责任也只能以保险价值为限，而不是以保险金额为限。例如，某机动车辆保险合同规定，以投保时的新车购置价为保险价值，投保的桑塔纳汽车保险价值为 12 万元，如果投保人以 15 万元作为保险金额，那么该车如果因保险事故而致全损，保险人只以 12 万元的保险价值为限计算赔偿，而不是以 15 万元的保险金额计算。

2. 损失赔偿方式

（1）比例赔偿方式

比例赔偿是指按保障程度，即保险金额与损失当时保险财产实际价值的比例计算赔偿金额。其计算公式为：

赔偿金额＝ 损失金额×保险金额/损失当时保险标的实际价值

采用比例赔偿方式，保障程度越高，发生损失时被保险人所得的保险赔款就越接近实际损失金额。但是，只有当足额保险，即保障程度为100％时，被保险人才能得到十足补偿，即保险赔偿金额等于损失金额。

【例7－2】 某投保人将其价值100万元的财产分别向甲、乙、丙三家财产保险公司投保同一险种，三家保险公司承保的金额分别是40万元、60万元、100万元，当发生保险事故时，保险标的遭受的损失为80万元，则该投保人所获得的保险赔付的总额为80万元，其中：

甲保险公司的赔偿金额＝80×40/（40＋60＋100）＝16（万元）

乙保险公司的赔偿金额＝80×60/（40＋60＋100）＝24（万元）

丙保险公司的赔偿金额＝80×100/（40＋60＋100）＝40（万元）

（2）第一损失赔偿方式

第一损失赔偿是指当损失不超过保险金额时，按实际损失赔偿；当损失超过保险金额时，则按保险金额赔偿。计算公式为：

赔偿金额＝损失金额（若损失金额＜保险金额）

赔偿金额＝保险金额（若损失金额＞保险金额）

在保险理论上，采用第一损失赔偿方式是将保险财产的价值分为两部分：第一部分为保险金额以内的部分，这部分已投保，保险人对其按实际损失予以赔偿；第二部分为超过保险金额的部分，这部分未投保，所以保险人对其损失不承担责任。由于保险人只对第一部分的损失承担赔偿责任，所以称为第一损失赔偿方式。按此方式，只要损失不超过保险金额，被保险人即可得到十足补偿。

（3）定值保险赔偿方式

其是指保险双方在投保时就约定投保标的的价值，并按照该约定的价值投保，缴纳保险费。

当保险标的发生保险事故并全部损失时，保险公司按照约定的价值（保险金额）全赔，而不管保险标的损失时的实际价值如何；当保险标的遭受部分损失时，先确定损失程度，然后保险公司按照损失程度在保险金额的限度内赔付，其计算公式为：

保险赔偿金额＝损失程度×保险金额

（4）限额责任赔偿方式

该方式是指保险双方在投保时除了约定投保金额，还约定一个损失的限额（免赔额）。实践中包括绝对免赔额和相对免赔额。不管是绝对还是相对的免赔额，只要保险标的发生保险事故遭受损失的金额小于等于免赔额，保险人就不赔偿。

如果是绝对免赔额，当保险标的发生保险事故并遭受损失时的损失额超过免赔额时，保险人只赔偿超过部分的损失；如果是相对免赔额，当保险标的发生保险事故并遭受损失时的损失额超过免赔额时，保险人连同免赔额在内的损失都给予赔偿。计算公式如下：

保险赔偿金额＝损失金额×赔偿比例

赔偿比例＝该保险人单独承保时的赔偿金额/所有保险人单独承保时的赔偿金额的总和

在例 7 - 2 中，保险赔款按限额责任分摊，则：

甲保险公司赔偿金额＝80×40/（40＋60＋80）＝17.78（万元）

乙保险公司赔偿金额＝80×60/（40＋60＋80）＝26.67（万元）

丙保险公司赔偿金额＝80×80/（40＋60＋80）＝35.56（万元）

（三）补偿原则的例外

人身保险不是补偿性合同，而是给付性合同。保险金额是根据被保险人的需要和支付能力来确定的，当保险事故发生时，保险人按照双方事先约定的金额给付。所以，补偿原则不适用于人身保险。

五、代位追偿原则

（一）代位追偿原则的含义和作用

代位追偿（Subrogation）原则是由补偿原则派生的，指发生在保险责任范围内的、由第三者责任造成的损失，保险人向被保险人履行赔偿义务后享有以被保险人的地位向在该项损失中的第三者责任方索赔的权利。

代位追偿原则同样仅适用于补偿性的保险合同。这一规定首先是为了防止被保险人由于保险事故的发生而获得超过其实际损失的经济补偿。因为当保险标的遭受保险事故致损时，被保险人可以按保险合同的规定，向保险人请求保险赔偿，当保险事故由第三者责任方造成时，根据民法中有关侵权的规定，被保险人同时可向第三者责任方索赔，上述两项索赔都得到实现，被保险人就可能得到超过实际损失的补偿额，即额外获利，这显然是不合理的，不符合补偿原则的。所以，被保险人在得到保险赔款后，应当将向第三者请求赔偿的权利转移给保险人，由保险人代位追偿。

代位追偿原则同时也维护了公共利益。社会公共利益要求致害人应对受害人承担经济赔偿责任，如果保险事故的致害人因为被保险人享受保险赔偿而逃避其原应承担的赔偿责任，不仅使其因为受害人与保险人订立了保险合同而获益，而且损害了保险人的利益，违反了社会公平原则。因此，在各国的保险实务中均规定若保险事故是由第三者责任方造成的，保险人在履行赔偿义务后，应享有代位追偿权。这一规定既使被保险人不会因保险而额外获利，又使第三者责任方无论如何均应承担损害赔偿责任，还使保险人可通过代位追偿从第三者责任方追偿支付的赔款，从而维护保险人的合法权益。

（二）代位追偿原则的主要内容

1. 代位追偿产生的条件

代位追偿的产生必须具备以下三个条件：保险标的的损害由保险事故所致；保险事故的发生是由第三者责任方造成的；保险人必须先履行赔偿义务。

2. 代位追偿产生的时间

根据我国《保险法》的规定，代位追偿权产生于保险人支付赔款之后。保险事故发生后，被保险人将其与第三者之间产生的损害赔偿的权利转让给保险人，从而使保险人取得代位追偿权。因此，代位追偿产生于保险人支付赔款之后，而非向被保险人支付赔款之前。在实际业务中，保险人支付保险赔款后，通常要求被保险人签署“权益转让书”，明确表示将向第三者请求赔偿的权利转让给保险人。“权益转让书”可以确认保险赔偿的金额和赔偿的时间并进而确认保险人取得代位追偿权的时间和代位追偿的范围。

3. 代位追偿的范围

由于保险人代位追偿的产生源于其已向被保险人支付赔款，因此保险人所获得的代位追偿的范围，以其对被保险人赔付的金额为限。如果保险人从第三者责任方追偿的余额大于其对被保险人的赔偿，超过部分应归被保险人所有，以避免保险人因代位追偿权而额外获利，损害被保险人的利益。我国《保险法》第四十五条第一款规定，因第三者对保险标的损害而造成保险事故的，保险人自向被保险人赔偿保险金之日起，在赔偿金额范围内代位行使被保险人对第三者请求赔偿的权利。

有些保险合同因不足额保险或规定有免赔额等原因，保险事故发生后被保险人获得的保险赔款往往低于其实际遭受的经济损失，此时被保险人有权就未取得保险赔偿的部分向第三者请求赔偿。我国《保险法》第四十五条第三款规定，保险人行使代位请求赔偿的权利，不影响被保险人就未取得赔偿的部分向第三者请求赔偿的权利。

由于代位追偿是保险人履行赔偿责任之后才产生的，此前被保险人与第三者之间债务关系如何，即被保险人是否保留对第三者追偿的权利，直接影响保险人能否顺利行使其代位追偿权。对此，我国《保险法》第四十六条第一款规定，保险事故发生后，保险人未赔偿保险金之前，被保险人放弃对第三者请求赔偿的权利的，保险人不承担赔偿保险金的责任；第三款规定，由于被保险人的过错致使保险人不能行使代位请求赔偿的权利的，保险人可以相应扣减保险赔偿金。

若保险事故发生后，被保险人已从第三者处取得损害赔偿，此时保险人不可能取得代位追偿权，因此其在赔偿保险金时，可相应扣减被保险人从第三者处已取得的赔偿金额。

六、重复保险的分摊原则

当保险标的发生损失后，被保险人的权利仅仅是要求获得损失的充分补偿，而不应因此获得超出其损失的额外利益。但是在现实中，被保险人可能拥有多份承保同一损失的保险单，在这种情况下，被保险人最终可能获得超出其实际损失的赔款，从而获得额外利益。这同样有悖于保险的补偿原则。因此，当被保险人拥有多份承保同一损失的保险单，即重复保险时，如果保险标的发生损失，应在各个保险人之间分摊该损失，以免被保险人获得额外利益。这就是重复保险的分摊原则，这一原则也是补偿原则派生出来的保险基本原则。

（一）重复保险的含义

我国《保险法》第四十一条第三款规定，重复保险是指投保人对同一保险标的、同一保险利益、同一保险事故分别向两个以上保险人订立保险合同的保险。从这一规定可以看出，对于重复保险，投保金额总和可能高于保险价值，也可能低于保险价值。而我国《海商法》第二百二十七条规定的重复保险是，被保险人对同一保险标的就同一保险事故向几个保险人重复建立合同，从而使该保险标的的金额总和超过保险标的的价值。按照《保险法》第一百五十三条规定，海上保险适用《海商法》的有关规定；《海商法》未做规定的，适用于《保险法》的有关规定。因此，对于《海商法》中关于重复保险未做规定的部分，应适用《保险法》的规定。

（二）重复保险的构成要件

① 必须是对同一保险标的和同一保险事故投保。

② 必须是对同一保险利益投保。

③ 必须是与两个以上保险人订立保险合同。

④ 必须是保险期间重叠的投保。

⑤ 必须是每个保险人都对损失负责的投保。

（三）重复保险的分摊

1. 分摊原则

根据我国《保险法》第四十条以及《海商法》第二百二十五条的规定，分摊原则是指在投保人对同一保险标的、同一保险利益、同一保险事故分别向两个以上保险人订立保险合同的情况下，该保险标的的保险金额总和超过保险标的的保险价值时，被保险人获得的赔偿金额总和不得超过保险标的的受损价值或保险价值。为了防止被保险人获得额外利益，需要将保险标的的损失在各保险人之间进行分摊。

2. 分摊方式

在保险实践中，重复保险的损失分摊方式主要有以下几种：

(1) 比例责任分摊方式

比例责任（Pro Rata Liability）分摊是最常见的重复保险损失分摊方式。根据我国《保险法》的规定，除非保险合同另有约定，各保险人按照其保险金额占保险金额总和的比例承担赔偿责任。其计算公式为：

$$\text{各保险人的损失分摊额}=\text{损失金额}\times\frac{\text{各保险人承保的保险金额}}{\text{各保险人承保的保险金额总和}}$$

【例 7-3】 被保险人将其家庭财产分别于 2017 年 7 月 4 日和 2017 年 8 月 10 日向甲、乙两家保险公司投保一年期火灾保险，甲公司的保险金额为 10 万元，乙公司的保险金额为 5 万元。2017 年 10 月 10 日，被保险人家中发生火灾而致财产损失 9 万元，两家公司应如何分摊赔偿责任？

采用比例责任分摊方式，损失分摊计算如下：

甲公司赔款＝9×10/（10＋5）＝6（万元）

乙公司赔款＝9×5/（10＋5）＝3（万元）

通过各保险公司的损失分摊，被保险人得到的保险赔款总额为 9 万元，正好是其所遭受的实际经济损失。

(2) 限额责任分摊方式

限额责任（Limit of Liability）分摊是指以各保险人在没有其他保险人重复保险的情况下，按对某次保险事故损失单独应负的最高赔偿限额与各保险人应负的最高赔偿限额总和的比例承担赔偿责任。其计算公式为：

$$\text{各保险人的损失分摊额}=\text{损失金额}\times\frac{\text{该保险人的赔偿限额}}{\text{各保险人的赔偿限额总和}}$$

在例 7-3 中，按限额责任分摊方式计算，甲公司在该次火灾事故中的赔偿责任限额为 9 万元，乙公司在该次火灾事故中的赔偿责任限额为 5 万元，计算如下：

甲公司赔款＝9×9/（9＋5）＝5.786（万元）

乙公司赔款＝9×5/（9＋5）＝3.214（万元）

按此方式分摊，被保险人所得的赔款总额仍为 9 万元。

(3) 顺序责任分摊方式

顺序责任分摊是指按各保险人出立保险单的先后顺序分摊损失，当发生保险事故时，最先出立保险单的保险人先负责赔偿，若保险标的的损失超过其赔偿责任限额，超过部分依次由之后出立保险单的保险人负责赔偿。

在例 7-3 中，甲公司先立保险单，应承担赔偿责任 9 万元，后出单的乙公司不再承担赔偿责任。假如火灾所致损失为 12 万元，甲公司赔款 9 万元，剩下的 3 万元则由乙公司负责赔偿。被保险人的损失最终通过各保险人的分摊得以补偿。

(4) 相同份额责任分摊方式

相同份额责任分摊是指不管各保险人的责任限额为多少，保险标的损失均按相同份额分摊。如分摊后的损失金额超过某保险人的责任限额，超过部分由其他保险人继续按相同份额分摊，以此类推，直至损失全部分摊完毕或各保险人承担的赔偿金额均已达到其责任限额。

在例 7-3 中，按相同份额责任分摊方式计算，甲、乙两保险公司按相同份额，即按 1/2 的比例分摊损失，各自应承担 4.5 万元的损失赔款。

我国《保险法》规定，重复保险的保险金额总和超过保险价值的，各保险人的赔偿金总和不得超过保险价值。除保险合同另有约定外，各保险人按照其保险金额占保险金额总和的比例承担保险责任。这表明保险人有权在保险合同中订立重复保险条款，约定重复保险情况下自身的责任分担方式。由于各保险人之间并未相互协商重复保险的责任分摊方式，因此会出现各保险人的重复保险条款产生冲突的情形。此时应根据实际情况，本着公平原则和保护被保险人利益的原则进行处理。

第三节 海上保险合同

保险合同（Insurance Contract）又称保险契约，指投保人支付规定的保险费，保险人对承保标的因保险事故造成的损失，在保险金额范围内承担赔偿责任，或者在合同约定期限届满时，承担给付保险金义务的协议。

海上保险合同是保险合同的一种，是海上运输中的投保人按规定向保险人缴纳一定的保险费，保险人对被保险人遭受保险事故造成保险标的的损失和产生的责任，承担经济补偿的一种协议。

一、海上保险合同中的法律关系

(一) 保险合同中的当事人

保险合同中的当事人是保险合同的主体，他们享有合同的权利，并承担合同的义务。海上保险合同的当事人主要有保险人、投保人、被保险人，与合同有关系的还有保险代理人、保险经纪人和保险公证人。

1. 保险人（Underwriter，Insurer，Assurer）

“Underwriter”意指签字的人，在保险业务中指保险人、保险商、承保人，是经营保险业务的组织或个人。保险人是与投保人签订保险合同，并按照合同约定收取保险费、承担赔偿责任的一方当事人。在国际货物运输保险中，保险人也就是指与投保人订立保险合同，并承担赔偿或者给付保险金责任的保险公司。保险公司承保后，如果承保货物发生约定范围内的损失，保险公司就要负责赔偿。但如果发生不在约定范围内的损失，保险公司则不予赔偿，保险公司已经收下的保险费将不退还给投保人，该笔保险费成为保险公司的收入。

根据各国保险业的实际情况，保险人组织形式各不一样，其形式包括股份有限公司、相互保险公司、保险合作社、国家经营保险及个人经营保险等。不论哪种形式的保险组织要成为海上保险合同的保险人，必须经过政府机构的批准，取得保险人资格，应当具有经营海上保险业务的资格。在我国，财产保险公司都可以经营海上保险业务。我国新修订的《保险法》中的第三章第六十七条至九十四条是专门关于保险公司的规定。其中第六十七条明确规定："设立保险公司应当经国务院保险监督管理机构批准。国务院保险监督管理机构审查保险公司的设立申请时，应当考虑保险业的发展和公平竞争的需要。"第六十八条明确规定：设立保险公司的"主要股东具有持续盈利能力，信誉良好，最近三年内无重大违法违规记录，净资产不低于人民币二亿元"。

2. 投保人（Applicant）

投保人也称要保人，是向保险人申请订立保险合同的自然人或法人。作为投保人，应对保险标的具有保险利益，投保人在订立保险合同时负有缴付保险费的义务。在海运保险中，保险合同订立时，不要求投保人对保险标的具有保险利益，但要求在保险事故发生时投保人（被保险人）对保险标的必须具有保险利益。投保人可以是被保险人本人，也可以是法律所许可的其他人，如被保险人的代理人。

在海上保险中投保人是指经申请与保险人订立海上保险合同、负有缴纳保险费义务的一方当事人。投保人应具备如下条件：

（1）应当具有民事行为能力

订立海上保险合同是一种民事法律行为，它会引起相应的法律后果，因此投保人必须具有民事行为能力，能够正确地分析判断其投保海上保险合同的性质和后果。根据《中华人民共和国民法通则》（简称《民法通则》）的规定，有民事行为能力的人必须是年满18周岁或者年满16周岁、以自己的劳动收入为主要生活来源的精神正常的自然人。

（2）应当对保险标的具有保险利益

投保人应当与保险标的之间存在着某种利害关系。没有这种保险利益的自然人或法人不能向保险公司投保，也就不会成为海上保险合同的投保人。如果依此条件确认投保人资格的话，各种保险利益具体包括：船舶所有人（船东）对其拥有的船舶具有保险利益；货物所有人对其享有所有权的货物具有保险利益；运费所有人对相应的运费具有保险利益；租船合同中的出租人对其应得的租金具有保险利益；船舶抵押中的抵押人对其抵押的船舶或抵押权人对其支出的抵押贷款均有保险利益。

3. 被保险人（Insured，Assured）

被保险人是在保险事故发生、保险标的遭受损害时，有权向保险人要求赔偿损失的人。当投保人是为自己利益而订立海运保险合同时，他就是被保险人。

在FOB、CFR条件下，运输保险的投保人即被保险人按惯例是买方，并且在货物越过船舷之时获得保险利益；CIF条件下按惯例由卖方投保，但由于CIF条件下的保险是代办性质，因此在货物装上船之后，买方对货物享有保险利益。海上保险合同的被保险人是指承受保险事故所造成保险标的损失的后果并有权请求赔偿的一方当事人。被保险人是在海上保险合同中获取保险保障的直接承受者。被保险人应具备两个条件：

一是与保险标的之间有切身利害关系，即对保险标的具有保险利益。

二是在保险事故发生时将直接承受损害的后果。

在海上保险实践中，如果投保人为自身利益投保，则投保人与被保险人是同一个当事人。如果投保人为他人利益投保，被保险人就是另一个当事人。

（二）海上保险合同的客体

海上保险合同的客体是指当事人的权利义务所指向的事物，海上保险合同的客体不是保险标的本身，而是投保人、被保险人对保险标的所具有的可保利益。

海上保险合同所保障的是投保人的船舶、货物、运费等，它们在保险事故发生时是不能得到保全的，只有保险利益才是海上保险合同各方当事人追求的保障对象。保险标的因海上风险造成保险事故时，由保险人赔偿被保险人的经济损失，即被保险人的经济利益。所以说，海上保险合同的客体是保险利益。

（三）海上保险合同的内容

海上保险合同的内容是指海上保险合同民事主体享有的民事权利与承担的民事义务。中国《海商法》第二百一十七条规定，海上保险合同的内容主要包括以下各项：

1. 保险人名称

应在此条款中写明保险人名称的全称，作为确定保险人身份、承担保险责任的法律依据。海上保险实践中，由于采用格式合同，保险人名称一般是事先印制的。

2. 被保险人名称

该条款是由当事人在签订海上保险合同时填写的。为了保证合同的有效性，明确权利义务关系，应当注意填写被保险人的法定名称全称。如果被保险人为多数时，需要一一写明。

3. 保险标的

保险标的是投保人向保险人投保的对象，它是海上保险利益的载体。海上保险合同条款与相关法律规定决定海上保险合同保险标的的范围。《海商法》第二百一十八条规定下列各项可以作为保险标的：

① 船舶；

② 货物；

③ 船舶营运收入，包括运费、租金、旅客票款；

④ 货物预期利润；

⑤ 船员工资和其他报酬；

⑥ 对第三人的责任；

⑦ 由于发生保险事故可能受到损失的其他财产和产生的责任、费用。

4. 保险价值

保险价值指的是保险标的所具有的实际价值。法律要求投保人投保时应当申明保险价值。海上保险合同标的物的保险价值一般由保险人与被保险人约定，一经确定，保险价值就必须写入合同。保险人与被保险人未约定保险价值的，根据《海商法》第二百一十九条规定，保险价值依照下列规定计算：

第一，船舶的保险价值是保险责任开始时船舶的价值，包括船壳、机器、设备的价值，以及船上燃料、物料、索具、给养、淡水的价值和保险费的总和。

第二，货物的保险价值是保险责任开始时货物在起运地的发票价格或者非贸易商品在起运地的实际价值以及运费和保险费的总和。

第三，运费的保险价值是保险责任开始时承运人应收运费总额和保险费的总和。

第四，其他保险标的的保险价值是保险责任开始时保险标的的实际价值和保险费的总和。

5. 保险金额

保险金额是被保险人向保险人实际投保的货币数额。它是保险人计收保险费的依据和承担赔偿责任的最大限额。

保险金额由保险人与被保险人约定，但在海上保险合同中，法律禁止保险金额超过保险价值。《海商法》第二百二十条明确规定，保险金额不得超过保险价值；超过保险价值的，超过部分无效。

6. 保险责任和除外责任

保险责任是指保险人按照海上保险合同的约定所应承担的损害赔偿责任，是保险人在海上保险合同中所承担的基本义务。

在保险合同条款的责任范围内，如果发生海上风险造成保险标的损失，保险人负责赔偿。保险责任可分为基本责任、附加责任和特约责任。

与保险责任相反的是除外责任，是海上保险合同中约定的条款，如果发生除外责任的风险事故，保险人不承担赔偿责任。

7. 保险期间

保险期间是指保险人承担保险责任的一段时间，即从保险责任开始到终止的时间。在此期间内发生保险事故导致保险标的损害，保险人承担保险责任。所有保险合同，包括海上保险合同，都规定了保险的期间。

8. 保险费

保险费是指被保险人按约定向保险人缴纳的货币金额。它是被保险人从保险人获取保险保障应支付的对价。

保险费是根据保险费率计算出来的。海上保险合同中要求写明被保险人应支付的保险费数额。

(四) 海上保险合同的形式

在国际货物运输保险中，保险人和被保险人所签订的各种形式的保险单据都是保险合同的证明，它反映了保险人与被保险人之间的权利和义务关系，也是保险人的承保证明。当发生保险责任范围内的损失时，它又是保险索赔和理赔的主要依据。在国际贸易中，保险单证是可以转让的。常用保险单证可分为保险单、保险凭证、联合凭证、预约保单、批单、暂保单几种。

1. 保险单

保险单（Insurance Policy）又称大保单，是使用最广泛的一种保险单据。保险单具有法律效力，对双方当事人均有约束力。保险单上一般须载明：当事人的名称和地址、保险标的的名称、数量或重量、唛头、运输工具、保险险别、保险责任起讫时间和地点及保险期限、保险币值和金额、保险费、出立保险单的日期和地点、保险人签章、赔款偿付地点以及经保险人与被保险人双方约定的其他事项等内容。保险单背面载明保险人与被保险人之间权利与义务等方面的保险条款，也是保险单的重要内容。

2. 保险凭证

保险凭证（Insurance Certificate）又称小保单，是一种简化的保险单据，除其背面不载明保险人与被保险人双方的权利和义务等保险条款外，其余内容与保险单相同。

保险凭证与保险单具有同等法律效力。但需要注意的是，如果信用证明确规定要求受益人出具保险单而非保险凭证，受益人应严格按信用证的规定来出具大保单。

保险单和保险凭证可以经背书或其他方式进行转让。保险单据的转让无须取得保险人的同意，也无须通知保险人，即使在保险标的发生损失之后，保险单据仍可有效转让。

3. 联合凭证

联合凭证（Combined Certificate）是一种将商业发票和保险单相结合的比保险凭证更为简化的保险单据。保险公司将保险编号、承保险别、保险金额、装载船名、开船日期等加注在投保人的商业发票上，并加盖印戳，其他项目均以发票上列明的为准。这种凭证很少使用，只限于在我国对某些特定国家或地区的出口业务中使用。

4. 预约保单

预约保单（Open Policy）又称预约保险合同（Open Cover），它是保险公司对投保人将要装运的属于约定范围内的一切货物自动承保的总合同，适用于经常有相同类型货物需要陆续分批装运时所采用的一种保险单。订立这种合同的目的是为了简化保险手续，使货物一经装运即可取得保障。

凡预约保险单约定的运输货物，在有效期内自动承保。在实际业务中，预约保险单适用于我国的进口货物。凡属于预约保险单规定范围内的进口货物，一经起运，保险公司即自动按预约保单所订立的条件承保。被保险人在获悉每批货物装运时，应及时将装运通知书（包括货物名称、数量、保险金额、船名或其他运输工具名称、航程起讫地点、开航或起运日期等）送交保险公司，并按约定办法缴纳保险费，即完成了投保手续。事先订立预约保险合同可以防止因漏保或迟保而造成的无法弥补的损失。

5. 批单

保险单出立后，投保人如需要补充或变更其内容，可根据保险公司的规定，向保险公司提出申请，经同意后另出立一种凭证，注明更改或补充的内容，这种凭证即为批单（Endorsement）。保险单一经批改，保险公司即按批改后的内容承担责任。批单原则上须粘贴在保险单上，并加盖骑缝章，作为保险单不可分割的一部分。

6. 暂保单

暂保单（Binder，Binding Slip）又称“临时保险书”，是保险单或保险凭证签发之前，保险人发出的临时单证。暂保单的内容较为简单，仅表明投保人已经办理了保险手续，并等待保险人出立正式保险单。

暂保单不是订立保险合同的必经程序，使用暂保单一般有以下三种情况：一是保险代理人在争取到业务时，还未向保险人办妥保险单手续之前，给被保险人提供的一种证明；二是保险公司的分支机构在接受投保后，还未获得总公司的批准之前，先出立的保障证明；三是在洽订或续订保险合同时，订约双方还有一些条件需商讨，在没有完全谈妥之前，先由保险人出具被保险人的一种保障证明。

暂保单具有和正式保险单同等的法律效力，但一般暂保单的有效期不长，通常不超过30天。当正式保险单出立后，暂保单就自动失效。如果保险人最后考虑不出立保险单时，也可以终止暂保单的效力，但必须提前通知投保人。

二、海上保险合同的订立与履行

（一）海上保险合同的订立

我国《保险法》第十三条规定："投保人提出保险要求，经保险人同意承保，保险合同成立。保险人应当及时向投保人签发保险单或者其他保险凭证。保险单或者其他保险凭证应当载明当事人双方约定的合同内容。当事人也可以约定采用其他书面形式载明合同内容。"根据此规定，保险合同的成立需要投保人提出保险要求、保险人同意承保、保险人与投保人就合同的内容达成协议三个要件。这三个要件实质上与合同法所规定的当事人通过要约和承诺的方式达成意思表示一致时合同即告成立的原则是一致的。

保险合同的订立与其他合同一样，要经过要约和承诺两个环节，这两个环节在保险业务中又称投保与承保。

1. 投保

投保是指投保人向保险人提出确定的、明确的订立保险合同的意思表示，即提出保险要求。从合同订立程序来说，投保是一种要约。投保可以由投保人本人向保险人提出，也可以由投保人的代理人向保险人提出。在保险实务上，投保体现为投保人向保险人索取投保单并依其所列事项逐一填写，以如实回答保险人所需了解的重要情况，并认可保险人规定的保险费率和保险条款，最后将投保单交付保险人。投保要约自到达保险人时生效。

2. 承保

承保是保险人完全同意投保人提出的保险要约的行为。在保险实务上，保险人收到投保人填写的投保单后，经过核保审查认为符合承保条件，在投保单上签字盖章并通知投保人则构成承诺。

保险人承诺保险要约时，不得附加任何条件或对要约进行变更。如果保险人在承诺保险要约时，附加任何条件或对要约进行变更，则构成反要约，不发生承诺的效力。当承诺生效时保险合同成立，保险人应当及时向投保人签发保险单或者其他保险凭证，并在保险单或者其他保险凭证上加盖保险公司公章、经授权出单的分支机构公章或上述两者的合同专用章（不能只盖法定代表人、负责人名章或内部职能部门印章）。

订立保险合同，须先由投保人提出书面申请。在海上保险中，这种申请一般是以投保人填写投保单的形式提出。投保单列明了订立保险合同所必需的内容与项目，投保单作为主要附件，应视为保险合同的一部分，也是签发保险单的前提和基础。如果保险人同意接受投保人的申请，也需要以书面形式签发暂保单、保险单或保险凭证来证明。

我国《海商法》第二百二十一条明确规定了海上保险合同的订立程序："被保险人提出保险要求，经保险人同意承保，并就海上保险合同的条款达成协议后，合同成立。保险人应当及时向被保险人签发保险单或者其他保险单证，并在保险单或者其他保险单证中载明当事人双方约定的合同内容。"《海商法》第二百二十二条规定："合同订立前，被保险人应当将其知道的或者在通常业务中应当知道的有关影响保险人据以确定保险费率或者确定是否同意承担的重要情况，如实告知保险人。”

（二）海上保险合同的履行

海上保险合同一经成立，被保险人与保险人双方都应当严格按照保险合同规定履行，依法享有权利、承担义务。

1. 被保险人的基本权利与义务

（1）请求赔偿的权利

保险合同成立后，被保险人的保险利益就有了保险保障。一旦发生承保范围内的责任事故，并导致保险标的受损，被保险人便可向保险人请求赔偿。同时，被保险人为了避免或者减少损失而支付的必要的合理的费用也可以从保险人处获得赔偿。

（2）缴付保险费的义务

海上保险合同是双务有偿合同，保险人提供的保险保障是与被保险人缴付保险费对应的。保险人的保费收入不仅是履行合同的要求，同时也是保险人资金积累、应付突发性灾难事故的重要手段。我国《海商法》第二百三十四条规定：“除合同另有约定外，被保险人应当在合同订立后立即支付保险费，被保险人支付保险费前，保险人可以拒绝签发保险单证。”

（3）“危险增加”时的通知义务

新修订的《保险法》第五十二条规定：“在合同有效期内，保险标的的危险程度显著增加的，被保险人应当按照合同约定及时通知保险人，保险人可以按照合同约定增加保险费或者解除合同。”“危险增加”是指订约当时所未曾预料的或予以估计的危险可能性的增加，在运输保险中主要是指航程变更或发现保险单载明的货物、船名或航程有遗漏或错误。

被保险人履行危险增加的通知义务后，保险人可采取两种做法：一是终止合同，二是增加保费。如被保险人履行危险增加时的通知义务后，保险人不做任何意思表示，则视为弃权，之后就不能再以被保险人未履行通知义务为由增加保费或解除合同。

（4）危险事故的通知义务与减少损失的义务

保险事故发生后，被保险人应当及时通知保险人，并应采取一切合理的措施避免损失的扩大。其主要目的是保险人对损失发生进行迅速的调查，确定责任，对保险标的进行必要的保护。我国《海商法》第二百三十六条规定：“一旦保险事故发生，被保险人应当立即通知保险人，并采取必要的合理措施，防止或者减少损失。被保险人收到保险人发出的有关采取防止或者减少损失的合理措施的特别通知的，应当按照保险人通知的要求处理。对于被保险人违反前款规定所造成的扩大的损失，保险人不负赔偿责任。”

（5）履行保证条款的义务

保证条款是海上保险合同中被保险人必须履行的义务。保险人为了限制承保中的风险，往往在海上保险合同中订立各种保证条款，如适航保证、船舶状态保证、航行区域保证、船员人数保证、国籍保证、船名保证、船龄保证、货物包装保证、船级保证等。被保险人必须切实履行保证的事项。我国《海商法》第二百三十五条规定：“被保险人违反合同约定的保证条款时，应当立即书面通知保险人。保险人收到通知后，可以解除合同，也可以要求修改承保条件、增加保险费。”在保证条款被违反的情况下保险人具有解除合同的法定权利。但实务中尽管被保险人违反了保证条款，保险人不主张解除合同的情况是经常存在的。如果保险人在发生保险事故后进行了保险赔付，即不得以被保险人违反保证条款为由，要求被保险人退还已支付的保险赔偿金。即在保险人收到被保险人违反保证条款的通知后，仍选择继续履行合同并支付保险赔偿的，不得再行使解除合同的权利。

我国《海商法》规定在被保险人违反保证条款后，保险人可以选择要求修改承保条件、增加保险费，即选择继续履行保险合同，只是这需要通过双方协商达成一致，而协商结果不是确定的。我国《海商法》没有规定双方协商不成时如何处理。保证条款在保险合同中是极为重要的条款。英国《海上保险法》将其定义为承诺性保证，指“被保险人作出的在履行保险合同时条件性的承诺，保证某些事情应作为或不应作为，或应满足某些条件，或应肯定某些事实的具体状态存在或不存在”，一旦条件被破坏，合同即解除，可见保证条款在合同中的重要性。故其规定，如果双方未能就修改合同的事宜达成一致的，合同仍于被保险人违反保证条款之日解除。

2. 保险人的基本权利与义务

(1) 签发保险单、收取保险费的权利

保险单是保险人已经接受保险的书面凭证，也是被保险人在发生承保的风险后据以索赔的依据。保险人在合同成立后应及时签发保险单。

(2) 损失赔偿的义务

海上保险合同成立后，发生承保责任范围内的风险时，保险人应及时按照保险合同规定承担赔偿责任。保险人的赔偿义务主要规定在中国《海商法》的第二百三十七条、第二百三十九条与第二百四十条中。其中，第二百三十七条规定：“发生保险事故造成损失后，保险人应当及时向被保险人支付保险赔偿。”第二百三十九条规定：“保险标的在保险期间发生几次保险事故所造成的损失，即使损失金额的总和超过保险金额，保险人也应当赔偿。但是，对发生部分损失后未经修复又发生全部损失的，保险人按照全部损失赔偿。”第二百四十条规定：“被保险人为防止或者减少根据合同可以得到赔偿的损失而支出的必要的合理费用，为确定保险事故的性质、程度而支出的检验、估价的合理费用，以及为执行保险人的特别通知而支出的费用，应当由保险人在保险标的损失赔偿之外另行支付。”

三、海上保险合同的变更、转让、解除与终止

（一）保险合同的变更

保险合同的变更是指在保险合同有效期内，保险合同主体、内容发生的变更。我国《保险法》第二十条规定：“投保人和保险人可以协商变更合同内容。变更保险合同的，应当由保险人在保险单或者其他保险凭证上批注或者附贴批单，或者由投保人和保险人订立变更的书面协议。”也就是说，保险人和投保人都不得单方面改变合同内容。

1. 保险合同主体的变更

保险合同的主体包括保险当事人以及保险关系人。保险当事人是指订立保险合同并享有和承担保险合同所确定的权利和义务的人，包括保险人和被保险人。保险关系人是指在保险事故发生或者保险合同约定的条件满足时，对保险人享有保险金给付请求权的人，包括被保险人和受益人。

一般来说，保险合同主体的变更需要经过保险人的同意才能生效。但是，在国际货物

运输保险中，保险单可以不经保险人的同意而由被保险人背书后随货物所有权的转移而转让。

2. 保险合同内容的变更

保险合同内容的变更是指在保险合同主体不变的情况下，改变合同中约定的事项。保险合同内容的变更主要是保险金额的变更以及保费的变更。如保险价值因市场价格上涨，投保人可提出按照（或不按照）保险价值的增加比例增加保险金额；保险金额增加当然亦需增加保费。

保险合同内容需要变更时，投保人以书面的形式向保险人提出申请，保险人同意变更保险合同的，应当由保险人在原保险单或者其他保险凭证上批注或者附贴批单，或者由投保人和保险人订立变更的书面协议。

（二）海上保险合同的转让

海上保险合同的转让是通过保险单的转让实现的，是指被保险人将其在保险合同中的权利义务转让给另一个人的行为。考虑国际贸易的需要，被保险货物在转让时，可由被保险人背书转让给受让人，此时，保险单中载明的权利和义务将随同货物的转让而转让。海上保险合同的转让主要包括海上货物运输保险合同的转让与船舶保险合同的转让。这两种保险合同的转让要履行的程序是不同的。《海商法》第二百二十九条是有关海上货物运输保险合同转让的内容，其明确规定："海上货物运输保险合同可以由被保险人背书或者以其他方式转让，合同的权利、义务随之转移。合同转让时尚未支付保险费的，被保险人和合同受让人负连带支付责任。"第二百三十条是有关船舶保险合同的转让，其中规定："因船舶转让而转让船舶保险合同的，应当取得保险人同意。未经保险人同意，船舶保险合同从船舶转让时起解除；船舶转让发生在航次之中的，船舶保险合同至航次终了时解除。"

（三）海上保险合同的解除

1. 海上保险合同的解除与解除权

海上保险合同的解除，是指一方当事人依法行使解除权，而使海上保险合同自始无效的单方法律行为。解除海上保险合同的法律后果集中表现在，它使海上保险合同的法律效力消失，恢复到未订立合同时的原有状态。

一般情况下，被保险人可以随时提出解除保险合同，而保险人不得任意解除保险合同。我国《海商法》规定，在保险责任开始前，所有海上保险合同的被保险人均可要求解除合同，但应向保险人支付手续费，保险人则应将保险费退还被保险人。但在保险责任开始以后，货物运输和船舶航程保险的被保险人不得要求解除合同。但保险人在投保人违反告知义务、被保险人违反保证义务、被保险人未履行合同中明确规定的义务、投保人和被保险人故意制造保险事故、协议解除等情况下可以依法或依约解除保险合同。

2. 海上保险合同解除的原因及处理

根据我国《海商法》的规定和海上保险的实践，解除海上保险合同的原因包括下列法律事实：

第一，由于被保险人违反如实告知义务，保险人解除海上保险合同。然而，对其处理方法则因被保险人的主观恶意性不同而有区别。

按照我国《海商法》第二百二十三条的规定，被保险人故意违反如实告知义务，未将法律规定的重要情况如实告知保险人的，保险人有权解除合同，并不退还保险费。而且，保险人对于合同解除前发生保险事故造成的损失，不负赔偿责任。

与此不同，对于被保险人非故意违反如实告知义务的，该法第二百二十三条第二款规定保险人有权解除合同，也可以不解除合同而要求增加相应的保险费。

第二，被保险人违反保证条件的，保险人有权解除海上保险合同。为此，我国《海商法》第二百三十五条要求被保险人应当立即书面通知保险人。保险人在收到通知后，可以解除合同。

第三，在保险责任开始前，被保险人可以要求解除合同。我国《海商法》第二百二十六条明确规定，保险人应当退还所收取的保险费，但是，被保险人应当向保险人支付手续费。

第四，除货物运输保险和船舶的航次保险以外，根据合同约定，被保险人或保险人可以在保险责任开始后要求解除合同。

第五，未经保险人同意，因船舶转让而转让船舶保险合同的，该合同自船舶转让之时起解除，船舶转让发生在航次之中的，则船舶保险合同至航次终了时解除。

（四）海上保险合同的终止

海上保险合同的终止，是指在保险合同的有效期内，由于一定事由的发生，而使保险效力终止或失效。海上保险合同的终止可以是自然终止（如保险期限届满）、协议终止、义务全部履行终止（如保险人根据保险合同的规定支付全部赔款或者给付全部保险金而终止）等。

1. 自然终止

自然终止亦称期满终止。保险期间没有发生保险事故，或发生保险事故导致保险标的物部分损失，保险人已履行赔偿义务，保险期届满时海上保险合同自然终止。自然终止是海上保险合同终止的最一般、最常见的原因。

2. 协议终止

经双方当事人协商同意并载于海上保险合同，在保险合同有效期间发生某种特殊情况，海上保险合同可以随即注销。例如，我国船舶战争险条款规定，保险人有权在任何时候向被保险人发出注销战争险责任的通知，通知发出后七天期满时生效。

3. 义务全部履行终止

按照海上保险合同的一般规定，当保险人全部履行保险合同规定的义务之后合同即终止。例如，保险标的发生全部损失，保险人对此进行了全部赔付，或是保险标的因保险责任以外的原因发生全部灭失。然而，这种规定并不全部适用于船舶保险。按照船舶保险的规定，如在保险有效期内连续多次发生部分损失，其损失金额或赔偿金额超过保险金额，保险人的责任并不因此而终止，直到保险合同期限届满才终止。

复习思考题

一、名词解释

保险利益　保险利益原则　最大诚信原则　近因原则　保险合同

二、单选题

1. 近因原则是判断风险事故与保险标的损失之间的因果关系，确定保险赔偿责任的一项基本原则。这里近因是指(　　)。

A. 导致损失的时间上最近的原因

B. 导致损失的第一个原因

C. 导致损失的最后一个原因

D. 导致损失的最直接、最有效的原因

2. 代位追偿和重复保险分摊的最根本依据是(　　)。

A. 可保利益原则　　B. 最大诚信原则

C. 近因原则　　D. 补偿原则

3. 王某将自己价值10万的财产投保了一份保险金额5万的家财保险，在保险期间王某家发生火灾导致财产损失8万元，此时，保险公司应该赔偿(　　)。

A. 10万　　B. 8万　　C. 5万　　D. 4万

4. 投保人对保险标的所具有的可保利益的货币表现形式为(　　)。

A. 保险金额　　B. 保险费　　C. 保险价值　　D. 保险费率

5. 保险利益是保险合同成立的前提。某人欲将新近购买的一辆走私车向保险公司投保机动车辆保险，而保险公司拒保。这说明投保人对保险标的所具有的保险利益必须是(　　)。

A. 确定的利益　　B. 合法的利益

C. 具有利害关系的利益　　D. 保险公司认可的利益

三、多选题

1. 根据我国法律规定，无论财产保险合同还是人身保险合同必须以保险利益存在为前提。一般，保险利益应该符合的条件是(　　)。

A. 保险利益必须是合法的利益

B. 保险利益应该是经济上有价值的利益

C. 保险利益应该是确定的利益

D. 保险利益应该是不必计量的利益

E. 保险利益应该是具有利害关系的利益

2. 按照国际惯例，投保人的告知主要有(　　)。

A. 无限告知　　B. 有限告知　　C. 自觉告知

D. 询问回答告知　　E. 明确告知

3. 最大诚信原则对投保人的要求包括(　　)。

A. 在订立保险合同时，对保险人的询问及有关标的的情况如实告知保险人

B. 保险标的的危险增加时通知保险人

C. 履行对保险标的过去的情况，未来的事项与保险人约定的保证

D. 及时向保险人缴纳保险费

4. 确立保险利益的原则意义在于(　　)。

A. 提供合理补偿　　B. 防止赌博

C. 防止道德风险　　D. 保护被保险人利益

5. 代位求偿权实施的前提条件(　　)。

A. 保险标的的损失属于保险责任事故

B. 保险标的的损失是由第三方责任造成的

C. 保险人履行了赔偿责任

D. 被保险人对于第三者依法应负赔偿责任

E. 保险标的的损失是由本人责任造成的

四、简答题

1. 国际保险合同的基本特征。

2. 简述保险利益原则及作用。

3. 简述最大诚信原则的内容。

4. 简述事故中的近因原则是如何判定的。

五、计算题

某保险标的的实际价值是100万元，投保人分别向甲保险公司投保了40万元，向乙保险公司投保了60万元，向丙保险公司投保了20万元，如果这三张保单在同时有效的时间内，该保险标的发生了60万元的实际损失，按限额责任分摊方式进行分摊，甲、乙、丙三个保险人的分摊金额分别是多少？

六、案例分析

【案例1】

一批咖啡投保我国保险条款海运货物一切险，但未保战争险，运送该批咖啡的船舶意外触礁，船长下令施救，结果有1000袋咖啡被救上岸，却被敌对方捕获，其余的咖啡则因来不及抢救，与船舶一起沉没。

问题：保险公司对哪些损失负责赔偿？请说明理由。

【案例2】

某年，一商人在泰国曼谷以60万美元买了200件古代石雕像和青铜雕像，后该商人将此货物向英国劳合社投保运往荷兰的货物运输保险，保险金额为3000万美元。在货物装船前，保险人对该批货物进行了检查，认为投保人对货物的估价过高，对一些事实未作申报且有虚报的地方，因此取消了该保险单。不久，该商人转向美国保险市场投保，在一家美国保险公司处获得了保险金额为3000万美元的货物运输保险。货物装上船舶后不久遇到风暴，承运货物的船舶触礁沉没，货物全损。出险后，该商人向保险人索赔全部货物损失3000万美元，遭到保险人的拒绝，最后向美国联邦上诉法院起诉。

问题：保险人是否应该承担赔偿责任？请说明理由。

七、项目实操

某年9月，国内某贸易公司向沙特阿拉伯某钢材公司购买5000吨钢材，合同约定，采用CFR术语，钢材于同年10月在沙特吉达港装运，卸货港为中国广州，货物由买方投保。根据该合同，贸易公司于货物装运前将这批钢材向某保险公司足额投保了海运货物平安险，保险期限采用仓至仓条款，使用中国人民保险公司1981年1月1日修订的海运货物保险条款。保险公司及时签发了保险单，贸易公司则按合同约定缴纳了保险费。

同年10月3日，钢材在沙特阿拉伯吉达港装船完毕，船舶顺利驶离海港前往广州。该船舶在途中因货仓进水而沉没，货物也因此全损。贸易公司于同年11月5日向保险公司提出索赔，保险公司经调查后发现该贸易公司并非核定的经营钢材进口的公司，也没有申请领取进口许可证，因此保险公司拒绝赔偿。贸易公司认为在货损发生时其具有保险利益，同时货物损失属于保险责任，保险公司应予以赔偿。双方因此引起纠纷。

任务：保险公司拒赔货损的理由是否成立？请说明理由。

第八章 海洋货物运输保险

学习目标

了解海洋货物运输保险的保障范围。

掌握海洋货物运输保险的损失。

会核算海洋货物运输保险保障的费用。

【导读材料】

关于货轮途中遇险致损案

昌隆号货轮满载货物驶离上海港。开航后不久，由于空气温度过高，老化的电线短路引发大火，将装在第一货舱的1000条出口毛毯完全烧毁。船到新加坡港卸货时发现，装在同一货舱中的烟草和茶叶由于羊毛燃烧散发出的焦煳味而不同程度受到串味损失。其中，由于烟草包装较好，串味不是非常严重，经过特殊加工处理，仍保持了烟草的特性，但是等级已大打折扣，售价下跌三成。而茶叶则完全失去了其特有的芳香，不能当作茶叶出售了，只能按廉价的填充物处理。

船经过印度洋时，不幸与另一艘货船相撞，船舶严重受损，第二货舱破裂，舱内进入大量海水，剧烈的震动和海水浸泡导致舱内装载的精密仪器严重受损。为了救险，船长命令用亚麻临时堵住漏洞，造成大量亚麻损失。在船舶停靠泰国某港进行大修时，船方联系了岸上有关专家就精密仪器的抢修事宜进行了咨询，发现整理恢复费用十分庞大，已经超过了货物的保险价值。为了方便修理船舶，不得不将第三舱和第四舱部分纺织品货物卸下，在卸货时有一部分货物有钩损。试分析上述货物损失属于什么损失。

分析：本案关于货轮途中遇险致损案，包括三个方面内容：1000条毛毯的损失是意外事故（火灾）引起的实际全损；精密仪器的损失属于意外事故（碰撞）造成的推定全损；纺织品所遭遇的损失，是为了方便船舶修理而被迫卸下时所造成的，也属于共同海损。

第一节 海洋运输保险的保障范围

国际货物在海上运输时可能会遇到很多风险，但保险人一般都对其所承保的范围加以明确的规定。实际上，海洋货物运输保险是仅以海上运输中的各种货物（指具备商品性质的货品，不包括个人行李或船上使用的库存品及供应物资）作为保险标的的一种保险。保险人承保的海洋货物运输保险的范围是承保货物从卖方到买方各环节中可能遭遇的风险所造成的损失，这些风险仅限于“海上风险”和“外来风险”两大类。

（一）海上风险

海上风险（Perils of Sea）也称海难，是保险业的专门术语，有其特定的含义和范围。海上风险包括海上发生的自然灾害和意外事故，但并不包括发生在海上的一切风险，另外还不局限于在海上航行中发生的风险，与海运相连的包括陆上、内河、驳船运输过程中的风险均包含在内，例如洪水、地震、船舶与码头或驳船碰撞等。

1. 自然灾害

自然灾害（Natural Calamities）是指不以人们的意志为转移的自然力量所引起的灾害，但在海上保险业务中并不是泛指一切由自然力量所造成的灾害，按照我国现行《海洋运输货物保险条款》的规定，自然灾害仅指恶劣气候、雷电、海啸、地震、洪水和火山爆发等人力不可抗拒的灾害。这些常见的概念在保险业务中有特别的含义，例如，恶劣气候（Heavy Weather）又叫暴风雨（Wing Storm），是指海上发展的飓风、大浪引起船只颠覆和倾斜造成船体机械设备的损坏或者因此引起的船上所载货物相互挤压碰撞而导致破碎、泄漏、凹瘪等损失。由于不同海域的自然条件有很大区别，恶劣气候的标准亦随之有所不同，例如10级台风在大西洋是经常发生的，因而并不构成海上风险，而在我国东海则是偶然发生的，可作为海上风险。

2. 意外事故

意外事故（Fortuitous Accidents）是指偶然的、非意料中的事故。按照我国《海洋运输货物保险条款》的规定，意外事故仅指海运途中运输工具遭受搁浅、触礁、沉没、互撞、与流冰或其他物体碰撞以及倾覆、失火、爆炸等。

（二）外来风险

外来风险（Extraneous Risks）一般是指由于海上风险以外的其他外来原因所造成的风险。货物运输中所指的外来风险必须是意外的、事先难以预料的，而不是必然发生的外来因素。外来风险包括一般外来风险和特殊外来风险两类。

1. 一般外来风险

一般外来风险是指被保险货物在运输过程中由于偷窃、短量、渗漏、碰损、破碎、钩损、锈损、淡水雨淋、沾污、混杂、受潮、受热、串味等一般外来原因所引起的风险。

2. 特殊外来风险

特殊外来风险是指由于军事、政治、国家政策法令、行政措施等特殊外来原因所造成的风险与损失。常见的特殊外来风险有战争、罢工、交货不到、拒收或没收、黄曲霉素等。

第二节　海洋运输保险保障的损失

被保险货物在海上运输中因风险所遭受的损失称为海损或海上损失（Average）。海损按损失的程度不同，可分为全部损失和部分损失。

一、全部损失

全部损失（Total Loss），简称全损，是指整批或不可分割的一批被保险货物在运输途中遭受全部损失。实际业务中，关于整批或不可分割的一批保险货物的全损，一般包括四种情况：①一张保险单所载明的货物的全损；②一张保险单中包括数类货物，每一类货物分别列明数量和保险金额时，其中一类货物的全损；③在装卸过程中一整件货物的全损；④在使用驳船装运货物时，一条驳船所装运货物的全损。凡是货物的损失程度符合上述情况，便可申请按全损赔偿。

全部损失按损失的情况不同，又可分为实际全损和推定全损两种。

（一）实际全损

实际全损（Actual Total Loss）又称绝对全损，是指被保险货物在运输过程中全部灭失或等同于全部灭失，如货物完全变质或货物实际上已不可能归还被保险人。我国《海商法》第二百四十五条规定："保险标的发生保险事故后灭失，或者受到严重损坏完全失去原有的形体、效用，或者不能再归被保险人所拥有的，为实际全损。"

构成全损的情况具体有四种表现形式。

一是保险标的灭失，即货物实体完全损毁和不复存在，如载货船舶沉入深海无法打捞。

二是保险标的完全失去原有形体、效用，即实体虽存在但已丧失原有商业价值和使用值。例如，茶叶经水浸泡后已失去原有的价值，水泥受海水浸泡后变硬已失去原有的用途。

三是保险标的不能再归被保险人所有，如战时货物被敌对国俘获作为战利品分发殆尽。

四是船舶失踪，根据我国《海商法》第二百四十八条和英国《1906 年海上保险法》第五十八条的规定，船舶失踪视为全部损失。在国际贸易中，一般根据航程的远近和航行的区域来决定失踪时间的长短。

（二）推定全损

推定全损（Constructive Total loss）是指被保险货物遭遇保险事故后，认为实际全损已经不可避免，或者为避免发生实际全损所需支付的费用与继续将货物运抵目的地的费用之和超过保险价值的损失。

从定义可判断，推定全损有两个相互独立的标准：一是实际全损不可避免，如水果在中途受损后，如果安排继续运往原目的地，到达目的地时水果必然会完全腐烂而全损；二是为避免实际全损所需支付的费用（包括为拯救货物而支出的施救、恢复或重整等费用和续运费用之和）超过保险标的价值，或是被保险人因事故丧失货物所有权，为收回这一所有权所需花费的费用超过收回后的标的价值。

在发生推定全损时，被保险人可以选择恢复和修理保险标的，要求保险公司按部分损失赔偿，也可要求按推定全损赔偿。但只有在被保险人提出委付并经保险人同意的情况下，才能按推定全损赔偿。所谓委付（Abandonment），是指在推定全损的情况下，被保险人将保险标的的一切权利包括所有权转让给保险人，而要求保险人按照实际全损的赔偿额予以补偿。

（三）实际全损与推定全损的主要区别

一方面，实际全损强调的是保险标的在遭受保险事故后，确实已经完全毁损、灭失，或失去原有的性质和用途，并且不能恢复原样或收回；推定全损则是指保险标的已经受损，但未完全灭失，可以修复或收回，不过因此而需支出的费用将超过该保险标的复原或收回后的价值。可见，实际全损是一种物质上的灭失，而推定全损是一种经济上的灭失。

另一方面，发生实际全损后，被保险人无须办理特别手续，即可向保险人要求赔偿全部损失。但在推定全损的情况下，被保险人可以按部分损失向保险人索赔，也可以按全部损失要求保险人赔偿。如果采取后一种方式，即要求按全损赔偿，被保险人还必须向保险人办理“委付”手续。

委付是根据保险的首要原则——损失赔偿原则派生出来的物权代位原则之一。它最初是海上保险合同的条款之一，被规定为“船舶航行方向不明而无任何消息时视同船舶的丧失”，而后，为了适应海上航运贸易的特殊性，逐步发展为被保险人让渡保险标的而取得保险赔偿的制度。自十五、十六世纪以来，委付已为海上保险所广泛采用，目前各国法律也普遍对委付作了相应的规定。

我国《海商法》第二百四十九条规定：“保险标的发生推定全损，被保险人要求保险人按照全部损失赔偿的，应当向保险人委付保险标的。保险人可以接受委付，也可以不接受委付，但是应当在合理的时间内将接受委付或不接受委付的决定通知被保险人。委付不得附带任何条件。委付一经保险人接受，不得撤回。”该法第二百五十条规定：“保险人接受委付的，被保险人对委付财产的全部权利和义务转移给保险人。”

委付是放弃物权的一种法律行为，即一方对另一方以明确方式表示放弃其财产、权利。被保险人进行委付，必须在获得有关保险事故的可靠消息后，并在适当合理的期限内向保险人提交委付通知。一般来说，被保险人考虑采用委付方式要求保险人按全部损失赔偿的决定是根据保险标的受损程度和经过核算后作出的。在此之前，要权衡推定全损赔偿或按部分损失赔偿两种方式中哪一种对自己有利。委付通知是被保险人向保险人作推定全损索赔之前必须提交的文件。被保险人不提交委付通知，保险人对受损保险标的只能作部分损失的赔偿。

二、部分损失

部分损失（Partial Loss）是指被保险货物的损失没有达到全部损失的程度。部分损失按性质和原因不同，可分为共同海损和单独海损。

（一）共同海损

共同海损（General Average）是指载货的船舶在运输途中遇到灾害、事故，威胁到船舶和所有货物的共同安全，为了维护船货的共同安全，或使航程得以继续完成，由船方有意识地、合理地采取措施所做出的某些特殊牺牲或支出的某些特殊费用。

共同海损包括两个组成部分：一是共同海损行为导致的船舶、货物等本身的损失，称为共同海损牺牲（General Average Sacrifice）；二是为采取共同海损行为而支付的费用，称为共同海损费用（General Average Expenditures）。

共同海损行为是一种非常措施，这种措施在正常航行中是不会采用的。构成共同海损必须具备下述条件：

① 必须确实遭遇危难。共同海损的危险必须是实际存在的，或者是不可避免的，而非主观臆测的。

② 必须是主动地、有意识地采取的合理措施。例如，船只在海上遭遇风暴，船身剧

烈倾斜，为避免船舶沉入大海，船长下令将部分重货抛入海中，以保持船身平衡。这种有意识采取的合理措施造成的损失，就属共同海损。

③ 必须是为船、货共同安全而采取的措施。采取共同海损的措施，必须是以维护船只和所载货物的共同安全为目的。如果只是为了船舶或货物单方面的利益而造成的损失，则不能作为共同海损。

④ 必须是属于非常性质的牺牲或发生的费用。共同海损的牺牲不是海上危险直接导致的损失，而是人为安全的特殊损失。其支付的费用，应是在正常情况下没必要发生和支付的。例如，船舶搁浅，为脱浅而开动主机以致超过负荷造成主机损坏，这种损失在正常情况下是不会出现的，属于共同海损牺牲。又如，为使船舶起浮而雇请拖轮拖带，由此支付了一笔费用，这种费用显然是额外的，属于共同海损费用。

【例 8－1】 在海运途中，一名船员发现存放树脂的货舱在冒烟，于是认为舱中发生了火灾，立即对货舱进行灌水，事后却发现货物并没有任何着火的迹象，故可认为火灾并不存在，而是船员主观臆测的。但是由于灌水救火，树脂被水浸湿而严重受损。请问这能否构成共同海损？

【例 8－2】 船舱内发生火灾，在使用灭火器扑救无效的情况下，船长下令引水入舱造成舱内货物损失，这种损失属于共同海损吗？

【例 8－3】 船舶搁浅，船长下令开舱抛货，在船舶已经起浮以后，船员由于疏忽没有注意到而继续抛货，这种继续抛货的行为属于共同海损行为吗？

共同海损的牺牲和费用都是为了使船舶、货物和运费方（即获得运费收入的一方）免受损失而支出的，因而应该由船舶、货物和运费方按最后获救价值的比例分摊，这种分摊叫共同海损的分摊（General Average Contribution）。

【例 8－4】 一艘从纽约到上海的货船在海上航行时撞礁，船身严重倾斜，船长为了避免船只沉没，命令船员丢弃一部分货物。已知船的价值为 300 万元，承运人一次挣 10 万元运费，船上有甲、乙、丙三位货主的货物，船长抛弃的是乙方的货物，已知三位货主的货物价值分别是：甲，50 万元；乙，65 万元；丙，33 万元。试问共同海损如何分摊？

值得注意的是，如果发生共同海损使得当事人的货物全部灭失，则应属于全部损失的范畴，而不按共同海损处理。

（二）单独海损

单独海损（Particular Average）是指保险标的在海上遭受承保范围内的风险所造成的部分灭失或损害，即指除共同海损以外的部分损失。该损失仅由受损者单独负担。

（三）单独海损与共同海损的区别

从损失程度上看，共同海损和单独海损都属于部分损失，但是两者在损失发生的原因和损失承担方式上有着差异。

1. 造成损失的原因不同

单独海损是因意外的、偶然的事故所直接造成的损失。例如，船舶因火灾或碰撞等意外事故造成货物的损失。而共同海损是因采取人为的、故意的措施而导致的损失，它是海上危险危及船货的共同安全时，采取某些人为措施，牺牲一部分货物或船舶的设备，达到保证全部财产安全的目的。在现实中，单独海损的发生往往引起共同海损的发生。

2. 承担损失的方式不同

对于单独海损，一般是由受损方自行承担，如果涉及第三者责任方的过失，则由过失方负责赔偿。在单独海损情况下，如果受损方投保了海上保险，其损失由保险公司根据保险条款规定承担损失赔偿责任。而共同海损是为了船货的共同安全作出的，所以应由受益方按比例分摊。如果受益方投保了运输货物保险或船舶险，保险公司对于被保险人应承担的分摊金额予以赔偿。

【例 8-5】 我国 A 公司与某国 B 公司于某年 8 月 20 日签订进口 52500 吨化肥的 CFR 合同，B 公司租的“顺风号”轮于 10 月 21 日驶离装运港。A 公司为这批货物投保了水渍险。10 月 30 日，“顺风号”轮途经巴拿马运河时起火，造成部分化肥烧毁。船长在命令救火过程中又造成部分化肥湿毁。请根据上述事例，回答以下问题：

① 途中烧毁的化肥损失属什么损失？应由谁承担？为什么？

② 途中湿毁的化肥损失属什么损失？应由谁承担？为什么？

第三节 海洋运输保障的费用

海上风险在给货物造成损失的同时，还会导致一系列的为营救被保险货物而支出的费用，这些费用通常称为海上费用。为了防止被保险人因办理了保险而在照料和保护保险标的方面放松警惕，海运货物保险合同规定，被保险人及其代理人在一切情况下有责任采取合理的措施，以防止或减少保险标的的更大损失。这种措施就是海上保险中的施救行为(Sue and Labour)，该行为所产生的费用也属于保险公司承保的范围。海上费用主要包括施救费用和救助费用。

一、施救费用

施救费用（Sue and Labour Expenses）是指当保险标的遭遇保险责任范围内的灾害事故时，被保险人或他的代理人、雇用人员和受让人等为防止损失扩大而主动采取抢救措施所支出的合理费用，又称损害防止费或单独费用。例如，船舶在航行中因意外触礁致使海水从船底进入船舱，舱内装运的部分货物被浸湿，船长下令将这些货物搬离该舱，并对已浸湿的商品进行整理和烘干以防止损失扩大，由此而支出的费用就是施救费用。

通过对保险货物进行施救，不仅可以减少物质财富的损失，还可以减少保险赔款的支付，所以保险人对这种行为是予以鼓励和支持的。根据我国《海商法》的规定，被保险人为防止或减少根据合同可以得到赔偿的损失而支出的必要的合理费用，应当由保险人在保险标的的损失赔偿之外另行支付，保险人对上述费用的支付，以相当于保险金额的数额为限。此外，即使施救行为没有效果，保险人在支付保险标的赔款后，还应赔偿被保险人支付的合理的施救费用。

施救费用的构成必须符合三个条件：

一是施救行为必须是由被保险人或其代理人、雇用人或受让人所采取的。如果由其他的与被保险人无关的人员采取抢救行为，因此而产生的费用并不属于施救费用。

二是施救费用的支出受保险责任范围的限制，如果保险货物的损失不属于保险责任，被保险人为此而支出的抢救费用不能作为施救费用得到补偿。

三是施救费用应该是必要的、合理的费用，如果施救行为不当，因此而支付的费用不能作为施救费用，保险人不予补偿。

二、救助费用

按照国际惯例，船舶和货物遭遇海难后，其他船舶有义务采取救助措施，被救方则应支付相应的报酬。救助费用（Salvage Charge）是指保险标的遭遇保险责任范围内的灾害事故时，由保险人和被保险人以外的第三者采取了救助措施并获得成功，由被保险人向救助的第三者所支付的报酬。例如，船舶在航行中主机发生故障，无法修理，船舶失去航行能力，只得雇请拖轮将船舶拖带到附近港口，由此而支付给救助方的报酬就是救助费用。

在海上救助中，为明确双方的权利和义务，救助人和被救助人一般均在救助开始前或救助过程中订立救助合同。救助合同有两种：一种是雇用性救助合同：另一种是“无效果，无报酬（No Cure，No Pay)”的救助合同。前一种合同通常是不管救助行为有无效果，都按固定的金额或工作时间支付救助报酬；后一种合同在国际上运用广泛，即只有救助获得成功才能得到赔偿。但近年来，由于海上污染日益严重，为保护海洋环境，许多国家对“无效果，无报酬”原则作了一些修改，规定对于有环境污染损害危险的船舶或船上货物进行的救助，只要救助人没有过失，即使救助没有成功，也可获得合理的报酬。

救助费用与施救费用在本质上都是为了抢救、保护保险财产使之脱离危险，以减少损失。但两者之间仍存在着一定区别。

一是采取行为的主体不同。施救是由被保险人及其代理人等采取的行为；救助是保险人和被保险人以外的第三者的行为。

二是给付报酬的原则不同。施救费用是施救不论有无效果，都予赔偿；而救助费用一般是“无效果，无报酬”。

三是保险人的赔偿责任不同。施救费用是在保险标的本身的保额以外，单独在一个保额内得到赔偿；而保险人对救助费用的赔偿责任以不超过获救财产的价值为限，即救助费用与保险标的的本身损失金额两者相加，不得超过保险标的的保额。

三、特别费用

特别费用是为了保险标的物的安全或保管保险标的物，由被保险人或被保险人的代理人所支出的费用，不属于共同海损及救助费用，如船舶在中途港和避难港支出的货物卸货费、保管费和重装费。

四、续运费用

续运费用是指因保单承保风险引起的被保险货物的运输在非保单载明的目的地港口或地方终止时，保险人对被保险货物的卸货费用、仓储费用及继续运往保单载明的目的地港口的费用等额外费用的统称。

复习思考题

一、名词解释

外来风险　全部损失　共同海损　单独海损　施救费用

二、单选题

1. 以下属于国际海运货物保险中自然灾害的是（　　）。

A. 火山爆发　　B. 触礁　　C. 淡水雨淋　　D. 海盗行为

2. 以下不属于船长、船员的不法行为的是（　　）。

A. 纵火焚烧　　B. 丢弃船舶

C. 船主或货主不法行为　　D. 凿漏船体

3. 被保险货物在海上运输中遭受承保风险之后，虽未达到完全灭失的状态，但是可以预见到它的全部损失不可避免，这种情况属于（　　）。

A. 实际全损　　B. 共同海损　　C. 推定全损　　D. 单独海损

4. 一般情况下，救助人获得救助报酬的首要前提是（　　）。

A. 救助人无过失　　B. 救助行为有效果

C. 救助措施合理　　D. 救助防止或减轻了环境污染

5. 船舶遇难后，在避难港支出的货物卸货费属于（　　）。

A. 施救费用　　B. 救助费用　　C. 特别费用　　D. 续运费用

三、多选题

1. 构成施救费用的条件包括（　　）。

A. 进行施救的人可以是任何人

B. 进行施救的人必须是被保险人或其代理人或受让人

C. 施救的目的必须是为了减少标的物遭受损失

D. 保险标的遭受的损失可以是保单承保风险，也可以不是承保风险

E. 费用支出必须是合理的

2. 按照海上保险的惯例，海上部分损失分为（　　）。

A. 实际损失　　B. 推定损失　　C. 共同海损

D. 单独海损　　E. 其他损失

3. 常见的特殊外来风险有（　　）。

A. 战争　　B. 罢工　　C. 交货不到

D. 拒收　　E. 偷窃

4. 下列海上风险中属于意外事故的是（　　）。

A. 搁浅　　B. 爆炸　　C. 海水进入船舶

D. 偷窃　　　　　　　　E. 受潮受热

5. 委付的构成必须符合下列条件(　　)。

A. 委付通知必须及时发出

B. 委付时必须将被保险货物全部进行委付

C. 委付能附带任何条件

D. 委付必须经过保险人的承诺才能生效

四、简答题

1. 简述海上保险合同的构成要素。
2. 简述委付的构成必须符合的条件。
3. 简述构成共同海损的条件。
4. 简述共同海损和单独海损的区别。

五、计算题

一艘货船在海上航行时遭遇暴风雨，船身严重倾斜，为了避免船只沉没，船长命令船员丢弃一部分货物。已知船的价值为 250 万元，承运人一次挣 10 万元运费，船上有甲、乙两位货主的货物，船长抛弃的是甲方的货物，两位货主的货物价值分别是：甲，100 万元；乙，150 万元。试问共同海损如何分摊?

六、案例分析

某货轮从天津新港驶往新加坡，在航行中船舱货物起火，大火蔓延至船舱，船长为了船货的安全决定采取紧急措施，往舱中灌水灭火，火被扑灭，但由于主机受损，无法继续航行，于是船长决定雇用拖轮，将货船拖回新港修理，检修后，重新驶往新加坡。事后调查，这次事件造成的损失有：(1) 1000 箱货物被烧毁；(2) 600 箱货由于灌水灭火受到损失；(3) 主机和部分甲板被烧坏；(4) 拖船费用；(5) 额外增加的燃料和船长、船员的工资。

从上述情况和各项损失的性质来看，哪些属单独海损，哪些属共同海损，为什么?

七、项目实操

2016 年 11 月，大连某货轮在航行途中因设备故障起火，该船的第四舱内发生火灾，经灌水灭火后统计损失，被火烧坏货物价值 5000 美元，因灌水救火被水浸坏的货物价值 6000 美元。船方宣布为共同海损。

任务：(1) 该轮船长宣布损失为共同海损是否合理?

(2) 被火烧坏的货物损失 5000 美元船方是否应负责赔偿，理由是什么?

(3) 被水浸的货物损失 6000 美元属什么性质的损失? 应由谁负责?

第九章　中国海洋货物运输保险条款与险别

学习目标

理解中国海洋货物运输保险的各险别。

熟知平安险、水渍险和一切险的责任范围。

掌握中国海洋货物运输保险基本险的责任起讫。

导读材料

某贸易公司与某保险公司于 2016 年 8 月 3 日签订了海上货物运输保险合同，约定：被保险人为某贸易公司，保险标的物为布料，保险金额为 48.1 万美元，险别为一切险和战争险，航程为青岛至莫斯科。该批货物于 2016 年 8 月 12 日装船，承运人为贸易公司签发了青岛至莫斯科的全程提单。提单载明：托运人贸易公司，收货人为与贸易公司签订贸易合同的买方达卡公司。货物由青岛船运至俄罗斯东方港，再由东方港改由铁路运输，10 月初运抵目的地。而后，买方持铁路运单要求提货。因买方是单证上的收货人，承运人便在未收回全程正本提单的情况下放货，买方办理完清关手续后将货物提走。贸易公司见买方迟迟没有支付货款，于是派人持正本提单至莫斯科提货，并在提不着货物后向保险公司索赔。保险公司则认为：本案货物已经运抵目的地并被收货人提走，去向是明确的，不存在“提货不着”的问题。因此，保险公司不负保险赔偿责任。

海事法院经审理认为：双方签订的海上货物运输保险合同中约定的“提货不着”，不仅包括因承运人“交货不能”所致的“提货不着”，还包括其他原因所致的“提货不着”。由于提单是物权凭证，贸易公司作为本案中货物海运正本全程提单的持有人、海上货物运输保险合同的被保险人，持有提单却提货不着。根据有利于被保险人和受益人的解释原则，应当认为，只要被保险的货物“整件提货不着”，保险公司就要承担责任。据此，海事法院判决：被告保险公司向原告贸易公司赔偿损失 39.2 万美元及其利息。保险公司不服一审判决，提起上诉。

二审法院经过调查后认为：虽然本案的海上货物运输保险合同中约定承保“提货不着”，但对承运人无单放货造成的提货不着，保险公司可不承担赔偿责任。一审判决从字义上对“提货不着”作出的解释，不符合保险合同只对外来原因造成的风险给予赔偿的本意，不适当地扩大了保险人的义务。保险公司上诉理由成立，予以采纳，于是判决撤销一审判决，对贸易公司的诉讼请求不予支持。

案例分析：本案的争论焦点之一就是如何理解保险合同中的“提货不着”。提货不着虽然是本案保险合同中约定的一种风险，但并不是说所有的提货不着都应当由保险公司承担保险责任。海上货物运输保险合同中的风险，一般是指货物在运输过程中因外来原因造成的风险，既包括自然因素造成的风险，也包括人为因素造成的风险。但是，保险合同所指的风险，都应当具备不可预见性的特征。本案是因承运人无单放货造成持有正本提单的贸易公司提货不着的。但这种提货不着是可预见的不具有海上货物运输保险的风险特征，故不属于保险合同约定承保的风险。

实际上，当承运人故意违约无单放货时，贸易公司应当根据海洋货物运输合同的约定，向这个确定的责任人追究违约责任。贸易公司不去追究承运人的违约责任，却以“提货不着是约定的风险”为由，起诉请求保险公司赔偿，可以说是告错了对象。贸易公司的诉讼请求，混淆了海上货物运输合同与海上货物运输保险合同之间的法律关系与责任界定，不符合公平、正义的法律原则。因此，二审法院正确地解释了“提货不着”，其判决是正确的。

第一节　中国海洋货物运输保险的险别

为了适应经济发展的需要，我国由中国人民保险公司（PICC）根据我国货物运输保险的实际情况并参照国际保险市场的习惯做法，分别制订了海洋、陆地、航空等多种方式的货物运输保险条款，总称为《中国保险条款》（*China Insurance Clause*，以下简称CIC)。由于在国际货物运输中，海洋运输的总量占世界运输总量的三分之一，因此，本书在介绍货物运输保险时主要以海洋运输为主。

在海洋运输保险业务中，保险人承保的责任范围都是通过各种不同的保险条款规定的。根据中国《海洋运输货物保险条款》(2009 版）规定，中国海洋运输货物保险的险别包括基本险、附加险和其他专门险三种类型。

一、基本险

基本险又称为主险，所承保的主要是自然灾害和意外事故所造成的损失和费用，是可以独立保的险别。中国人民保险公司所规定的基本险别包括平安险（Free from Particular Average，FPA)、水渍险（With Average or With Particular Average，WA or WPA）和一切险（All Risks)。

（一）平安险（Free from Particular Average，FPA)

平安险，英文原意是“单独海损不赔”，平安险是我国的习惯叫法。根据中国《海洋运输货物保险条款》（2009 版）规定，投保了平安险，保险公司对下列损失负赔偿责任：

第一，被保险货物在运输途中由于恶劣气候、雷电、海啸、地震、洪水自然灾害造成整批货物的全部损失或推定全损。当被保险人要求赔付推定全损时，须将受损货物及其权利委付给保险人。被保险货物用驳船运往或运离海轮的，每一驳船所装的货物可视作一个整批。推定全损是指被保险货物的实际全损已经不可避免，或者恢复、修复受损货物以及运送货物到原定目的地的费用超过该目的地的货物价值。

第二，由于运输工具遭到搁浅、触礁、沉没、互撞、与流水或其他物体碰撞以及失水、爆炸意外事故所造成的货物全部或部分损失。

第三，在运输工具已经发生搁浅、触礁、沉没、焚毁意外事故的情况下，货物在此前后又在海上遭受恶劣气候、雷电、海啸等自然灾害所造成的部分损失。

第四，在装卸或转船时由于一件或数件货物整件落海所造成的全部或部分损失。

第五，被保险人对遭受承保责任内的危险货物进行抢救、防止或减少货损的措施而支付的合理费用，但以不超过该批被救货物的保险金额为限。

第六，运输工具遭遇海难后，在避难港由于卸货引起的损失以及在中途港、避难港由于卸货、存仓以及运送货物所产生的特别费用。

第七，共同海损的牺牲、分摊和救助费用。

第八，运输契约订有“船舶互撞责任”条款的，根据该条款规定应由货方偿还船方的损失。

上述平安险的责任范围表明，在投保平安险的情况下，保险公司主要对自然灾害造成的全部损失和意外事故造成的全部损失及部分损失予以赔偿。此外，对于海上意外事故发生前后，由于自然灾害造成的部分损失予以赔偿。

【例 9－1】一批货物已经按发票总值的110%投保了平安险。货轮在航行途中于5月3日遇暴风雨袭击，该批货物受到部分水渍，损失货值1000元人民币；该轮在继续航行中又于5月8日触礁，货物再次发生部分损失，损失额为100元人民币。

问题：在这种情况下，保险公司应赔偿多少钱？为什么？

分析：保险公司应赔偿110元。原因在于，根据题意，该批货物按照发票总值的110%投保了平安险，而按照平安险的承保范围，“保险公司主要对自然灾害造成的全部损失和意外事故造成的全部损失及部分损失予以赔偿。此外，对于海上意外事故发生前后，由于自然灾害造成的部分损失予以赔偿”。题中共包括两处损失，其一，货轮在5月3日遭遇暴风雨袭击，该批货物受到部分水渍，损失货值1000元，这1000元的货值损失不包含在平安险的承保范围之内，保险公司不负责赔偿；其二，该轮在继续航行中又于5月8日触礁，货物再次发生部分损失，损失额为100元人民币。这100元货值损失属于海上意外事故前后自然灾害造成的部分损失，属于平安险的承保范围，保险公司要负责赔偿。所以，最终保险公司要赔偿的金额为110元（100乘以110%）。

（二）水渍险（With Average or With Particular Average，WA or WPA）

水渍险的英文原意是单独海损负责赔偿。投保水渍险后，保险公司除担负平安险的各项责任外，还对被保险货物如由于恶劣气候、雷电、海啸、地震等自然灾害所造成的部分损失负赔偿责任。

【例 9－2】中国某商人按照CIF条件向美国商人出口一批货物，卖方投保了水渍险。货物在海上运输过程中因舱内食用水管漏水，致使该批货物中的部分遭受水渍。

问题：对此损失保险公司是否负责赔偿？为什么？

分析：保险公司不负责赔偿。原因在于：中国商人即卖方投保的是水渍险，船舱内食用水管渗漏致使货物受损属于一般外来风险的范围，不在水渍险的承保范围之内，故保险公司不负责赔偿。

（三）一切险（All Risks）

投保一切险后，保险公司除担负平安险和水渍险的各项责任外，还对被保险货物在运输途中由于一般外来原因而遭受的全部或部分损失负赔偿责任。

【例 9－3】上海某单位以CIF条件从国外进口某货物一批，卖方已代办了一切险。该批货物在上海卸货后，当晚在码头被偷窃。买方能否向保险公司要求赔偿？为什么？

分析：可以。原因在于：根据题意，该批货物遭受的损失属于偷窃提货不着，该种风险属于一般外来风险，包含在一切险的承保范围之内，所以保险公司要负责赔偿。

从上述三种基本险别的责任范围来看，平安险责任范围最小，它对自然灾害造成的全部损失和意外事故造成的全部和部分损失负赔偿责任，而对自然灾害造成的部分损失不负赔偿责任。水渍险的责任范围比平安险的责任范围大，凡因自然灾害和意外事故造成的全部和部分损失，保险公司都负责赔偿。一切险的责任范围是三种基本险别中最大的一种，它除包括平安险、水渍险的责任范围外，还包括保险货物在运输过程中，由于一般外来原因所造成损失，包括：货物被偷窃、钩损、碰损、受潮、发热、淡水雨淋、短量、包装破裂和提货不着等。由此可见，一切险是水渍险加一般附加险的总和。还需要特别指出的是，一切险并非保险公司对一切风险和损失都负责赔偿，它只对水渍险和一般外来原因引起的可能发生的风险损失负责，而对货物的内在缺陷、自然损耗以及由于特殊外来原因（如战争、罢工等）所造成的风险损失，概不负赔偿责任。

中国《海洋运输货物保险条款》（2009 版）除规定上述基本险的责任范围之外，还同时规定了下列除外责任，即对下列原因造成的损失不负赔偿责任：

① 由于被保险人的故意行为或过失；

② 发货人的责任；

③ 保险责任开始前保险货物早已存在的品质不良和数量短缺；

④ 保险货物的自然损耗、本质缺陷、特性；

⑤ 保险货物的市价下跌；

⑥ 运输延迟造成的损失和引起的费用；

⑦ 海洋运输货物战争险条款和罢工险条款规定的责任范围和除外责任。

【例 9－4】 我方向美国海湾集团出口蜡烛一批，投保的是一切险。由于货仓陈旧、速度慢，货轮航行 3 个月才到达目的港，卸货后，蜡烛由于受热时间过长已全部溶解软化，无法销售。

问题：这种情况下，保险公司是否可以拒赔？

分析：保险公司不负责赔偿。原因在于：虽然该批货物投保了一切险，但是，一切险并不意味着在运输过程中的一切风险保险公司都要赔偿。一切险只包括水渍险及一般外来风险的范围；同时，根据我国海运货物保险条款基本险的除外责任规定，被保险货物的自然损耗、本质缺陷、特性及市价跌落、运输延迟所引起的损失或费用不属于保险公司的赔偿范围。案例中的蜡烛溶解软化是由于货物的特性及运输延迟造成的，属于除外责任，故保险公司可以拒付。

二、附加险别

在海运保险业务中，进出口商除了投保货物的上述基本险别外，还可以根据货物的特点和实际需要，在基本险的基础上附加投保若干险别。附加险别包括一般附加险、特殊和特别附加险两种。

（一）一般附加险（General Additional Risks）

一般附加险不能作为一个单独项目投保，只能在基本险别（平安险和水渍险）的基础上进行附加投保，根据货物的特性和需要加保一种或若干种一般附加险。如加保所有的一般附加险，即投保一切险。可见，一般附加险被包括在一切险的承保范围之内，故在投保一切险时，不存在再加保一般附加险的问题。

由于被保险货物的种类繁多，货物的性能和特点各异，而一般外来的风险又多种多样，所以一般附加险的种类也很多。我国《海洋运输货物保险条款》（2009 版）将一般附加险归纳为 11 种，具体如下：

① 偷窃、提货不着险（Theft，Pilferage Non－Delivery）。保险有效期内，保险货物被偷走或窃走，以及货物运抵目的地以后，整件未交的损失，由保险公司负责赔偿。

② 淡水雨淋险（Fresh Water Rain Damage）。货物在运输中，由于淡水、雨水以及雪融所造成的损失，保险公司负责赔偿。淡水包括船上淡水舱、水管漏水以及汗等。

③ 短量险（Risks of Shortage）。负责保险货物数量短少和重量的损失，保险公司负责赔偿。

④ 混杂、玷污险（Risks of Intermixture，Contamination）。保险货物在运输过程中，混进了杂质所造成的损坏。例如矿石等混进里泥土、草屑等因而使质量受到影响，保险公司负责赔偿。

⑤ 渗漏险（Risks of Leakage）。流质、半流质的液体物质和油类物质，在运输过程中因为容器损坏而引起的渗漏损坏。如以液体装存的湿肠衣，因为液体渗漏而使肠发生腐烂、变质损失，均由保险公司负责赔偿。

⑥ 碰损、破碎险（Risks of Clash，Breakage）。碰损主要是对金属、木质等货物来说的，破碎则主要是对易碎性物质来说的。前者是指在运输途中，因为受到震动、颠簸、挤压而造成的货物本身的损失；后者是在运输途中由于装卸野蛮、粗鲁、运输工具的颠震造成货物本身的破裂、断碎的损失，保险公司负责赔偿。

⑦ 串味险（Risks of Odour）。对于被保险的食物、中药材、化妆品原料等，因为受到其他物品的影响而引起的气味串味损失，保险公司负责赔偿。

⑧ 受热、受潮险（Damage Caused by Heating，Sweating）。船舶在航行途中，由于气温骤变，或者因为船上通风设备失灵等使舱内水汽凝结、发潮、发热引起货物的损失，保险公司负责赔偿。

⑨ 钩损险（Hook Damage）。保险货物在装卸过程中因为使用手钩、吊钩等工具所造成的损失，保险公司负责赔偿。

⑩ 包装破裂险（Loss for Damage by Breakage of Packing）。因为包装破裂造成物资的短少、沾污等损失，保险公司负责赔偿。

⑪ 锈损险（Risk Sofrust）。保险公司负责保险货物在运输过程中因为生锈造成的损失。不过这种生锈必须在保险期内发生，如原装时就已生锈，保险公司不负责任。

需要注意的是，上述 11 种附加险，只能在投保平安险和水渍险的基础上加保一种或数种险别，但若已投保一切险，则无须加保。

（二）特殊附加险与特别附加险

其是指承保由于军事、政治、国家政策法令以及行政措施等特殊外来原因所引起的风险与损失的险别，主要包括战争险、罢工险和其他附加险三种。

1. 战争险（War Risks）

保险公司负责赔偿直接由于战争、类似战争行为和敌对行为、武装冲突或海盗行为所致的损失。

凡加保战争险时，保险公司则按照加保战争险条款的责任范围，对由于战争和其他各种敌对行为所造成的损失负赔偿责任，按中国人民保险公司的保险条款规定，战争险不能作为一个单独的项目投保，而只能在投保平安险、水渍险、一切险上述三种基本险别之一的基础上加保。

2. 罢工险（Strikes Risks）

罢工险是在投保海运货物保险的基础上加保的特殊附加险，它只承保罢工行为所致的被保险货物的直接损失，如罢工行为使货物无法正常运输装卸导致的间接损失，保险公司不负责赔偿。需要注意的是，假如被保险人在投保海运货物基本险的基础上已加保战争险，还要在加保罢工险，按国际保险市场习惯，不需要另行缴付罢工险的保险费。如果只在投保基本险的基础上加保罢工险，则需按照战争险费率缴付保险费。

3. 特别附加险

除上述一般附加险和特殊附加险外，在中国人民保险公司附加条款中，还列有六种不包括在基本险中的其他附加险别，统称为特别附加险，分别为交货不到险、进口关税险、舱面货物险、拒收险、黄曲霉素险、出口货物到香港（包括九龙在内）或澳门存仓火险。这六种附加险所承保的风险，大多与国家行政法令、政策措施与航海贸易习惯有关。这六种附加险，必须在投保基本险的基础上另行加保，才能获得保障。

（三）其他专门险别

在我国海洋运输货物保险中，根据被保险货物的特性，还专门制定了海洋运输冷藏货物保险条款和海运散装桐油保险条款。此外，为了促进出口贸易的发展，我国保险公司还专门设立了卖方利益险。

1. 海洋运输冷藏货物保险险别

凡蔬菜、水果、肉类和水产品等货物，为保持其新鲜程度，运输时都须置于专门的冷藏箱。为了使这些冷藏货物在运输过程中得到全面保障，就需要投保海洋运输冷藏货物保险的有关险别，其中包括冷藏险（Risks for Frozen Products）和冷藏一切险（All Risks for Frozen Products）两种险别，两者均可单独投保。

冷藏货物保险的责任范围和除外责任如下：

冷藏险的责任范围包括由于冷藏机器（如冷藏车、冷藏集装箱和冷藏船上的制冷设备等）停止工作连续达到 24 小时以上所造成的货物腐烂或损失，以及被保险的冷藏货物在运输途中由于自然灾害或意外事故所造成的腐败或损失予以赔偿。冷藏一切险的责任范围更广，即在承保冷藏险的各项责任基础上，还负责被保险鲜货在运输途中由于外来原因所致的腐烂变质或损失。

海洋运输冷藏货物保险的除外责任在海洋运输货物保险条款的基础上稍有变化。改变之一是，增加了一项除外责任，即将“被保险鲜货在运输途中的任何阶段，因未存放在有冷藏设备的仓库或运输工具中，或辅助运输设备没有隔温设备所造成的货物腐败的损失”列入除外责任。改变之二是，将海洋运输货物条款除外责任中的“在保险责任开始前，被保险货物已存在品质不良或数量短差所造成的损失”改为“被保险鲜货在保险责任开始时，因未保持良好状态（包括整理加工和包扎不妥，冷冻上的不合理规定及骨头变质）所引起的货物腐败和损失”。

2. 海运散装桐油险

桐油由于自身特性，在运输过程中容易受到污染、变质等损失，故需要提供不同于一般货物保险的特殊保障。为此，保险公司设立了海运散装桐油保险的险别，本险别可以单独投保。

海运散装桐油险的责任范围，包括不论任何原因所致的桐油超过保险单规定免赔率的短少、渗漏损失和不论任何原因所致的桐油的沾污或变质损失，均予负责。

3. 卖方利益险

出口货物按 FOB 或 CFR 条件成交时，由买方自行办理货物运输保险，一旦货物在运输途中遭受损失，若买方不付款赎单，卖方不仅无法收回货款，而且因为自己没有投保保险而不能向保险人索赔，势必造成经济损失，为使卖方的损失能得到及时补偿，我国保险公司设立卖方利益险这项专门的险别。凡出口货物采用 FOB 或 CFR 贸易术语并按商业信用付款条件成交，出口商应投保卖方利益险，以便使其损失能得到及时补偿。

根据卖方利益险条款的规定，保险人（保险公司）负责赔偿货物遭受保险单上载明的货运险责任范围内的卖方损失，但仅在买方不支付受损货物部分的货款时，才予以赔偿。可见，被保险人要在卖方利益险项下获得赔偿，必须符合下列两个条件：一是被保险货物的损失必须属于货运保险的承保责任；二是买方拒绝支付该受损货物部分的货款。至于因买方拒绝提货而使卖方遭受的其他损失，则不属于保险人（保险公司）承担的责任。

由于买方不付款赎单的行为违反了买卖合同，其应当承担违约责任，保险人（保险公司）只有取得代位追偿权后，方可向买方追偿。因此，卖方利益险条款还规定，被保险人应将其向买方或第三方追偿的权利转让给保险人。

代位追偿：为了防止被保险人双重获益，保险人赔偿后，在其赔付金额内，要求被保险人转让其对造成损失的第三责任方要求赔偿的权利。这种权利称为代位追偿权。

表 9-1 中国海洋货运保险险别总结

基本险	平安险（FPA）	可单独投保（范围从小到大）
	水渍险（WPA/WA）	
	一切险（ALL RISKS）	
附加险	一般附加险	不可单独投保
	特殊附加险	
	其他附加险	

【例 9-5】 我方按 CIF 贸易术语对外发盘，由卖方负责投保以下保险险种。A. 一切险、偷窃提货不着险、串味险、交货不到险。B. 平安险、一切险、战争险、罢工险。C. 水渍险、一切险、战争险、罢工险。D. 偷窃提货不着险、钩损险、战争险、罢工险。

试分析以上每种险别作为保险条款是否妥当？如有不妥说明理由。

分析：

A. 不妥，因为一切险中已经包含了后面一般附加险的承保范围。

B. 不妥，平安险和一切险都属于基本险别，且一切险包含平安险的所有承保范围，所以二者只用选择一种投保即可。

C. 可以。

D. 不妥，这四种险别都属于附加险，不能单独投保，要在基本险的基础上进行附加。

第二节　中国海洋货物运输保险的责任起讫

保险的责任起讫，又称保险期间或保险期限，是指保险人（保险公司）承担责任的起讫时限。根据保险险别的不同，保险期限稍有差别。

一、基本险的责任起讫

中国《海洋运输货物保险条款》（2009 版）规定，在海运保险中，保险责任的起讫主要采用“仓至仓”条款（Warehouse to Warehouse Clause），即保险责任自被保险货物运离保险单所载明的起运地仓库或储存处所开始，包括正常运输中的海上、陆上、内河和驳船运输在内，直至该项货物到达保险单所载明的目的地收货人的最后仓库或储存处所或被保险人用作分配、分派或非正常运输的其他储存所为止。如未抵达上述仓库或储存处所，则以被保险货物在最后卸载港全部卸离海轮后满 60 天为止。如在上述 60 天内被保险货物需转运到非保险单所载明的目的地时，则以该项货物开始转运时终止。当被保险货物遭受承保范围内的损失时，保险索赔时效是从保险事故发生之日起算，最多不超过两年。

（一）正常运输情况下，保险责任的起讫时限

正常运输是指被保险货物自保险单载明起运地发货人仓库或储存处所首途运输时开始，不论是先使用哪种运输工具运输货物，只要是航程需要都属于正常运输范围。在正常运输情况下，保险责任的起讫是按“仓至仓”原则办理的。

被保险货物在运抵保险单载明的目的地之前，若发生分配、分派和分散转运等情况，保险责任按下列原则处理。

其一，若以卸货港为目的地，被保险人提货后，运到他自己的仓库时，保险责任即行终止。

其二，若以内陆为目的地，从向船方提货后运到内陆目的地的被保险仓库时，保险责任即行终止。

其三，以内陆为目的地，如果被保险货物在运抵内陆目的地时，先行存入某一仓库，然后又将该批货物分成几批再继续运往几个内陆目的地另外几个仓库，包括保险单所载目的地，在这种情况下，则以先行存入的某一仓库作为被保险人的最后仓库，保险责任在进入该仓库时即行终止。

（二）非正常运输情况下，保险责任的起讫时限

所谓非正常运输是指被保险货物在运输中，由于被保险人无法控制的运输延迟、绕道、被迫卸货、重新装载、转载或承运人行使运输合同赋予的权限所做的任何航海上的变

更或终止运输合同，致使被保险货物运抵非保险单所载明的目的地。

根据我国《海洋运输货物保险条款》第三条第二款的规定，在海洋运输过程中，如果出现被保险人所不能控制的意外情况，保险责任将按下列规定办理：

一是当出现由于被保险人无法控制的运输延迟、绕道、被迫卸货、重新装载、转载或承运人运用运输契约赋予的权限做任何航海上的变更时，在被保险人及时将获知的情况通知保险人并加缴保险费的情况下，保险人可继续承担责任。

二是在被保险人无法控制的情况下，保险货物如在运抵保险单载明的目的地之前，运输契约在其他港口或地方终止时，在被保险人立即通知保险人并在必要时加缴一定保险费的条件下，保险继续有效，直至货物在这个卸载港口或地方卖出去以及送交之时为止。但是，最长时间不能超过货物在卸载港全部卸离海轮后满 60 天。这两种情况保险期限的终止，应以先发生者为准。

二、附加险和其他专门险的责任起讫

附加险包括三种类型：一般附加险、特殊附加险和其他附加险。在附加险的责任起讫方面，一般附加险、特殊附加险中的罢工险、其他附加险均采取的是“仓至仓”条款，而特殊附加险中的战争险的保险责任起讫略有不同，它不采取“仓至仓”条款，而是从货物装上海轮开始至货物运抵目的港卸离海轮为止，即只负责海上风险，其保险责任到货物卸离保险单所载明的目的港海轮或驳船为止，若海轮到目的港后货物未卸船，最长期限则为海轮到达目的港当天午夜起满 15 天。

其他专门险别包括海洋运输冷藏货物险、海运散装桐油险和卖方利益险。在其他专门险别的责任起讫方面，海运散装桐油险适用于“仓至仓”条款，卖方利益险是在买方拒绝支付受损货物部分的货款时发生，而海洋运输冷藏货物保险的责任起讫和保险期限略有不同，具体包括：①冷藏货物到达保险单载明的最后目的港后，须在 30 天内卸离海轮，否则，保险责任终止；②如冷藏货物卸离海轮后不存入冷藏仓库，保险责任至卸离海轮时即终止；③冷藏货物全部卸离海轮并存入冷藏仓库，保险人负责货物卸离海轮后 10 天内的风险。需要注意的是，上述期限内，货物一经移出冷藏仓库，保险责任即终止。

复习思考题

一、名词解释

平安险　水渍险　一切险　附加险　仓至仓

二、单选题

1. 我公司按 CIF 条件出口棉花 300 包，货物在海运途中因货舱内水管渗漏，致使 50 包棉花遭水渍受损，在投保（　　）时，保险公司负责赔偿。

A. 平安险　　B. 水渍险　　C. 战争险　　D. 一切险

2. 根据我国《海洋货物运输保险条款》的规定，承保范围最小的基本险别是（　　）。

A. 平安险　　B. 水渍险　　C. 一切险　　D. 罢工险

3. 根据仓至仓条款的规定，从货物在目的港卸离海轮时起满（　　），不管货物是否进入保险单载明的收货人仓库，保险公司的保险责任均告终止。

A. 15 天　　B. 30 天　　C. 10 天　　D. 60 天

4. 战争、罢工风险属于(　　)。

A. 自然灾害　　B. 意外事故

C. 一般外来灾害　　D. 特殊外来风险

5. 在保险人所承保的海上风险中，雨淋、渗漏属于(　　)。

A. 自然灾害　　B. 意外事故

C. 一般外来风险　　D. 特殊外来风险

三、多选题

1. 以下属于一般附加险的是(　　)。

A. 战争险　　B. 钩损险

C. 淡水雨淋险　　D. 短量险

E. 罢工险

2. 为了防止运输途中货物被偷窃，应该投保(　　)。

A. 偷窃提货不着险　　B. 一切险

C. 一切险加保偷窃险　　D. 水渍险加保偷窃险

E. 平安险加保偷窃险

3. 土畜产品公司出口肠衣一批，为了防止在运输途中因为容器破坏引起渗漏损失，保险应该投保(　　)。

A. 渗漏险　　B. 一切险

C. 一切险加保渗漏险　　D. 水渍险加保渗漏险

E. 平安险加保渗漏险

4. 我公司以 CFR 条件进口一批货物，在海运途中部分货物丢失。要得到保险公司赔偿，我公司可投保(　　)。

A. 平安险　　B. 一切险

C. 平安险加保偷窃提货不着险　　D. 一切险加保偷窃提货不着险

5. 根据我国现行《海洋货物运输保险条款》的规定，能够独立投保的险别有(　　)。

A. 平安险　　B. 水渍险

C. 一切险　　D. 战争险

四、简答题

1. 简述平安险、水渍险和一切险的承保范围及三者的区别。

2. 在国际保险业务中所使用的“仓至仓”(W/W) 条款是什么意思？如何理解？

3. 简述海运货运战争险的责任范围。

4. 简述附加险和其他专门险的责任起讫。

五、案例分析

我方按 CIF 出口冷冻食品一批，合同规定投保平安险加保战争险及罢工险。货到目的港后适逢码头工人罢工，港口无人作业，货物无法卸载。不久，货轮因无法补充燃料以致冷冻设备停机。等到罢工结束，该批冷冻食品已变质。

问题：这种由于罢工引起的损失，保险公司是否负责赔偿？

六、项目实操

2016 年 10 月，法国某公司与中国某公司在上海订立了买卖 200 台电子计算机的合同，每台 CIF 上海 1000 美元，以不可撤销的信用证支付，2016 年 12 月马赛港交货。2016 年 11 月 15 日，中国银行上海分行根据买方指示向卖方开出了金额为 20 万美元的不可撤销的信用证，委托马赛的一家法国银行通知并议付此信用证。2016 年 12 月 20 日，卖方将 200 台计算机装船并获得信用证要求的提单、保险单、发票等单据后，即到该法国议付行议付。经审查，单证银行即将 20 万美元支付给卖方。与此同时，载货船离开马赛港 10 天后，由于在航行途中遇上特大暴雨和暗礁，货船及货物全部沉入大海。此时开证行已收到了议付行寄来的全套单据，买方也已得知所购货物全部灭失的消息。中国银行上海分行拟拒绝议付行已议付的 20 万美元的货款，理由是其客户不能得到所期待的货物。

任务：(1) 这批货物的风险自何时起由卖方转移给买方？

(2) 开证行能否由于这批货物全部灭失而免除其所承担的付款义务？依据是什么？

(3) 买方的损失如何得到补偿？

第十章　伦敦保险协会海运货物保险条款与险别

学习目标

理解伦敦保险协会海洋运输货物保险的各险别。

熟知 ICC（A）、ICC（B）、ICC（C）的责任范围。

掌握伦敦保险协会海洋运输货物保险的责任起讫。

导读材料

某年，有一进口商同国外买方达成一项交易，合同规定的价格条件为 CIF，当时正值海湾战争期间，装有出口货物的轮船在公海上航行时，被一导弹误中沉没，由于在投保时没有投保战争险，保险公司不赔偿。问题：买卖双方应由哪方负责？为什么？

案例分析：注意保险责任的范围；由买方自己负责；按照 UCP600 的解释，在买方没有提出特别要求的情况下，卖方投保责任范围最小的险别是合理的。

第一节　伦敦保险协会海洋运输货物保险的险别

在世界海上保险业中，英国是一个具有悠久历史的发达国家，英国伦敦保险人协会制定的“协会货物条款”（Institute Cargo Clause，ICC）对世界各国有着广泛的影响。目前，世界上许多国家在海运保险业务中直接采用该条款，或者在参考此条款的基础上制定本国的海运保险条款。

英国“协会货物条款”最早制定于 1912 年，它是对“船、货保险单”（The S. G. Policy Form，1779）的沿用和修正。为了适应不同时期法律、判例、商业、贸易、航运等方面的变化和发展，“协会货物条款”经常进行修订和补充。2009 年 1 月 1 日，联合货物保险委员会（Joint Cargo Committee）推出了新的条款 ICC2009。新的条款扩展了保险责任的起讫期，对保险人援引免责条款做出了一定的限制，同时也对条款中容易产生争议的用词作出了更加明确的规定。

从险别上讲，协会货物险条款包括协会货物 A 条款，即 ICC（A）；协会货物 B 条款，即 ICC（B）；协会货物 C 条款，即 ICC（C）；协会战争险条款（Institute War Clause—Cargo）；协会罢工险条款（Institute Strikes Clause—Cargo）；恶意损害险条款（Malicious Damage Clause）和偷窃、提货不着险（Institute Theft，Pilferage and Non—Delivery Clause）等六种险别。前五个险别条款结构统一，系统清晰，都包含承保责任、除外责任、索赔、保险利益、减少损失、防止延迟和法律与惯例等八项内容，可以单独投保。而恶意损害险和偷窃、提货不着险属于附加险别，不能单独投保。

一、基本险的责任范围和除外责任

（一）ICC（A）条款的责任范围和除外责任

1. 责任范围

ICC（A）条款承保责任范围最大，类似于我国的一切险，采用“一切险减除外责任”的概括式规定方法，即除了“除外责任”项下所列的风险保险人（保险公司）不予负责之外，其他风险均予负责。具体来说，其承保责任范围包括三部分内容，即第一条风险条款、第二条共同海损条款和第三条船舶互撞责任条款。

（1）风险条款

ICC（A）条款采用“一切风险减除外责任”方式规定保险人的风险条款，所以本条款承保货物损失或损坏的一切风险，但第四、五、六、七条规定的除外责任除外。

（2）共同海损条款（General Average）

ICC（A）条款承保依运输合同及（或）准据法和惯例所理算或确定的共同海损和救助费用，其产生是为了避免任何原因造成的损失或避免任何原因造成的损失有关，但此种原因须不是本保险第四、五、六和七条或其他条文除外的危险。

（3）船舶互撞责任条款（Both to Blame Collision）

ICC（A）条款负责赔偿被保险人根据运输合同中有关船舶互有责任碰撞条款的规定，由被保险人就承保风险应承担的责任。在上述条款下，若承运人向被保险人提起索赔，被保险人通知保险人，保险人有权自负费用为被保险人就此项索赔进行辩护。

2. 除外责任（Exclusions）

ICC（A）的除外责任涉及第四、五、六、第七条的内容。

第四条　一般除外责任。在任何情况下，本保险不承保下列损失或费用：

① 归因于被保险人的恶意行为所引起的损失、损害或费用。

② 保险标的的自然渗漏、重量或容量的自然损耗或自然磨损。

③ 由于保险标的的包装或准备不足或不当造成无法抵抗运输途中发生的通常的事故而产生的损失、损害或费用，此种情况适用于：该包装或准备是由被保险人或其受雇人完成的，或该包装或准备是在本保险责任开始前完成的。（本条所称的“包装”，包括集装箱；本条所称的“雇员”，不包括独立合同商）

④ 保险标的内在缺陷或特性所引起的损失、损害或费用。

⑤ 因延迟所引起的损失、损害或费用，即使延迟因承保风险所引起的也是如此。（但第二条共同海损应予以赔偿的费用不在此限）

⑥ 因船舶所有人、经理人、出租人或经营人破产或不履行债务导致的损失、损害或费用。此情况适用于，在保险标的装上船舶之时，被保险人知道或被保险人在正常业务经营中应当知道，此种破产或不履行债务会导致该航程被取消。本条除外条款不适用于，当保险合同已经转让给另一方，即另一方已经善意购买或同意购买保险标的且受保险合同约束。

⑦ 因使用任何原子或核子裂变和（或）聚变或其他类似反应或放射性力量或物质的武器或设备直接或间接导致的损失、损害或费用。

第五条　不适航、不适货除外责任。

① 本保险在任何情况下均不承保因下述原因所致的损失、损害或费用，包括：一是

被保险人在保险标的装船时已经知道船舶或驳船的不适航，及船舶或驳船不适合安全运输保险标的；二是在保险合同生效前，装载已开始或已完成，或被保险人或其受雇人在装载时已经知道集装箱或运输工具不适合安全运输保险标的。

② 上述条款中所述的除外条款不适用于当保险合同已经善意转让给另一方，即另一方已经购买或同意购买保险标的且受合同约束。

③ 保险人放弃运载保险标的至目的地的船舶违反适航和船舶适货的任何默示保证。

第六条　战争除外责任。本保险不承保因下列原因所引起的损失、损害或费用。

① 战争、内乱、革命、叛乱、暴乱或由此引起的内乱，或来自交战方或针对交战方的任何敌对行为。

② 捕获、扣押、逮捕、管制或扣留（海盗除外），以及上述原因所致的结果或任何企图、威胁。

③ 丢弃的水雷、鱼雷、炸弹或任何其他遗弃的战争武器。

第七条　罢工除外责任。本保险不承保因下列风险所引起的损失、损害或费用。

① 由罢工者、被迫停工工人或参与工潮、暴动或民众骚扰者所引起的。

② 由罢工、停工、工潮、暴动或民众骚扰结果所引起的。

③ 由任何恐怖主义行为，或与恐怖主义行为相联系，任何组织通过暴力直接实施的旨在推翻或影响法律上承认的或非法律上承认的政府的行为引起的。

④ 由任何人出于政治、信仰或宗教目的实施的行为引起的。

（二）ICC（B）条款的责任范围和除外责任

1. 责任范围

ICC（B）条款的责任范围类似于我国的水渍险，也包括三部分内容，即第一条风险条款，第二条共同海损条款和第三条船舶互撞责任条款。因为第二和第三条规定在措辞上和 ICC（A）完全相同，所以此条款中主要介绍第一条风险条款。需要说明的是，ICC（B）风险条款采用承保“除外责任”之外列明风险的办法，即将其承保的风险一一列出。

① 火灾或爆炸。

② 船舶或驳船触礁、搁浅、沉没或倾覆。

③ 陆上运输工具倾覆或出轨。

④ 船舶、驳船或运输工具同水以外的任何其他外界物体的碰撞或触碰。

⑤ 在避难港卸货。

⑥ 地震、火山爆发或雷电。

⑦ 共同海损的牺牲。

⑧ 投弃或浪击落海。

⑨ 海水、湖水或河水进入船舶、驳船、船舱、运输工具、集装箱或储存处所。

⑩ 货物在装卸船舶或驳船时落海或跌落导致整件货物的全损。

2. 除外责任

ICC（B）条款的除外责任也涉及第四、五、六和第七条的内容。其与 ICC（A）条款的规定基本相同，只有两点不同，现将不同点介绍如下：

第一，在第四条中，增加规定对“由任何个人或数人不法行为故意损坏或故意破坏保险标的或其任何部分”不负责任。如果被保险人想获得此方面的保障，必须投保恶意损害险。

第二，ICC（A）条款第六条规定，不承保因“捕获、扣押、逮捕、管制或扣留（海盗除外），以及上述原因所致的结果或任何企图、威胁”所引起的灭失、损害或费用。这样 ICC（A）条款对海盗引起的灭失、损害和费用负责任。而 ICC（B）条款的第六条并没有“海盗除外”字样。但由于 ICC（B）条款对承保风险采用列明方式，而海盗风险并没有出现在承保风险内，所以 ICC（B）条款对海盗风险不承保。

（三）ICC（C）险的责任范围和除外责任

1. 责任范围

ICC（C）条款的责任范围类似于我国的平安险，仅承保“重大意外事故”的风险，而不承保自然灾害及非重大意外事故的风险。ICC（C）风险条款承保的责任范围比 ICC（B）要小，也采取列明风险的方式。

① 火灾或爆炸。

② 船舶或驳船遭受搁浅、触礁、沉没或倾覆。

③ 陆上运输工具的倾覆或出轨。

④ 船舶、驳船或运输工具同除水以外的任何外界物体碰撞或接触。

⑤ 在避难港卸货。

⑥ 共同海损的牺牲。

⑦ 投弃（或抛货）。

2. 除外责任

ICC（C）条款的除外责任也涉及第四、五、六和第七条的内容。它与 ICC（B）的规定完全相同。但需要注意的是，虽然 ICC（C）条款和 ICC（B）条款的除外责任相同，但因为这两个险别的风险条款都采取列明方式，所以保险公司承保的风险也就不同。

表 10－1 ICC（A）、ICC（B）和 ICC（C）条款的责任范围和除外责任

责任范围	A	B	C
1. 火灾、爆炸	√	√	√
2. 船舶、驳船的触礁、搁浅、沉没、倾覆	√	√	√
3. 陆上运输工具的倾覆或出轨	√	√	√
4. 船舶、驳船或运输工具同除水以外的任何外界物体碰撞	√	√	√
5. 避难港卸货	√	√	√
6. 地震、火山爆发或雷电	√	√	√
7. 共同海损牺牲	√	√	√
8. 抛货	√	√	×
9. 浪击落海	√	√	×
10. 海水、湖水或河水进入船舶、驳船、运输工具、集装箱、大型海运箱或储存处所	√	√	×
11. 货物在船舶或驳船装卸时落海或跌落，造成任何整件的全损	√	√	×

（续表）

责任范围	A	B	C
12. 由于被保险人以外的其他人（如船长、船员等）的故意违法行为所造成的损失或费用	√	×	×
13. 海盗行为	√	×	×
14. 下列“除外责任”范围以外的一切风险	√	×	×
除外责任	A	B	C
1. 被保险人的故意违法行为所造成的损失和费用	×	×	×
2. 自然渗漏、重量或容量的自然损耗或自然磨损	×	×	×
3. 包装或准备不足或不当造成的损失或费用	×	×	×
4. 保险标的的内在缺陷或特性造成的损失或费用	×	×	×
5. 直接由于延迟引起的损失或费用	×	×	×
6. 由于船舶所有人、经理人、租船人或经营人破产或不履行债务所造成的损失和费用	×	×	×
7. 由于使用任何原子武器或核裂变等造成的损失和费用	×	×	×
8. 船舶不适航，船舶、装运工具、集装箱等不适货	×	×	×
9. 战争险	×	×	×
10. 罢工险	×	×	×

注：√代表承保风险；×代表免责风险和不承保风险。

（四）协会海运货物战争险的责任范围和除外责任

1. 责任范围

协会海运货物战争险条款主要承保由于下列原因所导致保险标的的损失：

① 战争、内乱、革命、叛乱、造反或由此引起的内乱、或交战国的或针对交战国的任何敌对行为。

② 由于上述承保风险引起的捕获、扣留、管制或扣押及其后果，或任何有关企图、威胁。

③ 遗弃的水雷、鱼雷、炸弹或其他遗弃的战争武器。

④ 上述原因导致的共同海损和救助费用。

在上述承保风险中不包括海盗行为所造成的损失，这一点与中国现行海运货物战争险条款的规定不同。

2. 除外责任

在除外责任方面，战争险与 ICC（A）条款的第四条和第五条的规定基本相同，但在第四条中增加了一个“航程挫折”条款（Frustration Clause），规定由于战争原因造成航程中止，货物未能到达保险单所载明的目的地而引起的间接损失，保险人不负赔偿责任。另外，对于原子或热核武器等所致损失，规定由于敌对行为使用原子或热核武器所致灭失或损害不负赔偿责任。

(五) 协会海运货物罢工险条款的责任范围和除外责任

1. 责任范围

协会海运货物罢工险责任范围与中国人民保险公司的罢工险一样，仅负责由于罢工等风险所直接造成的保险标的物损失，而不负责由于罢工等风险所产生的费用或间接损失。具体如下：

① 罢工者、被迫停工工人或参与工潮、暴动或民众骚扰者所致的灭失或损害。

② 任何恐怖主义行为，或与恐怖主义行为相联系，任何组织通过暴力直接实施的旨在推翻或影响法律上承认的或非法律上承认的政府的行为引起的灭失或损害。

③ 由任何人出于政治、信仰或宗教目的实施的行为引起的灭失或损害。

④ 为避免或有关避免以上承保风险所造成的共同海损或救助费用。

由上述协会海运货物罢工险的责任范围的具体规定可以看出，协会罢工险的承保范围大大超出了罢工的范围。该险别除了负责罢工险的损失外，对于工潮、民众骚扰以及恐怖主义行为或出于政治、信仰或宗教目的行为所导致的风险损失也负赔偿责任。

2. 除外责任

由于罢工险只负责承保风险直接造成的损失，因此，下列损失或费用保险公司不负赔偿责任：

① 由于罢工、停工、工潮、暴动或民众骚扰等造成劳动力缺乏、短少或扣押所引起的损失或费用。

② 由航程挫折而引起的损失。

③ 由于战争、内战、革命、叛乱或由此引起的内乱，或交战国或针对交战国的任何敌对行为所造成的损失或费用。

二、附加险的责任范围和除外责任

ICC (A)、ICC (B)、ICC (C)、战争险、罢工险是伦敦保险协会海运保险的基本险别，可以单独投保；而恶意损害险和偷窃、提货不着险是附加险，需要在基本险别的基础上进行加保。需要注意的是，ICC (A) 险是伦敦保险协会关于海运货物的承保范围最大的险别，其承包范围中已经包含恶意损害险和偷窃、提货不着险，无须加保。

(一) 恶意损害险

恶意损害险所承保的是被保险人以外的其他人（如船长、船员等）的故意破坏行为所导致的被保险货物的灭失或损害。但需要注意的是，恶意损害险也有其除外责任，即恶意损害如果是出于政治动机等的人为行为，则不属于该险别的承保范围。

(二) 偷窃、提货不着险

本保险承保范围包括两部分：一是偷窃（Theft，Pilferage），二是提货不着（Non－Delivery）。

所谓“偷”(Theft) 是指海上袭击性偷窃，须伴有暴力或暴力威胁，不包括暗中的小偷小窃。所谓“窃”(Pilferage) 是指暗中进行的小偷小摸。

提货不着是指由于任何不明原因造成整件货物不知去向，或者误交给不知姓名的其他提货人而无法追回。需要注意的是，提货不着强调“整件”和“任何不明原因”两个方面，货物短量或件数不足以及交货不到的原因是知道的，这些不属于“提货不着”的范畴。

第二节　伦敦保险协会海洋运输货物保险的其他内容

伦敦保险协会对海洋运输货物保险的规定比较具体，结构比较统一，一般包括八项内容，即承保责任、除外责任、保险期间、索赔、保险的利益、减少损失、防止迟延和法律与惯例。在第一节中，已经介绍了伦敦保险协会海洋运输货物保险六大险别的责任范围和除外责任，现将其他内容简单介绍如下：

一、保险期间（Duration）

保险期间又称保险期限或保险有效期，是指保险人对保险标的发生的事故须负损失赔偿责任的起讫时间，即保险合同效力开始至终止的期间。协会海运货物（A）（B）和（C）保险条款有关保险期间的规定，主要反映在“运输条款”（Transit Clause）、“运输合同终止条款”（Termination of Contract of Carriage Clause）和“航程变更条款”（Change Voyage Clause）三个条款之中。

（一）运输条款（Transit Clause）

ICC2009 在第八条的“运输条款”中，将“仓至仓”保险责任的起点扩展为：“自保险标的为了开始运输而立即搬运至运输车辆或其他运输工具的目的，开始进入仓库或储存处所（本保险合同载明的地点）时生效……”而 ICC1982 的保险责任的起点则为“保险责任自货物运离仓库或储存处所开始运输时生效……”显然，ICC2009 扩展了 ICC1982 的起点。

关于保险责任的终点，ICC2009 强调保险责任在“完成卸货（On Completion of Unloading)”后终止，而 ICC1982 强调保险责任在“交付（On Delivery to)”后终止。显然，ICC2009 扩展了 ICC1982 的终点，对被保险人更为有利。此外，ICC2009 增加了一个终点，即“被保险人或其受雇人在正常运输过程之外，选择任何运输车辆或其他运输工具或集装箱储存货物”，这是限制被保险人或其受雇人在非正常运输过程中的临时仓储。

（二）运输合同终止条款（Termination of Contract of Carriage Clause）

“运输合同终止条款”主要规定：如果由于被保险人无法控制的原因，运输合同在载明的目的地以外的港口或地点终止，或运送在货物尚未按照上述“运输条款”规定完成卸货前终止，则本保险也终止。但是，在被保险人迅速通知了保险人并在本保险有效期内提出继续承保的请求，且同意保险人可能要求的额外保费的情况下，本保险继续有效，直到货物在这个卸载港口或地点卖出并交付时为止，但最长不超过货物到达港口或地点满 60 天。如果货物在上述 60 天内被安排续运到原定目的地或事后双方同意的其他地点，则保险责任按照第八条“运输条款”的规定而终止。

（三）航程变更条款（Change Voyage Clause）

“航程变更条款”主要规定：在保险责任开始之后，如果被保险人要求变更保险单所载明的目的地，应立即通知保险人，并另行商定保险费率和保险条件。在此费率和条件达成一致前出现保险事故，只有在保险费率和保险条件符合合理的市场行情情况下，本保险才会继续有效。

二、保险索赔（Claims）

由于保险是一种损失补偿制度，若保险标的发生了承保风险范围内的损失，必然就会涉及索赔和理赔的问题。

现将现行的伦敦保险协会货物保险条款中的有关保险索赔的内容介绍如下：

（一）可保利益（Insurable Interest）

第十一条“可保利益”规定：在发生损失时，被保险人必须按照条款的规定，对在本保险期间内发生的承保范围内的损失获得赔偿，即使损失发生在本保险合同订立之前，但在签订合同时被保险人已经知道损失发生，而保险人并不知晓者除外。

该条款是针对国际贸易业务的特点而专门制定的，尤其针对 CFR 等贸易术语下的国际货物买卖。该条款规定，被保险人在订立货物运输保险合同时对保险标的（货物）可以没有可保利益，但在货物发生损失时则必须具有可保利益才能获得保险人的赔偿。同时，如果在保险合同订立之前，保险标的已经发生损失，但在订立保险合同时被保险人对此并不知情，仍然与保险人订立了保险合同，在此情况下，被保险人仍然可以获得赔偿。

（二）续运费（Forwarding Charges）

第十二条“续运费”规定：由于本保险承保的风险，致使保险运输在非保险单载明的港口或处所终止，保险人应偿付被保险人在卸货、存仓和续运保险标的至保险单载明的目的地的适当而合理的任何额外费用。

在该条规定中，需要注意的是，运输在非保险单载明的目的地之外终止的原因必须是由承保风险直接造成的，否则保险人对卸货、存仓和将货物续运到最终目的地的有关费用不予负责。同时，该条款还规定因共同海损、被保险人或其受雇人的过失、疏忽、破产或不履行债务而引起的有关费用，不适用该条款，即保险人对这些原因引起的费用不负赔偿责任。

（三）推定全损（Constructive Total Loss）

第十三条“推定全损”规定：本保险不负推定全损赔偿责任，除非由于保险标的的实际全损已经不可避免，或者由于恢复、整理以及运送保险标的到保险目的地的费用将超过其抵达时的价值，保险标的被合理委付。

根据上述规定，如果被保险人要获得保险人的推定全损赔偿，必须满足以下条件：

第一，保险标的遭受的损失必须是由承保风险造成或引起的。

第二，该损失的程度相当严重，已经无可挽回地达到全损的地步，也就是说，若不采取一定措施定会发生实际全损；或对受损标的加以恢复、整理以及运至最终目的地的有关费用将超出标的本身的实际价值。

第三，必须按委付的有关规定，将受损标的残余部分的所有权转让给保险人。

若不能满足上述条件，被保险人只能获得部分损失的赔偿，而且有义务承担受损标的所产生的责任。

（四）增值（Increased Value）

货物保险增值是指，货物的买方估计所买进的货物在到达目的地时的完好价值将会超出卖方投保时同保险人约定的保险金额，因而将两者之间的估计差额投保增值保险。

第十四条规定：若对货物办理增值保险，则货物的约定价值视为增值部分的保险金额与货物原有保险金额两者之和。当货物发生损失时，保险人将按其保险金额在总保险金额中所占的比例承担赔偿责任。该条款还规定，在增值保险下，被保险人提出索赔时，应向保险人提供所有其他保险单所保金额的证明。其目的是由所有保险人按比例摊赔。

（五）保险的利益（Benefit of Insurance）

第十五条“保险的利益”规定：本保险保障被保险人，包括根据本保险合同提出索赔的人员或收货人；除非有特别说明，承运人或其他受托人不享受本保险的利益。

本保险条款的制定目的是为了防止承运人或者其他受托人在运输合同或其他合同中写入一个享受保险利益的条款来摆脱其对货损、货差或迟延交货的责任，因为这样的条款会损害货物保险人的代位追偿权。

（六）减少损失（Minimizing Losses）

“减少损失”一项中规定了“被保险人义务条款”（Duty of Assured Clause）和“放弃条款”（Waiver Clause）两项内容。

第十六条“被保险人义务”规定：当保险标的发生承保范围的损失时，被保险人及其受雇人、代理人有义务采取合理措施，以避免或减轻这种损失。同时，如果这种损失是由承运人、受托人或其他第三者的责任造成时，被保险人应及时向他们行使损害赔偿请求权，并保证适当地维护向他们进行追偿的权利。保险人除了负责赔偿承保责任范围内的任何损失外，还负责赔偿被保险人履行上述义务所产生的任何适当和合理的费用。

为了鼓励被保险人积极采取措施，减轻或避免扩大损失，第十七条“放弃条款”规定：在被保险货物发生承保风险时，被保险人或保险人为了施救、保护或恢复被保险货物所采取的措施，不应视为被保险人放弃“委付”或保险人接受“委付”的表示。所以，也有人将该条款称为“保障权利”条款。

（七）防止迟延（Avoidance of Delay）

第十八条“防止迟延”规定：被保险人对其所投保货物所发生的任何事情，必须在一切力所能及的情况下，采取合理的迅速措施加以处理。例如，合理运送货物、及时提货、货物受损时采取措施减少或避免扩大损失等。该条款具有提醒被保险人注意履行义务的作用。

上述（六）（七）两项内容都属于被保险人应履行的义务，它关系到被保险货物的安全和保险人的利益，因此，若被保险人未予遵守履行，保险人对有关的损失有权拒绝赔偿。

（八）法律与惯例（Law and Practice）

第十九条“法律与惯例”规定：“本保险受英国法律与惯例管辖。”

复习思考题

一、名词解释

ICC（A）　ICC（B）　ICC（C）　责任起讫

二、单选题

1. 根据现行伦敦保险协会海运货物保险条款的规定，采用“一切风险减除外责任”的办法表示的险别是(　　)。

A. ICC（A）　　B. ICC（B）　　C. ICC（C）　　D. ICC（D）

2. 根据现行伦敦保险协会海运货物保险条款的规定，承保风险最大的险别是(　　)。

A. ICC（A）　　B. ICC（B）　　C. ICC（C）　　D. ICC（D）

3. ICC（2009）中承保责任包括恶意损害风险的是(　　)。

A. ICC（A）　　B. ICC（B）　　C. ICC（C）　　D. ICC（D）

4. ICC（A）在其除外责任规定中，特别指出不包括海盗行为的是(　　)。

A. 一般除外责任　　B. 不适航与不适货除外责任

C. 战争险除外责任　　D. 罢工险除外责任

5. ICC（A）的承保风险类似我国的(　　)。

A. 平安险　　B. 水渍险　　C. 一切险　　D. 附加险

三、多选题

1. ICC（B）承保风险包括(　　)。

A. 火灾、爆炸　　B. 海盗行为

C. 共同海损牺牲　　D. 地震、火山爆发或雷电

E. 浪击落海

2. ICC（A）予以承保，而我国海洋运输货物保险条款的基本险不保的风险是(　　)。

A. 投弃　　B. 浪击落海

C. 恶意损害行为　　D. 海盗行为

E. 偷窃

3. 伦敦保险协会海运货物保险险别中可以单独投保的有(　　)。

A. ICC（A）　　B. ICC（B）

C. ICC（C）　　D. 战争险

E. 罢工险

4. 属于海上货物运输承保的意外事故有(　　)。

A. 投弃　　B. 吊索损害

C. 搁浅　　D. 恶意损害行为

E. 碰撞

四、简答题

1. 简述ICC（A）、ICC（B）、ICC（C）三个条款在承保风险上的区别。

2. 伦敦保险协会货物保险条款规定承保哪几种险？在保险实务中如何具体运用？

五、案例分析

某出口商以CIF条件，将一批粉末状货物采用纸袋包装，通过海上租船方式运输，投保了ICC（A）险。货交承运人时包装良好，承运人也签发了清洁提单。货到目的港后，发现部分货物的包装破碎，货物散落。进口商以货物管理不当为由，要求承运人和保险人赔偿。

问题：该损失由谁承担？

第十一章　运输货物保险实务

学习目标

掌握保险险别的选择、保险金额与保险费的计算、办理投保手续、保险单的种类与填制、保险索赔与理赔。

灵活运用所学知识分析运输货物保险实务问题。

导读材料

有一份CIF合同，卖方甲投保了一切险，自法国内陆仓库起、直到美国纽约的买方仓库为止。合同中规定，投保金额是“按发票金领点值另加百分之十”。卖方甲在货物装船后，凭提单、保险单、发票、品质检验证书等单证向买方银行收取了货款。后来，货物在运到纽约港前遇险而全部损失。买方凭保险单要求保值的百分之十应该属于他，但遭卖方保险公司的拒绝。请问：卖方甲有无权利要求这部分金额？为什么？

分析：据本案情况，卖方无权要求这部分赔款，保险公司只能将全部损失赔偿支付给买方。

在国际货物运输保险中，投保加成是一种习惯做法。保险公司允许投保人按发票总值加成投保，习惯上是加成百分之十，当然，加成多少应由投保人与保险公司协商约定，不限于百分之十。在国际商会的《国际贸易术语解释通则》中，关于CIF卖方的责任有如下规定：“自费向信誉卓著的保险人或保险公司投保有关货物运送中的海洋险，并取得保险单，这项保险，应投保平安险，保险金额包括CIF价另加百分之十。”

在CIF合同中，虽然由卖方向保险公司投保，负资支付保险费并领取保险单，但在卖方提供符合合同规定的单据（包括提单、保险单、发平等）换取买方支付货款时，这些单据包括保险单已合法、有效地转让给买方。买方作为保险单的合法受让人和持有人，也就享有根据保险单所产生的全部利益，包括超出发票总值的保险价值的各项权益都应属买方享有。因此，在本案中，保险公司有权拒绝向卖方赔付任何金额，也有义务向买方赔付包括加成在内的全部保险金领。

第一节　运输货物投保与承保实务

一、保险险别的选择

在国际货物运输保险中，保险人承担的保险责任是以险别为依据的，不同的险别所承保的责任范围不同，其保险费率也不相同；选择何种投保险别，需综合考虑各种因素。在中国海运货物保险条款三种基本险中，平安险的责任范围最小，水渍险次之，一切险最大。与此相对应，平安险的费率最低，水渍险次之，一切险最高。因此，被保险人在选择保险险别时，应该根据货物运输的实际情况予以全面衡量，既要考虑使货物得到充分保障，又要尽量节约保险费的支出，降低贸易成本，提高经济效益。在国际贸易中，被保险人或投保人应依据以下各种因素，选择适当的险别：

（一）货物的性质和特点

不同性质和特点的货物，在运输途中可能遭遇的风险和发生的损失往往有很大的差别。因此，在投保时必须充分考虑货物的性质和特点，据以确定适当的险别。例如，粮谷类商品（如粮食、花生、豆类、饲料等）的特点是含有水分，经过长途运输，水分蒸发，可能造成短量；在运输途中如果通风设备不良，还易潮湿、发热而致发霉。对于此类商品，一般可以在投保水渍险的基础上加保短量险和受热受潮险，或者投保一切险或ICC(A)。又如，油脂类商品（食用动植物油等）在运输途中常因容器破裂而致渗漏或沾污杂质而致损失；如果是散装，会因油脂本身沾在舱壁或在装卸过程中消耗而致短量。因此，对此类商品，可以在水渍险的基础上加保短量险和沾污险。再如，麻类商品（黄麻、苎麻等）受潮发热会引起变质、自燃，一般可在水渍险或平安险的基础上加保受热受潮险。对于家用电器等商品，由于在运输途中易受碰损或被盗，一般应在水渍险或平安险的基础上加保碰损险或偷窃、提货不着险。服装等纺织品，容易受到水湿及沾污损失，所以海运需投保一切险，或在水渍险的基础上加保淡水雨淋险和混杂、沾污险，陆运同样应投保与海运相当责任的险别。玻璃器皿、家具、大理石、水磨石的特点是比较容易碰损、破碎，因而可在投保平安险的基础上加保碰损、破碎险。此外，对某些大宗货物（如散装桐油、原煤、天然橡胶）以及某些特殊的货物（如冷藏货物），需按不同货物的特点选择保险人提供的特定的或专门的保险条款进行投保，以求能得到充分的保障。

（二）货物的用途与价值

货物的用途与货物投保的险别也有关系。一般而言，食品、化妆品及药品等与人的身体、生命息息相关的商品，由于其用途的特殊性，一旦发生污染或变质损失，就会全部丧失使用价值。因此，在投保时应尽量考虑能得到充分全面的保障。例如，茶叶在运输途中一旦被海水浸湿或吸收异味即无法饮用，失去使用价值，故应当投保一切险。价值的高低对投保险别的选择也有影响。对于古玩、古画、金银、珠宝及贵重工艺品之类的商品，由于其价值昂贵，而且一旦损坏对其价值影响很大，所以应投保一切险，以获得全面保障。

此外，货物价值的高低对投保险别的选择也有影响。对于一些贵重工艺品类的商品，由于其价值昂贵，又比较容易遭受损失，所以应投保一切险。而对于矿石、矿砂等建材类商品，价值低廉也不易受损，只需在平安险的基础上加保短量险即可。

（三）货物的包装

货物包装的方式不同，货物在运输途中可能遭遇的风险也各有不同。散装货物，如大宗的矿石、矿砂，在装卸时容易发生短量损失，散装的豆类等还可能因混入杂质而受损；裸装货物，如卡车等，一般装载于甲板上并采取固定、防滑措施后进行运输，因为其容易因碰撞或挤擦而出现表面凹瘪、油漆掉落等损失；包装货物可能会因包装材料的不同而产生不同的损失，例如谷物，如果是散装运输，容易在装卸时发生短量和混杂损失；如果是袋装运输，则可能因装卸过程中使用吊钩或手钩从而钩破外包装使谷物洒漏出来，也可能在搬运时出现外包装破裂的现象。因此，包装方式不同，投保人所应选择的保险险别也不相同。有些裸装的货物容易因碰撞或挤擦而出现表面损坏、凹瘪等情况，一些贵重零部件等也容易遭受偷窃损失，因此，需在投保平安险或水渍险的基础上加保碰损破碎险和偷窃、提货不着险。

如果采用集装箱运输，箱中的货物在运输途中遭遇风险损失的可能性相对较小。但如果集装箱本身不干净，可能会使货物因沾污而受损，箱内货物也可能因堆放不妥而在运输途中出现碰损或混杂等损失。因此，应视实际情况在平安险的基础上加保混杂、沾污险或碰损、破碎险。

（四）运输路线及船舶停靠港口（车站）

就运输路线而言，一般的，运输路线越长，所需的运输时间越长，货物在运输途中可能遭遇的风险就越多；反之，运输路线越短，货物可能遭受的风险就越少。另外，运输途中经过的区域的地理位置、气候状况及政治军事形势等也会对货物的安全运输产生影响。运输路线和停靠港口不同，对货物可能遭受的风险和损失也有不同的影响。某些航线途经气候炎热的地区，如果载货船舶通风不良，就会增大货损。而在政局动荡不定的海域内航行，货物遭受意外损失的可能性自然增大，尤其是在局部地区发生战争或出现形势紧张的情况下，运往该地区的货物应考虑加保战争险。同时，由于不同停靠港口在设备、装卸能力以及安全等方面有很大差异，进出口货物在港口装卸时发生货损货差的情况也就不同。所以，投保前要进行适当的调查，考虑到可能发生什么样的损失，以便选择适当的险别予以保障。

（五）运输方式与运输工具

货物通过不同的运输方式、采用不同的运输工具进行运输，途中可能遭遇的风险并不相同，可供选择的险别也因运输方式而各异。海运货物投保海运险别；陆运货物、空运货物则应分别投保陆运或空运险别。

根据中国运输货物保险条款，货物采用的运输方式不同，其适用的保险险别也不同。例如，海运货物保险的基本险包括一切险、水渍险和平安险，陆运保险的基本险则包括陆运一切险和陆运险，此外还有航空和邮包保险的险别。所以，投保人或被保险人应根据不同的运输方式和运输工具选择适当的保险险别。随着运输技术的发展，多式联运方式越来越多地被采用，由于它利用现代化的组织手段，将海运、陆运、空运等单一的运输方式有机地结合起来，因此货主在投保时应全面考虑整个运输过程中分别采用的运输工具的具体特点，分段选择相应的保险险别。

（六）运输季节

运输季节不同，也会给货物带来不同的风险和损失。例如，载货船舶冬季在北纬60度以北航行，极易发生与流动冰山碰撞的风险；夏季装运粮食、果品，极易出现发霉腐烂或生虫的现象；冬季运送橡胶制品，货物可能出现冻裂损坏等。因此，投保人应根据不同季节的气候特点选择险别。

二、投保手续

（一）进口货物的投保手续

进口货物一般按FOB或CFR条件成交，由买方办理保险。在我国保险实际业务中，为简化投保手续和防止漏保或来不及投保等情况的出现，一般采取预约保险的做法，即进出口公司根据自己的进口计划，与中国人民保险公司签订预约保险合同，待获悉每批进口货物起运的消息后，再将船名、开航日期、航线、货物品名、数量等内容以书面形式通知保险公司即完成了投保手续。

（二）出口货物的投保手续

按 CIF 和 CIP 条件成交的出口货物，由出口企业向当地保险公司办理投保手续。在办理投保手续时，投保人（出口公司）备齐提单、发票等复印件，填制投保单，一式两份，并在投保单上加盖公章。其中一份由保险公司签署后交投保人作为接受投保的凭证；另一份由保险公司留存作为缮制保险单的依据。如果采用信用证付款，最好将信用证中对保险单有特殊要求的部分复印一份作为投保单的附件。

按 FOB 或 CFR 条件成交的出口货物，由买方承担运输途中的风险，并由买方自行办理保险，一般情况下卖方无须办理投保。但卖方在履行交货之前（即货物在装运港装船之前）一段时间内，仍承担货物可能遭受意外损失的风险，需要自行安排这段时间内的保险事宜，投保相应险别。

三、保险金额与保险费的计算

保险金额（Insured Amount）是指保险人承担赔偿或给付保险金责任的最高限额，也是保险人计算保险费的基础。保险费是被保险人从保险人那里获得货物损失赔偿的代价，也是保险人经营业务的基本收入。保险费的多少受保险金额与保险费率的影响，因此，在办理保险时，首先要确定保险金额，然后再根据相应的保险费率计算保险费。

（一）出口货物保险金额的确定

国际货物运输保险金额可由买卖双方经过协商确定。按照国际保险市场的习惯，出口货物按 CIF 或 CIP 条件达成的合同，一般均规定保险金额为发票金额的 110％，即在发票金额基础上增加 10％（实际业务中也称“加一成”）计算。增加的比例（如 10％）称为保险加成率，出现风险后弥补买方的经营管理费用和预期利润。如买方投保时要求按较高的加成率计算保险金额，在保险公司同意承保的情况下，卖方亦可接受，但由此而增加的保险费原则上应由买方承担。

根据国际保险业的习惯，出口货物保险金额的计算公式为：

保险金额＝CIF（或 CIP）价×（1＋投保加成率）

【例 11－1】 某公司出口一批商品到欧洲某港口，CIF 价格为 100000 美元，保险加成率为 10％，保险金额是多少？

保险金额＝100000×（1＋10％）＝110000（美元）

出口贸易中，如果是以其他贸易术语（如 FOB 和 CFR）成交，则应先折算为 CIF（或 CIP）价，再按加成率计算保险金额，计算公式为：

CIF＝CFR（或 FOB＋运费）／［1－（1＋保险加成率）×保险费率］

【例 11－2】 某公司出口一批商品到欧洲某港口，原报 CFR 欧洲某港口，总金额为 100000 美元，投保一切险（保险费率为 0.9％）及战争险（保险费率为 0.06％），保险加成率为 10％，则改报 CIF 价格应该是多少？保险金额又是多少？

CIF＝100000/［1－（0.9%＋0.06%）×（1＋10%）］＝101067.27（美元）

为了简化上述计算程序，保险公司常制定“费率常数表”，常数表分为费率栏和常数栏两项，前者代表各档保险费率，后者代表计算价时的常数。使用常数表时，要先求出某一保险合同中投保的各险别的费率总和，然后在常数表中查出所对应的常数，用该常数直接乘以 CFR 价，便可算出加成率为10%时的 CIF 价。需要注意的是，“费率常数表”是按10%的加成率制定的，如果加成率不是10%，则不能运用此表计算金额，仍需按上述计算公式逐笔计算。

（二）进口业务中保险金额的确定

在进口业务中，如果以 FOB 和 CFR 条件成交，则需由买方自行投保，此时保险金额同样以 CIF 价为基础，即进口货物的保险金额原则上也按进口货物的 CIF 或 CIP 货值计算，但不另加成。如果客户要求按 CIF 价计算，则方法有两种：一种是逐笔计算，即以 FOB 和 CFR 货价加上实际运费和保险费；另一种适用于与保险公司订有预约保险合同、享有优惠的保险费率的外贸公司，为简化手续，方便计算，一些外贸企业与保险公司签订预约保险合同，共同议定平均运费率（也可按实际运费计算）和特约保险费率。这种计算方法在实际业务中并不需要逐笔计算保险金额，而是定期确定总的保险金额，这里的保险金额即估算的 CIF（或 CIP）价而不另加成。如投保人要求在 CIF（或 CIP）价的基础上加成投保，保险公司也可接受。

其计算保险金额的公式如下：

按 FOB 进口时：保险金额＝FOB 价×（1＋平均运费率＋特约保险费率）

按 CFR 进口时：保险金额＝CFR 价×（1＋特约保险费率）

（三）保险费的计算

投保人投保时，需向保险人缴纳一定数额的保险费，这是保险合同生效的重要前提条件。保险费是保险人经营业务的基本收入，是保险基金的来源，也是被保险人从保险人获得损失赔偿权利所付的对价。保险金额是根据保险价值确定的，在不超过保险价值的前提下，可由保险人和投保人约定。在实践中，通常是由投保人根据货物的合同价格经加成后，经保险人同意确定的。而保险费率即保险价格，是保险人为承担约定的保险赔付责任而向投保人收取保费的标准。

保险费是以投保货物的保险金额为基础，按一定的保险费率计算出来的。其计算公式为：

保险费＝保险金额×保险费率

如果按照 CIF 加成投保，则上式可改为：

保险费＝CIF 价格×（1＋保险加成率）×保险费率

【例 11-3】 中国某进出口公司出口灯具 10 箱，CIF 价格为人民币 200000 元，投保海运 WA 险，加保战争险，保险费率为 4.28%，买方要求按发票金额加一成投保，应缴付多少保险费？

保险费＝200000×110%×4.28%＝9 416（元）

我国进出口货物保险费率是按照不同货物、不同目的地、不同运输工具和投保险别，由保险公司以货物损失率和赔付率为基础，参照国际保险费率水平，结合我国国情而制定的。

第二节 保险单证的填制与英文表达

一、投保单

（一）投保方式

我国的出口货物，如果是我方投保，则根据合同或信用证的规定，在备齐货物确定装船出运后，向保险公司填制一份“运输险投保申请单”。

我国的进口货物，除 CIF 合同应由卖方办理保险外，FOB 和 CFR 合同项下的进口货物，均须由国内买方办理投保，投保的方式有预约投保和逐笔投保两种。

进出口企业投保通常有以下三种情况：第一种，出口企业为其自身利益而投保，比如 D 组术语，此时保险金额、险别等问题均由出口企业自行确定；第二种，出口企业为进口企业代办保险，比如 CIF/CIP，则涉及加成投保、最低险别等问题；第三种，进口企业为其自身利益而投保，比如 FCA、FOB、CFR 等术语，此时保险金额、险别等问题亦由进口企业自行确定。UCP600 规则仅针对信用证项下 CIF/CIP 交易中的保单要求，而不能扩展至其他术语及场合。

（二）投保单的内容

各个保险公司均有自己固定格式的投保单，投保单的内容包括投保人名称、货物名称、唛头、运输路线、船名或装运工具、开航日期、航程、投保险别、保险金额、投保日期、赔款地点等，保险公司据此考虑接受承保并缮制保险单据。填报投保单时，应详细列明以下项目：

① 被保险人名称。要按照保险利益的实际有关人填写，如属买方或卖方投保的，则分别写上买（或卖）方的名称。因为保险是否有效，同被保险人的保险利益直接有关。买卖双方的风险转移，从货物装上船开始，买方为被保险人，则保险责任从货物装上船时才开始；反之，卖方为被保险人，则自货物从保单载明起运地运出国开始负责。

② 货物标记。货物标记应该和提单上所载的标记符号相一致，特别是同刷在货物外包装上的实际标记符号一样，以免发生索赔案时，引起检验、核赔、确定责任的混乱。

③ 包装及数量。要将包装的性质，如箱、包、件、捆以及数量写清楚。

④ 货物名称。名称要写得切实具体，如棉布、袜子、玻璃器皿等。一般不要笼统地写纺织品、百货、杂货等。

⑤ 保险金额。要按照发票的 CIF 价值加上一定的加成，如果发票价为 FOB 或 CFR 价，应将运费保险费加上去，再另行加成。

⑥ 船名或装运工具。如果是用轮船装运的应写明船名，需转运的也要写明。如是火车或航空运输的，写明火车、空运即可，联运的写明联运方式，如空陆联运、海空联运等。

⑦ 开航日期。有确切开航日期，则填写具体的××年××月××日；无确切开航日

期，则填上约于××年××月××日。

⑧ 提单或运单号码。写上提单或运单的号码以备保险公司核对。

⑨ 航程或路程。写明自港（地）到港（地）的航程或路程。写明自装运港（地）到目的港（地），如果到目的地的航线有两条，则要写上自××经××到××。

⑩ 承保险别。需要投保哪种险要写明确，不能含糊，如果对保险条款有特别要求的，也要在这一栏内注明。

⑪ 赔款地点。一般都是在保险目的地支付赔款，如果要求在保险目的地以外的地点给付赔款应该申明。

⑫ 投保日期。投保日期应在船舶开航或运输工具出行之前。

二、保险单证的填制

实际业务中使用的保险合同的主要种类有保险单、保险凭证、暂保单以及批单，此外，还有预约保险单。保险单是保险公司根据投保人提供的投保单内容而制作的，因此保险人在接受投保后，所缮制的保险单内容应与投保单一致，以满足投保人对保险的要求。

① 保险公司名称。保险单最上方均事先印就保险公司的名称，如“中国人民保险公司”(The People's Insurance Company of China)。

② 保险单名称及编号。如海运货物保险单的名称为“海洋货物运输保险单”（Marine Cargo Transportation Insurance of Policy）。保险单号（Policy No.）是保险公司按出单顺序对每张保险单进行的编号。

③ 被保险人名称。俗称“抬头”，按投保单中的内容填写。比如信用证规定被保险人为某银行或某公司，保险单的抬头应直接打上该银行或该公司的名称。要按照保险利益的实际有关人填写，如属买方或卖方投保的，则分别写上买（或卖）方的名称。因为保险是否有效，同被保险人的保险利益直接有关。买卖双方的风险转移，从货物装上船开始，买方为被保险人，则保险责任从货物装上船时才开始；反之，卖方为被保险人，则自货物从保单载明起运地运出国开始负责。货运保险单可由被保险人背书转让。

④ 发票号与唛头（Invoice Nos. & Marks）。填写发票号码，一般还应将发票上所标的唛头打上。如果唛头比较复杂，可只填写发票号码。这是因为保险索赔时必须提供发票，保险单和发票可以相互参照。

⑤ 货物标记。应该和提单上所载的标记符号相一致，特别是同刷在货物外包装上的实际标记符号一样，以免发生索赔案时，对检验、核赔、确定责任引起误解。

⑥ 包装及数量。要将包装的性质，如箱、包、件、捆以及数量写清楚。

⑦ 货物名称。要写得切实具体，如棉布、袜子、玻璃器皿等。一般不要笼统地写纺织品、百货、杂货等。

⑧ 保险金额。要按照发票的 CIF 价值加上一定的加成，如果发票价为 FOB 或 CFR 价，应将运费保险费加上去，再另行加成。

⑨ 保费。本栏一般已由保险公司在保险单印刷时填入“As Arranged”字样，制单时无须填写。

⑩ 费率。此栏一般由保险公司印有“As Arranged”字样，不需填写。

⑪ 船名或装运工具。如果是用轮船装运，该栏填写装载货物的船名及航次号。当转

船运输时，应分别填写第一程船船名和第二程船船名，如 S. S. ×× to be Transhipped at Hong Kong on S. S. ××（S. S. 即 Steamship 的缩写）。若采用铁路运输，则该栏填写“By Railway”或加注车号，如“Wagon No. 1234”；若采用航空运输，则该栏填写“By Air”；若采用邮包运输，则该栏填写“By Parcel Post”。联运的写明联运方式，如空陆联运、海空联运等。

⑫ 开航日期。有确切开航日期，则填写具体的××年××月××日；无确切开航日期，则填上约于××年××月××日。此栏根据提单中的装船日填写，也可以填写“As per B/L”。

⑬ 提单或运单号码。写上提单或运单的号码以备保险公司核对。

⑭ 航程或路程。填写装运港至目的港名称。写明自装运港（地）到目的港（地），起讫地点（from…to…）。如果转船运输时，要按提单中相应栏目的内容填写，如“From 装运港 To 目的港 W/T（VIA）转运港”。

⑮ 承保险别。需要投保哪种险要写明确，不要含糊，如果对保险条款有特别要求的，也要在这一栏内注明。承保险别按合同、信用证规定的承保险别，包括险别和相应的保险条款等。

实际投保时，出口公司只需在副本上填写这一栏的内容。当全套保险单填好交给保险公司审核、确认时，才由保险公司把承保险别的详细内容加注在正本保险单上。

⑯ 赔款地点。一般都是在保险目的地支付赔款，如果要求在保险目的地以外的地点给付赔款应该申明。通常将目的地名称填入，表示将目的地作为赔付地点。

⑰ 投保日期。此栏是指保单的签发日期。投保日期应在船舶开航或运输工具出行之前。注意该日期要早于提单签发日的日期，以表明是在货物离开出口方仓库前办理保险的。

⑱ 保险查勘代理人。保险查勘代理人由保险公司选定，此栏要填写代理人的名称及地址。

⑲ 保险公司签章。保险单只有经保险公司授权的人签章后才生效。

三、保险单证的英文表达

（一）国际贸易合同中的保险条款英文表达

1. 贸易合同中约定投保平安险（F. P. A.）

如要求“卖方按发票金额加成 10％投保平安险”，其英文表达是：“Insurance to be effected by the Sellers for 10％ of invoice value against F. P. A. .”

如要求“卖方按发票金额加成 10％投保平安险，包括目的港 60 天期限”，其英文表达是：“Insurance to be effected by the Sellers for 10％ of invoice value against F. P. A. including 60 days at port of destination.”

2. 贸易合同中约定投保水渍险（W. A.）

如要求“卖方按发票金额加成 10％投保水渍险”，其英文表达是：“Insurance to be effected by the Sellers for 10％ of invoice value against W. A. .”

如要求“卖方按发票金额加成 10％投保水渍险，保险责任延至湖北襄阳市”，其英文表达是：“Insurance to be effected by the Sellers for 10％ of invoice value against W. A. up to Xiangyang，Hubei，China.”

3. 贸易合同中约定投保一切险（All Risks）

如要求“卖方按发票金额加成10％投保一切险”，其英文表达是：“Insurance to be effected by the Sellers for 10％ of invoice value against All Risks.”

4. 贸易合同中约定投保附加险

如要求“卖方按发票金额加成10％投保平安险或（水渍险）加保特别附加险”，其英文表达是：“Insurance to be effected by the Sellers for 10％ of invoice value against F. P. A or（W. A.）including Special Additional Risk.”

5. 贸易合同中双方约定投保平安险或（水渍险）加保进口关税险

如要求“卖方按发票金额加成10％投保平安险或（水渍险）加保进口关税险”，其英文表达是：“Insurance to be effected by the Sellers for 10％ of invoice value against F. P. A. or（W. A.）including Risk of Import Duty.”

6. 贸易合同中约定投保平安险或（水渍险）加保罢工险

如要求“卖方按发票金额加成10％投保平安险或（水渍险）加保罢工险”，其英文表达是：“Insurance to be effected by the Sellers for 10％ of invoice value against F. P. A or（W. A.）and Strike Risks.”

7. 其他

如要求“保险由买方委托卖方按发票金额加成10％代为投保一切险，保险费由买方承担”，其英文表达是：“Insurance to be effected by the Sellers on behalf of buyers for 10％ of invoice value against All Risks，premium to be paid by Buyers.”

（二）保险单条款的英文表达

首先，列举海洋运输货物保险的英文表达：

Ocean Marine Cargo Insurance includes Basic Cover（F. P. A.，W. A. and All Risks）and three Additional Covers. Besides there are two other technical insurances，including Ocean Marine Insurance “Frozen Products” and “Wood Oil in Bulk”.

“承保中国人民保险公司海洋运输货物平安险和战争险”的英语表达：Covering F. P. A. and War Risks as per Ocean Marine Cargo Clauses and Ocean Marine Cargo War Risk Clauses of the People's Insurance Company of China dated 1/1/1980.

“承保中国人民保险公司海洋运输货物水渍险和战争险”的英文表达：Covering W. A. and War Risks as per Ocean Marine Cargo Clauses and Ocean Marine Cargo War Risk Clauses of the People's Insurance Company of China dated 1/1/1980.

“承保中国人民保险公司海洋运输货物一切险和罢工险”的英文表达：Covering All Risks and War Risks as per Ocean Marine Cargo Clauses and Ocean Marine Cargo Clauses of Strikes Risk of the People's Insurance Company of China dated 1/1/1980.

“承保中国人民保险公司海洋运输货物冷藏水渍险和战争险”的英文表达：Covering W. A. and including damage arising from the breakdown of refrigerating machinery as per Clauses for Frozen Products（W. A.）dated May 6th，2014 attached，including War Risks as per Ocean Marine Cargo War Risk Clauses of the People's Insurance Company of China dated 1/1/1980.

“承保中国人民保险公司海洋运输货物散装桐油水渍险和罢工险”的英文表达：Covering loss or damage arising from shortage, leakage, contamination and isomerization as per Clauses for Wood Oil in Bulk dated June 8th, 2014 attached, including Strikes Risks as per Ocean Marine Cargo Clauses of the People's Insurance Company of China dated 1/1/1980.

此外，国外开来的信用证，或外国商人要求使用伦敦协会条款（Institute Cargo Clause）ICC条款，国内许多保险公司一般都同意承保。保险单承保条件的英文表达同国产保险公司条款基本上是一样的，只是在使用条款的词句上写明“按照协会某年某月某日货物某某险条款负责”（as per Institute Cargo Clauses × dated ×/×/×）。

“承保伦敦协会条款（C）险”的英文表达：Covering ICC（C）as per Institute Cargo Clauses（C）dated 1/1/2009.

“承保伦敦协会条款（B）险”的英文表达：Covering ICC（B）as per Institute Cargo Clauses（B）dated 1/1/2009.

“承保伦敦协会条款（A）险”的英文表达：Covering ICC（A）as per Institute Cargo Clauses（A）dated 1/1/2009.

“承保伦敦协会条款（C）险和战争险”的英文表达：Covering ICC（C）as per Institute Cargo Clauses（C）including the Risk of War as per Institute War Clauses dated 1/1/2009.

“承保伦敦协会条款（B）险和罢工险”的英文表达：Covering ICC（B）as per Institute Cargo Clauses（B）including Risks of S. R. C. C. as per Institute S. R. C. Clauses dated 1/1/2009.

【例 11－4】 我方进口的一批货物投保了一切险，该货物到达目的港天津新港后进入1号码头仓库，进口方从该仓库提货。进口方提走部分货物并分发到全国各地，这时由于台风袭击，仓库内余下的尚未提取的部分货物受损。请问保险公司对该损失是否应作出赔偿？

第三节　保险索赔与理赔

一、保险索赔

保险索赔（Insurance Claim）是指保险标的遭受保险事故，发生损失后被保险人向保险人提出给予经济补偿的请求，并在规定的期限内提交损失证据。保险索赔是基于被保险人在保险合同中拥有的保险金请求权而产生的。被保险人的保险金请求权有时效限制，我国《保险法》和《海商法》规定一般为两年，法律有特殊规定的除外。索赔是保险合同履行的一个重要环节，必须遵循一定的程序，办理一定的手续，具体程序如下：

（一）损失通知

损失通知，又叫“索赔通知”或“出险通知”，是指保险标的发生保险事故后，被保险人根据保险合同的规定向保险人报告损失情况，提出索赔请求。被保险人一旦获悉保险货物受损，应立即向保险人或其代理人发出损失通知。一般来讲，在保险条款中通常都要求被保险人应尽快通报保险事故，以利于保险人在保险事故发生后及时赶到现场进行损失检验，调查取证，确定损失责任，从而使损失尽快得到赔偿，还可以使保险人及时协助被保险人采取合理的施救措施，避免损失继续扩大。

关于损失通知的方式，法律未作明确规定，通常有电话、电报、传真或电子邮件等方式。究竟应采取哪一种方式，则应由被保险人根据事故发生时的通信条件来确定。至于危险事故通知迟延的法律后果，国际上有两种做法：第一，保险人只能对被保险人因出险通知延迟而扩大的损失拒绝赔偿，不能解除保险合同；第二，出险通知不在规定期限内进行，保险人可以免责。

（二）接受检验

保险事故发生后，被保险人有义务保护好现场，接受保险人或有关部门的检验，并为之提供方便条件，以保证及时查明和确认事故原因、损害程度、损失数额等。有关部门出具的检验报告是索赔的重要依据和证明材料。

（三）提交索赔单证

被保险人收到上述检验报告后，可连同有关单据向保险公司索赔。按照我国货运保险条款的规定，被保险人在索赔时应提供如下单证：①保险单或保险凭证正本；②运输单据；③发票；④装箱单或磅码单；⑤到货通知单；⑥涉及承运人等第三方责任，需提供向责任方请求赔偿的函电及其他必要的单证或文件；⑦货损货差证明；⑧海事报告摘录；⑨索赔金额及计算依据；⑩有关费用的项目和用途的索赔清单。

（四）领取保险赔偿金

当保险人核实损失并确定应付赔款后，被保险人应及时领取。超过规定期限不领取保险赔款的，则作为自愿放弃索赔权处理，保险人有权拒付赔款。

（五）被保险人在索赔时应履行的其他义务

根据保险条款的规定，施救整理工作是被保险人的义务。被保险货物受损后，被保险人应尽可能采取各种施救整理的措施来减少损失和避免损失的扩大。被保险人收到保险公司发出的有关采取防止或者减少损失合理措施的特别通知的，应当按照保险公司通知的要求处理。因抢救、阻止或减少货损的措施而支付的合理费用，可由保险公司负责，但以不超过该批被救货物的保险金额为限。

【思考题】 我国某公司与韩国某公司签订了一份CIF合同，进口电子零部件。合同订立后，韩国公司按时发货。我国公司收到货物后，经检验发现，货物外包装破裂，货物严重受损。韩国公司出具离岸证明，证明货物损失发生在运输途中。对于该批货物的运输风险双方均未投保。问题：上述风险损失由谁承担？

二、保险理赔

保险理赔（Claim Settling of Insurance）是指保险公司受理投保人提出的索赔要求，并对保险索赔案进行处理的整个过程。理赔是保险人履行保险合同义务的一个关键环节，不仅关系着被保险人的切身利益，影响到被保险人的损失能否得到合理的补偿，同时关系到保险人的信誉。

保险人在收到被保险人的索赔通知后，不是立即按被保险人提供的索赔清单给予赔偿，而是要对以下几个方面予以审定：索赔的被保险人是否具有可保利益；损失是否是由于保险人承保责任范围内的风险引起的直接损失；货损的确定；赔款的计算“代位追偿”。

在保险业务中，为了防止被保险人双重获益，保险公司在履行全损赔偿或部分损失赔偿后，在其赔付金额内，要求被保险人转让其对造成损失的第三责任方要求赔偿的权利，即代位追偿权（Right of Subrogation）。在实际业务中，保险人首先向被保险人进行赔付，才能取得代位追偿权。其具体做法是，被保险人在获得赔偿的同时签署一份权益转让书，作为保险人取得代位追偿权的证明。保险人便可凭此向第三责任方进行追偿。

【相关资料】

进出口货运保险索赔指南

当被保险人保险的货物遭受损失后，向保险公司的索赔问题就产生了。被保险人应按照保单的规定向保险公司办理索赔手续，同时还应以收货人的身份向承运人办妥必要的手续，以维护自己的索赔权利。

（1）损失通知

当被保险人获悉或发现保险货物遭损，应马上通知保险人，以便保险人检验损失，提出施救意见，确定保险责任，查核发货人或承运人责任。延迟通知，会耽误保险人进行有关工作，引起异议，影响索赔。

（2）向承运人等有关方提出索赔

被保险人或其代理人在提货时发现货物明显受损或整件短少，除向保险公司报损外，还应立即向承运人、受托人以及海关、港务局等索取货损货差证明。当这些损失涉及承运人、受托人或其他有关方面如码头、装卸公司的责任，应立即以书面方式向他们提出索赔，并保留追偿权利，必要时还要申请延长索赔期。

（3）采取合理的施救、整理措施

保险货物受损后，作为货方的被保险人应该对受损货物采取措施，防止损失扩大。特别是对受损货物，被保险人仍须协助保险人进行转售、修理和改变用途等工作。因为相对于保险人而言，被保险人对于货物的性能、用途更加熟悉，因此，原则上残货应由货方处理。

（4）备全必要的索赔单证

① 保单或保险凭证正本；

② 运输契约，如提单、运单和邮单等；

③ 发票；

④ 装箱单、磅码单；

⑤ 向承运人或有责任方请求赔偿的书面文件；

⑥ 检验报告；

⑦ 海事报告摘录或海事声明书；

⑧ 货损货差证明；

⑨ 索赔清单。

复习思考题

一、名词解释

保险单　保险金额　保险费率　保险索赔　保险理赔

二、单选题

1. 国际货运代理协会联合会的标识(　　)。

A. FIATA　　B. CIFA　　C. BIMCO　　D. CMI

2. 从保险合同成立的法律来看，投保人填写的投保单构成了保险合同的(　　)。

A. 本身　　B. 依据　　C. 要约　　D. 承诺

3. 暂保单的有效期限一般为(　　)。

A. 10 天　　B. 15 天　　C. 30 天　　D. 45 天

4. 下列保险单证中只有我国采用，并仅适用于对港澳地区的出口业务的是(　　)。

A. 保险单　　B. 保险凭证　　C. 联合凭证　　D. 暂保单

5. 我国现行的海洋运输货物保险条款的索赔时效是，从保险货物在最后的卸港完全卸离海轮起(　　)年。

A. 1　　B. 2　　C. 3　　D. 4

三、多选题

1. 处理理赔和索赔的主要依据是(　　)。

A. 索赔两　　B. 索赔清单　　C. 租船合同

D. 提单　　E. 商业发票

2. 中国人民保险公司为适应所有出口货物，将出口货物费率表分为(　　)。

A. 特殊货物费率表　　B. 特价费率表　　C. 特约费率表

D. 一般货物费率表　　E. 指明货物费率表

3. 货物运输保险单中，属于船名未定的保单是(　　)。

A. 流动保险单　　B. 暂保单　　C. 预约保险单

D. 总括保险单　　E. 保险凭证

4. 以下关于保险凭证的说法正确的是(　　)。

A. 俗称“小保单”是一种简约化的保险单

B. 既有正面内容，又有背面内容

C. 与保险单具有同等效力

D. 在实务中，保险单可以代替保险凭证

E. 只在进口业务中使用

5. 按保险单形式可划分为(　　)。

A. 保险单　　B. 保险凭证　　C. 联合凭证
D. 批单　　E. 预约保险单

四、简答题

1. 简述保险险别的选择，一般考虑哪些因素？
2. 简述海上保险单的批改和转让。
3. 简述保险单的缮制。

五、计算题

一批出口货物 CFR 价格为 1980 美元，现客户来定要求按 CIF 价加 20%投保一切险，如保险费率为 1%，请计算保险费。

六、案例分析

国内某公司向银行申请开立信用证，以 CIF 条件向法国采购奶酪 3 吨，价值 3 万美元，提单已经收到，但货轮到达目的港后却无货可提。经查，该轮在航行中遇暴风雨袭击，奶酪被水浸泡，船方将其弃于海中。于是我方凭保险单向保险公司索赔，保险公司拒赔。

请问：保险公司能否拒赔？我方应向何方索赔？

七、项目实操

C 公司以 CIF 价格条件引进一套英国产的检测仪器，因合同金额不大，交易合同采用简式的购货确认书，其中在保险条款一项中只简单地填写为“保险由卖方负责”。

到货后 C 公司经过检查，发现其中的一个部件已经变形，并影响其正常使用。C 公司向外商反映要求索赔，外商答复仪器出厂经严格检验，有质量合格证书，非其责任。后经商检机构检验认为是运输途中部件受到震动、挤压造成的。

C 公司于是向保险代理索赔，保险公司认为此情况属于“碰损、破碎险”承保范围，但 C 公司提供的保单上只保了“协会货物条款（C）”，没保“碰损、破碎险”，所以无法索赔。C 公司无奈只好重新购买此部件，既浪费了金钱，又耽误了时间。

任务：如果你是该公司的业务员，对此有何评价？你认为在这个贸易中，C 公司应该如何办理保险才能够保护公司的利益？

第十二章 陆运货物、空运货物及邮政货物保险

学习目标

理解陆运货物、空运货物及邮政货物保险的定义和分类。

熟知陆运货物、空运货物及邮政货物保险责任范围和责任起讫。

导读材料

2010 年 12 月 30 日，原告广汉某食品有限公司与被告运输服务有限公司订立运输合同，约定被告通过航空托运运送肝素钠 10 千克至吴江市某生化制品有限公司。被告在向原告出具的货运单上载明了运送货物的品名、件数、重量、航空运费等信息。原告也依合同约定向被告支付了运费 130 元。1 月 2 日，原告指定的收货人在收货时发现托运的肝素钠丢失了 6200 克，价值 158100 元。原告得知此情况后，多次就赔偿问题与被告交涉，但一直未果，随后，原告起诉至双流法院要求被告赔偿货物损失 158100 元。

法院审理后查明，2010 年 12 月 30 日，被告承接了原告代理货运的业务，并向原告出具了货运单。该运单上载明了运送货物的品名、件数、重量、航空运费等信息，但并未在货运单上的运输声明价值栏和运输保险价值栏做相应记载。原告也未向被告声明货物的价值或办理运输保险价值。

法院认为，在被告向原告出具货运单时，双方即形成了运输合同的法律关系。被告负有将原告的货物安全运至约定地点的义务。本案中，原告的收货人在收货时发现交由被告运输的肝素钠遗失了 6200 克。对此，被告未能举证证明货物的遗失是由不可抗力、货物本身的自然性质或者合理损耗以及托运人、收货人的过错造成的，故应予赔偿。原告所交托运货物为贵重物品，应申报货物价值，并支付运输声明价值费或保险费。但原告没有申报货物价值也没有对货物进行投保，因此原告应承担货物遗失后因未办理声明运输价值和运输保险价值的法律后果。

根据《中华人民共和国合同法》《中国国际航空公司货物国内运输总条例》的相关规定，被告只是按照货物的重量标准收取了运费，并不知道货物的实际价值，原告仅凭向被告支付的运费要求被告赔偿遗失货物的实际价值不合理。最后，法院按每千克赔偿 100 元的标准，判令被告赔偿原告损失费 620 元。

eBay 推跨境交易保险

跨境电商平台 eBay 分别与太平洋保险、中银保险合作，针对平台卖家推出太平洋保险“e 购保”和中银保险“买卖通”两个跨境交易保险产品。

“e 购保”和“买卖通”两项出口电商保险产品的投保费用率均为 1%，赔偿比例最高

可达80%。卖家参与交易保险后，遇到因描述不符产生的损失、物品延误、物品损坏、物品丢失、退货运费等情况，均可获得理赔保障。

对于因描述不符产生的损失，“e购保”针对货款损失按照货款损失的80%进行赔偿，“买卖通”则针对发货运费损失按照货款损失乘以10%后的80%进行赔偿。单件货物最高保险金额，“e购保”为500美元，“买卖通”为300美元。

在投保期间上，“e购保”与“买卖通”均为90天，但保险期限有所差别，“e购保”保险期限为60天，“买卖通”保险期限为45天。此外，在资料不齐全的情况下，“e购保”的赔偿比例为50%，“买卖通”的投保比例仅为35%。

eBay卖家可根据自己的需求选择保险产品，参保后遇到交易中的损失情况则可直接从网上提交理赔申请。提交申请所需的资料包括退款记录、对应的支付记录、对应的发货单号、对应的双方沟通记录等，保险公司将在18个工作日内进行审核、理赔。

速卖通调整线上发货新规　降低卖家物流风险

速卖通为更好地保护卖家权益，降低卖家物流风险，将特优化“线上发货”物流订单投诉赔付规则。此次修改提前开放卖家投诉入口，并且卖家投诉入口开放时间由“物流商仓库接受包裹”提前为“卖家创建物流订单”，即卖家在线创建物流订单后即可向物流商发起投诉，投诉有效期（120天）也将从“卖家创建物流订单”之时开始计算。所以在物流异常情况发生后应及时发起线上投诉维权。

除此之外，新增“入库前丢失”投诉类型，卖家可针对“包裹入库前”发生的丢失或少件向物流商发起投诉，例如包裹揽收成功后发生丢失、卖家将包裹自寄到物流商仓库被仓库签收后发生的丢失。

不过，卖家需要注意的是，目前仅国际小包物流方案支持线上投诉维权，包含以下物流线路，国际快递线上发货暂不支持线上投诉。

（1）中国邮政挂号小包

（2）中国邮政平常小包

（3）新加坡小包（递四方）

（4）速优宝芬兰邮政

（5）芬兰邮政经济小包

（6）中俄快递—SPSR

（7）中俄航空Ruston

（8）航空专线—燕文

（9）中外运—西邮经济小包

同时，针对物流商原因导致的入库前丢失或少件，卖家线上发起投诉需提供有效举证，例如揽收丢失的卖家需要提供有效的揽收交接单（包括揽收数量、揽收日期以及揽收员签字等）；自寄仓丢失的卖家需要提供国内快递面单及仓库签收举证（快递单号需与系统一致）、自寄包裹有效的重量证明等。

对于“线上发货”和“线下发货”，速卖通官方表示更推荐线上发货，原因主要是可享受卖家保护政策，物流商服务保障，承诺运达时间，支持卖家在线维权。

第一节 陆上运输货物保险

货物在陆运过程中，可能遭受各种自然灾害和意外事故。常见的风险有：车辆碰撞、倾覆和出轨、路基坍塌、桥梁折断和道路损坏以及火灾和爆炸等意外事故；雷电、洪水、地震、火山爆发、暴风雨以及霜雪冰雹等自然灾害；战争、罢工、偷窃、货物残损、短少、渗漏等外来原因所造成的风险。这些风险会使运输途中的货物发生损失。货主为了转嫁风险损失，就需要办理陆运货物保险。

一、陆运险和陆运一切险

（一）基本险别

根据中国人民保险公司制定的《陆上运输货物保险条款》的规定，陆运货物保险的基本险别有陆运险（Overland Transportation Risks）和陆运一切险（Overland Transportation All Risks）两种。此外，还有陆上运输冷藏货物险，它也具有基本险性质。

陆运险的承保责任范围同海运水渍险相似，陆运一切险的承保责任范围同海运一切险相似。上述责任范围，均适用于火车和汽车运输，并以此为限。

陆运货物在投保上述基本险之一的基础上，可以加保附加险，如投保陆运险，则可酌情加保一般附加险和战争险等特殊附加险；如投保陆运一切险，就只需加保战争险，而不需再加保一般附加险，陆运货物在加保战争险的前提下，再加保罢工险，不另收保险费。

（二）责任范围

被保险货物在运输途中遭受暴风、雷电、洪水、地震等自然灾害造成的损失。

运输工具遭受碰撞、倾覆、出轨或在驳运过程中因驳运工具遭受搁浅、沉没或由于遭受隧道坍塌、崖崩或失火、爆炸的意外事故所造成的全部或部分损失。

被保险人对遭受承保责任内危险的货物采取抢救，防止或减少货损的措施而支付的合理费用，但以不超过该批被救货物的保险金额为限。

（三）责任起讫

陆运险的责任起讫也采用“仓至仓”的责任条款。保险人责任自被保险货物运离保险单所载明的起运地仓库或储存处所开始运输时生效，包括正常运输过程中的陆上和与其有关的水上驳运在内，直至该项货物运达保险单所载目的地收款人的最后仓库或储存处所，或被保险人用作分配、分派的其他储存处所为止。如未运抵上述仓库或储存处所，则以被保险货物运抵最后卸载的车站满 60 天为止。陆上运输货物险的索赔时效为：从被保险货物在最后目的地车站全部卸离车辆后起算，最多不超过两年。

（四）除外责任

陆运险的除外责任与海洋运输货物险的除外责任基本相同。它主要包括：被保险人的故意行为或过失所造成的损失；被保险货物的自然损耗、本质缺陷、特性以及市场跌落、运输延迟所引起的损失或费用；在保险责任开始前，被保险货物已存在的品质不良或数量短差所造成的损失；属于发货人责任所引起的损失；本公司陆上运输货物战争险条款和货物运输罢工险条款规定的责任范围和除外责任。

二、陆上运输冷藏货物保险

陆上运输冷藏货物保险是陆上货运险的一个专门险种，可以单独投保。它承保陆上运输工具冷藏设备装运的冷藏货物因运输途中遭到自然灾害、意外事故而造成的损失和腐败损坏。其索赔时效为从被保险货物在最后目的地全部卸离车辆起计算，最多不超过两年。

（一）责任范围

被保险货物在运输途中由于暴风、雷电、地震、洪水，陆上运输工具遭受碰撞、倾覆或出轨，在驳运过程中驳运工具的搁浅、触礁、沉没、碰撞，隧道坍塌、崖崩、失火、爆炸等所造成的全部或部分损失。

冷藏机器或隔温设备在运输途中损坏所造成的被保险货物解冻溶化而腐败的损失。

被保险人对遭受承保责任内危险的货物采取抢救、防止或减少货损的措施而支付的合理费用，但以不超过该批被救货物的保险金额为限。

（二）责任起讫

陆上运输冷藏货物险的责任自被保险货物运离保险单所载明的起运地点的冷藏仓库装入运输工具开始运输时生效，包括正常陆运和与其有关的水上驳运在内，直至货物到达保险单所载明的目的地收货人仓库为止。但是，最长保险责任的有效期限以被保险货物到达目的地车站后 10 天为限（中国人民保险公司的该项保险条款还规定：装货的任何运输工具，都必须有相应的冷藏设备或隔离温度的设备；或供应和贮存足够的冰块使车厢内始终保持适当的温度，保证被保险冷藏货物不致因溶化而腐败，直至目的地收货人仓库为止）。

（三）除外责任

因战争、工人罢工或运输延迟而造成的被保险货物的腐败或损失及被保险冷藏货物在保险责任开始时未能保持良好状况，整理、包扎不妥或冷冻不合规格所造成的损失不负赔偿责任。一般的除外责任条款也适用本险别。

三、陆上运输货物战争险

陆上运输货物战争险（火车）（Overland Transportation Cargo War Risks “by Train”）是陆上运输货物险的特殊附加险，只有在投保了陆运险或陆运一切险的基础上方可加保。

加保陆上运输货物战争险后，保险公司负责赔偿在火车运输途中由于战争、类似战争行为和敌对行为、武装冲突所致的损失，以及各种常规武器包括地雷、炸弹所致的损失。但是，由于敌对行为使用原子或热核武器所致的损失和费用，以及根据执政者、当权者或其他武装集团的扣押、拘留引起的承保运程的丧失和挫折而造成的损失除外。

陆上运输货物战争险的责任起讫以货物置于运输工具时为限，即自被保险货物装上保险单所载起运地的火车时开始到保险单所载目的地卸离火车时为止。如果被保险货物不卸离火车，则以火车到达目的地的当日午夜起计算，满 48 小时为止；如在运输中途转车，不论货物在当地卸载与否，保险责任以火车到达该中途站的当日午夜起计算满 10 天为止。如货物在此期限内重新装车续运，仍恢复有效。但如运输契约在保险单所载目的地以外的地点终止时，该地即视作本保险单所载目的地，在货物卸离该地火车时为止，如不卸离火车，则保险责任以火车到达该地当日午夜起满 48 小时为止。

第二节 航空运输货物保险

航空货物运输保险是以航空运输过程中的各类货物为保险标的，当保险标的在运输过程中因保险责任造成损失时，由保险公司提供经济补偿的一种保险业务。航空运输基本险包括航空运输险和航空运输一切险。

航空运输险指在航空货物运输险责任范围内，保险公司负责赔偿被保险货物的全部或部分损失和合理的抢救费用。

航空运输一切险（Air Transportation All Risks）是对航空运输途中所遭受的意外损失相对应的保险，赔偿包括被保险货物在运输途中遭受雷电、火灾、爆炸或由于飞机遭受恶劣气候或其他危难事故而被抛弃，或由于飞机遭受碰撞、倾覆、坠落或失踪等自然灾害和意外事故所造成的全部或部分损失，还包括被保险货物由于一般外来原因所造成的全部或部分损失。

一、航空运输险和航空运输一切险

（一）责任范围

航空运输险的承保责任范围与海洋运输货物保险条款中的“水渍险”大致相同。保险公司负责赔偿被保险货物在运输途中遭受雷电、火灾、爆炸，或由于飞机遭受恶劣气候或其他危难事故而被抛弃，或由于飞机遭受碰撞、倾覆、坠落或失踪等自然灾害和意外事故所造成的全部或部分损失。被保险人对遭受承保责任内危险的货物采取抢救、防止或减少货损的措施而支付的合理费用，也由保险公司支付，但以不超过该批被救货物的保险金额为限。

航空运输一切险的承保责任范围除包括上述航空运输险的全部责任外，保险公司还负责赔偿被保险货物由于被偷窃、短少等外来原因所造成的全部或部分损失。

（二）责任起讫

本保险负“仓至仓”责任，自被保险货物运离保险单所载明的起运地仓。

由于被保险人无法控制的运输延迟、绕道、被迫卸货、重行装载、转载或承运人运用运输契约赋予的权限所作的任何航行上的变更或终止运输契约，致使被保险货物运到非保险单所载目的地时，在被保险人及时将获知的情况通知保险人，并在必要时加缴保险费的情况下，本保险继续有效，保险责任按下述规定终止：

① 被保险货物如在非保险单所载目的地出售，保险责任至交货时为止。但不论任何情况，均以被保险的货物在卸载地卸离飞机后满30天为止。

② 被保险货物在上述30天期限内继续运往保险单所载原目的地或其他目的地时，保险责任仍按上述第①款的规定终止。

二、航空货物运输战争险

航空货物运输战争险（Air Transportation Cargo War Risks）是航空货物运输险的一种附加险，只有在投保了航空运输基本险的基础上，经过投保人与保险公司协商方可加保。

（一）责任范围

保险公司承担赔偿在航空运输途中由于战争、类似战争行为、敌对行为或武装冲突以及各种常规武器和炸弹所造成的货物的损失，但不包括因使用原子弹或热核制造的武器所造成的损失。

（二）责任起讫

航空运输货物战争险的保险责任是自被保险货物装上保险单所载明的启运地的飞机时开始，直到卸离保险单所载明的目的地的飞机时为止。如果被保险货物不卸离飞机，则从飞机到达目的地当日午夜起计算满 15 天为止。如被保险货物在中途转运时，保险责任从飞机到达转运地的当日午夜起计算满 15 天为止，一旦装上续运的飞机，保险责任再恢复有效。

与海运、陆运险一样，航空运输货物在投保战争险的基础上可加保罢工险，加保罢工险不另收费。如仅要求加保罢工险，则按战争险费率收费。航空运输罢工险的责任范围与海洋运输罢工险的责任范围相同。

第三节 邮包货物保险

邮包运输保险是指承保邮包通过海、陆、空三种运输工具在运输途中由于自然灾害以外事故或外来原因所造成的包裹内物件的损失。

根据《中国人民保险公司邮包保险条款》的规定，邮包运输保险的险别分为邮包险和邮包一切险。邮包险与海洋运输货物保险水渍险的责任相似，邮包一切险与海洋运输货物保险一切险的责任基本相同。

一、邮包险和邮包一切险

邮包险责任范围负责赔偿被保险邮包在运输途中由于恶劣气候、雷电、海啸、地震、洪水等自然灾害，或由于运输工具遭受搁浅、触礁、沉没、碰撞、倾覆、出轨、坠落、失踪，或由于失火、爆炸等意外事故所造成的全部或部分损失。此外，该保险还负责被保险人对遭受承保责任范围内危险的货物采用抢救、防止或减少损失的措施而支付的合理费用，但以不超过获救货物的保险金额为限。

邮包一切险包括邮包险的全部责任外，还负责被保险邮包在运输途中由于外来原因所致的全部或部分损失。

邮包险和邮包一切险的承保责任期限是自被保险邮包离开保险单所载起运地点寄件人的处所运往邮局时开始生效，直至被保险邮包运达保险单所载明的目的地邮局，自邮局签发“到货通知书”当日午夜起算满 15 天为止，但在此期限内邮包一经递交至收件人的处所时，保险责任即告终止。

二、邮包战争险

邮包战争险（Parcel Post War Risks）是邮政包裹保险的一种附加险，只有在投保了邮包险和邮包一切险的基础上方可加保。

加保邮包战争险须另增加支付保险费。加保邮包战争险后，保险公司负责赔偿在邮包运输过程中由于战争、敌对行为或武装冲突以及各种常规武器包括水雷、鱼雷、爆炸所造成的损失。此外，保险公司还负责被保险人对遭受以上承保责任内危险的物品采取抢救、防止或减少损失的措施而支付的合理费用。但保险公司不承担因使用原子或热核制造的武器所造成的损失的赔偿。邮包战争险的保险责任是自被保险邮包经邮政机构收讫后自储存处所开始运送时生效，直至该项邮包运达本保险单所载目的地邮局送交收件人为止。

复习思考题

一、名词解释

陆上运输冷藏货物险　陆上运输货物战争险　邮包战争险

二、单选题

1. 空运货物保险对货物在运达目的地后的保险责任终止日期规定为(　　)。

A. 卸离飞机后满 10 天　　B. 卸离飞机后满 15 天

C. 卸离飞机后满 30 天　　D. 卸离飞机后满 60 天

2. 陆上运输货物险的责任起讫采用(　　)。

A.“门到门”条款　　B.“钩至钩”条款

C.“钩至仓”条款　　D.“仓至仓”条款

3. 陆上运输冷藏货物险最长保险责任的有效期限以被保险货物到达目的地车站后(　　)。

A. 10 天为限　　B. 15 天为限　　C. 20 天为限　　D. 30 天为限

4. 陆上运输货物战争险的责任起讫(　　)。

A.“仓至仓”责任为限

B. 以货物置于运输工具上时为限

C. 以运输工具处于运输途中为限

D. 以运输工具处于运动状态为限

5. 邮包险和邮包一切险的保险责任是自被保险邮包离开保险单所载起运地点寄件人的处所运往邮局时开始生效，直至被保险邮包运达保险单所载明的目的地邮局发出通知书给收件人当日午夜起算满(　　)天为止。

A. 15　　B. 20　　C. 25　　D. 30

三、多选题

1. 陆运货物保险险别主要有(　　)。

A. 陆运险　　B. 陆运一切险　　C. 陆运全损险

D. 陆上运输货物战争险　　E. 陆上运输冷藏货物险

2. 中国人民保险公司承保邮递货物保险的基本险有(　　)。

A. 邮包险　　B. 邮包一切险　　C. 邮包战争险

D. 邮包专门险　　E. 邮包恶意损害险

3. 邮包险和邮包一切险的除外责任包括下列(　　)行为造成的损失。

A. 战争　　B. 敌对行为　　C. 类似战争行为

D. 武装冲突　　E. 海盗行为

四、简答题

1. 简述陆上、航空、邮包等运输保险与海上运输保险的相同点。
2. 简述空运货物保险同海上保险的区别。
3. 航空运输货物保险有哪些险别？
4. 简述我国邮包险和邮包一切险的责任范围和责任起讫。

五、案例分析

我国某外贸进出口公司向国内某保险公司为从天津运往中国香港的1500吨鸭梨投保了海运冷藏货物一切险，采用的是我国海洋运输冷藏货物保险条款（1981年1月1日）。该货物由甲轮承运，在航行途中，船上二舱的冷藏机器突然发生故障，舱内1000吨鸭梨面临变质的危险，正在船长设法解决此问题时，得知前方有12级台风，于是，船长决定把船开往附近港口避难，顺便又请人修理了二舱的冷藏机，共花费了10万美元修理费。甲轮在港内共停了5天，船期损失2万美元，港口费用3万美元，共计15万美元，船方要求作为共同海损费用进行分摊，由货主承担5万美元的共同海损分摊费。甲轮复航后不久，又因当班驾驶员不熟悉沿途航道使船舱发生搁浅漏水，三舱内的300吨鸭梨被海水浸坏而被抛弃，为了抢救船舶和货物，船长同意救助人把三舱内其余200吨鸭梨抛入大海。由于上述两次事故，1000吨完好的鸭梨运抵中国香港时，因过了上市好季节，市价下跌一半。收货人向货物保险人索赔鸭梨的损失及由其承担的共同海损分摊费。

请就上述案例进行分析：

（1）300吨鸭梨因为船舶搁浅漏水而被浸坏、为抢救船货而被抛入大海的200吨鸭梨、1000吨完好鸭梨由于运输延迟所致的市价下跌，分析这些损失的性质。

（2）以上各项损失是否属于海运冷藏货物一切险的保险责任，保险人是否应该给予赔偿？

（3）船方要求由货主承担5万美元的共同海损分摊费是否合理？

图书在版编目（CIP）数据

国际货物运输与保险/韩贝贝，万健主编．—合肥：合肥工业大学出版社，2018.8
ISBN 978-7-5650-4095-5

Ⅰ.①国…　Ⅱ.①韩…②万…　Ⅲ.①国际货运—高等学校—教材②国际货运—交通运输保险—高等学校—教材　Ⅳ.①F511.41②F840.63

中国版本图书馆 CIP 数据核字（2018）第 193139 号

国际货物运输与保险

韩贝贝　万　健　主编　　　　责任编辑　张　慧

出　版	合肥工业大学出版社	**版　次**	2018 年 8 月第 1 版
地　址	合肥市屯溪路 193 号	**印　次**	2018 年 8 月第 1 次印刷
邮　编	230009	**开　本**	787 毫米×1092 毫米　1/16
电　话	人文编辑部：0551-62903205	**印　张**	17
	市场营销部：0551-62903198	**字　数**	406 千字
网　址	www.hfutpress.com.cn	**印　刷**	合肥市广源印务有限公司
E-mail	hfutpress@163.com	**发　行**	全国新华书店

ISBN 978-7-5650-4095-5　　　　定价：40.80 元

如果有影响阅读的印装质量问题，请与出版社市场营销部联系调换。